Anneliese Keilhauer

Ungarn

Kultur und Kunst im Land der Magyaren

DuMont Buchverlag Köln

Umschlagvorderseite: Tihany, ehemalige Abteikirche und Bauernhäuser
Umschlagklappe vorn: Budapest, Jugendstil-Grabmal von Ödon Lechner und Béla Lajta, Neuer Friedhof an der Kozma utca
Umschlagrückseite: Volkstanzgruppe in Pécsvárad
Frontispiz Seite 2: Dom in Kalocsa, Ansicht um 1890

Bitte beachten Sie: Der politische Wandel in Ungarn (Demokratisierungsprozeß, neue Staatsform) hatte und hat noch weiterhin Namensänderungen von Plätzen, Straßen, öffentlichen Institutionen, Entfernungen von Denkmälern usw. zur Folge.

CIP-Titelaufnahme der Deutschen Bibliothek

Keilhauer, Anneliese:
Ungarn: Kultur und Kunst im Land der Magyaren / Anneliese Keilhauer. – Köln : DuMont, 1990
(DuMont-Dokumente : DuMont-Kunst-Reiseführer)
ISBN 3-7701-2096-5

Satz und Druck: Rasch, Bramsche
Buchbinderische Verarbeitung: Bramscher Buchbinder Betriebe

Printed in Germany ISBN 3-7701-2096-5

Inhalt

Aussprache des Ungarischen

Alle Wörter – außer Eigennamen – werden klein geschrieben. Die Betonung liegt immer auf der ersten Silbe, Vokale ohne Akzente sind kurz auszusprechen.

a – kurzes, offenes o (wie Korn)
á – langes a (wie Zahl)
c – z
ck – getrennt sprechen, also Ráckeve – Raz-käwä
cs – tsch
e – kurzes ä
é – langes e (wie See)
gy – dj
i – kurzes i (wie Fisch)
í – langes i (wie Lied)
ly – kurzes, stimmhaftes j
ny – nj (oder französisch gn, wie in Champagner)
o – kurzes o (wie Obst)
ó – langes o (wie Sohn)
ö – kurzes ö (wie Löffel)
ő – langes ö (wie Söhne)
s – sch
sz – ß (wie Faß)
ty – tj
u – kurzes u (wie Hund)
ú – langes u (wie Ruhm)
ü – kurzes ü (wie dünn)
ű – langes ü (wie Bühne)
v – w
z – stimmhaftes s (wie Rose)
zs – etwa sch, wie französisch j (in Journal)

Einige wichtige Wörter

út, utca (Genitiv: útja) – Straße
tér (Genitiv: tere) – Platz
körút – Ring
híd – Brücke
sétány – Promenade
köz – Durchgang
műemlék – Denkmal
hegy – Berg
sziget – Insel
tó – See
vár – Burg
város – Stadt

Vornamen stehen im Ungarischen hinter dem Familiennamen; in diesem Buch wird allerdings die im Deutschen übliche Anordnung gebraucht.

Einige Vornamen

Antal – Anton, Alajos – Alois
Bálint – Valentin, Béla – Adalbert (slawischer Ursprung), Bertalan – Bartholomäus
Erzsébet – Elisabeth, Endre – Andreas, Ernő – Ernst
Ferenc – Franz, Frigyes – Friedrich
Gábor – Gabriel, Gellért – Gerhard, György – Georg, Gyula – Julius
Ilona – Helene, Imre – Emmerich, István – Stephan
János – Johann, József – Josef, Jenő – Eugen
Kálmán – Koloman, Károly – Karl
Lajos – Ludwig, László – Ladislaus, Lipót – Leopold
Margit – Margarethe, Márton – Martin, Mátyás – Matthias, Mihály – Michael, Miklós – Nikolaus, Mór – Moritz
Ödön – Edmund
Pál – Paul
Sándor – Alexander
Tamás – Thomas, Tivadar – Theodor
Vilmos – Wilhelm
Zsigmond – Sig(is)mund

Landeskundlicher Überblick

Ungarn – das fruchtbare Land

»Éljen a magyar szabadság«: Es lebe die Freiheit der Magyaren (Ungarn)! Den Freiheitsdrang der Reitervölker trugen die Magyaren in sich, als sie vor etwa 1100 Jahren an den Ufern der Theiß ihre Zelte aufschlugen. Sie bewahrten ihn als hohes Ideal um so mehr, als sie ihr Nomadentum aufgaben und sich zu erfolgreichen Ackerbauern wandelten.

Das ungarische *Staatsgebiet* bedeckt ungefähr die nördlichen zwei Drittel des Pannonischen oder Karpaten-Beckens zwischen Alpen-Ostrand und Karpaten-Bogen. Entstanden ist Europas größtes Tieflandbecken vor etwa 30 bis 20 Millionen Jahren als Teil der alpidischen Faltung, war ursprünglich stark gegliedert und reichte bis 2600 m unter seine heutige Oberfläche. Im Laufe der Eiszeiten vor mehreren hunderttausend Jahren wurde dieser Kessel von allen Seiten mit riesigen Mengen Abtragungsschutt erstaunlich eben aufgefüllt. Jüngere vulkanische Tätigkeiten bewirkten verschiedene Senkungen und die Heraushebung der Mittelgebirge.

Ungarn gliedert sich trotz verhältnismäßig geringer Höhenunterschiede in fünf Landschaftsteile. Westlich der Donau, in Transdanubien, reihen sich von Norden nach Süden drei Regionen:

Das flache *Oberungarische* oder *Kleine Tiefland (Kisalföld)* mit dem Zentrum Győr liegt ungefähr 200 m über dem Meeresspiegel und gewährt auf besten Lehm- und Lößböden gute Agrarerträge, gehört aber politisch nur etwa mit der südlichen Hälfte zu Ungarn;

das *Transdanubische Mittelgebirge* mit dem Zentrum Veszprém besteht großteils aus Kalkstein und Dolomiten und erreicht im Bakony-Wald Höhen um 700 m über dem Meeresspiegel;

das *Transdanubische Hügelland* mit dem Zentrum Pécs inmitten des maximal 680 m hohen Mecsek-Gebirge ist überwiegend mit Löß bedeckt und daher sehr fruchtbar. In den klimatisch begünstigten Gebieten südlich von Pécs und rund um den Balaton (Plattensee), Mitteleuropas größtem, aber nur drei Meter tiefen Binnensee, gedeihen Wein und Obst im Überfluß, dazu noch manche Südfrüchte (Mandeln, Feigen, Edelkastanien).

Östlich der Donau erstrecken sich zwei Großlandschaften: Das *Nordungarische Mittelgebirge* mit dem Zentrum Miskolc besteht aus mehreren kleineren Gebirgsstöcken aus Kalk-

Ziehbrunnen, Pferde- und Graurindherde in der Großen Tiefebene (Alföld)

stein und vulkanischem Material in Höhen um 1000 m. Ungarns höchster Berg ist die Kékes-Spitze im Mátra-Gebirge mit 1014 m;

das *Niederungarische* oder *Große Tiefland (Alföld)* mit den Zentren Kecskemét, Szeged und Debrecen dehnt sich über fast die Hälfte des ganzen Staatsgebietes, ist bei Höhenunterschieden zwischen 60 und 200 m über dem Meeresspiegel fast tischeben, bietet auf dicken Lößböden beste Fruchtbarkeit und bildete so die berühmte ungarische Kornkammer.

Im Übergangsbereich zwischen trockenen russisch-kontinentalen Wettereinflüssen und maritimen Westwindlagen erfreut sich Ungarn eines sehr wachstumsfördernden, gemäßigten bis subtropischen *Klimas* mit jährlich über 2000 Sonnenstunden, kalten Wintern (Januarmittel -1,5°) und heißen Sommern (Julimittel 21,5°). Gleichmäßig über das Jahr verteilte atlantische wie mediterrane Wolkensysteme bringen an durchschnittlich 114 Regen- und 35 Schneetagen jährliche Niederschlagsmengen zwischen 1000 mm im Südwesten und 550 mm im Osten.

In Ungarns flacher Landschaft haben die *Flüsse* wenig Gefälle und eine geringe Fließgeschwindigkeit, bilden mäanderartige Läufe, bergen große Überschwemmungsgefahren und brauchen sehr breite Schutzzonen und aufwendige Deichbauten. Energiewirtschaftlich unergiebig und als innerungarische Güterwege unbedeutend, dienen sie nunmehr wie die Seen überwiegend der Ferien- und Freizeitnutzung. Alle Niederschläge werden vom Flußnetz der *Donau (Duna)* ins Schwarze Meer geleitet. Südosteuropas Hauptstrom durchquert

Ungarn auf einer Länge von 417 km von Nord nach Süd und bildet in Budapest, der schönsten Donaumetropole, die Grenze zwischen den Hügeln Westungarns und der Großen Tiefebene im Osten. Transdanubien heißt das einst römische Land westlich (›über, jenseits‹) der Donau, dessen ›Latinität‹ bis heute sichtbar und spürbar ist. An dieses römische Erbe knüpften die Magyaren, als ihr heiliger König Stephan (Szent István) um das Jahr 1000 den christlichen Feudalstaat gründete. Östlich der Donau begann dagegen die Grassteppe, deren endlose Weite die *Theiß (Tisza)* durchschnitt, an deren Ufern schon der Hunnenkönig Attila residierte. Dieses ›Gelobte Land‹ der Reitervölker forderte Fürst Árpád angeblich als Heimat seiner Väter bei der Landnahme im Jahre 896. Kein Wunder also, daß weniger die Donau, als vielmehr die Theiß als der magyarische Schicksalsstrom gilt (ungarischer Anteil 595 km).

Von Ungarns mitteleuropäischer, ursprünglicher *Pflanzenwelt* überleben auf 16 % Landesfläche weitgehend naturgeschützte Reste in Gebirgswäldern und Flußauen, überwiegend herrliche Laubbaumbestände aus Eichen, Eschen, Buchen, Ahorn und Birken. Jüngeren Aufforstungen entstammen Nadelbaum-Kulturen, dabei auch südeuropäische Arten. Der Großteil des flachen Landes wurde schon im Mittelalter ackerbaulich genutzt, versteppte infolge Entvölkerung während der Türkenherrschaft zur Trockenweide – der romantisch

Tropfsteinhöhle im Aggtelek-Karst an der Grenze zur Slowakei

verklärten Pußta (Einöde) – und wurde in den vergangenen Jahrzehnten planmäßig rekultiviert. In Nationalparks erhalten blieben die trockene Bugac-Pußta auf den Sandebenen der Kecskeméter Heide und die moorig-sumpfige Hortobágy-Pußta in den feuchten Niederungen zwischen Theiß und Debrecen.

Aus Ungarns *Wildtierwelt* sind schon seit einem Jahrhundert alle großen Raubtiere wie Bären, Wölfe, Luchse und andere Katzenarten verschwunden. Dagegen finden kleine Raubtiere und jegliches Jagdwild (etwa 45000 Stück Hochwild) weiterhin genügend Lebensraum, geschützt und gefördert nicht zuletzt wegen der erwarteten Deviseneinnahmen von ausländischen Jägern. An Seen, in Flußauen und Sümpfen findet die überaus vielfältige Vogelwelt ideale Lebensbedingungen.

Die Größe ungarischer *Ortschaften* spiegelt noch heute die Ausdehnung der einstigen Türkenherrschaft wider: In den nur kurzzeitig besetzten Landesteilen im Westen und Norden überlebte Ungarns originale Siedlungsform der kleinen Dörfer oder Grenzweiler. In der Großen Tiefebene entstanden dagegen zur Abwehr marodierender Horden Großdörfer, von denen einige zu blühenden Agrarstädten anwuchsen (Kecskemét). Aus Hütten der Hirten und Erntearbeiter entwickelten sich die typischen Einzelgehöfte, die wie das umliegende Weideland ›Pußta‹ heißen. Jüngsten Ursprungs sind die gleichförmigen Reißbrettstädte nahe der neuen Industrie-Kombinate.

Ungarns *Landwirtschaft* nutzt 70% des Staatsgebiets (europäischer Spitzenplatz!) und erzielt mit 20% aller Erwerbstätigen jährlich stolze Produktions- und Exportzuwächse – trotz unterschiedlicher agrarpolitischer Versuche, wie 1945 die Aufteilung des Großgrundbesitzes unter landlose Bauern, 1948 bis 1962 der Zusammenschluß zu Produktionsgenossenschaften und ab 1975 die Erlaubnis privatwirtschaftlicher Landarbeit auf etwa 20% der Gesamtfläche.

›Borstenvieh, Schweinespeck und Tokajer-Wein‹ inspirierten nicht erst im 20. Jh. zu Operettenversen und manchen kitschigen Klischees. Von Ungarns fabelhafter Fruchtbarkeit schwärmten schon griechische Berichte, den Römern lieferte das Land Getreide, Schlachtvieh und Streitrosse, im Mittelalter bestellte der französische Hof seltene Obstbäume im ›Garten der Welt‹ und führten regelrechte ›Ochsenstraßen‹ zum Auftrieb lebender Masttiere nach Wien, Deutschland und Venedig. Seit dem Sonnenkönig Ludwig XIV. galt der Tokajer als ›König der Weine und Wein der Könige‹ – und auch für ihren ›Gulasch-Kommunismus‹ brauchten die Ungarn viel Schweinespeck, Paprika und Tokajer!

Ungarn in Stichworten und Zahlen

Staatsname: Republik Ungarn (Magyar Köztársaság)

Staatsaufbau: Alle fünf Jahre bestimmen die ab dem 18. Lebensjahr wahlberechtigen und wählbaren Ungarn in allgemeiner freier Abstimmung 352 Abgeordnete zur Nationalversammlung, einem Einkammerparlament. Dieses oberste Staats- und einzige Gesetzgebungsorgan tritt jährlich zwei- bis viermal zu kurzen Plenartagungen zusammen, wählt für die parlamentarische Arbeit zwischen den Sitzungsperioden und als kollektives Staatsoberhaupt einen zwanzigköpfigen Präsidialrat (einen Präsidenten, zwei Vizepräsidenten und 17 Mitglieder), die Regierung (Ministerpräsident und Ministerrat) und das Oberste Gericht.

Nationalfahne: Als einigendes Freiheitssymbol verehren die Ungarn seit der Revolution von 1848 die historische Trikolore aus drei gleich breiten waagrechten Streifen in den Farben Rot, Weiß und Grün. Dabei vertritt Rot den Wimpel des Heerführers Árpád während der Landnahme 896, Weiß das apostolische, ›gottgesandte‹ Herrscheramt des heiligen Stephan (Szent István) als erster König und Bekehrer der Ungarn um das Jahr 1000 und Grün die Fruchtbarkeit des Landes. Die Staatsfahne trägt seit 1956 zusätzlich das Staatsemblem, ein Dreifarbenschild (Kossuth-Wappen) im Ährenkranz.

Nationaler Gedenktag: 23. Oktober

Staatsfeiertage: 4. April, 1. Mai und 20. August

Staatsgebiet: Das ungarische Territorium erstreckt sich über 93 032 km² zwischen 45° 45′ bis 48° 35′ nördlicher Breite und 16° 05′ bis 22° 55′ östlicher Länge. Die Ausdehnung von Ost nach West beträgt 510 km, von Nord nach Süd 320 km; die Staatsgrenze mißt 2242 km, davon 608 km zur CSFR im Norden, 356 km zu Österreich im Westen, 631 km zu Jugoslawien im Süden, 432 km zu Rumänien im Osten und 215 km zur Sowjetunion im Nordosten.

Bevölkerung: 10 610 000 Einwohner = 114/km², davon 55 % in den Städten, mit einer durchschnittlichen Lebenserwartung von 71 Jahren und einer jährlichen Abnahme von 0,1 % (1987). Vergleiche:
Österreich 83 854 km², 7 568 400 Ew. = 90/km², 56 %, 74 Jahre, 0 %;

Bundesrepublik Deutschland: 248709 km², 61170500 Ew. = 246/km², 86 %, 75 Jahre, – 0,14 %;
Schweiz 41293 km², 6567000 Ew. = 159/km², 60 %, 77 Jahre, + 0,2 %.

Ethnische Zusammensetzung: 96,6 % Magyaren, 320000 Zigeuner, 220000 Deutsche, 110000 Slowaken, 25000 Rumänen.

Religionsbekenntnis (Schätzung): 7000000 Katholiken (6500000 römisch-katholisch, 500000 griechisch-katholisch), 2433000 Protestanten (2000000 Reformierte = Calvinisten, 433000 Evangelische = Lutheraner), 273000 Griechisch-Orthodoxe, zumeist serbischer Herkunft, 43000 Juden.

Verwaltungsgliederung: Hauptstadtbezirk Budapest, 5 Großstadt-Bezirke Miskolc, Debrecen, Szeged, Pécs und Győr und 19 Bezirke (Komitate; ungarisch: megyek) mit 92 Kreisen (ungarisch: járás), 2957 Gemeinden und 109 Städten.

Geschichtlicher Überblick

Ur- und Frühgeschichte

Ungarn zählt zu den ältesten Siedlungsgebieten Europas. Spuren des Vormenschen, der vor 500000 Jahren lebte, wurden in Vértesszőllős bei Tata erschlossen. Bedeutende Funde der *Altsteinzeit* (Paläolithikum), die etwa 150000 Jahre zurückreichen, kamen in Höhlen im Bükk-Gebirge zutage. Vor etwa 50000 Jahren wanderten Vorfahren des heutigen Menschen von Südosten in das Karpaten-Becken ein. Vom Jenseitsglauben altsteinzeitlicher Jäger, Sammler und Fischer künden unter anderem Werkzeuge aus Elchknochen und Hirschgeweihen aus der Lehmgrube bei Lovas am Balaton, wo schon vor etwa 35000 Jahren roter Farbstoff für Körperbemalungen – vermutlich zu kultischen Zwecken – gewonnen wurde.

In der *Mittelsteinzeit* (Mesolithikum), um 8000 v. Chr., veränderte sich das Klima ungefähr zu den heutigen Gegebenheiten und ermöglichte so die allmähliche Umstellung von Jagen und Sammeln auf erste Produktionsweisen, die Züchtung von Wild-Pflanzen und die Haustierhaltung.

Ein grundlegender Wandel vollzog sich in der *Jungsteinzeit* (Neolithikum): Einwanderer von der Balkan-Halbinsel führten um 5500 v. Chr. Ackerbau (Weizen, Gerste) und Viehzucht (Schafe, Ziegen) ein. Die ältesten, Ackerbau treibenden Volksgruppen ließen sich im südöstlichen Teil der Großen Tiefebene nieder, an den Körös-Flüssen. Dieser Körös-Kultur entspricht die Starčevo-Kultur in Transdanubien und im Nordbalkan. In der mittleren Phase der Jungsteinzeit (4500–4000 v. Chr.) verlagerte sich der Schwerpunkt der Tierhaltung auf Rinder und Schweine, die ursprünglich als Wildtiere in Ungarn lebten. Um diese Zeit bildete sich im Donauraum die ›Bandkeramik‹ heraus, die in Ungarn in verschiedenen Formen und Kulturkreisen auftrat: als ›Linearbandkeramik‹ im Alföld, in der Bükker Kultur des nördlichen Mittelgebirges, in der transdanubischen Zselizer Kultur und der Banater-(Vinča-)Kultur im Süden. Auch gegen Ende der Jungsteinzeit (4000–3400 v. Chr.) weist die Bevölkerung enge kulturelle Beziehungen zum Nordbalkan auf, des weiteren zum Mittelmeerraum: die Theiß-Herpály-Kultur im Osten, die bevorzugt Tell-Siedlungen auf Schutt- und Abfallhaufen früherer Generationen anlegte (Tell = arabisch: Hügel, Anhöhe), und die Lengyel-Kultur im Westen.

Bemalte Tongefäße, Lengyel-Kultur (späte Jungsteinzeit) in Westungarn

Ein herausragende Rolle spielte die Verehrung der großen Muttergöttin; die schönste Statuette stammt aus Kökénydomb bei Hódmezővásárhely im Süden der Großen Tiefebene. An die Seite der ›Großen Mutter‹ trat der ›Gott mit der Sichel‹, der dem griechischen Kronos entspricht. In Gräberfeldern Transdanubiens fällt ein eigenartiger Totenbrauch auf, vermutlich ein totemistischer Ahnenkult, bei dem Menschenköpfe durch Schweinekiefer oder tierköpfige Gefäße ersetzt wurden.

In der *Kupferzeit* (Chalkolithikum, 3400–2000 v. Chr.) tauchte das neuartige Metall anfangs nur als kostbares Schmuckobjekt auf, ab 2500 v. Chr. wurde es mit Gold in größeren Mengen in Siebenbürgen abgebaut. Ostalpine Volksgruppen verbreiteten die Technik des Kupferschmelzens in Westungarn. Gegen Ende der Kupferzeit wanderten vom Balkan und aus östlichen Steppengebieten Hirtennomaden ein, deren Stammeshäuptlinge und Herdenbesitzer mit reichen Grabbeigaben beigesetzt wurden. Wagenmodelle aus Ton dienten anscheinend als Fahrzeuge für die ›Jenseitsreise‹, hohle Tierstatuetten wohl als Klappern zum Verscheuchen böser Geister. In der Péceler-(Badener-) Kultur um 2100 v. Chr. setzte sich der Glaube an die Reinigungskraft des Feuers durch: Menschenförmige Urnen bargen

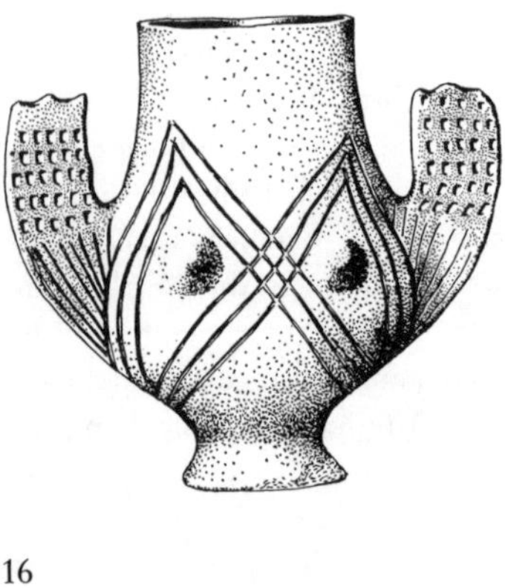

Urne mit ›Vogelschwingen‹, späte Kupferzeit, um 2100 v. Chr.

die Asche der Toten, seitlich angesetzte, stilisierte Vogelschwingen symbolisierten den Flug der Seele in die himmlische Heimat.

Am Beginn der *Bronzezeit* (2000–800 v. Chr.) stießen indoeuropäische (indogermanische) Völker und Stammesverbände aus den Steppen Südrußlands nach Westen und Süden vor. Über Kleinasien und den Südosten Europas gelangten eine höher entwickelte Landwirtschaft und die Kenntnis der Bronzeherstellung – die Legierung von Kupfer und Zinn – nach Ungarn. Aus Westeuropa wanderten ›Glockenbecher-Leute‹ bis zum Donauknie ein (die in Spanien beheimatete jungsteinzeitliche Glockenbecher-Kultur erhielt ihren Namen von weich geschweiften Keramikgefäßen). Bronzezeitliche Dörfer lagen bevorzugt an Wasserläufen oder Hügelhängen, die gut bewaffnete Kriegeraristokratie lebte in Erdburgen. Prächtige Grabbeigaben – Prunkwaffen aus Bronze, Goldschmuck, verzierte Keramikgefäße mit Vogelkörpern und Menschengesichtern und anderes mehr – sollten den Reichen ein standesgemäßes Leben im Totenreich sichern. Handelsstraßen verbanden das Baltische Meer (die Ostsee) mit dem Mittelmeerraum, wie u. a. Bernsteinschmuck und ägyptisch-syrische Fayenceperlen beweisen. Während der Mittleren Bronzezeit (Ende 14. Jh. v. Chr.) eroberten viehzüchtende Stämme der Hügelgräber-Kultur aus ihrem Kernland zwischen Rhein und Alpen die westliche Hälfte des Karpaten-Beckens.

Zur Späten Bronzezeit (1200–800 v. Chr.) siedelten Volksgruppen der *Urnenfelder-Kultur* in Westungarn sowie in der Großen Tiefebene (Totenverbrennung und Beisetzung der Asche auf großen Friedhöfen). Die Urnenfelder-Kultur stand in Verbindung mit den Illyrern, die zum Mittelmeer vorstießen und den ›Seevölkersturm‹ auslösten.

In der *Älteren Eisenzeit* (auch Früheisenzeit, 800–400 v. Chr.) gehörten die Ackerbauern Westungarns zum Kreis der Hallstatt-Kultur (benannt nach dem Gräberfeld von Hallstatt in Oberösterreich). Diese *illyrischen Pannonier* sind das erste namentlich bekannte Volk auf ungarischem Boden. Ihr Kriegeradel wohnte in gewaltigen Erdburgen und ließ sich in

Tongefäße und Mondidole (›Feuerböcke‹) aus Gräbern bei Sopron, Urnenfelder-Kultur, um 1200 v. Chr.

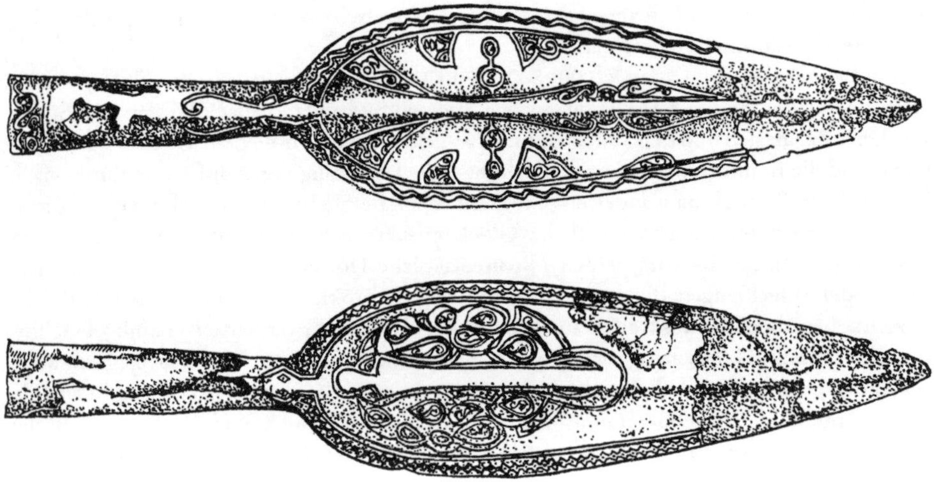

Gravierte Speerspitzen der Kelten, Jüngere Eisenzeit (4.–1. Jh. v. Chr.)

Hügelgräbern bestatten. In der Großen Tiefebene und weiter im Osten entwickelte sich dagegen eine Steppenkultur von Reiterstämmen – *Kimmerer, Thraker* und *Skythen* –, die den eurasischen Tierstil mit sich brachten und auch den Gebrauch der Töpferscheibe verbreiteten, den sie in griechischen Kolonien am Schwarzen Meer erlernt hatten. Skythische Fürstengräber bargen Wagen- und Pferdebestattungen sowie kunstvoll gearbeitete Bronze-, Eisen- und Goldgegenstände, bevorzugt mit Hirsch-Darstellungen.

Am Beginn der *Jüngeren Eisenzeit* (auch Latène-Zeit, nach dem Schweizer Hauptfundort) drangen ab 400 v. Chr. *Kelten* in Ungarn ein. Wichtigster Stamm waren die Boier aus der Gegend um Bologna (Bononia), von denen sich Teile in West- und Nordungarn niederließen oder nach Mähren weiterzogen. Um Budapest und entlang der Donau siedelten die Erawisker, im übrigen Karpaten-Becken Skordisker, Taurisker und andere Keltenstämme. Nach Kämpfen verschmolzen sie ab dem 3. Jh. v. Chr. mit der früheren Bevölkerung, den Illyrern (Ur-Pannoniern) im Westen, Skythen in der Großen Tiefebene und Dakern in Siebenbürgen. Kelten wohnten bevorzugt in Berg- und Hügelfestungen (oppida), die durch Balkengerüste mit Steinfüllungen (›Bollwerke‹, murus Gallicus = gallische Mauer) geschützt waren. Weitreichende Handelsbeziehungen, besonders die ›Bernstein‹-Straße von der Ostsee zum Mittelmeer, brachten künstlerisch hochstehende Importwaren ins Land, befruchteten aber auch heimische Werkstätten. Zu den schönsten Funden aus keltischer Zeit zählen Gefäße mit menschen- und tiergestaltigen Henkeln, Goldschmuck mit Filigran- und Granulat-Verzierungen, Fibeln, Münzen, Tierplastiken und Schwerter mit eingravierten Ornamenten (›ungarischer Schwertstil‹).

Die Römerzeit (10 v. Chr. – 433 n. Chr.)

Mit der Eroberung des Ostalpenraumes begannen die Römer 15 v. Chr., im letzten Lebens- und Regierungsjahr des Kaisers Augustus. Ziel dieses über Jahrzehnte dauernden militärischen Unternehmens war die Sicherung der Mittelmeerländer gegen Norden bis zur Rhein-Donau-Linie, einer etwa 3000 km langen, natürlichen Grenze. Um 10 v. Chr. unterwarfen sie die illyrisch-keltischen Pannonier, deren Gebiet – Westungarn, Kroatien, das Wiener Becken und das Burgenland – als *Provinz Pannonia* dem römischen Weltreich eingegliedert wurde; der Wienerwald bildete die Grenze gegen die im Westen benachbarte Provinz Noricum. Die Große Tiefebene östlich der Donau blieb weiterhin in der Hand iranischer Reiternomaden, auch nach Unterwerfung der Daker durch Kaiser Trajan 105 n. Chr. (Provinz Dacia/Rumänien).

Voraussetzung für die Eroberung und Sicherung dieser Gebiete sowie zur Gestaltung des bürgerlichen Lebens war der *Ausbau von Straßen,* auf denen die Legionen marschieren konnten, der Nachschub verlief und die Post- und Kurierdienste unterhalten werden konnten. Die von Rom ausgehende Via Aemilia verband den wichtigsten Mittelmeerhafen Aquileia (nördlich von Venedig) mit dem Donauübergang bei Carnuntum (Petronell/Deutsch Altenburg östlich von Wien). Dieser 600 km lange Teil der Via Aemilia über Savaria (Szombathely) und Scarbantia (Sopron) folgte den Spuren der ›Bernstein‹-Straße. Auf ihr fuhren auch Kaufleute aus Italien zu den neuen Absatzmärkten im Norden. Abzweigungen der Via Aemilia verbanden alle Städte und bedeutenden Siedlungen der Provinz Pannonia.

Zur Sicherung gegen die ›Barbaren‹ im Norden und Osten – die Germanen in Böhmen und Mähren und die iranischen Reiterkrieger der Tiefebene – ließ Kaiser Claudius (41–54 n. Chr.) an der Donau den *Limes* (= Wall) anlegen, ein Verteidigungssystem von Grenzburgen im Abstand von 15 bis 30 km mit dazwischenliegenden Wachttürmen, das im 2. Jh. ausgebaut und verstärkt wurde.

Städte errichteten die Römer grundsätzlich nicht auf Berghöhen, sondern im Schutze ihrer Heermacht in der Ebene. Die meisten römischen Siedlungen Pannoniens erwuchsen aus illyrisch-keltischen Gründungen, so auch Savaria (Szombathely), die erste Hauptstadt der Provinz. Bei der von Kaiser Trajan 106 n. Chr. verfügten Provinzteilung wurde Carnuntum zur Hauptstadt von Oberpannonien (Pannonia superior) erhoben, Savaria blieb aber Sitz der Zivilverwaltung und religiöses Zentrum. Unter- oder Niederpannonien (Pannonia inferior) nahm den kleineren, östlichen Teil der Provinz ein; Hauptstadt war Aquincum (Óbuda), religiöses Zentrum die Stadt Gorsium-Herculia. Im Rahmen der Reichsreform Kaiser Diokletians wurde Pannonia um 295 n. Chr. neuerlich geteilt; Sopianae (Pécs) erhielt damals den Rang der Hauptstadt der Provinz Valeria.

Das *religiöse Leben* war in römischer Zeit überaus vielseitig: Neben dem Staats- und Kaiserkult, der Verehrung der Kapitolinischen Trias (Jupiter, Juno, Minerva) und der übrigen römischen Götter huldigte man weiterhin den einheimischen keltischen Gottheiten. Legionen aus dem Nahen Osten verbreiteten orientalische Mysterien- und Fruchtbarkeitskulte (Mithras, Jupiter Dolichenus, Isis). Jüdische und christliche Gemeinden sind seit dem

Keltischer Grabstein der Römerzeit

3. Jh. bezeugt; offizielle Anerkennung fand das Christentum seit dem Mailänder Edikt Kaiser Konstantins des Großen im Jahre 313. Um jene Zeit wurde in Savaria der hl. Martin geboren, der Schutzpatron des Frankenreiches.

Der Blütezeit der Provinz Pannonia folgten zahlreiche *Einfälle der ›Barbaren‹:* 166 n. Chr. überschritten die germanischen Markomannen (›Grenzmänner‹) und Quaden die Donaugrenze, iranische Sarmaten und Jazygen drangen aus der Tiefebene vor. 180 n. Chr. starb Kaiser Marc Aurel, der ›Philosoph auf dem Kaiserthron‹, im Militärlager Vindobona (Wien). Iranische Reiternomaden (Sarmaten, Alanen, Roxolanen) und Germanen – unter ihnen um 400 n. Chr. auch Vandalen – fielen immer wieder plündernd und brandschatzend

Mithras-Stein aus Intercisa, 3. Jh. n. Chr., Museum in Dunaújváros

in Pannonia ein; im Laufe der Zeit siedelte man Teile der unterworfenen Fremdvölker auf pannonischem Boden an und nahm sie in die römischen Grenztruppen auf. Ende des 4. Jh. konnte das innerlich geschwächte Römerreich dem Druck kriegerischer Einfälle und der Völkerwanderung nicht mehr standhalten. 271 n. Chr. hatten die Römer die Provinz Dacia geräumt, 433 n. Chr. überließen sie Pannonia den Hunnen.

Hunnen, Germanen, Awaren, Slawen (Anfang 5. – 9. Jh.)

Die *Hunnen* vereinten von 433 bis 454 erstmals das ganze Karpaten-Becken unter ihrer Herrschaft – in diesem Sinne können sie als Vorfahren der Awaren und Magyaren gelten. Von Innerasien kommend, überschritten die turkstämmigen Hunnen 375 n. Chr. die Wolga, zerschlugen das Ostgoten-Reich am Schwarzen Meer und drangen weiter nach Westen vor. Nach Beseitigung seines Bruders Bleda wurde *Attila* (der Ätzel/Etzel im Nibelungenlied) Alleinherrscher und nannte sich den ›Schmiedehammer der Welt‹. Getrieben vom Sendungsbewußtsein der Reiternomaden, führte er seine großangelegten Kriegszüge gegen das Weströmische Reich. Nach der Schlacht auf den Katalaunischen Feldern in Gallien (451) zog sich Attila in seine Residenz an der Theiß zurück, wo er plötzlich im Jahre 453 starb. Sein Großreich vom Ural bis zum Rhein zerfiel; die Mehrheit der Hunnen kehrte an den Unterlauf von Wolga und Don zurück (s. S. 23).

Mehr als hundert Jahre lang, von 454 bis 568, teilten sich *germanische Völker* den Besitz des Karpaten-Beckens: Den Rugiern, Herulern und Ostgoten in Transdanubien folgten 527 die Langobarden, in der Tiefebene siedelten Skiren, östlich der Theiß nach wie vor die Gepiden. Mit Hilfe der Awaren vernichteten die Langobarden 567 den Gepiden-Staat, 568 zogen sie – wie vor ihnen die Ostgoten – nach Oberitalien, wo sie ein eigenes Staatswesen gründeten. Damit endete die Völkerwanderung der Ostgermanen.

Im Jahre 568 vereinte Bajan, der Khagan (Großfürst) der turkstämmigen *Awaren* aus Innerasien, als ›Erbe‹ der Hunnen das Karpaten-Becken unter seiner Herrschaft. Um 680 ließen sich bulgaro-türkische Nomadenstämme aus dem Wolga-Don-Gebiet an der Donau nieder (Donau-Bulgaren), die manche Historiker als die ersten Magyaren oder die Szekler ansehen. Kaiser Karl der Große zerschlug in zwei Feldzügen (791 und 796) das Awaren-Reich; 799 gründete er die Pannonische oder Karolingische Mark (Ostmark), die bis zur Raab reichte und von Siedlern aus Bayern und Salzburg kolonisiert wurde. Der Großteil der Awaren zog sich nach Osten zurück, ein Teil verblieb zwischen Neusiedler- und Plattensee, einige Stämme vermischten sich in den Karpaten mit Slawen und Resten der Gepiden. 835 erhielt der Slawenfürst Pribina das Gebiet um den Plattensee und den Südteil Transdanubiens als Lehen. Das nordungarische Bergland gehörte zum Großmährischen Reich, die Tiefebene und das heutige Rumänien zum bulgarischen Zarenreich. In diese Machtverhältnisse stießen Ende des 9. Jh. die landnehmenden Magyaren.

Vom Ural an die Donau – Die Geschichte der Ungarn bis zum Ende der Streifzüge (968)

Bevor die Magyaren (Ungarn) Ende des 9. Jh. das Karpaten-Becken in Besitz nahmen, hatten sie bereits eine mehrtausendjährige Geschichte und lange Wander- und Eroberungszüge vom Ural über die südrussische Steppe und das Donaudelta hinter sich.

Einzig zuverlässiger Nachweis ihrer Herkunft ist die Sprache, die in Mitteleuropa völlig vereinzelt dasteht. Ungarisch bildet die südlichste und zugleich zahlenmäßig stärkste Gruppe der *finno-ugrischen Sprachfamilie*, gefolgt von Finnisch und Estnisch. (Noch älter ist die uralische Sprachgemeinschaft, aus der einerseits die Samojeden, andererseits die Finno-Ugrier hervorgegangen sind.) Die Urheimat der Finno-Ugrier lag am mittleren Ural-Gebirge, dem Tobol und seinen Nebenflüssen, wo sie von Ren- und Elchjagd sowie Fischfang lebten. Im 3. Jahrtausend v. Chr. löste sich die finno-ugrische Sprachgemeinschaft allmählich auf. Die Angehörigen der finnischen Sprachgruppe (oder die finnisch-permische Gruppe) zogen westwärts, bis zur Ostsee, die Ugrier dagegen ließen sich um 2000 v. Chr. an den Südosthängen des Urals nieder und stellten ihre Lebensweise auf Viehzucht und Hackbau um. Klimaverschiebungen um 1500 v. Chr. bewirkten die endgültige Trennung der Ugrier: Die Wogulen und Ostjaken folgten der Waldregion bis an den Ob – etwa 30 000 ihrer Nachkommen, die ›Mansi‹ und ›Chanti‹, leben noch in Sibirien –, die Ahnen der Ungarn zogen über den Ural nach Westen und gerieten allmählich in den Bannkreis des *Reiternomadentums* der eurasischen Steppe. Die ›Suche nach Wasser und Gras‹ (Th. v. Bogyay) erforderte eine Pendelbewegung zwischen Sommerweiden und Winterquartieren, aber keineswegs ein ruheloses Umherwandern. Von iranisch-skythischen Völkern aus der Gegend um den Aral-See übernahmen sie den Gebrauch des Pferdes als Reittier, den Reflexbogen sowie religiöses Gedankengut, den Hirsch- und Pferdekult und den Glauben an ihre halbgöttliche Abstammung vom Turul-Vogel (s. S. 25). Um 500 v. Chr. erreichten die Vorfahren der Ungarn die Flußauen an Wolga und Kama und die Steppenregion südwestlich des Ural-Gebirges, das heutige *Baschkirien* (Teilgebiet der Russischen Föderation), die Heimat der turkstämmigen Baschkiren. Die ungarische Geschichtsschreibung spricht von Groß-Ungarn (lateinisch: Magna Hungaria), weil sich hier in einem Zeitraum von tausend Jahren, also bis um 500 n. Chr., das altungarische Volk formte.

Die Selbstbenennung *›Megyer‹ (Magyar, Magyaren)* kommt wohl vom stärksten Stamm der Altungarn und setzt sich vermutlich aus den finno-ugrischen Wörtern für ›reden‹ und ›Mann‹ zusammen, bedeutet also die ›Redenden‹ – zur Unterscheidung von ihren ›stummen‹, nämlich unverständlichen Nachbarvölkern. Gemeint waren die nomadischen und halbnomadischen Steppenvölker zwischen Wolga, Don und Kaukasus: die iranischen Alanen (die Ahnen der Osseten), von denen die Altungarn den Krummsäbel, den Harnisch und den Pflug kennenlernten, und die westtürkischen Bulgaren (Bulgaro-Türken, Wolga-Bulgaren), von denen sie den Steigbügel übernahmen. Im Laufe der Zeit flossen viele türkische und manche iranische Lehnwörter in die ungarische Sprache ein. Gemeinsamkeiten mit

Turkvölkern leben bis heute auch in der ungarischen Melodik weiter, deren fünfstufiges Tonsystem (Pentatonik) Verwandtschaft zu innerasiatischem Liedgut aufweist.

Im Zeitraum zwischen 500 und 700 n. Chr. gehörten die Magyaren (Ungarn) zeitweilig zum Stammesverband der *Onoguren*, den zehn mächtigsten Stämmen im Bulgarischen Großreich an Wolga und Don, das aus westtürkischen und hunnischen Scharen entstanden war. (Die Hunnen kehrten nach König Attilas Tod [453] in die südrussische Steppe zurück.) Von diesen bulgaro-türkischen Onoguren, deren Name ›zehn Pfeile‹ (Stämme) bedeutet, entwickelten sich die Bezeichnungen Hungarus, Hongrois, Vengri und schließlich ›*Ungar*‹ und ›*Ungarn*‹. (Byzantinische und orientalische Geschichtsquellen setzten die Ungarn lange Zeit einfach mit den Turkvölkern gleich; sogar ihre heutige Heimat erscheint in mittelalterlichen Chroniken als ›Turkia‹.)

Nach dem Zerfall des Wolga-Bulgarischen Reiches gerieten die Magyaren um 750 unter die Herrschaft der *Chasaren* (Chazaren), deren gewaltiges Herrschaftsgebiet sich zwischen der Halbinsel Krim, dem Kaspischen Meer und dem Kaukasus erstreckte. Von den halbnomadischen Chasaren – sie pflegten Ackerbau und Viehzucht und erzielten hohe Einnahmen aus Handelszöllen – übernahm der lose Stammesverband der Magyaren eine straffere Organisation und die Zeremonie der ›Schilderhebung‹ des Stammesführers, die wiederum auf byzantinische Traditionen zurückgeht. Nach echter Reiternomadenart besiegelten die Magyaren die Einheit des Volkes mit einem Blutsvertrag.

Um 830 befreite sich die Mehrzahl der Magyaren aus der Chasaren-Herrschaft. Die Ostmagyaren verblieben an der Wolga (s. S. 100), *sieben Magyaren-Stämme* und drei Kabaren-Stämme (ein Zweig der Chasaren) zogen unter dem Druck der Petschenegen, einem Turkvolk vom Aral-See, gegen Westen. Über das Zwischenstromland (›Etelköz‹) vom Dnjepr bis zum Unterlauf der Donau erreichten die Magyaren den Karpaten-Bogen. Vom Jahre 862 an fielen kriegerische und nomadisierende Gruppen in die Grenzgebiete des Ostfränkischen Reiches ein, die eigentliche *Landnahme* begann im Herbst 895. Unmittelbaren Anlaß hierfür bot das Bündnis der Magyaren mit Byzanz gegen die Donau-Bulgaren, die ihrerseits die Petschenegen auf sie hetzten. So mußten die Magyaren in das Karpaten-Becken ausweichen, das jedem Reitervolk aus Südrußland als westlichste ›Insel‹ der eurasischen Steppe erschien, als ein ›Gelobtes Land‹ (Bogyay) mit saftigen Weidegründen. Zunächst besetzten sie das Tiefland zwischen Donau und Theiß, das den Bulgaren unterstand, dann eroberten sie das von Slawen und Resten der Awaren bewohnte nördliche Bergland – damals ein Teil des zerfallenden Großmährischen Reiches – und zuletzt das seit Karl dem Großen von Bayern und Slawen besiedelte Gebiet westlich der Donau. Die Zahl der landnehmenden Magyaren wird auf 500000 geschätzt, davon 20000 bewaffnete Reiter, die ansässige Bevölkerung auf 200000 Menschen.

Die Überlieferung und manche Geschichtswerke schreiben die Anführerschaft während der Landnahme allein dem *Fürsten Árpád* zu. Zeitgenössische byzantinische und islamische Geschichtsquellen erwähnen aber ähnlich wie bei den Awaren und Chasaren drei Würdenträger: Kurszán waltete als Kende, eine Art religiöses Oberhaupt und Großfürst, Árpád hatte den Posten des Gyula inne, des Heerführers, und Tétény (beim Chronisten Anony-

Fürst Árpád bei der Landnahme im Jahre 896, Gemälde von Mihály Munkácsy im Parlament von Budapest

mus: Tuhutum) die Stellung des Harka – des zweiten Befehlshabers. Im Juli 907 rächten die Magyaren den Meuchelmord der Bayern an Großfürst Kurszán in der Schlacht vor Preßburg: Graf Luitpold erlitt eine vernichtende Niederlage, die Karolingische Ostmark zerfiel, Wien geriet unter ungarische Oberhoheit. Árpád nahm nach Kurszáns Tod die Würde des Großfürsten ein.

Nach der Landnahme suchten magyarische Reiterscharen etwa sechzig Jahre lang das Abendland in schrecklichen *Raubzügen* heim, die von den Ungarn gerne als ›Abenteuerzüge‹ bezeichnet werden. Zur Sicherung ihrer neuen Heimat und Einschüchterung der feindlichen Umwelt stießen sie zwischen 898 und 968 nach West- und Südeuropa vor. »De sagittis Hungarorum libera nos, Domine!« (Vor den Pfeilen der Ungarn errette uns, o Herr) betete man in Kirchen und Klöstern lange Zeit vergeblich. Erst am 10. August 955 bannte der deutsche König Otto I. die Ungarngefahr mit dem überwältigenden Sieg auf dem Lechfeld vor Augsburg. Die ungarischen Heerführer Bulcsú und Lél (Lehel) endeten am Galgen.

Abstammungsmythen und -sagen der Magyaren

Mythen und Sagen aus der Vorzeit der Magyaren schildern sehr eindrucksvoll ihre Herkunft aus dem Grenzbereich zwischen Europa und Asien, ihre Beziehungen – und wohl auch teilweise Durchmischung – mit turkstämmigen und iranischen Reitervölkern sowie ihr Vordringen über die südrussische Steppe in ihre heutige Heimat. Mittelalterliche Geschichtsschreiber verwoben diese uralten Überlieferungen mit einer angeblichen Abstammung von den Hunnen, um den Herrschaftsanspruch der Magyaren im Karpaten-Becken zu begründen. Auch national-ungarisch gesinnte Autoren im vorigen Jahrhundert – unter ihnen Ferenc Kölcsey (1790–1838), der Dichter der Nationalhymne – hielten den Fürsten Árpád für einen unmittelbaren Nachfahren des Hunnenkönigs Attila, der bei der Landnahme das Gebiet seiner Väter einforderte.

Die Sage vom Ursprung des Árpáden-Geschlechts verbindet Reste mutterrechtlicher Gesellschaftsformen der seßhaften Ur-Magyaren im Ural mit Mythen iranisch-skythischer Reiternomaden. Der altiranische Sonnenadler wandelte sich zum *Riesenfalken* (oder *-habicht*) *Turul*, dem halbgöttlichen Abstammungstier (Totem) der Magyaren-Fürsten, der sie als Kriegsgenius beschützte und den Weg in die neue Heimat wies. So heißt es denn: »Die Stammutter Emese sieht im Traum den Vogel Turul, aus ihrem Schoße entspringt ein glorreicher Strom, das Herrscherhaus der Árpáden, darunter als erster Álmos, dem Wortsinn nach der ›Erträumte, Verkündete‹, der Vater des Árpád.«

Über die gemeinsame Herkunft der *Magyaren, Hunnen, Bulgaro-Türken* und *Alanen* berichtet folgende Sage: »Der Riese Ménrót (Nimród) zog nach der (Babylonischen) Sprachverwirrung in das Land Evilat, das jetzt Persis heißt. Hier gebar ihm sein Weib Enö zwei Söhne, Hunor und Mogor, von denen die Hunnen und Magyaren abstammen. Eines Tages verfolgten sie eine Hirschkuh (ein ›weisendes‹ Totemtier iranisch-skythischer Völker) bis zu den Sümpfen von Maeotis (am Asowschen Meer), und sie wurden gewahr, daß dieses Sumpfland ein gutes Weideland für das Vieh sei. Sie ließen sich dort nieder, und nach einigen Jahren stießen sie auf die Kinder und die Söhne von Belar (= Bulgar, den Fürsten der Bulgaro-Türken), die gerade ohne ihre Männer in der Heide ihre Zelte aufgeschlagen hatten. Unter den Kindern befanden sich auch die beiden Töchter des Dula, des Fürsten der Alanen. Hunor nahm die eine und Mogor die andere zum Weibe. Von ihnen stammen alle Hunnen und Magyaren ab.«

Die Árpáden-Dynastie (972–1301)

Die vernichtende Niederlage auf dem Lechfeld hat den Glauben an die Unbesiegbarkeit der ungarischen Reiterscharen schwerstens erschüttert. *Großfürst Géza* (Geisa, 972–997), ein Urenkel Árpáds, erkannte die Notwendigkeit, sein Wandervolk zu einem christlichen Kulturstaat zu formen, sollte ihm nicht das Schicksal der Hunnen und Awaren widerfahren. Einige Magyarenfürsten hatten sich in Byzanz taufen lassen, Géza wählte aber nicht die griechisch-slawische (oströmische) Kulturgemeinschaft, sondern wandte sich der lateinisch-germanischen (weströmischen) zu. Als erster Missionar ist der hl. Wolfgang überliefert; nach dem Reichstag von Quedlinburg entsandte Kaiser Otto I. weitere Priester und einige deutsche Ritter nach Ungarn. Nach Anfängen der Christianisierung seines Volkes begann Géza, die Macht der Stämme zu brechen, ihren Großgrundbesitz zu enteignen und eine starke Zentralmacht aufzubauen; zwangsläufig »befleckte er dabei seine Hände mit Blut«, wie zeitgenössische Autoren berichten.

Den Ausgleich mit dem mächtigen Gyula von Siebenbürgen suchte er durch die Heirat mit dessen schöner Tochter Sarolta. Ihr Sohn Vajk erhielt in der Taufe durch Bischof Pilgrim den Namen *Stephan (István)* nach dem Erzmärtyrer Stephanus, den Schutzheiligen des Bistums Passau. Zur Eindämmung des kaiserlichen Einflusses in Ungarn brach Géza die Mission des kaisertreuen Bischofs Pilgrim ab und betraute den vom griechischen Asketentum geprägten Bischof Adalbert von Prag mit der Erziehung seines Sohnes und der Bekehrung seines Volkes.

Im Sinne einer echten Monarchie bestimmte Großfürst Géza seinen Sohn Stephan zum Thronfolger (in der alten Steppenordnung galt die ganze Fürstensippe als herrschaftsfähig). 996 vermählte sich Stephan mit *Gisela von Bayern,* der Tochter Herzog Heinrichs des Zänkers und Schwester des späteren Kaisers Heinrich II., 997 folgte er seinem Vater als Großfürst, zu Weihnachten des Jahres 1000 (oder 1001) wurde er mit einer von Papst Silvester II. übersandten Krone zum ersten König von Ungarn gekrönt. Am Beginn seiner Herrschaft mußte er Aufstände des Fürsten Koppány von Somogy (östlich des Balaton) und des Fürsten Ajtony der ›Schwarzen Ungarn‹ am Maros in Südungarn niederschlagen; zuletzt unterwarf sich der Gyula von Siebenbürgen der Königsmacht.

Stephan vollendete das Werk seines Vaters und schuf einen *christlichen Feudalstaat nach westlichem Vorbild,* allerdings unter Berücksichtigung der Stammesgebiete des Kriegeradels aus der Zeit der Landnahme. Auf den Ländereien der Sippenverbände wurden Burgkomitate eingerichtet, an deren Spitze die vom König eingesetzten Gespane (ungarisch: ispán, lateinisch: comes = Graf) standen, die auch manche öffentlichen Ämter der entmachteten Stammesführer übernahmen. Im Westen wurden ›Grenzwächter‹ meist fremder Herkunft angesiedelt, wie beispielsweise Petschenegen. König Stephan gebot nunmehr uneingeschränkt über Land und Volk als Familiengut, zweitgrößter Grundbesitzer wurde die Kirche. Im Gegensatz zu seinem Vater war Stephan I. schon Christ aus tiefer Überzeugung, ein ›König von Gottes Gnaden‹. Er ließ die ganze Bevölkerung taufen, wenn nötig mit Gewalt, und verfügte die Errichtung von Kirchen, von denen jeweils zehn bis zwölf zu Dechanaten zusammengefaßt wurden, deren Gebiete weitgehend den Komitaten entsprachen. Als kirchliche Oberhoheit gründete er *zehn Bischofssitze,* darunter zwei im Rang von Erzbistümern: Esztergom (Gran) für Westungarn und Kalocsa für das Land östlich der Donau. Einflußreichste Kleriker waren die Benediktiner; außer der Erzabtei Pannonhalma stiftete König Stephan weitere Niederlassungen dieses Ordens, in denen sich eine rege Schreibtätigkeit entfaltete. Als erster Kirchenschriftsteller wirkte der Venezianer Gellért (Gerhard), der Bischof von Csanád in Südungarn.

König Stephan der Heilige, Reiterdenkmal an der Fischerbastei in Budapest, Ansicht um 1900

König Stephans I. Lebenswerk geriet in Gefahr, als sein einziger überlebender Sohn Emmerich (Imre) 1031 bei der Eberjagd tödlich verunglückte. Einziger männlicher Árpáden-Sproß war nunmehr Prinz Basilius (Vászoly), der aber der alten Stammesordnung sowie der Natur- und Zauberreligion anhing. König Stephan ließ ihn daher in der damals üblichen, grausamen Weise durch Blenden und Ausgießen der Ohren mit Blei thronunfähig machen. Als Nachfolger bestimmte er Peter Orseolo, den Sohn seiner Schwester und des Dogen von Venedig. Nach König Stephans Tod (1038) erschütterten Aufstände, Thronfehden und Königsmorde, ausländische Interventionen und Einfälle turkstämmiger Steppenvölker (Petschenegen, Uzen, Kumanen) fast vierzig Jahre lang das junge Königreich. Ausgehend vom Gebiet östlich der Theiß, erstarkten erneut die Sippenverbände und das Schamanentum; König Stephans Schwager Sámuel aus dem mächtigen Geschlecht der Aba riß die Herrschaft an sich. 1046 kehrte einer der drei geflüchteten Söhne Vászolys zurück und bestieg als *Andreas I.* (Endre; 1046–1060) den Thron. Trotz seiner engen Beziehungen zum griechisch-orthodoxen Glauben – er war in Kiew erzogen worden und mit einer Tochter Großfürst Jaroslaws des Weisen verheiratet – bemühte sich Andreas I. mit allen Kräften, den von König Stephan geschaffenen Feudalstaat westlicher Prägung wiederherzustellen.

Nach drei weiteren Herrschern (Béla I., Salomo, Géza I.) endete die erste große Krisenzeit mit dem Regierungsantritt *König Ladislaus I.* (László; 1077–1095). Mit strengen Gesetzen festigte er die Einheit des Staates und die christliche Monarchie. Die Eroberung von Teilen des Königreiches Kroatien, Dalmatien und Slawonien öffnete Ungarn den Zugang zum Mittelmeer. Zur Slawenmission gründete Ladislaus I. das Bistum Agram (Zagreb). 1083 erhielt Ungarn seine ersten Heiligen: König Stephan I. (István), Prinz Emmerich (Imre) und Bischof Gerhard (Gellért), der beim Heidenaufstand von 1046 den Märtyrertod gefunden hatte. 1095 wurde Ladislaus I. im Dom zu Várad (Großwardein) beigesetzt und 1192 als zweiter König der Ungarn heiliggesprochen. Seine Tochter Piroska (Priska), die Gemahlin des byzantinischen Kaisers Johannes Komnenos, wird in der Ostkirche als heilige Eirene (Irene; der ›Friede‹) verehrt. Heiratsbande der Árpáden mit byzantinischen und russischen Prinzessinen förderten weiterhin einen gewissen Einfluß der Orthodoxie in Ungarn.

König Koloman (Kálmán; 1095–1116) vollendete die Eroberung von Kroatien und Dalmatien sowie das Gesetzeswerk seines Vorgängers. Wegen körperlicher Gebrechen – er kränkelte und hinkte – war Koloman ursprünglich für die geistliche Laufbahn vorgesehen, erwies sich aber als kluger und tatkräftiger Herrscher, dem die Nachwelt den Beinamen ›der Bücherfreund‹ verlieh.

Unter König Géza II. (1151–1162) begann die Ansiedlung der ›Sachsen‹, deutscher Bauern von Rhein, Maas und Mosel, in Siebenbürgen, gegen Ende des 12. Jh. in der Zips. *König Béla III.* (1172–1196), der jüngere Sohn Gézas II., war der letzte absolute Herrscher aus dem Árpáden-Haus. Am Hofe Kaiser Manuel Komnenos' (dem Sohn der Piroska-Irene) erzogen und zeitweilig als byzantinischer Thronfolger vorgesehen, strebte er nach seiner Rückkehr in die Heimat vergeblich nach der Kaiserwürde. Bela III. bewährte sich als hervorragender Staatsmann, berief französische Weinbauern, Handwerker, Künstler und Geistliche ins Land, vor allem Zisterzienser, und hielt prächtig hof in seinem neuen Palast in Esztergom. Seine Ehen mit Anna von Antiochien (ein Kreuzfahrerstaat im Vorderen Orient) aus dem Hause Chatillon, einer Halbschwester der byzantinischen Kaiserin, und mit Margarethe, der Tochter des französischen Königs Ludwig VII., festigten die Beziehungen zu führenden europäischen Herrscherhäusern. Ungarns wirtschaftliche und strategische Bedeutung wuchs erheblich während der Kreuzzüge; Handelszölle, Bergbau (Gold, Silber, Kupfer, Salz in Oberungarn und Siebenbürgen) und das Münzregal erbrachten dem König hohe Einnahmen. Um 1200 verfaßte der sogenannte Anonymus (›Magister P.‹, Bischof Peter von Győr?), der namentlich unbekannte ehemalige Notar Bélas III., die ›Gesta Hungarorum‹, die erste Geschichte der Ungarn.

Wichtigstes Ereignis unter *König Andreas II.* (1205–1235) war der vom Adel erzwungene Erlaß der ›Goldenen Bulle‹ 1222, die ähnlich der englischen Magna Charta den Schutz der Krone von den Feudalherren abhängig machte. Das Recht des Adels zum bewaffneten Widerstand gegen einen willkürlich regierenden Herrscher »ohne sich des Treuebruchs schuldig zu machen« ist auch der Angelpunkt aller späteren Aufstände gegen die Habsburger. Der begabte, aber auch leichtsinnige Ritterkönig Andreas II. führte zahlreiche Kriege, gewährte den Siebenbürger Sachsen Privilegien, verpachtete das Münzrecht an jüdische und muslimische Finanzleute und stand zeitlebens unter dem Einfluß seiner drei herrschsüchtigen Königinnen. Die Ermordung seiner ersten Gemahlin Gertrud von Andechs-Meranien (der Mutter der hl. Elisabeth von Thüringen) in der Adelsverschwörung von 1213 bildet den historischen Hintergrund der ungarischen Nationaloper ›Bánk Bán‹ von Ferenc Erkel (s. S. 368, 386).

Entschiedenster Gegner der wankelmütigen Politik seines Vaters war der ernste und fromme König *Béla IV.* (1235–1270), der das Ansehen des Königtums im Sinne Bélas III. wiederherstellen wollte. Als Seelsorger und Pädagogen berief er Bettelorden (Franziskaner und Dominikaner) ins Land; mit seiner Gemahlin, der Kaisertochter Maria Laskaris, führte er das strenge byzantinische Hofzeremoniell ein. Béla IV. litt zeitlebens unter der Angst einer Kriegsgefahr aus dem Osten, und tatsächlich fielen die *Mongolen (Tataren)* unter Batu Khan im April 1241 in Ungarn ein. Nach ihrem Sieg bei Muhi am Sajó-Fluß (südöstlich von Miskolc) überschritten sie im Februar 1242 die zugefrorene Donau und stießen nach Westungarn und Kroatien vor. Der König rettete sich in die dalmatinische Inselstadt Trogir. Beim Tode des Großkhans brachen die Mongolen den Europa-Feldzug ab und zogen sich wieder in die südrussische Steppe zurück. Sie hinterließen ein verwüstetes Land, über das der Chronist des bayrischen Klosters Niederaltaich vermerkte: »Ungarn wurde nach 350-jährigem Bestand von den Tataren vernichtet.« In dieser schweren Zeit griff Herzog Friedrich II.

König Béla IV. auf der Flucht vor den Mongolen, Gemälde von Mór Than, Ungarische Nationalgalerie Budapest

der Streitbare von Österreich zum zweitenmal die Ungarn an, fiel aber in der Schlacht an der Leitha 1246; mit ihm erlosch der männliche Zweig der Babenberger.

Der Wiederaufbau unter König Béla IV. gilt als ›zweite Landnahme‹: Er ließ starke Burgen und befestigte Städte anlegen, die sich vorwiegend aus Untersiedlungen und Märkten der Königs- und Bischofsburgen entwickelten (vom Wort für Burg = vár leitet sich die Bezeichnung für Stadt = város ab). ›Latinische‹ Kaufleute und Handwerker aus Norditalien, Wallonien und Frankreich sowie Deutsche, Griechen, Serben und Juden besiedelten die Städte. Bauern und Hirten deutscher (›sächsischer‹), mährischer, ruthenischer (westukrainischer) und rumänischer Herkunft füllten die entvölkerten Landgebiete auf, bayrische Knappen berief man nach Oberungarn und Siebenbürgen: Ungarn wurde ein Land mit vielen Nationalitäten. Schon in den ›Ermahnungen‹ König Stephans an seinen Sohn Emmerich wird die Aufgeschlossenheit gegenüber Zuwanderern empfohlen, denn ... »ein Land mit *einer* Sprache und *einer* Sitte ist schwach und gebrechlich«. Zum Schutz gegen die Mongolen siedelte Béla IV. in der Tiefebene etwa 40000 Reiterkrieger an, turkstämmige Kumanen und iranisch-alanische Jazygen, die er von Dominikanern bekehren ließ. Seinen Sohn Stephan V. vermählte er mit der Tochter eines Kumanen-Fürsten, die den Taufnamen Elisabeth erhielt und sich überheblich ›Königin von Ungarn, Tochter des Kaisers der Kumanen‹ nannte. Nach der Ermordung ihres Gatten durch ihr Volk führte Elisabeth völlig unfähig die Regierung für ihren minderjährigen Sohn Ladislaus IV., den Kumanen (1272–1290). Mit König Andreas III. (1290–1301) erlosch das Árpáden-Geschlecht im Mannesstamm.

Ungarn unter dem Hause Anjou und Luxemburg (14. Jh. bis Mitte 15. Jh.)

Rund 80 Jahre lang herrschte die Anjou-Dynastie aus Neapel über Ungarn. Nach dem Aussterben der Árpáden im Mannesstamm rangen Abkömmlinge der weiblichen Linie um das Erbe. Karl Robert von Anjou, ein Enkel Königin Marias von Neapel – die wiederum vom Árpáden-König Béla IV. abstammte – wurde mit Hilfe des Papstes, italienischer Bankiers, des Johanniter-Ordens und einiger oberungarischer Städte zum König von Ungarn gewählt. Aber erst nach Kämpfen gegen Wenzel II. von Böhmen, Otto III. von Bayern und die mächtigsten ungarischen Adelssippen, die Csák und Aba, konnte er als *Karl I.* (1308–1342) den Thron besteigen. Zwistigkeiten mit der Bürgerschaft von Buda veranlaßten ihn zur Verlegung der Königsresidenz nach Temeschburg (Temesvár/Banat) und Visegrád.

Karl I. leitete militärische und wirtschaftliche Reformen ein, u. a. die Festlegung der Regalien, königliche Hoheitsrechte an Steuern, Handelszöllen und dem Edelmetallmonopol. Ungarn stand in der Goldproduktion an erster Stelle in Europa. An die Prägung der ersten ungarischen Goldmünzen nach florentinischem Muster erinnert die heutige Landeswährung, der Forint. 1335 schloß Karl I. in Visegrád ein Handelsabkommen mit Böhmen und Polen zur Ausschaltung Wiens im Ost-Westhandel; Buda stieg zum wichtigsten Umschlagplatz des Landes auf.

Ludwig I. der Große (Nagylajos; 1342–1382) erhob Buda zur Hauptstadt und Königsresidenz, eroberte Dalmatien und Kroatien zurück und erbte von seinem Oheim, dem letzten Piasten-Herrscher Kasimir dem Großen, das Königreich Polen. An die Stelle des alten Hochadels trat eine neue, königliche Aristokratie, die Ludwig I. durch die Bestätigung und Erweiterung der Goldenen Bulle belohnte. Dieses Dekret über »ein und dieselbe Freiheit« für alle Adligen und das Erbrecht der Sippe auf sämtliche Besitzungen ihrer Angehörigen blieb bis 1848 in Kraft.

Mitte des 14. Jh. fand der italienische Frühhumanismus Eingang in Ungarn. Dalmatien und Kroatien bildeten gleichsam die Brücke für den neuen Zeitgeist, und daher gründete Ludwig der Große die erste ungarische Universität (und nach Prag, Krakau und Wien die vierte in Mitteleuropa) nicht in Buda, sondern 1367 in der südungarischen Stadt Pécs. Die beiden bedeutendsten Humanisten des Landes, die Bischöfe János Vitéz und Janus Pannonius, stammten aus Kroatien.

Siegel König Ludwigs I., des Großen (1342–1382)

Nach König Ludwigs Tod (1382) war die Macht der ›heiligen Könige‹ so gefestigt, daß sogar das Thronfolgerecht seiner beiden Töchter anerkannt wurde: Hedwig (Jadwiga) erbte die Krone Polens und heiratete Großfürst Jagiello von Litauen, wodurch die polnisch-litauische Personalunion zustande kam; die elfjährige Maria bestieg den ungarischen Thron, ihre Mutter Elisabeth führte die Regentschaft. Sigismund von Luxemburg, der Sohn Kaiser Karls IV., errang durch die mit Waffengewalt erzwungene Ehe mit Königin Maria die Krone Ungarns. Kein Herrscher dieses Landes hat in der europäischen Politik eine so bedeutende Rolle gespielt wie *König Sigismund* (Zsigmond; 1387–1437): 1410–1437 römisch-deutscher König und Kaiser, seit 1419 König von Böhmen. Sein Hauptanliegen, die Schaffung einer starken, zentralen Königsmacht, konnte er aber nur teilweise verwirklichen. Fehden mit dem Hochadel zwangen ihn zum Ausgleich. Seine zweite Ehe mit Barbara von Cilli sicherte ihm die Gefolgschaft dieses mächtigen kroatisch-südsteirischen Geschlechts und ihrer ungarischen Verwandten, der Familie Garai; als Kanzler waltete János Kanizsai, der Erzbischof von Esztergom.

Unter König Sigismund blühten die Städte auf, besonders die privilegierten Bergbaustädte Oberungarns. Nach der vernichtenden Niederlage der Serben auf dem Amselfeld (1389) rückten aber die Türken gegen die Grenzen Südungarns; 1396 besiegten sie König Sigismunds Heer bei Nikopolis. Auf kirchlichem Gebiet gelang dem König beim Konzil von Konstanz 1417 ein bedeutender Erfolg: die Einschränkung der päpstlichen Verfügungsgewalt durch die Anerkennung des königlichen Patronatsrechts. Die böhmischen Hussiten-Aufstände griffen auch auf Nordungarn über, da Sigismund wesentlichen Anteil am Feuertod des Johann Hus hatte.

Das Zeitalter der Hunyadi (1445–1490)

König Sigismunds Tochter Elisabeth heiratete Albrecht von Habsburg, der aber nur zwei Jahre über Ungarn regierte. Vermutlich auf Rat des Erzbischofs János Vitéz von Esztergom verfügte König Albrecht (1437–1439) die Einschaltung des niederen Adels in die Landespolitik; entscheidende Beschlüsse wurden nicht mehr im königlichen Rat, sondern in Reichstagen gefaßt. Nach Albrechts Tod anerkannten die Stände das Erbrecht für dessen nachgeborenen Sohn Ladislaus; Königin Elisabeth ließ den Säugling mit der aus der Schatzkammer in Visegrád entwendeten ›heiligen‹ Krone Ungarns krönen. Die Mehrheit des Adels wählte aber den Polenkönig Wladislaw I. Jagiello (1440–1444), von dem nach sich Hilfe gegen die Türken erwartete – vergeblich, denn er fiel im Alter von 19 Jahren in der Schlacht von Varna (Bulgarien). Den Kind-König Ladislaus V. Posthumus und die Krone Ungarns hielt sein Großvater, Kaiser Friedrich III., in Wien zurück.

1445 wurde *János Hunyadi* zum Reichsverweser mit fast königlichen Befugnissen bestimmt. Er entstammte einer Knesen-(Kleinadels-)Familie aus der Walachei (Rumänien), wurde am Hofe König Sigismunds erzogen – für dessen unehelichen Sohn man ihn hielt – und stieg zum reichsten Großgrundbesitzer Ungarns und bedeutendsten Feldherrn seiner Zeit auf. Drei Jahre nach dem Fall von Konstantinopel errang er am 22. Juli 1456 an der Spitze seiner Söldnerarmee, eines Adelsaufgebots und eines Kreuzzugheeres den epochalen Sieg vor Belgrad, der die Türken 70 Jahre lang von Ungarn fernhielt. Papst Calixtus III. verordnete damals das bis heute übliche Mittagsläuten in den Kirchen. János Hunyadi starb noch im Lager Belgrad an Pest. Nun entbrannte ein erbitterter Kampf der Hochadelsfamilien Cilli und Garai, den Parteigängern des jugendlichen Habsburger-Königs Ladislaus V. (László; 1445–1457), gegen die ›Emporkömmlinge‹ aus dem Geschlecht Hunyadi. Ulrich von Cilli, der Ratgeber Ladislaus' V., wurde von Hunyadis Gefolgsleuten vergiftet. Der König nahm schreckliche Rache an den beiden Söhnen des Türkenbezwingers János

Königin Beatrix und König Matthias Corvinus, Marmorrelief im Historischen Museum Budapest

Hunyadi: László wurde hingerichtet, sein jüngerer Bruder Matthias in Prag eingekerkert. Wenige Monate später starb König Ladislaus V. im Alter von 17 Jahren.

Der niedere Adel, der damalige Träger des ungarischen Nationalbewußtseins, wählte den knapp 18jährigen Matthias Hunyadi zum Herrscher. *Matthias I.* (Mátyás; 1458–1490), Ungarns großer Renaissance-König, erbte das Feldherrntalent seines Vaters, übertraf ihn aber bei weitem als Staatsmann und Kunstmäzen. Der italienische Hofhistoriker Antonio Bonfini erdichtete zum Rabenwappen der Hunyadi eine Abstammung des Königs vom römischen Patriziergeschlecht der Corvini, von dem sich der Beiname *Corvinus* (von lat. corvus = der Rabe) ableitet. Seine Zeitgenossen nannten ihn den ›zweiten Attila‹ oder ›skythischen Mars‹; im Volk lebt er als ›Matthias, der Gerechte‹ in zahlreichen Anekdoten und weisen Sprüchen weiter. Unter dem Einfluß seiner zweiten Gemahlin Beatrix von Neapel aus dem Hause Aragonien ließ König Matthias den Hof zu Buda und Visegrád zum ersten und glanzvollsten Zentrum der florentinischen Frührenaissance in Mitteleuropa ausbauen. Er versammelte italienische und einheimische Humanisten um sich, unter ihnen seinen Erzieher Erzbischof János Vitéz und dessen Neffen Janus Pannonius, den Bischof von Pécs und bedeutendsten Dichter seiner Zeit im Karpaten-Raum.

Bereits zehn Jahre nach Regierungsantritt erlangte König Matthias absolute Überlegenheit im Ständestaat. Zur weitgehenden Unabhängigkeit vom Hochadel stellte er eine Söldnerarmee auf, das berühmte ›Schwarze Heer‹, und führte die schon von König Sigismund angestrebte Modernisierung des Staates durch. Feldherrn und Beamte entlohnte er mit Ländereien und einträglichen Kirchenämtern, womit er – allerdings gegen seinen Willen – wiederum zur Erstarkung der Großgrundbesitzer und des Baronenstandes beitrug. Am Beginn seiner Herrschaft kämpfte Matthias gegen den böhmischen Hussiten-König Georg

Podiebrad, später gegen Kaiser Friedrich III., den 25 westungarische Magnaten 1459 auf Burg Güssing (Burgenland) zum König von Ungarn gewählt hatten. Außer dem böhmischen Königstitel gewann Matthias noch Mähren, Schlesien, die Lausitz, Steiermark, Kärnten, Niederösterreich und Wien, das er von 1485 bis 1490 besetzt hielt. Dort ereilte ihn zu Ostern 1490 ein jäher Tod – man munkelte von Giftmord. Sein Versuch zur Gründung einer Erbmonarchie schlug fehl: eheliche Söhne blieben ihm versagt, sein natürlicher Sohn Herzog Johannes Corvinus erwies sich als Schwächling.

Die Türkenzeit – das dreigeteilte Land

Nach König Matthias' Tod zerfiel die Zentralmacht. Adelsfehden und die schwache Regierung der Jagiellonen von Böhmen – Wladislaw II. 1490–1516, Ludwig II. 1516–1526 – öffnete den Türken die Tore Ungarns. Die Auflösung der ›Schwarzen Armee‹ schränkte die Königsmacht weiter ein. Unter den Machtkämpfen des habgierigen weltlichen und kirchlichen Adels hatten das früher privilegierte Bürgertum und die Bauern besonders schwer zu leiden. Als Erzbischof Tamás Bakócz von Esztergom 1514 zu einem Kreuzzug gegen die Türken aufrief und dazu Bauern, Handwerker und Tagelöhner bewaffnete, formierten sich diese zum blutigsten *Bauernaufstand* der ungarischen Geschichte, an dessen Spitze sich der kleinadlige Offizier György Dózsa stellte. János Zápolya (Szapolyai), der Wojwode von Siebenbürgen und reichste Großgrundbesitzer seiner Zeit, schlug den Aufstand grausam nieder. Dózsa wurde auf einem glühenden Thron verbrannt, die anderen Bauernführer gefoltert und hingerichtet. Um diese Zeit verfaßte der Rechtsgelehrte und Palatin István Verböczy in königlichem Auftrag ein dreiteiliges Gesetzbuch (Tripartitum), das die Vorrechte des Adels sowie die »ewige Hörigkeit der Bauern« festschrieb und bis 1848 in Kraft blieb.

Die ›Hofpartei‹, nämlich Hochadel (Magnaten) und Klerus, unter Führung des Erzbischofs Tamás Bakócz wandte sich immer mehr den Habsburgern zu und unterstützte den zwischen Kaiser Maximilian I. und den Jagiellonen geschlossenen Erbfolgevertrag, den die berühmte *Wiener Doppelhochzeit* von 1515 besiegelte: Ludwig, der Sohn Wladislaw II. Jagiello, heiratete Maria, die Schwester Erzherzog Ferdinands von Österreich (des späteren römisch-deutschen Königs und Kaisers Ferdinand I.), und dieser ehelichte Anna Jagiello, die Schwester Ludwigs; Kaiser Maximilian I. vertrat seinen Enkel Ferdinand bei der Trauung. Die ›Nationale Partei‹ des Kleinadels hatte aber mit Landtagsbeschluß von 1505 die Wahl eines nationalen Königs im Falle des Aussterbens der Jagiellonen im Mannesstamm festgelegt.

Während dieser zerrütteten Machtverhältnisse näherte sich nach siebzig Jahren wiederum ein riesiges Türkenheer mit 100000 Mann der ungarischen Grenze, diesmal unter dem Oberbefehl Sultan Süleimans II. des Großen oder Prächtigen. Am *26. August 1526* kam es bei *Mohács* zur folgenschwersten Niederlage in der ungarischen Geschichte. König Ludwig II. konnte nur 25000 Mann aufbieten, weil János Zápolya östlich der Theiß 40000 Soldaten zurückhielt, um den Ausgang der Schlacht abzuwarten. Nach kurzem, heldenmütigen Kampf war das ungarische Heer nahezu vernichtet, der jugendliche König ertrank auf der Flucht in einem Bach; die Osmanen zogen sich zunächst aus Ungarn zurück.

Da Ludwig II. Jagiello keinen Erben hinterließ, kam es zur umstrittenen Königswahl: Ferdinand I. von Habsburg (1526–1564) berief sich auf den Erbfolgevertrag mit den Jagiellonen und wurde vom Hochadel als König bestätigt. János Zápolya gelang es aber, sich mit Unterstützung des niederen Adels als ›nationaler‹ König wählen zu lassen und bestieg als Johann I. (1526–1540) den Thron. Zunächst mußte er vor König Ferdinand nach Polen fliehen (seine Gemahlin war die polnische Königstochter Isabella), dann verbündete er sich mit den Türken. Als Sultan Süleiman II. 1529 gegen Wien zog, huldigte ihm János Zápolya bei Mohács. Nach seinem Tod 1540 wählte der vom Kleinadel beherrschte Landtag seinen einjährigen Sohn Johannes Sigismund zum Nachfolger. Unter dem Vorwand, den unmündigen König zu schützen, rückte ein türkisches Heer bis Buda vor und besetzte das ungarische Kernland zwischen Raab und Theiß. Ungarn wurde für fast 150 Jahre in drei Teile zerstükkelt: Ein schmaler Gebietsstreifen im Westen und Oberungarn verblieb als ›Königliches Ungarn‹ dem Hause Habsburg; neue Hauptstadt wurde Preßburg (Pozsony/Bratislava), wo die Könige gekrönt und die Reichstage abgehalten wurden. Der Mittelteil, nämlich der Südwesten Transdanubiens und die Tiefebene bis zur Theiß, wurde als osmanische Provinz von einem Pascha in Buda regiert. Die Gebiete östlich der Theiß (›Partium‹) und Siebenbürgen wurden zunächst türkisches Protektorat, dann ein mehr oder weniger selbständiges Fürstentum unter türkischer Oberhoheit. Zum ersten Fürsten von Siebenbürgen wurde István Báthory (1571–1586) gewählt, der nach dem Aussterben der polnisch-litauischen Jagiellonen 1575 auch die Krone Polens errang.

Während der Türkenzeit wechselten Siege und Niederlagen auf beiden Seiten. In Südungarn wütete ein ständiger Kleinkrieg. Als berühmtester Türkenheld ging Miklós Zrínyi (kroatisch: Niklas Zrinyi) der Ältere, der Banus von Kroatien und Verteidiger der Festung Sziget 1566, in die Geschichte und Literatur ein. Sultan Selim II. sicherte sich in einem Friedensvertrag mit Kaiser Maximilian II. die von seinem Vater Süleiman II. eroberten Gebiete. Im türkisch besetzten Ungarn gehörte das meiste Land dem Sultan, den Rest teilten sich Beamte, Geistlichkeit und Berufssoldaten. Die dem Militär unterstellten Gebiete hatten schwer zu leiden; in der Großen Tiefebene wurden ganze Dörfer ausgerottet, das Land verödete und versteppte zur Pußta. Viele Bewohner flohen in die sogenannten Khas-Städte, die den Schutz des Sultans genossen und sich aus Marktflecken zu blühenden Städten entwickelten (s. Kecskemét). Schönste und bedeutendste Stadt im türkisch regierten Ungarn war Pécs. Wegen der hohen ›Kopfsteuer‹ traten viele Christen zum Islam über; aus dem osmanischen Reich wanderten konvertierte Serben, Bosniaken, Bulgaren und Albaner ein, aus deren Reihen meist der Pascha von Buda stammte.

Buda (Ofen) in türkischer Zeit, im Hintergrund die Stadt Pest

Ofen.
MORELLI G. F. I.

Glaubensspaltung, Türkenkriege und Freiheitskämpfe im 16. und 17. Jh.

Nach der Schlacht von Mohács verbreitete sich die *Reformation* rasch über ganz Ungarn. Mitte des 16. Jh. bekannten sich etwa 80 % der Bevölkerung zum protestantischen Glauben: Die Magyaren folgten zumeist der ›nach Gottes Wort reformierten Kirche‹ Calvins (Genfer Kirche, geeint mit der Helvetischen Konfession), das deutsche Bürgertum den Lehren Luthers (Augsburger Bekenntnis). Die Slawen (Kroaten, Slowaken) blieben überwiegend katholisch. Wien wurde als Sitz der katholischen Habsburger unter Kaiser Rudolf II. (1576–1612) Ausgangspunkt der *Gegenreformation*. Jesuiten und Franziskaner ›bekehrten‹ weite Landesteile wieder zum alten Glauben.

Im Königlichen Ungarn leitete Péter Pázmány, der Erzbischof von Esztergom und Kardinal-Primas von Ungarn, die Rekatholisierung. Als Sohn calvinistischer Eltern 1570 in Großwardein geboren, wurde er im Jesuitenkolleg von Klausenburg erzogen, trat selbst in den Orden ein und wirkte nach seiner Rückkehr aus Rom als Professor an der Universität Graz, einer Hochburg der Gegenreformation, sowie als polemischer Schriftsteller und Schöpfer der modernen ungarischen Prosasprache. Pázmánys bedeutendste Leistung war die Gründung der Universtität 1635 in Nagyszombat/Tyrnau (Oberungarn), aus der die Budapester Universität hervorging.

Das *Fürstentum Siebenbürgen* (Transsilvanien, ungarisch: Erdély) blieb ein Bollwerk der Reformation und des nationalen Widerstandes gegen die Habsburger mit Unterstützung der Türken. Gewaltmaßnahmen gegen ungarische Großgrundbesitzer und den Protestantismus haben 1604 den Aufstand des *István Bocskai* (Bocskay) ausgelöst, eines calvinistischen Magnaten aus dem Gebiet jenseits der Theiß. Mit seinen gut bewaffneten Haiducken-Scharen eroberte er das Königliche Ungarn und Siebenbürgen. Der Sultan sandte ihm eine prächtige Königskrone, die sich heute in der Wiener Schatzkammer befindet. 1606 erzwang Fürst Bocskai im Frieden von Wien die Anerkennung der ständischen Selbstverwaltung und Religionsfreiheit. Auf seinen Ländereien siedelte er Haiducken an, aus deren privilegierten Dörfern sich die Haiducken-Städte bei Debrecen entwickelten.

Nach Bocskais Tod führte der hervorragende Staatsmann und Feldherr Fürst *Gábor (Gabriel) Bethlen* (1613–1629) den Kampf um die Wiedervereinigung Ungarns unter einem nationalen König weiter. Zu dieser Zeit wurden die ungarischen Husaren berühmt, die von König Matthias gegründete leichte Reiterei. Während des Dreißigjährigen Krieges errang Fürst Bethlen im Sonderfrieden von Nikolsburg (1622) die Bestätigung des Friedens von Wien. Siebenbürgen erblühte als merkantilistisch geprägter Staat mit calvinistischer Geisteskultur und einzigartiger religiöser Toleranz: Calvinisten, Lutheraner, Katholiken und Unitarier (Glaube an die Ein-Persönlichkeit Gottes) waren ständisch vertreten, orthodoxe Rumänen und Juden geduldet. Bethlens Erbe übernahmen die *Fürsten Rákóczi*. Der übertriebende Ehrgeiz Györgys II. Rákóczi (1648–1660) nach der polnischen Königskrone kostete ihn Thron und Leben und seinem Land die Unabhängigkeit. Mit dem Fall von Großwardein büßte Siebenbürgen seine internationale Bedeutung ein und geriet zum großen Teil unter türkische Oberhoheit.

Gleichzeitig mit den Glaubens- und Freiheitskämpfen der Siebenbürger Fürsten tobten im Süden und Westen Ungarns die *Türkenkriege* weiter. Die Habsburger waren weitgehend in die Europapolitik verstrickt, so daß sie jeden Zusammenstoß mit den Türken vermieden, selbst unter Preisgabe Ungarns; das kaiserliche Heer sollte nur zur Verteidigung Wiens eingreifen. Die südungarischen Grenzfestungen – jahrelang unter dem Befehl von Miklós Zrínyi dem Jüngeren (s. Szigetvár) – verhinderten durch ihren heldenhaften Widerstand mehrmals den Vormarsch der Türken auf Wien. Am 1. August 1664 errang der kaiserliche Oberbefehlshaber Raimondo Graf Montecuccoli einen bedeutenden Sieg bei St. Gotthard (Szentgotthárd) und Mogersdorf. Im Frieden von Vasvár (Eisenburg) verpflichteten sich die Türken zu einem zwanzigjährigen Waffenstillstand, den Kaiser Leopold I. als Atempause für seinen Krieg gegen den ›Sonnenkönig‹ Ludwig XIV. von Frankreich dringend benötigte. In Ungarn löste dieser ›Schand‹-Friede Bestürzung aus, weil Habsburg den Türken alle eroberten Gebiete überließ und außerdem noch eine beträchtliche Kriegsentschädigung zahlte. Die landesweite Empörung veranlaßte sogar den katholischen, königstreuen Hochadel in West- und Oberungarn, sich zur *Magnaten-Verschwörung* des Palatins Baron Ferenc Wesselényi zu verbinden, die aber weder im Volk noch im Ausland genügend Rückhalt fand. 1671 wurden die Anführer vor ein Sondergericht gestellt und hingerichtet: Péter Graf Zrínyi, der Banus von Kroatien und Bruder des Feldherrn und Dichters Miklós Zrínyi, und Ferenc Graf Frangepán (Frangipani) in Wiener Neustadt, Ferenc Graf Nádasdy in Wien. Mária Széchy, die Witwe des mittlerweile verstorbenen Palatins Wesselényi, wurde enteignet und in ein Kloster gesteckt. Allein Ferenc I. Rákóczi, der wegen seines katholischen Glaubens und der Politik seines Vaters György II. als Fürst von Siebenbürgen verjagt worden war, kam mit Hilfe der Jesuiten gegen ein hohes Lösegeld frei.

Der Wiener Hof nahm die Wesselényi-Verschwörung als willkommenen Vorwand zur Beendigung der ungarischen Eigenständigkeit, erklärte die Rechte der Stände für ›verwirkt‹, setzte die Verfassung außer Kraft und bestimmte den Großmeister des Deutschen Ritterordens zum Reichsverweser. Kaiserliche Offiziere behandelten Ungarn wie Feindesland: Großgrundbesitzer wurden enteignet, die meisten der ›rebellischen‹ Grenzsoldaten entlassen und durch fremde Söldner ersetzt, den Bauern wesentlich höhere Steuern auferlegt, die Protestanten verfolgt und des Landes verwiesen. Tausende Flüchtlinge schlossen sich 1672 in Siebenbürgen dem *Kuruzzen-Aufstand* an, den seit 1677 Imre Graf Thököly führte. Seine Ehe mit Ilona (Helene) Zrínyi, der Witwe Ferenc' I. Rákóczi, hatte ihm die riesigen Rákóczi-Besitzungen eingebracht, der Sultan ernannte ihn zum König von Ungarn. Kaiser Leopold I. (1657–1705) mußte auf dem Reichstag von Ödenburg die ungarische Verfassung wieder in Kraft setzen und den Protestanten eine beschränkte Religionsfreiheit gewähren. Zum Palatin bestellte er aber den kaisertreuen Pál Esterházy, den Nutznießer der Hinrichtung seines Schwagers Ferenc Nádasdy.

Nach der Niederlage der Türken 1683 vor Wien ging Kaiser Leopold I. zur Gegenoffensive über. Papst Innozenz XI. rief die Heilige Allianz ins Leben, ein Bündnis des Habsburger-Reiches mit Venedig und König Jan III. Sobieski von Polen. 1684 rückten die internationalen Heere in Ungarn ein, Thökölys Macht war gebrochen, viele Kuruzzen gingen zu den

Kaiserlichen über. Am 2. September 1686 wurde Buda zurückerobert, 1687 siegte Herzog Karl von Lothringen in der zweiten Schlacht von Mohács, Markgraf Ludwig Wilhelm von Baden, der ›Türkenlouis‹, stieß weit zum Balkan vor und sicherte den Besitz Siebenbürgens. 1697 errang Prinz Eugen von Savoyen, der ›edle Ritter‹, bei Zenta (Senta an der Theiß, Jugoslawien) jenen triumphalen Sieg, der die Türken weit nach Süden abdrängte und den Aufstieg Österreichs zur Großmacht ermöglichte. 1699 verzichtete der Sultan im Frieden von Karlowitz auf ganz Ungarn mit Siebenbürgen. 1718 wurde das Banat zurückgewonnen.

Das geeinte Königreich Ungarn der Habsburger im 18. Jh.

Aus ›Dankbarbeit‹ für die Rückeroberung Budas aus der Hand der Türken verzichtete der Reichstag 1687 auf das Recht der Königswahl sowie das in der Goldenen Bulle von 1222 verbriefte Widerstandsrecht des Adels gegen einen willkürlich regierenden Herrscher. Ungarn verlor dadurch seine Sonderstellung und wurde Erbland der Habsburger, die seit dem Westfälischen Frieden (1648) absolutistisch regierten. Militärverwaltung, Vermögenseinziehungen, Unterdrückung der Protestanten, Türken- und Kuruzzen-Kriege hatten Ungarn ausgezehrt. Das verbitterte Volk sah seine einzige Hoffnung in dem jungen Fürsten

Ferenc II. Rákóczi, Fürst von Siebenbürgen (1676–1735), Anführer im Kuruzzen-Krieg gegen die Habsburger

Ferenc II. Rákóczi, dem Sohn des an der Magnaten-Verschwörung von 1671 beteiligten Ferenc I. Rákóczi von Siebenbürgen und der Ilona Zrínyi, der Tochter des hingerichteten Grafen Péter Zrínyi. Obwohl von böhmischen Jesuiten zur Kaisertreue erzogen, stellte sich Fürst Rákóczi nach der Rückkehr in seine Heimat an die Spitze eines Bauernaufstandes, der 1703 in einen nationalen Freiheitskampf unter der Losung »Mit Gott für Heimat und Freiheit« mündete. 1704 erschien Rákóczi mit seinen Kuruzzen-Scharen vor Wien. Der Reichstag von Ónod 1707 entthronte auf Betreiben des französischen Königs Ludwig XIV. die Habsburger. Diese hatten aber im Spanischen Erbfolgekrieg gegen die Bourbonen bereits Erfolge erzielt und entsandten ein Heer von 40000 Mann nach Ungarn, dem auch kaisertreue Magyaren angehörten, die sogenannten Labanzen. Auch der Oberbefehl oblag einem Ungarn, dem Grafen János Pálffy. Die Kaiserlichen sprengten zahlreiche Burgen, die die Türkenkriege überstanden hatten, um den Kuruzzen Stützpunkte zu entziehen. Am 29. April 1711 wurde in Abwesenheit Fürst Rákóczis der Friede von Szatmár geschlossen, der die Achtung der ungarischen Ständeverfassung und Religionsgesetze sowie allgemeine Amnestie versprach. Rákóczi starb 1735 im türkischen Exil.

Nach Beendigung des Kuruzzen-Aufstandes war das 18. Jh. eine Zeit des *Wiederaufbaues*, der Reformen und der Ansiedlung verschiedener Nationalitäten. Im ausgehenden Mittelalter hatte die Einwohnerzahl Ungarns 4 Millionen betragen, während der Türkenherrschaft war sie auf 2,5 Millionen gesunken, nach dem Abzug der Osmanen wieder auf 3,5 Millionen angestiegen. Um 1780 zählte Ungarn bereits 8,5 Millionen Einwohner, jedoch kaum durch natürlichen Zuwachs, sondern durch *Einwanderung*. Gleichzeitig verringerte sich der Anteil der Magyaren auf knapp 40 % (im Mittelalter etwa 80 %).

Die Türkenkriege bewirkten gewaltige Bevölkerungsverschiebungen in Südosteuropa, die bereits nach der vernichtenden Niederlage der Serben auf dem Amselfeld (1389) einsetzten. Aus dem Osmanischen Reich flüchteten sogenannte Illyrer nach Ungarn, christliche Untertanen des Sultans: orthodoxe Serben (ungarisch: Rác, deutsch: Raizen) und Griechen, katholische Kroaten und Dalmatiner, vereinzelt Armenier. Besonders viele Serben, etwa 36000 Familien, kamen 1687 bis 1690, als Belgrad wieder in türkische Hände fiel. Die meisten Einwanderer strömten nach der Rückeroberung Budas (1686) in die den Türken abgerungenen Gebiete. Etwa eine Million süddeutsche Katholiken – die sogenannten Schwaben – aus dem Rheinland, aus Elsaß-Lothringen, der Steiermark, aus Tirol, Bayern und Schlesien siedelten im Laufe des 18. Jh. im Bakony-Wald und Vértes-Gebirge, um Buda, in Teilen der Tiefebene, in der ›Schwäbischen Türkei‹ (Komitate Tolna und Baranya), der Batschka und im Banat. Rumänen aus der Moldau und Walachei wanderten nach Siebenbürgen ein, Slowaken aus Oberungarn in die Umgebung von Pest und in das Komitat Békés, Juden aus Galizien in die südliche Tiefebene.

König Karl III. (Kaiser Karl VI., 1711–1740) hinterließ keinen männlichen Erben und regelte daher die weibliche Thronfolge des Hauses Habsburg in der Pragmatischen Sanktion. 1741 wurde seine Tochter Maria Theresia, die Gemahlin des römisch-deutschen Kaisers Franz I. (Franz Stephan von Lothringen), in Preßburg zur Königin von Ungarn gekrönt. Preußen, Bayern, Spanien und Venedig erkannten die Pragmatische Sanktion nicht

Königin (›Kaiserin‹) Maria Theresia (1741–1780) auf dem Krönungshügel in Preßburg (Bratislava)

an. Als die feindlichen Truppen auf österreichischem Gebiet standen und Prag besetzten, wandte sich die junge Königin an den ungarischen Reichstag, der ihr begeistert »Leben und Blut« anbot (»Vitam et sanguinem pro rege nostro Maria Theresia«) und mit einem Heer von 60000 Mann die Krone rettete.

Königin Maria Theresia (1741–1780), die ›große Kaiserin‹ und eine der bedeutendsten Herrschergestalten der Habsburger, führte Verwaltungsreformen und eine Verbesserung des Schul- und Gesundheitswesens durch und milderte die Leibeigenschaft. Sie brach mit der ungarnfeindlichen Politik ihrer Vorgänger, gab die an Polen verpfändeten Zipser Städte, den Hafen Rijeka und südungarische Grenzgebiete an Ungarn zurück, schuf den ungarischen St. Stephans-Ordens, eine adlige ungarische Leibgarde und Schule in Wien. Zur Religionsfreiheit konnte sich Maria Theresia aber nicht durchringen; bis zur Mitte des 18. Jh. wirkten die Jesuiten im Sinne der Gegenreformation. Ungarn blieb trotz des Aufbaues im 18. Jh. ein rückständiges Agrarland und ein billiger Lebensmittel- und Rohstofflieferant der Erblande. Der einst blühende Orienthandel war erloschen und mit ihm das Handwerk verfallen. Gleichzeitig versiegten die Beziehungen des Hochadels zu seiner Heimat fast völlig. Ungarische Magnaten residierten in der Nähe des kaiserlichen Hofes, in Wien und Preßburg, und verbanden sich durch Heirat mit dem Reichsadel. Die riesigen Rákóczi-Besitzungen erbten zum größten Teil böhmische und österreichische Aristokraten. Das Großfürstentum Siebenbürgen wurde unmittelbar von Wien aus regiert.

Maria Theresias Sohn Kaiser *Joseph II.* (1780–1790; römisch-deutscher Kaiser seit 1765) verstand sich im Sinne des aufgeklärten Absolutismus als uneingeschränkter Herrscher, aber auch als erster Diener des Staates. »Alles für das Volk, nichts durch das Volk« lautete der Wahlspruch seiner Reformen ›von oben‹. Um nicht an den Eid früherer Generationen gebunden zu sein, verweigerte Joseph II. die Krönung zum König von Ungarn; Spötter nannten ihn daher den ›König mit Hut‹. Er hob die Leibeigenschaft der Bauern und zahlreiche Klöster auf, beschnitt die Rechte des Adels und des Klerus und gewährte 1781 im *Toleranzpatent* den Nicht-Katholiken beschränkte Religionsfreiheit. Im Sinne eines starken, einheitlichen Reiches wurde Ungarn in zehn Distrikte mit königlichen Beamten an der Spitze unterteilt. Die aufgeklärte Intelligenz und der liberale Kleinadel standen dem Reformwerk Kaiser Josephs II. anfangs aufgeschlossen gegenüber. Als er aber im Überschwang der einheitlichen Reichsidee alles Magyarische, sogar die Sprache opferte und Deutsch als Amts- und Unterrichtssprache einführte, löste dies landesweite Empörung aus, legte aber gleichzeitig den Keim zum ungarischen Nationalismus. Auf dem Totenbett nahm Joseph II. die meisten seiner Verfügungen zurück.

Sein Bruder und Nachfolger, Kaiser und König *Leopold II.* (Lipót; 1790–1792), der im Großherzogtum Toskana einen Musterstaat der Aufklärung errichtet hatte, führte Reformen wesentlich behutsamer durch. 1792 berief er den Reichstag wieder ein, der das Königreich Ungarn als selbständiges Land bestätigte. Ungarisch (Magyarisch) wurde als Pflichtfach in den Schulen eingeführt, Staatssprache blieb bis 1844 allerdings weiterhin Latein. Bedeutendster Sprachreformer war der Dichter und Übersetzer Ferenc Kazinczy (1759–1831).

Reformzeitalter und bürgerliche Revolution 1848/49

Kaiser-König Franz I. (1792–1835) war im Gegensatz zu seinem Vater Leopold II. erzkonservativ. Fürst Clemens Metternich, der ›allmächtige‹ Staatskanzler, unterdrückte alle liberalen und nationalen Ideen seiner Zeit als staatsgefährdend. Polizeigewalt und Zensur erstickten jeden sozialen und geistigen Fortschritt. 1795 wurde Ignác Martinovics mit den anderen Führern der ungarischen Jakobiner-Bewegung (Anhänger des radikalen Flügels der Französischen Revolution) auf der ›Blutwiese‹ in Buda enthauptet. 1804 nahm Franz II. den Titel ›Kaiser von Österreich‹ an (nunmehr Franz I.), am 6. August 1806 legte er unter dem Druck Napoleons die römisch-deutsche Kaiserkrone nieder. 1805 erreichten die Napoleonischen Kriege auch die Grenzen Ungarns; der Friede wurde in Preßburg geschlossen. 1809 erlitt das ungarische Adelsaufgebot in der Schlacht von Raab (Győr) eine empfindliche Niederlage.

Mit dem Reichstag von 1825 begann in Ungarn das sogenannte Reformzeitalter, eine Magyarisierung des Geisteslebens sowie wirtschaftliche und politische Reformen. In der ersten Hälfte des 19. Jh. bekannten sich nicht nur die geistige Elite und das Bürgertum zu den Ideen der Aufklärung, sondern auch Teile des Adels. Bedeutendster Reformer wurde ein reicher Magnat: *István Graf Széchenyi*, der auf seinen Auslandsreisen, besonders in England, wichtige technische, wirtschafts- und sozialpolitische Erkenntnisse gewonnen hatte. Sein Vater Ferenc Széchényi hatte 1802 die Nationalbibliothek und das Nationalmuseum gegründet, er selbst stellte 1825 die Geldmittel für die Vorläuferin der Akademie der Wissenschaften zur Verfügung. Als Großunternehmer förderte Graf Széchenyi umfassende Wirtschaftsreformen, zeitgemäße Finanzierungsweisen, die Modernisierung der Pferdezucht, den Ausbau des Eisenbahnnetzes und der Dampfschiffahrt auf der Donau und dem Plattensee, den Hochwasserschutz an der Theiß, die Donauregulierung am Eisernen Tor, den Bau der Kettenbrücke zwischen Buda und Pest und der ersten großen Dampfmühle in Pest sowie der Schiffswerft in Óbuda. Széchenyi beabsichtigte aber keine Änderung der Machtverhältnisse, sondern hielt vielmehr die Bindung an das Haus Habsburg für eine Hauptbedingung zum Fortbestand des Landes. Daher warnte er eindringlich vor Lajos Kossuth, der das Land »in Tyrannei und Anarchie« stürzen werde.

Lajos von Kossuth, ein junger Anwalt aus kleinadligen Verhältnissen im Komitat Zemplén, trat nach dreijähriger Haft seit 1841 in Leitartikeln und Glossen im ›Pester Nachrichtenblatt‹ und seit 1847 als Reichstagsabgeordneter für grundlegende nationale und soziale Reformen ein, u. a. die völlige Befreiung der Hörigen, die Abschaffung der Steuerfreiheit des Adels, das Wahlrecht für Nichtadlige, die Gewährung bürgerlicher Freiheiten sowie die Entwicklung von Handel und Industrie. Hauptziel war die Schaffung einer bürgerlichen Mittelklasse und weitgehende Unabhängigkeit von Wien. Im Frühjahr 1847 organisierte sich die liberale Opposition zur politischen Partei, die hervorragende Politiker, Schriftsteller und Wissenschaftler vereinte. Das Parteiprogramm erstellte nach einem Konzept Kossuths der Anwalt Ferenc Deák, Vorsitzender wurde Lajos Graf Batthyány. Im November 1847 trat in Preßburg der letzte ständische Landtag zusammen.

Am 13. März 1848 griff die revolutionäre Welle, die weite Teile Europas erfaßt hatte, auch auf Wien über. Der Sturz Metternichs förderte in allen Reichsteilen nationale Erhebungen. Wenige Tage später stimmte der Wiener Hof der Ernennung Graf Batthyánys zum ungarischen Regierungschef zu. Am *15. März 1848* strömten in der Pester Innenstadt Zehntausende Bürger und Bauern, die sich wegen eines Jahrmarkts in der Stadt aufhielten, zu einer unblutigen *Revolution* zusammen. Die radikale ›Märzjugend‹ verlas auf der Freitreppe des Nationalmuseums die zwölf Punkte ihrer Forderungen, Sándor Petőfi trug erstmals sein sogenanntes Nationallied vor: »Auf Magyaren, die Heimat ruft!« Das Kabinett Batthyány, in dem sowohl der radikale Kossuth, der gemäßigte Graf Széchenyi als auch konservative Habsburg-Anhänger saßen, scheiterte nach wenigen Monaten an der Bauern- und Nationalitätenfrage. Im September 1848 brach der bewaffnete Kampf gegen die Kaiserlichen aus. István Széchenyi kam in die Nervenheilanstalt Wien-Döbling (wo er sich 1860 erschoß), Kossuth wurde Ministerpräsident und Oberkommandierender der Honvéd-Nationalarmee. Ende September schlugen die Honvéds einen Teil der Kaiserlichen Truppen unter Führung des Banus von Kroatien Josip Graf Jellačić zurück, Mitte Dezember eroberten sie unter Feldmarschall Alfred Fürst Windischgraetz die Städte Pest und Klausenburg. Am 2. Dezember 1848 dankte König Ferdinand V. ›der Gütige‹ (Kaiser Ferdinand I. von Öster-

›Reformgraf‹ *István Széchenyi (1791–1860)*

reich) zugunsten seines 18jährigen Neffen *Franz Joseph I.* (1848–1916) ab, der seinen Völkern eine neoabsolutistische Verfassung aufzwang, die Ungarn, Siebenbürgen und Kroatien nur den Rang von Kronländern einräumte.

Die Honvéds waren mittlerweile zur Gegenoffensive übergegangen. Am 14. April 1849 verkündete der ungarische Reichstag in Debrecen die Absetzung der Habsburger und die Erhebung Lajos Kossuths zum Reichsverweser. Kaiser Franz Joseph I. erhielt jedoch Hilfe vom russischen Zaren Nikolaus I., der selbst mit einem Aufstand in Polen konfrontriert war. Zwei russische Heere schlugen die Honvéds im Osten, General Haynau und Jellačić griffen von Westen an. Ungarns Revolutionslyriker Sándor Petőfi blieb auf dem Schlachtfeld bei Schäßburg (Rumänien) verschollen. Kossuth mußte abdanken, wurde in die Türkei verbannt und 1851 von der Fregatte ›Mississippi‹ befreit; danach zog er im Triumphzug durch die USA und England, gründete in London ein Exilkabinett und starb 1894 in Turin.

Der Niederwerfung der Ungarischen Revolution folgte die grausame *Militärdiktatur* des kaiserlichen Feldzeugmeisters Julius Baron Haynau. Am 6. Oktober 1849 ließ er in Pest den ehemaligen Ministerpräsidenten Lajos Graf Batthyány und in Arad (Rumänien) 13 Generale hinrichten.

Der Ausgleich Österreich – Ungarn und das Ende der Habsburger-Monarchie

Nach der Niederwerfung der Revolution 1848/49 folgte das nach dem österreichischen Innenminister Alexander Freiherr von Bach benannte Regime, das Ungarn endgültig in eine Provinz des Habsburger-Reiches verwandeln sollte. Ungarn antwortete mit passivem Widerstand. Erst nach schweren außenpolitischen Niederlagen gegen Italien (mit dem Verlust der Lombardei und Venetiens) und Preußen, 1859 bei Solferino und 1866 bei Königgrätz, erkannte Kaiser Franz Joseph das Versagen des Neoabsolutismus und das Ende des Traumes eines deutsch-österreichischen Einheitsstaates. Wien suchte nun zögernd den ›Ausgleich‹. Nach langwierigen Verhandlungen, die auf ungarischer Seite der Reformpolitiker und hervorragender Taktiker *Ferenc Deák* leitete, kam 1867 der österreichisch-ungarische Dualismus zustande. Wegen seiner klaren politischen Linie in den Wirren des 19. Jh. und dem Glauben an die Rechtskontinuität galt Deák als ›Weiser des Vaterlandes‹. Besonders nach seinem berühmten Osterartikel von 1865, in dem er an das Rechtsgefühl des Kaisers appellierte, und auf Drängen der Kaiserin Elisabeth (deren Sprachlehrer Deák war) beherzigte Franz Joseph die Gedankengänge Deáks. – Erheblichen Anteil am Zustandekommen des Ausgleichs hatte auch *Gyula Graf Andrássy*, der als Husarenoberst 1848/49 an der Seite der Revolutionäre kämpfte, in Abwesenheit zum Tode verurteilt und dann begnadigt, im Februar 1867 auf Vorschlag Kaiserin Elisabeths zum ungarischen Ministerpräsidenten und wenige Monate später zum ersten Außenminister von Österreich-Ungarn ernannt wurde. Die Krönung des Königspaares Franz Joseph I. und Elisabeth am 8. Juni 1867 in der Matthias-Kirche von Buda bedeutete den glanzvollen Höhepunkt des Ausgleichs. 1896 feierte man mit großem Pomp das *Millennium* der Landnahme.

Das Königreich Ungarn (die Länder der ungarischen Krone ›jenseits der Leitha‹ = Transleithanien) besaß eine eigene Verfassung, Verwaltung und Gesetzgebung. Drei gemeinsame

Wappen der Länder der ungarischen oder St. Stephans-Krone: Dalmatien (Löwenköpfe), Kroatien (Schachbrettmuster), Slawonien (Stern und Wolf), Siebenbürgen (Adler und sieben Burgen), im Mittelschild Alt- oder Niederungarn (vier Streifen: die Flüsse Donau, Theiß, Save, Drau), Neu- oder Oberungarn (Doppelkreuz auf drei Bergen: Slawenmission der Brüder Kyrill und Method im Großmährischen Reich, Gipfel der Mátra, Tatra und Fatra). Allein steht das Doppelkreuz für die Würde der ›Apostolischen‹ Könige Ungarns (Apostolisches Kreuz)

österreichisch-ungarische Ministerien (›Kaiserlich und königlich‹, kurz K. und K.), nämlich Äußeres, Krieg und die hierfür nötigen Finanzen, hatten ihren Sitz in Wien.

Der Ausgleich beruhigte zunächst zwar die Ungarn, mißachtete aber die Rechte der übrigen Nationalitäten, die trotz aller Magyarisierung immer noch die Mehrheit im Königreich Ungarn bildeten. Nur Kroatien erhielt eine gewisse Autonomie. Um 1910 lebten in der Donaumonarchie 51 Mill. Menschen (davon in der österreichischen Reichshälfte 29 Mill., in Ungarn 22 Mill.) und elf Nationalitäten: Deutsche, Ungarn, Tschechen, Slowaken, Polen, Ukrainer (Ruthenen), Serben, Rumänen, Kroaten, Slowenen, Italiener, dazu jiddisch sprechende Juden, mehrsprachige Zigeuner, südslawische Muslime, Armenier und Bulgaren. Der Anteil der deutschsprachigen Bevölkerung umfaßte nur mehr 24 % (in Ungarn 11 %). 50 Jahre nach dem Ausgleich bewirkte das ungelöste Nationalitätenproblem den politischen und territorialen Zerfall des Kaiserreiches Österreich und des Königreiches Ungarn.

Der Niedergang der Vielvölker-Monarchie wurde durch die Ermordung des Thronfolgers Erzherzog Franz Ferdinand von Österreich-Este durch serbische Attentäter am 28. Juni 1914 in Sarajewo/Bosnien ausgelöst. Die Kriegserklärung Österreich-Ungarns an Serbien weitete sich binnen weniger Tage durch Beteiligung der europäischen Großmächte zum *Ersten Weltkrieg* aus. Aber die Donaumonarchie war solcher Herausforderung nicht gewachsen: Die Ermordung des Thronfolgers galt den nicht-österreichischen Völkern kaum als ausreichende Begründung zum Krieg, das Militär war nur begrenzt angriffsfähig und daher nicht imstande, einen Zweifrontenkrieg zu führen: gegen Serbien und Rußland einerseits, gegen Italien andererseits. Nach Kaiser Franz Josephs I. Tod am 21. November 1916 bestieg sein Großneffe Kaiser Karl I. als König Karl IV. den ungarischen Thron; knapp zwei Jahre später, am 3. November 1918, zerbrach Österreich-Ungarn mit intakten Kriegsfronten von innen heraus. Unter der Last von 1,2 Millionen Gefallenen und enormen Versorgungsmängeln verlangten die kriegsmüde Bevölkerung Frieden und die verschiedenen Nationalitäten eigenstaatliche Unabhängigkeit.

Die Republik Ungarn seit 1918

Die Kriegsfolgen erschütterten Ungarn schwer: Das Belgrader Waffenstillstands-Abkommen vom 13. November 1918 beendete den Krieg und verfügte Ungarns Unabhängigkeit von Österreich, doch zugleich auch enorme Gebietsabtrennungen, überwiegend mit nichtmagyarischer Bevölkerung. Nicht Freudensalven und Feste begrüßten die neue Staatsform, sondern Ratlosigkeit und jahrzehntelange gesellschaftspolitische Auseinandersetzungen.

Der Abdankung des Vizekönigs Erzherzog Joseph am 16. November 1918 folgte unmittelbar die Ausrufung einer konservativen Ungarischen Republik unter Mihály Graf Károlyi. Dieser übergab sein Amt besonders wegen weiterer Gebietsansprüche der Kriegsgegner bereits im März 1919 einer sozialdemokratisch-kommunistischen Räterepublik. Dieser ›Rote Terror‹ von Béla Kun, dem Gründer der Kommunistischen Partei Ungarns, endete gleichfalls nach wenigen Monaten Anfang August 1919 durch den Einmarsch königlich-rumänischer Truppen in Budapest.

Zu Ungarns ›allmächtigem‹ Staatsführer der Zwischenkriegszeit profilierte sich der letzte Oberbefehlshaber der K.u.K.-Flotte Admiral *Miklós von Horthy*, zunächst Kriegsminister einer unter dem Schutz französischer Besatzungstruppen in Szeged gegründeten ultrakonservativen Regierung. Am 16. November 1919 führte er seine Nationalarmee nach Budapest und versuchte die Rückkehr zur Vorkriegsordnung. Gegen seinen ›Weißen Terror‹ wehrten sich die Sozialdemokraten mit Wahlboykott. Dadurch gelangten im Januar 1920 nur konservative und rechtsradikale Abgeordnete in den neuen Reichstag, der umgehend das ›Apostolische Königreich‹ als Staatsform erneuerte, Horthy zum Reichsverweser bestellte und am 6. November 1921 Ungarns letzten König Karl IV. (Ex-Kaiser Karl I.) nach zwei vereitelten Rückkehrversuchen entthronte.

Weitaus schmerzlichste Kriegsfolge für Ungarn war der Verlust von 71 % seines Staatsgebietes – nämlich Oberungarn (Slowakei) an die Tschechoslowakei, Siebenbürgen und Teile des Banats an Rumänien, Kroatien-Dalmatien-Slawonien, Teile der Batschka und des Banats an Jugoslawien, das Burgenland (Deutsch-Westungarn) an Österreich, Teile der Karpato-Ukraine an die Sowjetunion – sowie 59 % seiner Bevölkerung, darunter 3,5 Millionen Magyaren. Horthy unterschrieb am 4. Juni 1920 im Friedensvertrag von Versailles-Trianon alle Abtrennungen, doch wurden sie in Ungarn niemals anerkannt, und ihre Rückgewinnung blieb bis 1945 das Hauptziel der ungarischen Außenpolitik. Die Revisionsforderungen wuchsen, als sich durch die großbauernfreundliche Politik des Ministerpräsidenten István Graf Bethlen in den dreißiger Jahren die Arbeitslosigkeit in den Städten und die teils mittelalterlichen Lebensbedingungen der drei Millionen Tagelöhner auf dem Lande in katastrophaler Weise verschlimmerten. Ungarn geriet zunehmend in den Sog der faschistischen Bewegung in Italien, Österreich und Deutschland und folglich in den *Zweiten Weltkrieg*.

Durch die sogenannten Wiener Schiedssprüche von 1938 und 1940 und die deutsche Besetzung Jugoslawiens 1941 wurden Ungarn große Gebiete zugeteilt; der Preis war die Teilnahme an Hitlers Krieg gegen die Sowjetunion. Beim Näherkommen der Front wurde Ungarn am 19. März 1944 von deutschen Truppen besetzt und Horthy am 15. Oktober gestürzt, als er Ungarns Austritt aus dem Krieg erklärte. An die Macht kamen die rechtsradikal-faschistischen ›Pfeilkreuzler‹ des Ferenc Szálasi; ungehindert konnten Gestapo und SS nun die Masse der Juden deportieren. Die Rote Armee erreichte Ungarn im Oktober 1944, befreite die Tiefebene im Winter 1944/45, Budapest nach schweren Kämpfen am 13. Februar und letzte Gebiete am 4. April 1945.

Die staatliche Erneuerung Ungarns begann bereits am 22. Dezember 1944 im befreiten Debrecen durch die demokratische Wahl eines provisorischen Parlaments und einer Übergangsregierung, einem Waffenstillstands-Abkommen mit der Sowjetunion und der Kriegserklärung an Deutschland. Alle Parteien stimmten einer *Bodenreform* zu, bei der im März 1945 in Ópusztaszer, dem historischen Ort aus der Zeit der Landnahme, die Verteilung von etwa 35 % der Ackerbauflächen – nämlich aller Grundbesitz über 115 ha Größe – an 660000 landlose Bauern eingeleitet wurde. In allgemeinen Wahlen im November 1945 erlangte die konservative Partei der Kleinlandwirte wiederum 60 % der Sitze in der neuen, ordentlichen

Nationalversammlung. Sie erklärte Ungarn am 1. Februar 1946 zur Republik und wählte das alte Kossuth-Wappen von 1848 zum Staatsemblem.

Die junge bürgerliche Demokratie wurde bald von den *Kommunisten* unter Mátyás Rákosi mit der von ihnen selbst so genannten Salami-Taktik in eine Diktatur stalinistischer Prägung verwandelt. Ohne parlamentarisches Mandat, doch im Schutz der Roten Armee und wohl auch durch Unachtsamkeit der konservativen Parteien erreichten sie konsequent ihre Ziele: Übernahme der Schlüsselministerien, Verstaatlichung von Industrie, Handel und Banken, Währungsreform, Verbot weltlicher Kirchenarbeit, Verbot aller nicht kommunistischen Parteien, Proklamation der *Volksrepublik Ungarn* mit neuer Verfassung und neuem Emblem am 20. August 1948, Kollektivierung der Landwirtschaft von 1949 bis 1951 und energische Industrialisierung. Der Pariser Friedensvertrag vom 10. Februar 1947 bestätigte Ungarns Grenzen von 1938 und verordnete Warenlieferungen im Werte von 300 Millionen US-Dollar als Reparationsleistung an die Sowjetunion.

Zum traurigsten Ereignis der ungarischen Nachkriegszeit wurde der *Ungarische Volksaufstand* im Herbst 1956. Seit dem 20. Oktober forderten Studentenversammlungen an mehreren Hochschulen nach dem Vorbild der ›Zwölf Punkte‹ von 1848 eine unabhängige nationale Politik, demokratische Reformen, freie Wahlen, den Abzug fremder Truppen, die Absetzung des dogmatischen Ersten Parteisekretärs Rákosi und die Wiederernennung des liberalen Ministerpräsidenten Imre Nagy. Offener Aufruhr brach am 23. Oktober aus, als Studenten ihre Forderungen über den Sender Budapest verlesen wollten und von den Wachen beschossen wurden. Zwar übernahm Nagy noch in der Nacht die Regierungsgeschäfte und János Kádár am nächsten Tag das Parteisekretariat, doch die nationale Empörung hatte bereits die Arbeiterschaft, die Polizei und das Militär erfaßt, die nun überall die Embleme der Volksrepublik aus den ungarischen Fahnen schnitten und die von den Stalinisten gerufenen Sowjet-Panzer abwehrten. *Imre Nagy* erfüllte in kurzer Zeit viele Erwartungen: Er erneuerte das Mehrparteiensystem, bildete eine Koalitions-Regierung, kündigte freie Wahlen an, proklamierte am 1. November Ungarns Neutralität und Austritt aus dem Warschauer Pakt und erlangte von der Sowjetregierung die Zusage zum Abzug der Roten Armee. Doch dann erklärten die Sowjettruppen die spontane Volksbewegung zur ›Konterrevolution‹, kehrten am 4. November zurück und schlugen die Erhebung in mehrtägigen heftigen Straßenkämpfen mit vielen tausend Toten gnadenlos nieder. Entsprechend allgemein vermuteter Geheimabkommen sahen die westliche Welt und selbst die Vereinten Nationen der ungarischen Tragödie tatenlos zu!

Besonderer Beurteilung bedarf die Rolle *János Kádárs,* der nach 1956 etwa dreißig Jahre lang Ungarns Schicksal lenkte und zunächst weithin als Volksverräter betrachtet wurde. Er leitete – und milderte womöglich – die von der Sowjetführung verlangte Säuberung, hatte zahllose Rachegerichte, langjährige Gefängnisstrafen und etwa 4000 Hinrichtungen einschließlich Imre Nagys sowie die Flucht von über 200000 Ungarn zu verantworten. Doch nach einigen Jahren beurteilten ihn anscheinend viele Ungarn anders, als er ihre Lebensbedingungen mit vorsichtigen wirtschaftlichen und politischen Experimenten verbesserte, meist hart an den Grenzen der sowjetischen Belastbarkeit, sozusagen die Salami-Taktik umkehrte. Als er 1988 den Parteivorsitz an jüngere Reformer übergab, erfreuten sich die Ungarn des mit Abstand höchsten Lebensstandards im Ostblock (ausgenommen der DDR), beträchtlicher wirtschaftlicher und demokratischer Freiheiten und allgemeiner Reisefreiheit.

Kadars politische Erben beseitigten 1989 den ›Eisernen Vorhang‹, erneuerten das Mehrparteiensystem, betteten die in Massengräbern verscharrten Märtyrer des Volksaufstandes von 1956 nach einer eindrucksvollen Gedenkfeier in Heldengräber, bewarben sich gemeinsam mit der Stadt Wien um die Ausrichtung der Weltausstellung 1995 in Budapest und erwägen eine Annäherung an westeuropäische Bündnisse. Am 23. Oktober 1989 – dem 33. Jahrestag des Volksaufstandes von 1956 – wurde die *Republik Ungarn* (Magyar Köztársaság) ausgerufen, Ende März 1990 fanden freie Parlamentswahlen statt.

Kunstgeschichtlicher Überblick

Römerzeit, Völkerwanderung und Awaren (1. – 9. Jh.)

Mit den Römern kamen die städtische Lebensform, der höchste Zivilisationsstand und der Weinbau nach Westungarn. Außer bedeutenden Militär- und Bürgerstädten (Savaria/Szombathely, Aquincum/Óbuda, Scarbantia/Sopron, Sopianae/Pécs, Gorsium-Herculia/Tác), Legionslagern, Kastellen, Fernstraßen und Poststationen entstanden Veteranen-Siedlungen für ausgediente Soldaten und Villen inmitten großer Landgüter (Baláca bei Veszprém). Öffentliche Gebäude, Bäder, Tempel, Markt- und Gerichtshallen, Paläste und Wohnhäuser besaßen nicht nur jeglichen Komfort – Wasserleitung, Fußbodenheizung (Hypokausten) und sanitäre Einrichtungen –, sondern auch reichen Schmuck: Wandmalereien, Stuckfriese, Mosaikböden, Bronze- und Marmorstatuen (Hercules-Villa in Óbuda). Das Amphitheater von Aquincum zählte zu den größten seiner Art. Friedhöfe lagen immer außerhalb der Städte an den Ausfahrtsstraßen. Grabsteine und -beigaben vermitteln unschätzbar wertvolle Aufschlüsse über die Lebensweise der zugewanderten und der einheimischen, kelto-illyrischen Bevölkerung, die bis zum 2. Jh. n. Chr. romanisiert war. Aufwendige Familiengräber wurden vermutlich von wandernden Steinmetzen nach italischen Musterbüchern gestaltet. Den Höhepunkt frühchristlichen Kunstschaffens bilden die Wandmalereien der unterirdischen Grabkammern in Pécs (zweite Hälfte 4. Jh.).

Aus der Zeit der *Spätantike* und *Völkerwanderung* (4. bis 6. Jh.) besitzen ungarische Museen sehr eindrucksvolle Siedlungs-, Grab- und Schatzfunde, zum Teil auch in kleinen Provinzstädten: Waffen und Pferdegeschirre, Gürtelschnallen und Gewandnadeln (Fibeln), Trinkhörner und Feldflaschen – bei den Vornehmen jeweils mit kunstvollen Edelmetallverzierungen –, Gold- und Silberschmuck, häufig mit Einlagen von Halbedelsteinen (Almadine, Karneole, Granate, Glas- und Emailstückchen), Keramiken, Gläser, Münzen und anderes mehr.

Bei den *Hunnen* und *Sarmaten* lebte die Goldschmiedekunst der Skythen vom Schwarzen Meer weiter. Zu den schönsten Fundstücken der Hunnenzeit (erste Hälfte 5. Jh.) zählen bronzene Opferkessel in Gußtechnik, goldene Frauendiademe mit Halbedelsteinen und Ziernadeln (›Zikadenfibeln‹). Die Goldschmiedekunst der *Ostgermanen* (Ostgoten, Gepiden, 5./6. Jh.) ist das Ergebnis der Berührung mit den spätantiken Stadtkulturen am Schwar-

Hunnischer Opferkessel aus Bronze, gefunden im Komitat Pest

zen Meer. Mit den *Langobarden* drangen elbgermanische Formen nach Westungarn, die technischen Grundlagen ihrer prachtvollen Goldschmiedearbeiten – wie S-förmig geschwungene Fibeln – reiften aber erst in Pannonien.

Die *Awaren* (568–796) verbanden späthellenistisch-byzantinische Überlieferungen aus Südrußland, den Tierstil eurasischer Reitervölker und iranisch-sasanidische Einflüsse. Ihre feine gelbe Keramik weist in Form und Herstellung nach Mittelasien. Awarische Gräberfelder bargen Waffen (u. a. den typischen Reflexbogen, Äxte, Eisenschwerter), Gürtel-

Grabfunde aus der Völkerwanderungszeit (›Keszthelyer Kultur‹)

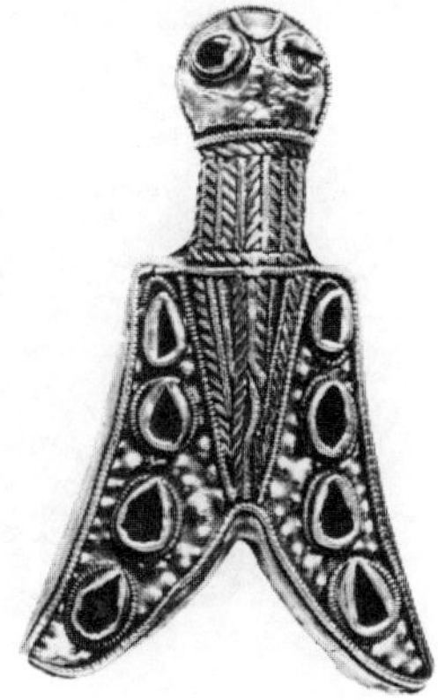

Zikadenfibel aus Südwestungarn, Gold mit Almadinen, Hunnenzeit, 5. Jh. n. Chr.

beschläge als Rangabzeichen (Kampf- und Jagdszenen, Greifen, stilisierte Menschendarstellungen, Ranken und Palmetten nach sasanidischer Art), körbchenförmige Frauenohrgehänge in byzantinischer Tradition sowie andere Schmuckgegenstände. In früh- und mittelawarischer Zeit (6./7. Jh.) überwogen Preßarbeiten aus Gold- und Silberblech; aus Byzanz wurde die Kunst der Granulation übernommen.

Im südwestlichen Transdanubien entwickelte sich die sogenannte Keszthelyer Kultur, eine eigenartige Mischung aus spätantikem, germanischem und awarischem Formengut, an die nach dem Zerfall des Awaren-Reiches die Slawen aus dem Großmährischen Reich im 9. Jh. anknüpften.

Landnahme und frühe Magyaren (Ende 9. und 10. Jh.)

Kunst, Kultur und Kriegsart der landnehmenden Magyaren formte sich noch in der südrussischen Steppe. Auch nach ihrer Seßhaftwerdung im Karpaten-Becken blieben sie der Tradition nomadischer Reitervölker verbunden. Schönste Fundstücke sind silberbeschlagene Ledertaschen der Stammesführer und vergoldete Zierscheiben für Frauenzöpfe aus Gräbern im Einzugsgebiet der Theiß (Tiszabezdéd, Rakamaz). Wichtigster und wertvollster Bestandteil der Männerkleidung war der mit Goldornamenten besetzte Waffengürtel, der gleichzeitig den gesellschaftlichen Rang seines Trägers anzeigte. An ihm hing die typische Ledertasche (für den Feuerstein und kleinere Gegenstände), deren Deckel Ornamente aus vergoldetem Silberblech füllten. Sippengräber des Stammesadels bargen natürlich auch prunkvolle Waffen – vor allem den Reflexbogen (der sich vom awarischen Typ unterschied) und Säbelschwerter –, Pferdegeschirre (Rosse wurden auch mitbestattet) sowie Sättel östlicher Herkunft mit Holzgerüst, Metall- oder Knochenzieraten.

Vorherrschendes Ornament des ›Palmettenstils‹ der frühen Magyaren sind stilisierte Palmblätter, dazu Fabelwesen (Pfauendrachen), Vögel und Kreuze. Insgesamt wurzelt ihr

Taschenbeschlag der landnehmenden Magyaren, gearbeitet im 9. Jh. in Süßrußland, gefunden im Theiß-Gebiet (Palmettenbüschel zum Lebensbaum verschlungen, Kreuz byzantinischen Typs und Pfauendrachen iranischer Herkunft)

Formengut in der iranischen Steppenkunst sogdisch-sasanidischer Prägung (Sogdiana lag an der Hauptroute der innerasiatischen ›Seidenstraße‹ südöstlich des Aral-Sees; die Sasaniden-Dynastie beherrschte von 224–651 n. Chr. das Großpersische Reich), verwoben mit byzantinischen Einflüssen und der eigenständigen (alt-ungarischen) Glaubenswelt. In diesem *schamanistischen Weltbild* verbindet der Lebens- oder Weltenbaum Himmel und Erde. In seinen Zweigen nisten adlerartige Vögel, die die Seelen der Neugeborenen herabtragen zu den Irdischen und sie nach dem Tode zurückholen in die seligen Gefilde der Ahnen. Auch die ungarischen Töpfer haben lange Zeit östliche Formen und Techniken bewahrt: zylindrische Gefäße mit geripptem Hals und Tonkessel (über dem Feuer) blieben bis ins 13. Jh. in Gebrauch.

Die alte Natur- und Zauberreligion der Magyaren lebt in Mythen, Sagen und Märchen sowie in manchen Bräuchen und Volkskunst-Motiven weiter. So übernahm zum Beispiel der ›wissende Hirt‹ in der Großen Tiefebene die Rolle des Zauberers und Regenmachers (táltos), Vögel am Lebensbaum kommen in Stickereien, Schnitzereien und Malereien häufig vor, Sonnenräder auch auf Grabhölzern der Reformierten (s. S. 87).

Schamanistischer Lebensbaum als Volkskunst-Motiv, verbunden mit Hirtenszene

Romanik und Frühgotik (11. bis 13. Jh.)

Die Errichtung des christlichen Feudalstaates um das Jahr 1000 deckt sich zeitlich mit dem Beginn der Romanik in Europa. König Stephan I. ließ im ganzen Land Kirchen erbauen und gründete selbst zehn Kathedralen (Bischofskirchen), einige Benediktiner-Klöster (Pannonhalma, Bakonybél, Pécsvárad) sowie die Krönungs- und Bestattungsbasilika des Árpáden-Geschlechts in Székesfehérvár. Feuersbrünste und der Mongolensturm von 1241/42 vernichteten fast den ganzen früh- und hochromanischen Baubestand; erhalten blieben die Krypta der einstigen Benediktinerabtei Tihany (um 1050) sowie ein Teil der Burgkirche in Pécsvárad und der Skulpturen im Dom von Pécs.

Eindrucksvollste Zeugen spätromanischer Baukunst stellen die *Sippen-* oder *Geschlechterkirchen* in Westungarn dar, von denen einige nach der Mitte des 13. Jh. wiederhergestellt und vollendet wurden (Ják, Abb. 50; Lébény, Abb. 37, 38; Zsámbék, Abb. 42). Vor dem Mongolensturm gab es etwa 90 solche Anlagen. Die frühesten Beispiele dieses Kirchentyps stammen aus dem späten 12. Jh., als sich Adelsgeschlechter herausgebildet hatten (bei der Staatsgründung gehörte das meiste Land dem König und dem Klerus), die ihre Macht, ihren Reichtum und ihr Sippenbewußtsein durch gewaltige Familienkirchen mit angeschlossener Benediktiner-Abtei oder Prämonstratenser-Propstei bekunden wollten. Gemeinsam ist allen Geschlechterkirchen eine Herrschaftsempore zwischen den zwei Westtürmen, auf welcher der Gutsherr mit seiner Familie dem Gottesdienst beiwohnte. Geschlechterkirchen der mächtigsten Adelssippen folgen dem Typus der dreischiffigen Basilika ohne Querschiff mit drei halbkreisförmigen Chören (Apsiden) und wuchtigen Zwillingstürmen, die sich über den ersten Westjochen erheben. Anlageform und plastischer Schmuck weisen stilistisch nach Oberitalien und in die Normandie, als Wegbereiter und Übermittler fungierten Regensburg, Bamberg und St. Stephan in Wien.

Die monumentalen Geschlechterkirchen des Hochadels dienten als Vorbild für *Dorf-* und *Sippenkirchen der Kleinadligen,* deren Grundriß meistens dem Dreierrhythmus Chorquadrat, Schiff und Westturm folgt (Felsőörs, Csempeszkopács, Abb. 49, Csaroda, Egregy bei Hévíz, Mánfa bei Komló). Einige dieser kleineren Geschlechterkirchen besitzen aufwendige Portale (Karcsa, Sopronhorpács), die sich an der verlorengegangenen Porta speciosa in Esztergom oder deren zeitgenössischer Nachbildung im Kreuzgang von Pannonhalma orientierten. Einzigartig in Ungarn ist der Zwillingschor der Dorfkirche von Tornaszentandrás (Abb. 86) im nordungarischen Bergland, das von Mongolen und Türken weitgehend verschont blieb und daher noch manche ›versteckte‹ Kostbarkeit aus romanischer Zeit bewahrt.

Einen Sondertyp spätromanischer Geschlechterkirchen bilden *Zentralbauten,* Rundkirchen, Vierpaß- oder Sechspaßanlagen (Karcsa, Kiszombor, Kallósd, Pápoc, Szalonna, Abb. 84; Öskü, Abb. 56). Als Vorbilder dienten meistens Palastkapellen, deren Ursprung wiederum in der Pfalzkapelle in Aachen zu suchen ist. Rotunden in Westungarn scheinen unter böhmisch-mährischem Einfluß zu stehen, Sechspaßanlagen jenseits der Donau unter armenischem, vermittelt durch die Baukunst Moldawiens (Rumänien).

Apostelportal (Westportal) der Sippenkirche von Ják, erste Hälfte 13. Jh.

Romanische *Freskenfragmente* besitzen die Kirchen in Feldebrő, Pécsvárad, Cserkút, Vizsoly und Szalonna. Die weitaus bedeutendsten spätromanischen Wandmalereien Ungarns, die Apostelpaare in der Gisela-Kapelle in Veszprém, schuf ein italienischer Wanderkünstler Mitte des 13. Jh.

Während in weiten Landesteilen die Spätromanik das gesamte 13. Jh. andauerte, fand der um 1150 in Frankreich entstandene gotische Stil am königlichen Hof bereits unter König Béla III. Eingang. Die Palastkapelle von Esztergom (Ende 12. Jh.) steht der *Frühgotik* um Paris nahe. Burgundische Orden, Zisterzienser und Prämonstratenser, führten die neue Stilrichtung im 13. Jh. auch in anderen Landesteilen ein. Ihre Kirchen in Zsámbék, Ócsa und Bélapátfalva (die als einzige Zisterzienser-Kirche den Mongolensturm überlebte, Abb. 85) verbinden in eindrucksvoller Weise romanische Wucht und Erdenschwere mit dem Ideal der Gotik, der ›Entrückung‹ der Gläubigen in Himmelssphären durch Auflockerung der Baumassen, Steigen und ›Sprießen‹ der Wände, Gewölbe und Fenster. Da der ungarische Benediktiner-Orden im asketisch-strengen Sinne der Zisterzienser reformiert wurde, tragen sogar die Kirchen von Pannonhalma und Lébény typische Merkmale der Zisterzienser-Bauweise (s. S. 255, 220; Abb. 53, 37, 38).

Hoch- und Spätgotik (14. Jh. bis Anfang 16. Jh.)

Bettelorden, Franziskaner (Minoriten) und Dominikaner, verbreiteten nach dem Mongolensturm den gotischen Stil in den aufblühenden Städten. Wohlstand und Selbstbewußtsein des Bürgertums spiegeln sich in der ›bürgerlichen Gotik‹, die auch in Verbindung zur Bauhütte von St. Stephan in Wien stand (Sopron: Marienkirche, Kapitelsaal im ehemaligen Franziskaner-Kloster). In der zweiten Hälfte des 14. Jh. bestimmte wieder verstärkt das Herrscherhaus den Kirchenbau. Französisch-süddeutsche Einflüsse vermittelte die Parler-Werkstatt des Prager Domes, die am Königshof in Buda wirkte (Skulpturen im Rittersaal und der Burgkapelle, Liebfrauen- oder Matthias-Kirche, Farbabb. 1, Abb. 1, 2; Innerstädtische Pfarrkirche in Pest).

Die Franziskaner hatten den größten Anteil an der Verbreitung der Halle, der in der Spätgotik (15. Jh.) führenden Baugestalt, seit der Mitte des 14. Jh. der vorherrschende Kirchentyp in Deutschland. Bedeutende dreischiffige *Hallenkirchen* stehen in Sárospatak (Pfarrkirche zur Unbefleckten Empfängnis), Miskolc (Kirche am Avas) und Kőszeg (St. Jakobs-Kirche). Dem Predigeramt der Bettelorden entsprach am besten die langgestreckte Saalkirche für große Menschenmassen, vertreten in Ungarn durch zwei Stiftungen der Fürsten Báthory in Nyírbátor: die St. Georgs-Kirche (heute Reformierte Kirche, Abb. 102), die noch das feinmaschige Netzrippengewölbe aus der Gründungszeit um 1480 trägt, und die Minoritenkirche, die später barockisiert wurde. Die Bauwerkstatt der Franziskaner wies zur Zeit König Matthias' enge stilistische Verwandtschaft zur Königlichen Bauhütte auf (Visegrád, Palast: Ehrenhof, Pannonhalma: Kreuzgang, Szeged: Franziskaner-Kirche, Abb. 97). Während aber am königlichen Hof schon um 1470 die Frührenaissance Eingang fand, blieb die spätgotische Baukunst in weiten Landesteilen bis um 1520 fest verwurzelt; sogar die griechisch-orthodoxe Kirche der Serben in Ráckeve wurde in diesem Stil errichtet (s. S. 217).

Unter den Anjou-Königen aus Neapel (14. Jh.) beherrschte norditalienischer Einfluß die *Freskenmalerei*, auch außerhalb höfischer Kreise (Esztergom, Siklós: Burgkapelle, Keszthely: Franziskaner-Kirche, Pest: Innerstädtische Pfarrkirche). Den umfangreichsten und besterhaltenen Freskenzyklus im ›Weichen Stil‹ besitzt die Dorfkirche von Velemér, geschaffen um 1380 von Johannes von Aquila aus der Südsteiermark (Abb. 58). Weichliniger Faltenwurf und inniger Gefühlsausdruck kennzeichnet auch die ›Schönen Madonnen‹ um 1400, die Vorläuferinnen der Schreinfiguren großer Flügelaltäre. Bedeutendste Bildhauer der ungarischen Gotik waren die sogenannten Kolozsvári-Brüder, Martin und Georg von Klausenburg; ihr Hauptwerk, die bronzene Reiterstatue des hl. Georg (1373), steht allerdings im Hradschin zu Prag.

Anfang des 15. Jh. entwickelte sich die Tafelmalerei in Form prächtiger *Flügelaltäre;* führender Meister um 1420/30 war Kolozsvári Tamás (Thomas von Klausenburg). Die Ungarische Nationalgalerie im Burgpalast von Buda und das Christliche Museum in Esztergom bewahren eine Fülle vorzüglicher Plastiken und Tafelbilder sowie gemalter und geschnitzter Flügelaltäre. Die meisten von ihnen stammen aus den reichen Bergbaustädten Oberungarns, die außerdem von den Türken verschont blieben.

Gotisches Tafelbild (›Weicher Stil‹) von Thomas von Klausenburg: die Kreuzigung (Ausschnitt), Flügelaltar von Garamszentbenedek, 1427

Herausragender Vertreter der ungarischen *Donauschule*, des ›romantischen‹ Ausklangs des Mittelalters, ist der sogenannte Meister MS (um 1510), ein Zeitgenosse Dürers. Wie Albrecht Altdorfer, Lucas Cranach und andere Hauptmeister der Donauschule verbindet auch dieser anonyme Künstler in seinen Tafelbildern mittelalterliche Überlieferungen mit dem Naturerwachen der Renaissance und den Lichtstimmungen venezianischer Maler.

Gotische *Profanbauwerke* besitzt Ungarn verhältnismäßig wenige. Die meisten Burgen fielen der Sprengung während der Kuruzzen-Kriege Anfang des 18. Jh. zum Opfer. Wohntürme, wie den Salomon-Turm in Visegrád, baute man bis ins 15. Jh. (Sárospatak, Nagyvázsony). Geländebedingt entstanden natürlich auch Ritterburgen mit unregelmäßigem Grundriß um einen Bergfried (Sümeg, Csesznek, Hollókő, Boldogkőváralja). Die Könige aus dem Hause Anjou und Luxemburg sowie der Hochadel ließen sich im 14. Jh. Burgpaläste errichten (Buda, Visegrád, Esztergom, Siklós, Abb. 75), das Bürgerturm wehrhafte, mehrstöckige Häuser, teilweise nach italienischem Muster, mit Sitznischen für Wachen und Gesinde im Torweg (Buda, Abb. 3; Sopron). Das königliche Burgschloß Diósgyőr bei Miskolc (Farbabb. 29), erbaut Mitte des 14. Jh. wohl nach süditalienischen Vorbildern, gilt als erstes Beispiel des Übergangstyps vom Wehr- zum Schloßbau.

Renaissance und Türkenzeit (1470 bis 1686)

Während in allen Landesteilen und auch in Mitteleuropa noch die Spätgotik blühte, ließen König Matthias Corvinus und seine aus Italien stammende Gemahlin Beatrix von Neapel-Aragonien den königlichen Hof zu Buda und Visegrád zum ersten und glanzvollsten Zentrum der florentinischen *Frührenaissance* nördlich der Alpen gestalten. Die Königin verlieh ihrem Burgschloß in Diósgyőr ein prunkvolles Renaissance-Gepräge. Im Dienste des Herrscherpaares wirkten italienische Künstler oder in Italien geschulte Meister, wie der aus Dalmatien stammende Hofbildhauer Giovanni Dalmata. Fayencen und Buchmalereien für die berühmte Bibliotheca Corviniana wurden anfänglich aus Italien eingeführt, bald aber in den königlichen Werkstätten von Buda gefertigt oder kopiert. Die meisten Auftragswerke des Königspaares fielen allerdings den Türkenkriegen zum Opfer, oder sie gingen verloren. Außerhalb des Königshofes konnte sich die Renaissance nur schwer durchsetzen; lediglich die Bischöfe von Esztergom und Pécs öffneten sich früh dem neuen Zeitgeist und Kunstsinn (Esztergom, Bischofspalast: Tugendgemälde, Dom: Bakócz-Kapelle; Pécs, Dom: Sakramentsnische; Pest, Innerstädtische Pfarrkirche: Sakramentsnischen, Abb. 18).

Einen krassen Bruch mit der Entwicklung der Renaissance bedeutete die Katastrophe von Mohács (1526): Ungarn wurde für rund 150 Jahre in drei Teile gespalten. Im Königlichen Ungarn der Habsburger lag das Hauptaugenmerk der Bauherren auf der Errichtung von Festungsanlagen nach den neuesten Erkenntnissen der italienischen Militärarchitektur (Győr, Mosonmagyaróvár, Sárvár, Kőszeg, Eger). In Siebenbürgen blühte die Renaissance weiter (Madonna des András Báthory, 1526) und drang allmählich auch in die Volkskunst ein. Vorzügliche Werke gediehen auf dem Gebiet der Gold- und Silberschmiedekunst, in der Ungarn dank des Reichtums an Edelmetall – besonders in Siebenbürgen und Oberungarn – eine lange Tradition besaß. Bemerkenswerte Baudenkmäler im Stile der *Spätrenaissance* (17. Jh.) stellen die Lorántffy-Loggia in Sárospatak (Abb. 88), das Burgschloß in Pácin (Abb. 87) und die Marmortumba des Siebenbürger Fürsten Zsigmond Rákóczi in der Reformierten Kirche von Szerencs dar.

In den türkisch besetzten mittleren Landesteil kam mit der neuen Soldaten-, Beamten-, Händler- und Handwerkerschicht eine völlig fremdartige Religion und Kultur. Auch die islamischen Würdenträger pflegten keinerlei Beziehungen zu den Nachbarländern, sondern

stammten meistens aus Bosnien und der Herzegowina, aus Albanien oder Makedonien. Nach der türkischen Eroberung wurden zunächst Kirchen in Moscheen verwandelt, aber bald entfaltete sich eine rege Bautätigkeit und das hochentwickelte türkische Kunsthandwerk (Keramik, Metall, Textil, Leder). Kuppelanlagen im osmanischen Stil – *Moscheen, Medresen (geistliche Hochschulen), Türben (Grabkapellen), Bäder* – sowie hohe, schlanke *Steintürme (Minarette)* beherrschten die Stadtbilder. Erhalten blieben aber nur zwei Moscheen in Pécs – eine davon dient heute als Kirche (Abb. 72) –, das berühmte Minarett von Eger (Abb. 78), die Türben des Gül Baba in Buda und des Idris Baba in Pécs sowie zwei Bäder in Buda. Alle anderen türkischen Baudenkmäler und viele Kunstwerke wurden durch Kriegswirren und christliche Intoleranz zerstört, oder sie verfielen, weil sie mit dem Abzug der Muslime ihre Funktion einbüßten; einzige Ausnahme bilden das Königs- (Abb. 11) und das Rudas-Bad in Buda.

Die Bedeutung der türkisch-osmanischen Baudenkmäler Ungarns liegt weniger in ihrem künstlerischen Wert – die wichtigsten und schönsten Beispiele entstanden natürlich nicht in der Provinz –, sondern in ihrer Lage: Sie sind die am weitesten nach Norden verpflanzten Bauwerke ihrer Art, in eine vom christlichen Abendland geprägte Umwelt. Kein Wunder also, daß sie schon früh Maler und Zeichner anlockten, war doch

Sakramentsnische im Renaissance-Stil, Innerstädtische Pfarrkirche in Budapest

Ungarn wesentlich leichter zu erreichen als Kleinasien. So geben heute alte Veduten den besten Aufschluß über die einst blühende osmanische Kultur in Ungarn. Auch Österreichs großer Barockbaumeister Johann Bernhard Fischer von Erlach hat in seinem 1721 veröffentlichten Werk zur historischen Architektur einige Illustrationen aus der türkischen Provinz Ungarn aufgenommen.

Spätbarock, Rokoko und Zopfstil im 18. Jh.

Türken-, Religions- und Freiheitskriege hemmten nicht nur die Entwicklung der Renaissance, sondern auch das Eindringen des aus Italien stammenden Barockstils. Lediglich im Königlichen Ungarn finden sich vereinzelt Beispiele des *Frühbarock* (um 1650): die Jesuitenkirche in Győr (Abb. 39) und der Festsaal im Burgschloß Sárvár. Selbst nach Vertreibung der Türken (1686) hatte Ungarn – im Gegensatz zu Österreich – kaum Grund zum Jubeln: Glaubens- und Freiheitskämpfe erschütterten und spalteten weiterhin das Land. Daher konnte auch das Hochbarock nicht Fuß fassen, das gerade im benachbarten Österreich Bau- und Kunstwerke von europäischem Rang hervorbrachte. Einzige Ausnahme bildet das Schloß Savoyen (Abb. 36) in Ráckeve (Ende 17. Jh.).

Erst nach Niederwerfung des Rákóczi-Aufstandes setzte um 1720 eine rege Bautätigkeit im Stile des *Spätbarocks* ein, vornehmlich in den katholischen Landesteilen, also in West- und Nordungarn. Bischofsresidenzen stellten den Triumph der Gegenreformation selbstzufrieden und stolz zur Schau: Győr, Székesfehérvár, Eger (Farbabb. 28), Veszprém (Farbabb. 10) wurden um die Mitte des 18. Jh. zu prächtigen Barockstädten gestaltet. Aber auch Kleinstädte wie Kalocsa, Vác (Farbabb. 8), Sümeg und Szentendre, der Sitz des orthodoxen Patriarchen der Serben, wetteiferten an festlich-noblem Gepräge mit den großen Vorbildern. Für städtische Pfarrkirchen und Ordenskirchen bevorzugte man zunächst monumentale Doppelturm-Fassaden, teilweise mit konkaven oder konvexen Schwingungen des Mittelteils (Eger: Minoriten-Kirche von Kilian Ignaz Dientzenhofer, Franziskaner-Kirche von Giovanni Battista Carlone, Buda: Pfarrkirche St. Anna, Pest: Universitäts-Kirche von Andreas Mayerhoffer, Abb. 19; Kalocsa: Dom, Tihany: Abteikirche, Umschlagvorderseite). Der Wiener Baumeister Franz Anton Pilgram entwarf um 1740 für die Zisterzienser-Abtei in Szentgotthárd erstmals eine Kirchenfassade mit nur einem Turm an der Westseite. Diese Einturm-Fassade wurde zum Leitbild der spätbarocken Dorfkirche und blieb dies bis um 1820, als in Städten und protestantischen Gebieten schon längst der Klassizismus Einzug gehalten hatte.

Den *barocken Schloßbau* leitete um 1700 Johann Lukas von Hildebrandt, der geniale Architekt des Schlosses Belvedere in Wien, mit der Errichtung seines ersten Auftragswerkes für Prinz Eugen von Savoyen in Ráckeve ein. Führender Baumeister des Spätbarocks wurde Andreas Mayerhoffer aus Salzburg, ein Schüler Hildebrandts (Pest: Palais Péterffy). Um 1750 entwickelte er den sogenannten Grassalkovich-Typ, eine U-förmige Schloßanlage mit einer Mittelkuppel, benannt nach dem ersten und wichtigsten Auftraggeber, dem Fürsten

Bauern- und Kelterhaus im Barockstil; barocke Bauformen und Zierelemente blieben in ländlichen Gebieten bis ins späte 19. Jh. verbreitet

Grassalkovich, dessen Schlösser in Gödöllő und Hatvan dem Hoch- und Landadel als Vorbild dienten (Pécel, Gyula). Mit dem wirtschaftlichen Aufschwung erfaßte barockes Lebensgefühl das Bürgertum (›Bürgerbarock‹) und allmählich auch die Landgemeinden: Barocke Straßenzüge, geschwungene Turmhauben und Giebel beherrschen noch heute viele Stadtbilder oder ragen weithin sichtbar aus der flachen Landschaft empor.

Bürger- und *Bauernhäuser* wurden oft nach dem Muster von Schlössern geplant, so daß die hohe Kunst der Wiener Barockbaumeister Fischer von Erlach und Hildebrandt auf diese Weise eine Umformung zu volkstümlicher Tradition erfuhr. Merkmale der Bürgerpalais sind rechteckige Erker mit Zwillingsfenstern, bevorzugt über Eck gesetzt, sowie flache Wandgliederungen (Lisenen, Pilaster, Stockwerkgesimse) und ebenso flacher, kaum plastischer Stuck. Auf dem Lande überwiegen Streckhöfe, deren Schmalseite die Gassenfront bildet; bäuerliche Symbole zieren die geschwungenen Giebel. An der Längsseite verläuft der typische Laubengang, dessen Dach auf Pfeilern oder toskanischen Säulen ruht (Bakony-Wald, Balaton-Gebiet).

Baumeister, Bildhauer und Maler der Barockzeit kamen meistens aus Österreich und Böhmen, Stukkateure fast ausschließlich aus Italien. Besonders Ordenskirchen besitzen reich geschnitzte Altäre, Kanzeln und Betstühle, oft geschaffen von Laienbrüdern (Tihany, Abb. 69; Zirc, Székesfehérvár: heutige Zisterzienser-Kirche, Abb. 61; Pápa: Liebfrauen-Kirche der Pauliner, Pest: Universitäts-Kirche). Geistliches Theater der Barockzeit fand beredten Ausdruck im Passionsaltar der Minoriten-Kirche von Nyírbátor (Abb. 101).

Die *Freskenmalerei* bestimmten zwei überragende Künstler: Paul Troger (1698–1762), der große Tiroler Meister, malte die Fresken in der Jesuitenkirche von Győr (Farbabb. 11), Franz Anton Maulbertsch (1724–1796), der Hauptmeister der Wiener Rokoko-Malerei, arbeitete vierzig Jahre lang in Ungarn und hinterließ eine Fülle von Fresken und Altarblättern in wunderbar zarten Lichtstimmungen oder glühend-leidenschaftlicher Farbgebung (Sümeg, Farbabb. 23; Pápa, Győr: Dom, Vác: Dom, Székesfehérvár: Karmeliter-Kirche usw.). Andere namhafte österreichische Barock- und Rokoko-Maler, wie Martino Altomonte, Johann Wenzel Bergl und Martin Johann Schmidt (›Kremser-Schmidt‹), sind mit einigen Werken vertreten (Győr: Karmeliter-Kirche, Pest: Universitäts-Kirche, Vác: Dom). An Troger und Maulbertsch orientierten sich nahezu alle mehr oder weniger begabten Maler, die Stadt- und Dorfkirchen mit Fresken und Altargemälden schmückten. Aufmerksamkeit verdienen Stephan Dorffmeister, Caspar Franz Sambach, Franz Sigrist, Johann Lukas Kracker und Johann Cymbal (Császár, Szentgotthárd, Székesfehérvár: Zisterzienser-Kirche, Eger: Lyzeum, Farbabb. 30; Sopron: Heiligengeist-Kirche, Vörösberényi: Jesuitenkirche, Abb. 65) sowie der namentlich unbekannte Freskant, der in Balatonkeresztúr arbeitete.

Der elegant-verspielte und bewegte *Rokokostil* fand in Ungarn kaum Verbreitung. Einzig bedeutendes Baudenkmal ist das berühmte Schloß Esterházy in Fertőd (Farbabb. 12, Abb. 46), das ›Ungarische Versailles‹, entworfen vermutlich von Melchior Hefele.

Wesentlich stärkeren Anklang fand dagegen der sogenannte *Zopfstil*, benannt nach den vorherrschenden, zopfartigen Blattornamenten, wie auch nach der Zopfmode der Männer. Um 1760/70 wurde dieser ›klassizierende Spätbarock‹ oder ›spätbarocke Klassizismus‹, eine Mischung von Barock und Klassizismus, zur vorherrschenden Kunstgestalt in Ungarn. Die Architekten wurzelten noch im Barock, setzten aber den spätbarocken Baukörpern antikisierende Schmuckformen auf (Blattzöpfe und -girlanden, lorbeergerahmte Medaillons =

Schloß Gödöllő, Barockschloß im ›Grassalkovich-Typ‹, eine u-förmige Anlage mit bekrönender Mittelkuppel

Festons). In Frankreich leitete um jene Zeit das Louis-seize (benannt nach König Ludwig XVI.) vom Rokoko zum Klassizismus über, in Österreich das ›Josephinische‹ unter Kaiser Joseph II. (1780–1790). Bedeutendste Baumeister des ungarischen Zopfstils waren Jakob Fellner, der in Mähren geborene Hofarchitekt der Familie Esterházy (Tata und Pápa, Abb. 55: Kirche und Schloß, Eger: Lyzeum, Veszprém: Bischofspalais, Farbabb. 10), und der Tiroler Melchior Hefele (Szombathely: Dom, Bischofspalais).

Als Wegbereiter des Klassizismus wirkte zwar schon um 1764/70 der aus Frankreich stammende Wiener Architekt Isidore Canevale (Vác: Triumphbogen, Dom), durchsetzen konnte sich die neue Stilrichtung aber erst wesentlich später. Katholische Landesteile hielten vielmehr sehr lange am Zopfstil fest, der zum Synonym für konservative Gesinnung und Treue zum Haus Habsburg wurde. Zopfstil und -mode galten europaweit allmählich als Ausdruck von Steifheit und Rückständigkeit, eben ›Verzopftheit‹.

Klassizismus und Historismus (19. Jh.)

Dem Prunk des Barocks folgte der vornehm-zurückhaltende Klassizismus, den strenge Gliederung der Baukörper und monumentale Säulenordnungen kennzeichnen. Geistiger Hintergrund ist die französische Aufklärung, Vorbild die klassische Kunst der Antike. Der *frühe Klassizismus* des ausgehenden 18. Jh. war eng mit dem Erwachen des ungarischen Nationalismus verknüpft, besonders in protestantischen Kreisen. Kein Wunder also, daß gerade Debrecen, die ›Hochburg‹ des Calvinismus und anti-habsburgischer Gesinnung, die am stärksten von der ›progressiven‹ Stilrichtung geprägte Stadt Ungarns ist (Große Kirche, Abb. 100, und Kollegium der Reformierten, um 1805). Im katholisch dominierten Westungarn konnte der neue Stil vorerst kaum Fuß fassen. Einzig Charles-Pierre de Moreau, der während der Revolution aus Frankreich geflüchtete Hofbaumeister der Fürsten Esterházy, setzte das aufkeimende Naturempfinden zu Beginn des 19. Jh. in Form von Landschaftsparks um (Tata, Csákvár) und entwarf in Ganna bei Pápa ein Mausoleum der Esterházy nach dem Vorbild des Pantheons in Rom. Diesem antiken Beispiel folgten auch einige Rundkirchen (Esztergom: St. Anna, Balatonfüred, Szilvásvárad).

In der ungarischen Reformzeit (1825–1848), die sich ungefähr mit dem Vormärz und dem Biedermeier-Stil in Österreich deckt, konnte sich der Klassizismus endgültig durchsetzen: Die größten Dome des Landes sind in diesem Stil gehalten (Esztergom, Abb. 33; Eger, Abb. 79), übersteigern aber das klassische Ideal »edler Einfalt und stiller Größe« durch Wucht und Pathos. Harmonischer und eleganter wirken dagegen etliche weltliche Gebäude: Komitats- und Rathäuser (Pest, Debrecen, Szekszárd), Landschlösser (Csákvár, Dég, Fót), Bürger- und Adelspalais (Pest: Palais Károlyi, Székesfehérvár: Hotel Velence) sowie die Kettenbrücke zwischen Buda und Pest, eine Meisterleistung des englischen Ingenieurs William Tierney Clark (Farbabb. 2).

Begabtester Architekt des ungarischen Klassizismus war der in Wien geborene Mihály Pollack, der die bautheoretischen Schriften des französischen Architekten Jean-Nicolas

2 BUDAPEST Matthias-Kirche, Tympanonrelief im Marientor
◁ 1 BUDAPEST Matthias-Kirche, Südportal
3 BUDAPEST Burgviertel, gotische Sitznischen

4 BUDAPEST Reiterdenkmal König Stephans des Heiligen

5 BUDAPEST Burgviertel, Türeinfassung mit Türkenkopf

6 BUDAPEST Bürgerhäuser am Bécsi kapu tér

8 BUDAPEST Turm der Magdalenen-Kirche ▷

7 BUDAPEST Bécsi kapu tér, klassizistisches Fassadendetail

9 BUDAPEST Blick auf Kettenbrücke und Burghügel

10 BUDAPEST Burgpalast, Turul-Vogel und Prunkportal

11 BUDAPEST Wasserstadt, türkisches Königsbad

12 BUDAPEST Óbuda, römisches Amphitheater

14 BUDAPEST Blick auf die Pester Innenstadt
◁ 13 BUDAPEST Óbuda, Pfarrkirche mit Statue des hl. Florian
15 BUDAPEST Aquincum, Zentrum der römischen Bürgerstadt

16 BUDAPEST Sándor-Petőfi-Denkmal

17 BUDAPEST Pester Innenstadt, Danubius-Brunnen

18 BUDAPEST Innerstädtische Pfarrkirche, Sakramentsnische

19 BUDAPEST Türme der Universitätskirche

21 BUDAPEST Parlamentsgebäude am Donauufer

◁ 20 BUDAPEST Neues Rathaus von Pest, Treppenhaus

22 BUDAPEST Nationalmuseum mit János-Arany-Denkmal

24 BUDAPEST Kunstgewerbemuseum, Mittelkuppel

◁ 23 BUDAPEST Große Synagoge von Pest

25 BUDAPEST Ungarische Staatsoper

26 BUDAPEST Burg Vajdahunyad im Stadtwäldchen

27 BUDAPEST Café Hungária

28 BUDAPEST Musikanten am Vörösmarty tér

Nationalmuseum in Budapest im klassizistischen Stil (um 1840)

Durand am eindrucksvollsten in seinem Meisterwerk verwirklichte, dem Nationalmuseum von Budapest (begonnen 1837; Abb. 22). Zu den meistbeschäftigten Baumeistern der Reformzeit zählten János (Johann) Hild und Mátyás (Matthias) Zitterbarth.

Nach dem Fehlschlagen der Revolution von 1848/49 folgte bis um 1870 die *Romantik*, eine gefühlsbetonte, verklärte Hinwendung zur nationalen Vergangenheit. Orientalische und byzantinische Schmuckelemente schienen am besten geeignet, die östliche Herkunft der Magyaren und die vermeintliche Abstammung ihrer Fürsten vom Hunnenkönig Attila auszudrücken. Schönstes Beispiel der romantischen Baukunst ist die Pester Redoute (Vigadó) von Frigyes Feszl, gefolgt vom Csokonai-Theater in Debrecen sowie Bürgerhäusern in Székesfehérvár (Vörösmarty tér), Debrecen und Sopron (Széchenyi tér).

In der zweiten Hälfte des 19. Jh. beherrschte der *Historismus* alle Kunstbereiche, eine Wiederbelebung verflossener Stilrichtungen – von der Antike über die Romanik, Gotik und Renaissance bis zum Byzantinismus, Barock und Rokoko, manchmal phantasievoll angereichert mit orientalischen und spanisch-maurischen Zieraten. Im Auftrag der öffentlichen Hand und des Großbürgertums, das Reichtum, Macht und Einfluß aus Handel, Geldwesen und Industrie (›Gründerzeit‹) zur Schau stellen wollte, entstanden prunkvolle Palais, Mietshäuser und Boulevards. Nach dem Ausgleich Österreich – Ungarn wetteiferte Budapest mit der Kaiserstadt Wien an Größe und Pracht. Miklós Ybl, der führende ungarische Baumeister und Stadtplaner des Historismus, entwarf nicht nur Einzelgebäude (Staatsoper, Abb. 25), sondern ganze Straßenzüge (Radialstraße) und Stadtviertel, bevorzugt im Stile der Neorenaissance. Ein einzigartig geschlossenes Stadtbild weist die nach der Hochwasserkatastrophe von 1879 neu angelegte Stadt Szeged auf. Zum Millennium der Landnahme (1896) sollten monumentale Prunkbauten im ganzen Land die Bedeutung des Königreiches Ungarn demonstrieren; manche künstlerisch wertvollen Gebäude wurden dabei ›stilgerecht‹ überrestauriert.

Im ausgehenden 19. Jh. hatte sich die Kraft des Historismus erschöpft: In seiner *eklektischen Spätphase* (Eklektizismus oder eklektischer Historismus) wählte man verschiedene Stilelemente aus und würfelte sie mehr oder weniger gelungen ›bunt‹ durcheinander. Zu den bekanntesten Architekten des späten Historismus in Budapest zählen Alajos Hauszmann (Burgpalast, Café Hungaria, Abb. 27), Imre Steindl (Parlament, Abb. 21; Neues Rathaus von Pest, Abb. 20) und Frigyes Schulek (Matthias-Kirche, Farbabb. 1, Abb. 1; Fischerbastei, Farbabb. 3). Die Innenausstattung historistischer Bauwerke steht dem Äußeren an Prunk nicht nach: Treppenhäuser, Säle und Salons wurden mit farbenprächtigen Wandmalereien geschmückt, meistens historischen, mythologischen oder allegorischen Inhalts. Bertalan Székely, Károly Lotz und Mór Than malten die meisten Fresken.

Ungarische Malerei und Plastik im 19. und 20. Jh.

Nach der fruchtbaren Schaffensperiode im Mittelalter und der Frührenaissance versiegten Malerei und Plastik während der Dreiteilung des Landes im heutigen Ungarn nahezu. In der Barockzeit kamen die meisten Künstler aus Österreich, Italien und Böhmen. Einzig namhafter ungarischer Barockmaler ist Ádám Mányoki (1673–1756), der als Porträtist in Deutschland und dann für den Fürsten Ferenc II. Rákóczi arbeitete; nach dessen Sturz 1711 ging er nach Dresden und Polen.

Die Malerei zu Beginn des 19. Jh. stand im Zeichen des Biedermeier. Miklós Barabás (1810–1898) machte sich als Porträtist einen Namen, Károly Markó (1791–1860) als Landschaftsmaler in Italien. Die meisten Maler studierten in Wien, München oder Italien, nach 1880 in Paris.

In der zweiten Hälfte des 19. Jh. erlangte die im ungarischen Nationalismus und der Romantik wurzelnde *Historienmalerei* (historischer Realismus) Vorrang, als deren bekannteste Vertreter Viktor Madarász (1830–1917), Bertalan Székely (1835–1910), Károly Lotz (1833–1904) und Gyula Benczúr (1844–1920) gelten. Mit Abstand bedeutendster ungarischer Maler, der auch internationalen Ruhm erwarb, ist Mihály Munkácsy (eigentlich Michael Lieb), geboren 1844 in Munkács (heute UdSSR), gestorben 1900 bei Bonn. Nach Studienaufenthalten in Wien und München lebte er in Düsseldorf und Paris, wo er von Courbet beeinflußt wurde. Sein Oeuvre umfaßt Genre- und Landschaftsbilder, vor allem aber religiöse und historische Themen. Die meisten seiner Gemälde befinden sich in ungarischen Museen, so auch sein preisgekröntes Hauptwerk ›Der letzte Tag eines Verurteilten‹ (oder die ›Todeszelle‹). Im Treppenhaus des Kunsthistorischen Museums in Wien und im Parlament Budapest schuf Munkácsy Wandgemälde (›Die Landnahme‹). Sein Zeitgenosse László Paál (1846–1879) widmete sich vornehmlich der Landschaftsmalerei, Pál Szinyei-Merse (1845–1920) der Freiluftmalerei (Pleinair) im Stile der Schule von Barbizon (›Frühstück im Grünen‹), in späteren Lebensjahren wieder dem Realismus (›Dame in Lila‹).

Ende des vorigen Jahrhunderts fand sich Nagybánya (Baia Mare/Rumänien) unter Führung des Impressionisten Simon Hollósy eine Künstlerkolonie zusammen, die verschiedenen Kunstströmungen folgte – dem Impressionismus, Nach-Impressionismus, Jugendstil, frühen Expressionismus – und die ungarische Malerei des 20. Jh. nachhaltig beeinflußte. Bedeutendster Maler aus der Schule von Nagybánya ist der Impressionist Károly Ferenczy (1862–1917), gleichzeitig das Haupt einer namhaften Künstlerfamilie. József Rippl-Rónai (1861–1927) wandte sich dem französischen Jugendstil zu. Zu den interessantesten Malern zählt Tivadar Csontváry Kosztka (1853–1919), der erst in den fünfziger Jahren gebührende Würdigung fand. Seine visionär-symbolhaften, teils surrealistischen Großgemälde inspirierten sowohl die sogenannten Maler der Tiefebene (Stimmungsbilder aus der Pußta) als auch die Expressionisten. Diese weitgehend von Frankreich (Fauves, den ›Wilden‹) und Deutschland (Blauer Reiter) geprägte Ausdruckskunst ist durch die Budapester ›Gruppe Acht‹ vertreten, der auch Béla Czóbel (1883–1976) angehörte, dessen Laufbahn in Nagybánya begann. Die um die Jahrhundertwende gegründete Künstlerkolonie von Szolnok besteht noch heute. Am Balaton arbeitete József Egry (1883–1951). Ungarischer Herkunft ist schließlich Victor Vasarely, der weltberühmte Wegbereiter und Hauptvertreter der Op-Art, der Kunst der optischen Täuschung (s. Pécs).

Auch die ungarische *Bildhauerei* trat erst wieder im 19. Jh. mit einigen bemerkenswerten Meistern hervor. Zur Zeit des Klassizismus setzte István Ferenczy (1791–1856) die Maßstäbe, in der Romantik Miklós Izsó. Die führenden Plastiker des Historismus – Alajos Stróbl (1856–1926), György Zala, János Fadrusz, Károly Senyei, Barnabás Holló, József Róna, György Vastagh, György Kiss – schufen vor allem Denkmäler in Budapest. Béni Ferenczy (1890–1967) widmete sich bevorzugt der Kleinplastik. Stellvertretend für viele Bildhauer des 20. Jh. seien Ferenc Medgyessy (1881–1958), Zsigmond Kisfaludi Strobl, Pál Pátzay, Miklós Borsos, Imre Varga und die Keramikerin Margit Kovács (1902–1977) genannt.

Der ungarische Jugendstil (Neu- oder national-ungarischer Stil)

Ende des vorigen Jahrhunderts hatte sich der Historismus überlebt: Ganz Europa suchte nach neuen Kunstformen. Zu den wichtigsten Grundlagen und Forderungen der damaligen Avantgarde gehörten die Schriften des Engländers William Morris, die Wiederbelebung alter Handwerkstraditionen sowie die Bedachtnahme auf Funktionalität. In Deutschland bürgerte sich für dieses Streben der Modernen die Bezeichnung ›Jugendstil‹ (Stil der Jugend) ein, nach der ab 1896 in München erscheinenden Zeitschrift ›Jugend‹. In Frankreich und Belgien hieß die neue Richtung ›Art Noveau‹, in England ›Modern Style‹, in Italien ›Stile Liberty‹ (nach einer englischen Tapetenfirma), in Wien, Ungarn und Osteuropa ›*Sezession*‹, abgeleitet vom lateinischen Wort für Absonderung, Trennung. Gemeint war eine Gruppe progressiver Künstler um den Architekten Otto Wagner, die sich vom überladenen Ringstraßen-Stil und dem konservativen Wiener Künstlerhaus abgewandt hatten.

In Ungarn fallen die Anfänge der Sezession ungefähr mit der Suche nach einem unverwechselbaren ›*Nationalstil*‹ und den fieberhaften Vorbereitungen zum Millennium von 1896 zusammen. Man besann sich der östlichen Herkunft der Magyaren, verklärte Hunnen und sogar Türken als Vorfahren und Verwandte und sah in der Volkskunst die Wurzeln der Vergangenheit. Eine Vielzahl von Spielarten entstand: geometrisch strenge, barockisierende oder heimattümliche, die sich am bäuerlichen Kunsthandwerk und der Holzarchitektur Siebenbürgens orientierten, aber auch Anlehnungen an die eleganten, floralen ›Schlangenlinien‹ des westeuropäischen Jugendstils (Szeged: ›Iris-Haus‹).

Vaterfigur des ungarischen Jugendstils ist der Budapester Architekt *Ödön Lechner* (1845–1914), der einer aus Bayern zugewanderten Familie entstammte und in Paris, Italien, Berlin und England studierte (Man demonstrierte gerne die künstlerische Unabhängigkeit von Wien!). Typisch für die Bauwerke Lechners und seines Kreises sind Majolika-Verkleidungen der Fassaden, Dächer, Firste und Kanten (Kecskemét: Rathaus, Abb. 95; Budapest: Geologisches Institut). Die von der Keramikfabrik Zsolnay in Pécs eigens für diesen Zweck entwickelten, wetterfesten und polierfähigen Pyrogranit-Platten wurden geradezu zum ›nationalen Baumaterial‹ erklärt. Lechners Ornamentkunst schöpfte überwiegend aus der Sammlung des Volkskundlers József Huszka, der jahrelang alle Dekorationsformen des bäuerlichen Kunsthandwerks zusammengetragen hatte. Beim Bau des Kunstgewerbemuseums in Budapest (1893; Abb. 24) verwendete Lechner neben ungarischen Volkskunst-Motiven venezianisch-gotische und orientalische Stilelemente, besonders indo-islamische, bei der ehemaligen Postsparkasse in Budapest (1900) schwingende Linien, die bereits in die

Stickereimuster als Vorlage für Schmuckelemente des national-ungarischen Jugendstils

Rückenteil einer bestickten Felljacke

Moderne weisen. Seine Nachfolger setzten Volkskunst-Ornamente noch lange ein (Kiskunfélegyháza: Rathaus von 1911, Farbabb. 31, Abb. 96). Als schönstes Beispiel darf der ›Bunte Palast‹ (Cifra Palota) in Kecskemét gelten (Farbabb. 26, Abb. 94), ein höchst originelles Wohnhaus nach Entwürfen des Lechner-Schülers Géza Markus von 1902. Andere Wege ging István Medgyaszay, der einzige bedeutende ungarische Schüler Otto Wagners. Er entwickelte eine künstlerische Formensprache für den neuartigen Werkstoff Eisenbeton (Sopron: Theater; Veszprém: Theater, Museum).

Bedeutendster Schüler Lechners war Béla Lajta, dessen Geschäftshaus am Martinelli tér in Budapest geradezu als Meilenstein der Moderne gilt (s. S. 148). Lechner und Lajta entwarfen auch einige bemerkenswerte Grabmäler im Jugendstil (Umschlagklappe vorn). Unter Lajtas Zeitgenossen verdient vor allem Aladár Árkay Aufmerksamkeit (Budapest: Reformierte Kirche am Gorkij fasor, 1911; Kirche am Stadtmeierhof – Városmajori templom).

Kunstdenkmäler der Reformierten, Orthodoxen und Juden

Pfarrkirchen und Friedhöfe der *Reformierten (Calvinisten)* stellen oft wertvolle Beispiele ungarischer Volkskunst dar. Im 16. Jh. übernahmen die Calvinisten zunächst katholische Kirchen, die sie ihren Glaubensinhalten und liturgischen Bedürfnissen anpaßten (Nyírbá-

Grabhölzer auf Friedhöfen der Reformierten (Calvinisten)

tor, Boldva, Szalonna, Vizsoly, Csaroda). Fresken wurden zerstört oder übertüncht, Altäre und Tafelbilder entfernt, dafür aber die für alle protestantischen Predigerkirchen – reformierte wie auch evangelische – typischen Emporen (Holzgalerien) eingezogen sowie Abendmahltisch, Kanzel und Priesterstuhl in die Mitte des Saales gerückt. Charakteristisch sind frei stehende, mächtige *Glockentürme,* meistens auf quadratischer Grundfläche mit weit auskragendem Dach – als Unterstand für die Kirchenbesucher vor und nach dem Gottesdienst. Darüber erhebt sich der schlanke, nadelspitz zulaufende Turmhelm mit geschnitzter Galerie und manchmal vier Ecktürmchen (Fialen). In den östlichen Landesteilen blieben einige prächtige Beispiele von Glockentürmen aus dem 16. bis 18. Jh. erhalten, in denen die gotisierende Holzbaukunst der Karpaten weiterlebt, besonders aus Marmatien, heute Maramuresch in Rumänien (Nyírbátor, Abb. 102; Tákos, Abb. 103; Zsurk, Nemesborzova/Freilichtmuseum Szentendre). Im äußersten Südwesten Transdanubiens, in der Wart (Őrség), gestaltete man die Glokkenstühle sehr einfach; das rock- oder schürzenartig auskragende Dach (›Schürze‹) ist hier mit Stroh eingedeckt statt mit Holzschindeln.

Seit dem späten 18. Jh. errichteten die Reformierten in den Landgemeinden einfache Saalkirchen, deren Äußeres sich von spätbarocken Kirchen der Katholiken nicht oder kaum unterscheidet (Szenna, Ormánság). Innenräume bewahren dagegen oft vorzügliche Werke ungarischer Volkskunst: geschnitzte und bemalte Kassettendecken, Emporen, Kanzel, Priesterstuhl und Abendmahltisch. Neben Renaissance- und Barock-Ornamenten in bäuerlicher Umformung zählen Symbole christlichen und heidnischen Ursprungs zu den bevorzugten Zieraten: Sonne, Lebensbaum mit Vögeln, Kelch, Pelikan u. a. (Csaroda, Abb. 104; Tákos, Ormánság). In den Großstädten wurde der ›internationale‹ Klassizismus, der

Stil der Aufklärung, zur vorherrschenden Kunstgestalt der Protestanten (Debrecen: Große Kirche, Abb. 100, und Kollegium, Sárospatak: Kollegium, Pest: Reformierte Kirche am Kálvin tér, Evangelische Kirche am Deák tér).

Auch Friedhöfe und Bestattungsbräuche der Reformierten folgen uralten Überlieferungen, die teilweise noch in die Frühzeit der Magyaren zurückreichen. Sie setzen ihren Toten keine Grabsteine, sondern *Grabhölzer*, in manchen Gebieten menschengestaltig, sonst säulen- oder kahnförmig. Auf dem Friedhof im kleinen Dorf Szatmárcseke (nahe der Grenze zu Rumänien und der UdSSR) reihen sich bootförmige Grabhölzer, alle nach der untergehenden Sonne ausgerichtet, zu den erhofften Gefilden der Seligen im äußersten Westen der Erdscheibe. Der Ursprung dieser archaischen Glaubensvorstellungen ist im Ural zu suchen, wo die Ahnen der Magyaren als Jäger und Fischer lebten und sich für die ›Jenseitsreise‹ in

Detail der bemalten Kassettendecke in der Reformierten Kirche von Drávaiványi im Landstrich Ormánság an der Drau

Booten bestatten ließen (Kahnförmige Steinsetzungen und kleine Tonwagen mit Wasservögeln als Zugtiere für die ›Überfahrt‹ kennt man aus europäischen Moor- und Sumpfgebieten seit der Bronzezeit). Eingekerbt in Grabhölzer finden sich Sonnenräder, die in die Zeit des Reiternomadentums in der südrussischen Steppe weisen, und Kelche, das Wahrzeichen der Reformierten und Hussiten (Abenmahl in beiderlei Gestalt).

Ungarn besitzt erstaunlich viele *orthodoxe (griechisch-orientalische) Kirchen*, vereinzelt von Glaubensgemeinden griechischer Herkunft, zumeist jedoch der Serben (ungarisch: Rác, deutsch Raizen), deren Vorfahren seit der Schlacht auf dem Amselfeld 1389 vor den Türken nach Norden flüchteten. Alte Holzkapellen der frühesten Einwanderer sind längst verschwunden; die erste Steinkirche entstand Ende des 15. Jh. im spätgotischen Stil in Ráckeve. Die meisten orthodoxen Gotteshäuser folgen jedoch dem Grund- und Aufriß katholischer Kirchen im Spätbarock- oder Zopfstil, sind also einschiffige Saalanlagen mit einem Westturm (Szentendre, Grábóc, Miskolc, Székesfehérvár, Eger). Lediglich im Innern erkennt man den Unterschied: Nach griechisch-byzantinischem Ritus ist der Chor den Priestern und Diakonen vorbehalten, im Schiff (Naos) beten die Männer, in der Vorhalle (Pronaos) die Frauen. Die Bilderwand (Ikonostasis, Ikonostase) trennt den Klerikerraum vom Laienschiff. In Ungarn vereinen diese Ikonostasen in höchst reizvoller Weise byzantinisch-orthodoxe Bildinhalte mit Barock-, Rokoko- und Zopfstil-Ornamenten (Laub- und Bandwerk, Flammenranken, Muscheln, Blattgirlanden). Künstlerisch wertvolle Kirchen der Griechisch-Katholischen kommen dagegen nur mehr selten vor; ihr wichtigstes Verbreitungsgebiet lag in den Karpaten. Liturgie und Ausstattung entsprechen weitgehend orthodoxen Kirchen (s. S. 178 ff.).

Jüdische Gemeinden sind schon seit römischer Zeit bezeugt. Die ältesten *Synagogen* wurden Ende des 13. Jh. im gotischen Stil errichtet (Sopron, s. S. 234). Aus dem frühen 19. Jh. überdauerten drei ehemalige jüdische Bethäuser im klassizistischen Stil (Baja, Óbuda, Szeged). Zur Zeit des Historismus und Jugendstils erbaute man monumentale Synagogen in spanisch-maurischen und byzantischen Formen (Pest: Große Synagoge, Abb. 23; Kecskemét, Szombathely, Abb. 52; Szeged, Pécs). Eine außerordentlich prächtige Jugendstil-Ausstattung besitzt die Neue Synagoge in Szeged (Farbabb. 24). Besondere Aufmerksamkeit verdient auch die Kleine Synagoge in Pest, ein Jugendwerk von Otto Wagner, dem führenden Architekten der Wiener Sezession.

Budapest – Harmonie der Gegensätze

Der eindrucksvollste Blick auf die ungarische Hauptstadt bietet sich vom Gellért-Berg. Zwei Landschaftsformen stoßen hier aufeinander: die sanft schwingenden Hügel Transdanubiens im Westen und die endlos scheinende Große Tiefebene im Osten. Gegensätzlich wie die Landschaft ist auch der Charakter der Schwesterstädte Buda und Pest, die sich mit der Donau zu einzigartigem Dreiklang vereinen. Treffend schrieb der französische Schriftsteller Jules Romains: »Budapest bildet mit der Donau eine der schönsten Fluß-Stadt-Landschaften, die es gibt, vielleicht die schönste in Europa...« Viel mehr als Wien ist Budapest eine ›echte‹ Donaustadt, der Strom durchschneidet sie etwa in der Mitte und prägte ihre Entwicklung und Eigenart entscheidend. Budapest ist alt und jung zugleich: Schon vor 2000 Jahren gründeten die Römer die Stadt Aquincum, aber erst 1872/73 wurden die drei selbständigen Städte Buda, Óbuda (Alt-Buda) und Pest vereint und unter dem Namen Budapest offiziell zur Hauptstadt des Königreiches Ungarn erklärt. (Buda zählte zwar im 14. und 15. Jh. zu den glanzvollsten Hauptstädten Mitteleuropas, büßte aber durch die Türkenkriege über Jahrhunderte seine Bedeutung ein.) Der Ausgleich Österreich – Ungarn öffnete die Tore zum kometenhaften Aufstieg Budapests zur jüngsten Weltstadt des Abendlandes. Budapest wetteiferte zwar an Größe und Pracht mit der Kaiserstadt Wien, aber die eleganten Boulevards von Pest erinnern wohl eher an Paris, an ein ›Paris des Ostens‹.

Die Gegensätzlichkeit von Buda und Pest erklärt sich vornehmlich aus der Lage: Die Donau wirkte lange Zeit eher als Trennlinie denn als einigendes Band. Der langgestreckte Hügel auf der Westseite bot sich zur Gründung der königlichen Burgstadt *Buda* (deutsch: Ofen) an, die bis heute ihre mittelalterliche Struktur sowie gotische und barocke Baudenkmäler in malerischen, bisweilen verträumten Gassen bewahrt hat. Am Eingang zur Großen Tiefebene entwickelte sich dagegen die Handelsstadt *Pest,* seit dem 19. Jh. das Zentrum des magyarischen Geisteslebens und des Großbürgertums, mit prunkvollen Straßenzügen und weitläufigen Plätzen im Stile des Historismus sowie originellen Bauten der Sezession und Moderne. *Alt-Buda* (Óbuda, deutsch: Alt-Ofen) an der Stelle der Römerstadt Aquincum stand seit dem Mittelalter im Schatten von Buda und Pest, verlor mit der Errichtung ›gesichtsloser‹ Betonklötze weitgehend seinen kleinstädtisch-ländlichen Charakter, gewinnt aber durch liebevolle Erneuerung historischer Viertel wieder viel von seinem Charme zurück.

Budapest zählt heute etwa 2,1 Millionen Einwohner, ist politischer, kultureller und wirtschaftlicher Mittelpunkt des Landes sowie Sitz der größten Industriebetriebe. Seine Schönheit und geradezu magische Anziehungskraft, zahllose Kunst- und Kulturdenkmäler, ausgezeichnete Museen, Theater und Musikbühnen, die meisten Thermalquellen Europas – einige noch in türkischen Kuppelbädern –, internationale Veranstaltungen, gute Einkaufsmöglichkeiten, ein hoch entwickelter Tourismus und nicht zuletzt die spezifische ungarische Gastlichkeit locken alljährlich Millionen Besucher nach Budapest.

Geschichtlicher Überblick

Im Hügelland von Buda lebten schon vor etwa 30000 Jahren Höhlenbärenjäger. Archäologische Funde auf beiden Donauseiten und den Inseln bezeugen eine fortlaufende Besiedlung seit der Mittel- und Jungsteinzeit vor etwa 12000 Jahren. Im 6. Jh. v. Chr. können Skythen von der Schwarzmeerküste nachgewiesen werden. Entscheidend für die Stadtentwicklung waren *Donauübergänge* und *römische Ruinen:* Im 4./3. Jh. v. Chr. besetzten die keltischen Erawisker die schmalste Stelle der Donau (an der Elisabeth-Brücke) und den Gellért-Berg. Wegen der vielen warmen Quellen nannten sie das Westufer ›Ak-ink‹, wasserreich. Dieser Name lebt vermutlich in der römischen Militär- und Zivilstadt Aquincum weiter – seit 106 n. Chr. Sitz des Statthalters von Unterpannonien –, deren Zentrum in Óbuda lag. Zur Verhinderung der ›Barbaren‹-Einfälle aus der Tiefebene errichtete man Ende des 3. Jh. die Gegenfestung Contra-Aquincum (bei der Elisabeth-Brücke), aus der sich die Stadt Pest entwickelte. (Die Besiedlung des Burghügels von Buda reicht zwar in die Urzeit zurück, gewann aber erst Mitte des 13. Jh. an Bedeutung.) 404 n. Chr. besetzten die Hunnen das römische Castrum in Óbuda und die Gegenfestung in Pest, nach König Attilas Tod (453) siedelten Germanen (Langobarden, Ostgoten, Heruler), von 568 bis Anfang des 9. Jh. Awaren, dann Slawen und schließlich ab 896 die Magyaren. Fürst Árpád und sein Stamm übernahmen die Csepel-Insel, bald auch Óbuda, Fürst Tétény (später Fürst Taksony) die Gegenfestung in Pest und den Südteil des heutigen Stadtgebietes.

An den Donauübergängen bildeten sich Fährsiedlungen mit ungarischen Schiffern und Fischern, slawischen und bulgarischen Kaufleuten islamischen Glaubens, die einen regen Handelsverkehr mit Ost- und Südosteuropa unterhielten. (Im Mittelalter hießen die Muslime ›Sarazenen‹ oder ›Ismaeliten/Ischmaeliten‹, zeitweilig auch ›Hagarener‹, nach Abrahams verstoßener Magd Hagar, deren Sohn Ismael als Stammvater der Araber gilt.) Im 12. und 13. Jh. wuchs die strategische und wirtschaftliche Bedeutung am Knotenpunkt der Handels- und Verkehrswege nach Osteuropa, Byzanz und ins Heilige Land. König Andreas II. vertrieb die Muslime und holte Deutsche nach Pest, denen er 1230 das Stadtrecht verlieh. Chroniken erwähnen auch die »ansehnliche, von deutschen Einwohnern besetzte Stadt Ofen«. Gemeint war die alte Fährsiedlung Buda, deutsch Ofen (das heutige Óbuda), deren

Der Burghügel von Buda im 15. Jh.; links der gotische Burgpalast, in der Mitte die Magdalenen-Kirche, rechts die Liebfrauen-(Matthias-)Kirche

Name sich wohl von Kalk- und Ziegelbrennereien ableitet. Auch die im Slawischen wurzelnde Bezeichnung Pest für die Stadt jenseits der Donau bedeutet ›Ofen‹. Der ungarische Stadtname Buda soll hingegen von Bleda, dem Bruder und Mitregenten des Hunnenkönigs Attila, herrühren.

Im Winter 1241/42 machten die *Mongolen (Tataren)* beide Städte dem Erdboden gleich. König Béla IV. erkannte nun die Notwendigkeit zur Befestigung der Städte und gründete um 1250 auf dem damals ›Pester Neuberg‹ (Novus Mons Pestiensis) genannten Hügelplateau am rechten Donauufer die neue Stadt Ofen, ungarisch Buda. Das ursprüngliche Buda an der Stelle der Römerstadt Aquincum hieß fortan ›Alt-Buda‹ (Óbuda) oder Alt-Ofen. Die junge Burgstadt Buda besiedelten außer den zurückgeholten Deutschen und Ungarn sogenannte Latiner (Italiener, Franzosen, Wallonen) und Juden. Bettelorden (Franziskaner, Dominikaner) wirkten als Prediger und Pädagogen. 1255 verlieh König Béla IV. Buda das Markt- und Zollrecht. Nach dem Aussterben der Árpáden-Dynastie (1301) büßte die Stadt vorübergehend ihre Vormachtstellung in Ungarn ein. König Ludwig der Große (1342–1382) erhob Buda wieder zur Hauptstadt, verlieh ihr das Stapelrecht und kehrte mit dem Hofstaat aus Visegrád zurück. Auch Pest gedieh durch Getreide- und Viehhandel aus der Großen Tiefebene zu einer reichen Stadt. In Óbuda residierten die Königinnen. Politisch, wirtschaftlich und kulturell erlebten die Städte ihre *Hochblüte* vom Ende des 14. bis zum ausgehenden 15. Jh. Unter König und Kaiser Sigismund von Luxemburg (1387–1437) wurde das ›Ofener Rechtsbuch‹ verfaßt, die wichtigste Rechtsquelle des deutschen Städtewesens in Ungarn. König Matthias (1458–1490) gestaltete Buda zum führenden Zentrum der Frührenaissance in Mitteleuropa. Unter den polnisch-litauischen Jagiellonen begann der Niedergang. 1514 belagerte der Bauernführer György Dózsa die Stadt Pest. Die Reformation griff rasch um sich, wurde aber durch den Türkeneinfall jäh unterbrochen.

Nach der Katastrophe von Mohács (1526) flüchteten Hof, Adel und Bürger panikartig. »Buda blieb verödet. Nur die ärmste Klasse und ein Teil der Juden rührte sich nicht von hinnen« berichtet eine zeitgenössische Chronik. Sultan Süleiman der Prächtige ließ Buda und Pest »zur Mahnung an alle Völker« in Brand stecken und übergab beide Städte seinem Günstling, dem König János Zápolya. Nach dessen Tod rückten im August 1541 die Janitscharen, die überwiegend aus Söhnen christlicher Eltern gebildete Elitetruppe der Osmanen, kampflos in Buda ein. 145 Jahre lang blieb der ›Goldene oder Rote Apfel‹ (Kizil Elma) – so nannten die Türken nach alten Überlieferungen besonders begehrenswerte Städte wie Rom und Wien, in geringerem Maße auch Buda – Sitz des osmanischen Statthalters (Pascha). Die *Türken* setzten zunächst die Befestigungen instand und verwandelten Kirchen in Moscheen, dann entfalteten sie eine reiche Bautätigkeit: Moscheen, Türben (Grabkapellen) und prunkvolle Bäder. Ungarische Historiker vermerkten sehr wohlwollend, daß die Paschas – meistens Bosniaken, Albaner oder konvertierte Ungarn – im Gegensatz zu den Königen aus dem Hause Habsburg Ungarisch sprachen. Fünf Belagerungen durch die Kaiserlichen fügten Buda und Pest schwere Schäden zu. Nach der *Rückeroberung* am 2. September 1686 unter Herzog Karl von Lothringen (der schon 1683 mit dem Polenkönig Jan Sobieski den Entsatz von Wien geleitet hatte) glichen Buda und Pest »einem Schutthaufen«, Óbuda einem Dorf. Die Juden wurden (wieder) vertrieben, viele türkische Bauwerke fielen christlicher Zerstörungswut zum Opfer; nur einige Bäder behielten ihre Funktion.

Der *Wiederaufbau* ging nur schleppend voran; die Habsburger residierten als Kaiser des römisch-deutschen Reiches in Wien, der katholische ungarische Adel suchte die Nähe des Hofes in Wien oder Preßburg (Pozsony), wo auch der Reichstag zusammentrat und die Landesverwaltung saß. Protestantische und national-ungarisch gesinnte Adlige bevorzugten die nördlichen und östlichen Landesteile. Erst durch die Erhebung von Buda und Pest zu königlichen Freistädten (1703) unter Kaiser Leopold I. setzte ein neuer Aufschwung und eine rege Bautätigkeit im Barockstil ein. Die Bevölkerung wuchs von 10000 Einwohnern am Beginn des 18. Jh. auf 45000 um 1770. Neben Deutschen ließen sich ›Illyrer‹ nieder, christliche Untertanen des Osmanischen Reiches, Serben (Raizen), Griechen und Armenier. Óbuda entwickelte sich zur Marktstadt mit jüdischen Kaufleuten, denen die Ansiedlung in den königlichen Freistädten verwehrt war. Kaiser Josef II. bestimmte Buda 1784 wieder zur Hauptstadt, Reichstag und Adel kehrten aber bald nach Preßburg zurück. Pest, das oft im Schatten Budas stand, gedieh erneut zu einer reichen Handelsstadt (Getreide) und wuchs weit über die mittelalterliche Ausdehnung hinaus. In der Reformzeit (1825–1848) siedelten sich große Buch- und Zeitungsverlage, Druckereien, Banken, Fabriken und Dampfmühlen an. Buda-Pest wurde eine wichtige Anlegestelle für die Dampfschiffahrt zum Schwarzen Meer. Auf Initiative des ›Reformgrafen‹ István Széchenyi wurden die Kettenbrücke als erster fester Donauübergang erbaut und wichtige kulturelle Institutionen gegründet. Der magyarische Bevölkerungsanteil nahm erheblich zu, gleichzeitig verlagerte sich das geistige

Leben von den kulturellen Zentren Oberungarns (Kaschau/Košice) und Siebenbürgens (Klausenburg/Cluj) nach Pest. Der Reformeifer erfaßte auch die liberalen Kreise des deutschen, jüdischen und slawischen Bürgertums, wurde aber durch die blutige Niederschlagung der Revolution 1848/49 erstickt.

Nach dem *Ausgleich* mit Österreich (1867) forderte das Königreich Ungarn eine der Kaiserstadt Wien ebenbürtige Metropole: 1872/73 vereinte man Buda, Pest und Óbuda zur Hauptstadt Budapest. Die Bevölkerungszahl stieg rasant: Von 300000 Einwohnern beim Zusammenschluß auf fast 750000 um die Jahrhundertwende. Pest erhielt in der zweiten Hälfte des 19. Jh., vor allem im Hinblick auf das Millennium 1896, sein großbürgerlich-elegantes Gepräge im Stil des Historismus: den Großen Ring und die Radialstraßen, den Heldenplatz, das Parlament. 1877 verkehrte die erste Straßenbahn, 1896 die Millenniumsbahn als erste Untergrundbahn auf dem europäischen Festland. Um 1900 entstanden der Freiheitsplatz sowie die meisten Donaubrücken und Wohnhäuser, die größten Industriebetriebe des Landes expandierten (Maschinen, Elektro, Textil, Chemie, Schiffswerft in Óbuda).

Nach dem *Zusammenbruch der Donaumonarchie* war Budapest – ähnlich wie Wien – nicht mehr die Hauptstadt eines riesigen Vielvölkerstaates, sondern eines kleinen, wirtschaftlich rückständigen Landes. Im ›Paris des Osten‹ versammelten sich aber noch immer reiche Magnaten, der Geldadel und die geistige Elite. Gleichzeitig wuchs das Elend der arbeits- und obdachlosen Arbeitermassen; sozialen Wohnungsbau gab es im Vergleich zu Wien nur in geringem Umfang. Für die wohlhabenden Schichten entstanden komfortable Eigentumswohnungen in den blockhaften Formen des deutschen Bauhauses, bevorzugt in Buda und der Neuen Leopoldstadt (Új Lipótváros). 1927 gründete der Gemeinderat das Fremdenverkehrsbüro Ibusz, das auch heute noch die ausländischen Touristen in ganz Ungarn betreut. 1933 trug man den ärmlichen Stadtteil Tabán zwischen Gellért-Berg und Burghügel weitgehend ab.

Im März 1944 besetzten deutsche Truppen Budapest, Ende 1944 war die Stadt völlig von der Roten Armee eingekesselt. Am 13. Februar 1945 endete der äußerst verlustreiche Kampf mit der Erstürmung des Burgpalastes von Buda. Die Stadt glich einem Trümmerhaufen: Die abziehenden deutschen Truppen hatten alle Brücken gesprengt, kaum ein Viertel aller Gebäude war unversehrt geblieben. In einem bewunderswerten *Wiederaufbau* konnte nach Linderung der Wohnungsnot und Instandsetzung der Industrie die historische Bausubstanz saniert werden. Große Hotels, Einkaufszentren und die Metro bedeuten wichtige Schritte zur Erweiterung der Weltstadt.

Der Burghügel (Várhegy) von Buda

Am westlichen Donauufer erstreckt sich von Nordwesten nach Südosten der Burghügel, eigentlich ein keilförmiges, rund 160 m hohes Kalksteinplateau. Etwa zwei Drittel der bebauten Fläche nimmt das Burgviertel (Várnegyed) oder die Bürgerstadt ein, den Südsporn des Burghügels krönt das gewaltige Königsschloß, meist Burgpalast (Várpalota) genannt. Auffällig ist das Fehlen einer Kathedrale und eines Bischofspalais: Weder in Buda noch in Pest hat jemals ein Erzbischof und Kardinal residiert. Der Primas von Ungarn verwaltet seit Beginn des christlichen Feudalstaates um das Jahr 1000 seine Diözese von Esztergom (Gran) aus. Verglichen mit Wien und Prag ist die Anzahl der Adelspalais in Buda bescheiden.

Rund um die Matthias-Kirche

Im Mittelalter war das Burgviertel dicht verbaut, erst nach der Rückeroberung (1686) aus türkischer Hand entstanden Plätze. Seit Anfang des 18. Jh. bildet der **Dreifaltigkeitsplatz (Szentháromság tér)** den Mittelpunkt der Bürgerstadt. Die **Dreifaltigkeitssäule** ließ der Stadtrat von Buda nach dem Versiegen der Pestseuche 1714 vom Bildhauer Philipp Ungleich anfertigen; Anton Hörger fügte 1736 die Reliefs hinzu. Vor einigen Jahrzehnten mußte der Großteil der Skulpturen erneuert werden. An der Südwestecke des Platzes steht das **ehemalige Rathaus** von Buda, ein riesiger Häuserblock, der bis zur Úri utca reicht. 1702 vereinte der italienische Baumeister Venerio Ceresola fünf gotische Häuser hinter einer Barock-

Burghügel von Buda und Wasserstadt 1 Dreifaltigkeitsplatz mit Dreifaltigkeitssäule 2 Ehem. Rathaus 3 Konditorei Ruszwurm 4 Matthias-Kirche 5 Reiterdenkmal König Stephans I. 6 Fischerbastei 7 Statue Janós Hunyadi 8 Hotel Hilton und Dominikaner-Kloster mit Turm St. Nikolaus-Kirche 9 Hess András tér mit Haus ›Zum roten Igel‹, Denkmal Papst Innozenz XI. und Haus Nr. 4 (Restaurant ›Fortuna‹) 10 Dísz tér (Paradeplatz) mit Wasser- und Weißenburger Tor 11 Honvéd-Denkmal 12 Ehem. Palais Batthyány 13 Café Korona 14 Burgtheater 15 Ehem. Palais Sándor 16 Apotheke ›Zum Goldenen Adler‹ (Apothekenmuseum) 17 Reiterstandbild András Hadik 18 Ehem. Palais Erdődy 19 Ehem. Synagoge (Jüdisches Museum) 20 Ehem. Gasthof ›Fortuna‹ (Museum für Handel und Gaststättengewerbe) 21 Restaurant Alabárdos 22 Klarissinen-Kloster/alter Landtag (Ungarische Akademie der Wissenschaften) 23 Bécsi kapu tér (Wienertor Platz) und Stadttor 24 Denkmal Johannes Capistran und ehem. Ferdinands-Kaserne (Kriegshistorisches Museum) 25 Turm der Maria-Magdalena-Kirche 26 Bastei-Promenade (Tóth Árpád sétány) 27 Südbahnhof 28 Herz-Jesu-Kirche vom Stadtmeierhof 29 Pfarrkirche der ehem. ›Christinen-Stadt‹ 30 Plastik Turul-Vogel 31 Reiterstandbild Prinz Eugen 32 Matthias-Brunnen 33 Museum der ungarischen Arbeiterbewegung 34 Ungarische Nationalgalerie 35 Budapester Historisches Museum 36 Széchényi-Nationalbibliothek 37 Keulenturm und Rondell 38 Denkmal Miklós Ybl 39 Semmelweis-Museum 40 St. Katharina in Tabán 41 Gasthaus ›Zum Goldenen Hirschen‹ 42 Denkmal Königin-Kaiserin Elisabeth 43 Kilometerstein ›Null‹ 44 Ehem. Kapuziner-Kloster 45 Springbrunnen auf dem Corvin tér 46 Kirche der Reformierten 47 Batthyány tér, St. Anna-Kirche, Gasthof ›Zum Weißen Kreuz‹ 48 Kloster und Kirche der Elisabethinen 49 Königsbad und St. Florian 50 Gül Baba-Türbe (s. Plan S. 117)

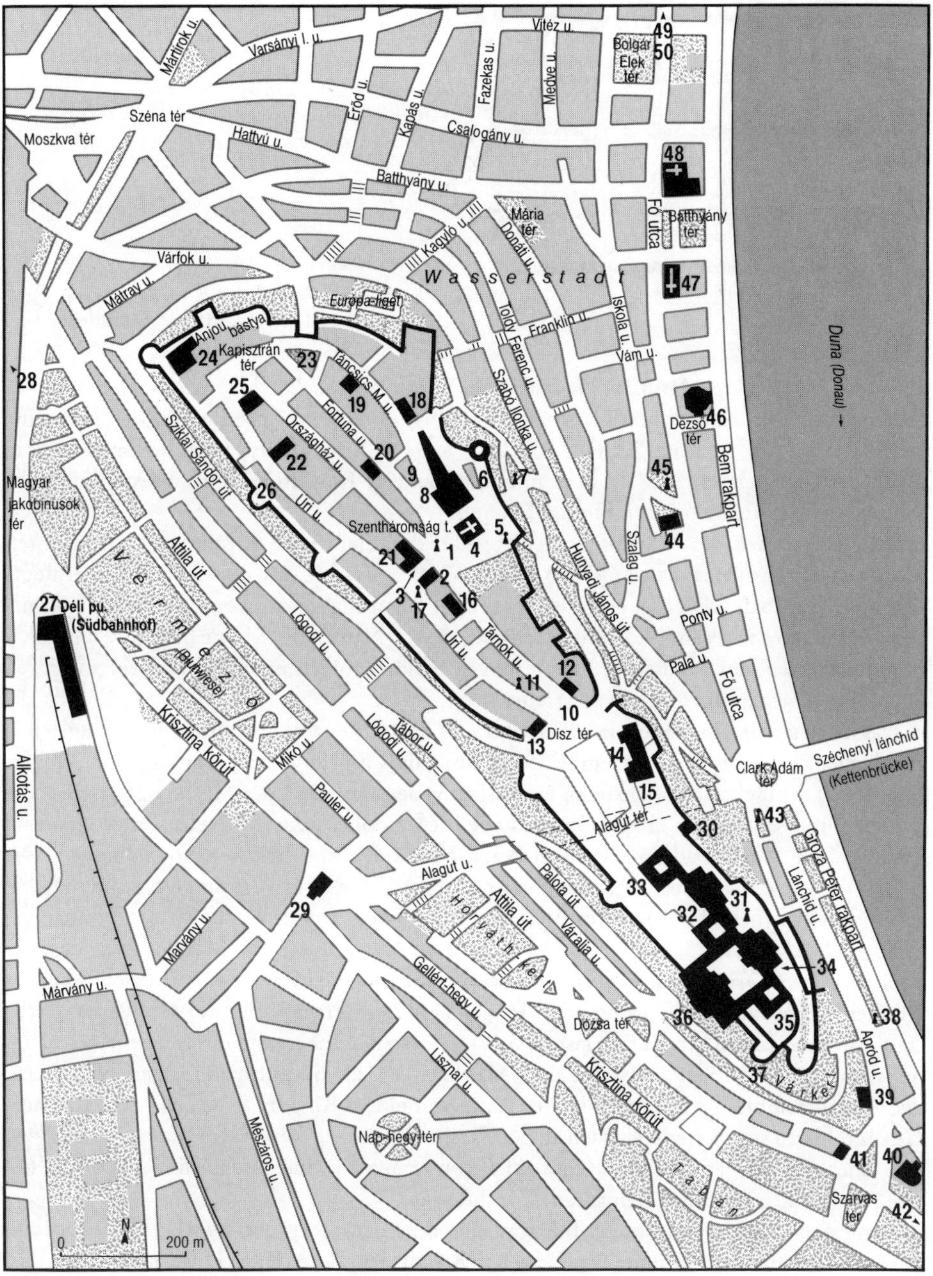

Vitéz u.
Vársányi I. u.
Mártírok u.
Bolgár Elek tér
49
50
Fazekas u.
Medve u.
Erőd u.
Kapás u.
Széna tér
Moszkva tér
Hattyú u.
Csalogány u.
48
Batthyány u.
Mária tér
Donáti u.
Fő utca
Batthyány tér
Kagyló u.
Várfok u.
Mátray u.
W a s s e r s t a d t
47
Európa-liget
Anjou bástya
Kapisztrán tér
Táncsics M. u.
Franklin u.
Toldy Ferenc u.
Iskola u.
Vám u.
Duna (Donau)
28
Fortuna u.
Országház u.
Szabó Ilonka u.
Dezső tér
Bem rakpart
Sziklai Sándor út
Úri u.
Szentháromság t.
Magyar jakobinusok tér
Szalag u.
Hunyadi János út
Attila út
V é r m e z ő (Blutwiese)
27 Déli pu. (Südbahnhof)
Lógodi u.
Tárnok u.
Ponty u.
Pala u.
Dísz tér
Tábor u.
Mikó u.
Krisztina körút
Clark Ádám tér
Széchenyi lánchíd (Kettenbrücke)
Alkotás u.
Pauler u.
Alagút tér
Alagút u.
Palota út
Lánchíd u.
Groza Péter rakpart
H o r v á t h k e r t
Váralja u.
Márvány u.
Gellért-hegy u.
Dózsa tér
Apród u.
V á r k e r t
Lisznai u.
Nap-hegy-tér
Mészáros u.
T a b á n
Szarvas tér
N
0
200 m

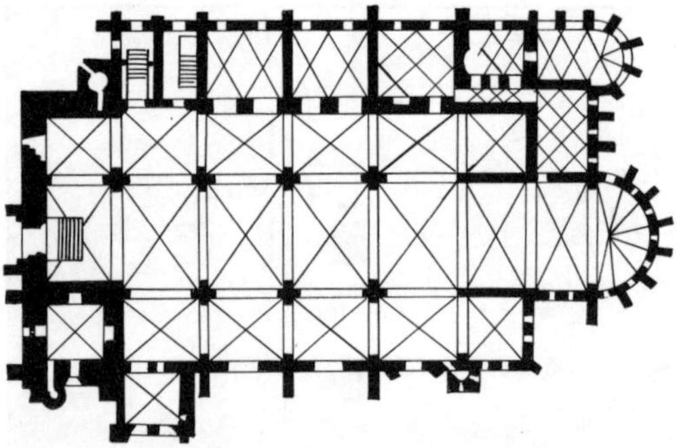

Budapest, Matthias-Kirche, Grundriß

fassade, 1770 stockte Matthäus Nepauer den Westtrakt auf. Die klassizistische Statue der Stadtgöttin Pallas Athene von Carlo Adami (1784) unter dem Eckerker wurde durch eine Kopie ersetzt (Original im Rathaus von Pest; s. S. 146). Im Zopfstil-Haus Szentháromság utca 7 befindet sich seit 1827 die berühmte **Biedermeier-Konditorei Ruszwurm,** die Nachfolgerin einer mittelalterlichen Honigbäckerei.

Beherrscht wird der Dreifaltigkeitsplatz von der Liebfrauen-Kirche, der sogenannten **Matthias-Kirche (Mátyás-templom),** die König Béla IV. um 1250 als Pfarrkirche der deutschen Bürgerschaft von Ofen gründete. Um 1370/80 wurde sie zu einer gotischen, dreischiffigen Hallenkirche verändert. König Matthias, dessen Namen die Kirche bis heute im Volksmund trägt, ließ das königliche Oratorium im Chor anfügen und 1470 den eingestürzten Süd- oder Matthias-Turm wiederherstellen.

Das heutige Erscheinungsbild (Farbabb. 1, Abb. 1), neogotisch mit neoromanischen Anklängen, stammt vom großangelegten Umbau (1874–96) unter Leitung von Frigyes (Friedrich) Schulek. Er bewahrte im wesentlichen den Grundriß des 14. Jh., opferte aber die Seitenchöre, verwendete einige Originalteile, ließ Kopien und viel Neues anfertigen und gestaltete die Westfassade mit dem niederen Béla-Turm nach eigenen Vorstellungen. Die farbig glasierten Dachziegel aus der Keramikfabrik Zsolnay in Pécs steuerten die ›ungarische‹ Note bei (Farbabb. 4). – Künstlerisch wertvollster Teil der Kirche ist das Tympanonrelief im *Süd- oder Marienportal* (Abb. 2), eine Darstellung des Marientodes, das aus hochgotischen Originalstücken (um 1370) zusammengesetzt wurde. Stilistisch weist es Ähnlichkeiten mit den Skulpturen am Prager Dom von Peter Parler auf (die Parler-Werkstatt arbeitete damals am Burgpalast, s. S. 107). – An der Innenseite des Marientores hängt links ein großes *Steinwappen,* das König Matthias 1470 am Südturm anbringen ließ. Neben dem Streifenemblem Altungarns ist der Rabe (mit einem Ring im Schnabel) des Hunyadi-Geschlechts zu sehen, der mehrfach an der Kirche auftaucht. Von diesem Raben (lat. corvus) und einer angeblichen Abstammung vom altrömischen Patriziergeschlecht der Corvini leitete König Matthias seinen Beinamen ›Corvinus‹ ab.

Gemessen an lichtdurchfluteter französischer oder deutscher Gotik wirkt der *Innenraum* düster. Versucht aber ein Betrachter, die Kirche mit dem Auge eines Ungarn zu sehen und als herausragendes historisches Baudenkmal zu würdigen, so entbehrt sie nicht einer gewissen Großartigkeit. Spielt dann noch die Phantasie ein wenig mit, dann blitzen die orientalisch anmutenden Wandverzierungen golden auf, schwingen Fahnen der ungarischen Komitate, erschallen Jubelrufe der Magnaten und Trompeten ... wie einst, bei den Königskrönungen.

Obwohl als Pfarrkirche gegründet, galt die Liebfrauen-Kirche schon im 14. Jh. als ›königliche Kapelle‹, wo sich die Herrscher nach ihrer Krönung in Székesfehérvár zum ersten Mal der mächtigen Bürgerschaft von Buda zeigten. 1463 wurde König Matthias hier mit Katharina Podiebrad getraut, der Tochter des Hussiten-Königs Georg Podiebrad von Böhmen, 1476 mit Beatrix von Neapel-Aragonien. Im März 1464 konnte er endlich mit der sogenannten Stephans-Krone gekrönt werden (die sich lange Zeit in Wien befand). 1541 hielt Sultan Süleiman II. der Prächtige in der Liebfrauen-Kirche ein feierliches Dankgebet und ›weihte‹ sie auf diese Weise zur Moschee. Nach der Rückeroberung (1686) zogen Jesuiten ein. 1867 besiegelte die prunkvolle Krönung des Königspaares Franz Joseph und Elisabeth den Ausgleich Österreich-Ungarn. Franz Liszt komponierte zu diesem Anlaß die ›Ungarische Krönungsmesse‹. Gemeinsam mit dem Fürstprimas von Esztergom setzte Gyula Graf Andrássy als Stellvertreter des Palatins (Vizekönig) dem König die ›Heilige Krone‹ auf das Haupt; der Königin durfte sie nur an die Schulter gelegt werden. Anschließend ritt der König auf den mit Erde aus allen Landesteilen aufgeschütteten ›Krönungshügel‹ vor der Kirche und schwang das Schwert in alle Himmelsrichtungen. Einige Wandgemälde von Bertalan Székely und Károly Lotz halten die Krönung von 1867 fest. 1916 fand die Krönung des letzten ungarischen Königspaares statt, Karls IV. und Zitas. Székely und Lotz entwarfen auch die Glasgemälde (Maria, ungarische Heilige), ausgeführt hat sie Ede Kratzmann. Königin Elisabeth stiftete den Altar in der Loreto-Kapelle im Südturm; um die barocken Muttergottes-Statuen ranken sich manche Legenden.

Vom nördlichen Seitenschiff öffnet sich die Kapelle des hl. Imre (Emmerich) mit einem von Mihály Zichy 1890 gemalten Flügelaltar. In der *Dreifaltigkeits-Kapelle* wurden die in Székesfehérvár gehobenen Gebeine König Belás III. (1172–1196) und seiner Gemahlin Anna von Châtillon-Antiochien in neoromanischen Hochgräbern beigesetzt (die Grabbeigaben kamen in das Nationalmuseum). In der Kapelle des hl. Königs Ladislaus I. steht eine Kopie seines Kopfreliquiars aus dem Dom zu Győr (s. S. 223). Den neogotischen *Hochaltar* entwarf Frigyes Schulek. Die neoromanische *Krypta*, die Stephans-Kapelle, das königliche Oratorium, die Empore und das Oratorium der Malteser Ritter dienen als ›Schatzkammer‹. Ausgestellt sind gotische Bauplastiken, Grabplatten der Árpáden aus Székesfehérvár, Wappenschilder, liturgische Geräte und Gewänder zu den Krönungsfeiern, ein spätgotischer Flügelaltar (Gnadenstuhl), eine Marmorbüste Königin Elisabeths im Krönungsornat.

Zusammen mit der Erneuerung der Matthias-Kirche gestaltete Frigyes Schulek auch den Platz an der Südseite und die Fischerbastei gegen die Donau. Teil dieser Gesamtanlage ist das bronzene **Reiterdenkmal König Stephans I.** des Heiligen (Szent István, Abb. 4) mit marmornen Sockelreliefs aus seinem Leben von Alajos Stróbl (1906). Das Doppel- oder Patriarchenkreuz erinnert an die Verdienste des Königs als Bekehrer und gottgesandter (›apostoli-

Das Burgviertel von Buda: links der Burgpalast mit der Ungarischen Nationalgalerie im Kuppeltrakt, anschließend die Standseilbahn vom Tunnel (Alagút) am Clark Ádám tér und das Burgtheater. Mittelpunkt der Bürgerstadt ist die Matthias-Kirche, an der Donauseite liegen die Fischerbastei und das Hotel Hilton (ehem. Dominikaner-Kloster). Den nördlichen Abschluß bildet der markante Turm der Magdalenen-Kirche

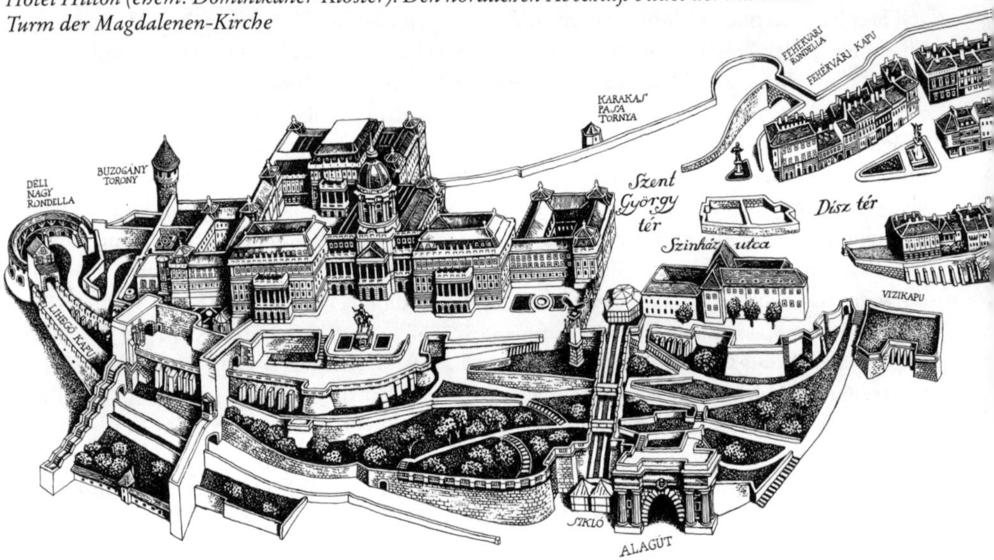

scher‹) erster König der Ungarn; diesen Titel der ›Apostolischen Majestät‹ erneuerte Papst Clemens XIII. 1758 für Königin Maria Theresia und ihre Nachkommen.

Die berühmte **Fischerbastei (Halászbástya)** wurde 1895 bis 1902 als ›romantische‹ Aussichtsterrasse in neoromanischen Formen erbaut (Farbabb. 3). Der Name kommt vom früheren Fischmarkt an der Liebfrauen-Kirche oder von einem Festungsabschnitt, den im Mittelalter die Fischerzunft zu verteidigen hatte.

Zur alten ›Fischer- oder Wasserstadt‹ an der Donau führen doppelläufige Treppen hinab. Das *Reiterstandbild* des Drachentöters *St. Georg* (Szent György) ist eine Kopie der Bronzestatue im Prager Hradschin von Georg und Martin von Klausenburg, den bedeutendsten ungarischen Bildhauern der zweiten Hälfte des 14. Jh. Die **Bronzestatue** des Reichsverwesers und Türkenbezwingers **Janós Hunyadi** (Vater König Matthias') an der gleichnamigen Straße schuf István Tóth 1903.

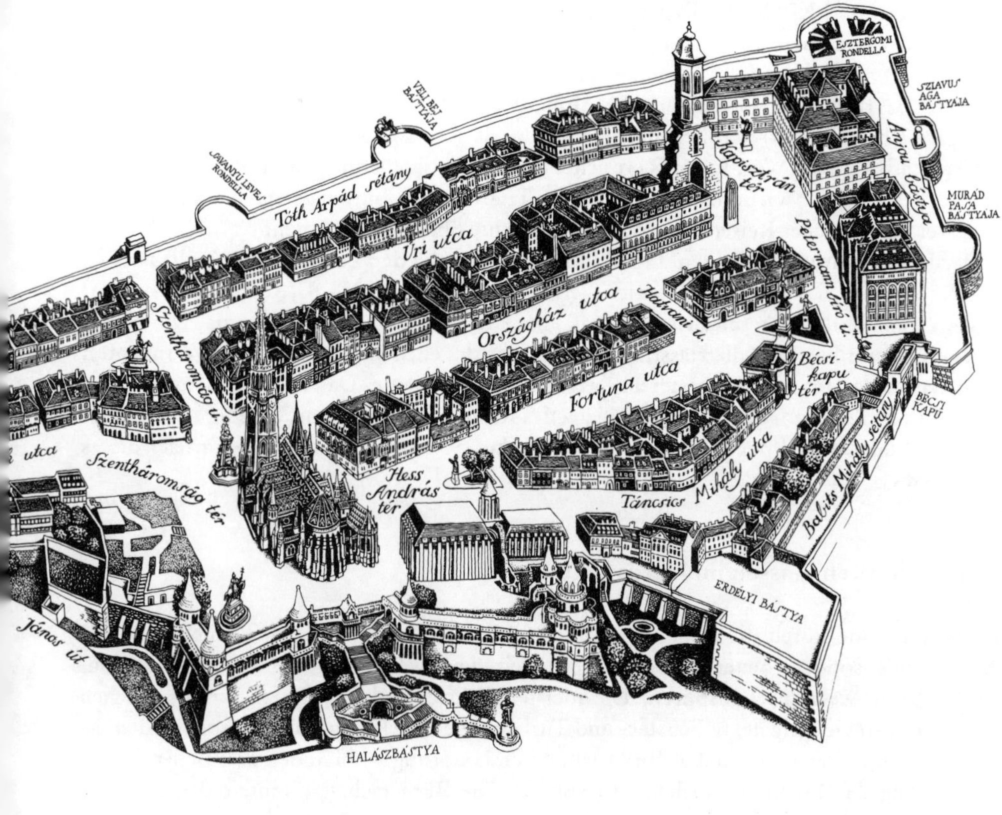

Links von der Matthias-Kirche steht das **Hotel Hilton,** bei dessen Erbauung Reste des gotischen Dominikaner-Klosters und eine Zopfstil-Fassade (1780) vom ehemaligen Jesuitenkolleg eingebunden wurden. Die Dominikaner (›Wachhunde Gottes‹, von lateinisch Domini canes) berief König Béla IV. als Prediger und Lehrer einer bedeutenden Hochschule nach Buda. Großkirchen der Dominikaner standen stets in enger Verbindung zur Bürgerschaft, so auch die 1254 urkundlich erwähnte St. Nikolaus-Kirche. Die Türken verwendeten Kirche und Kloster als Speicher und Stall, die Jesuiten erneuerten die Gebäude im Barockstil, nach der Auflösung des Ordens (1773) diente das Kolleg als Amtsgebäude.

Vom **Turm der Nikolaus-Kirche** überdauerten nur zwei Geschosse aus dem 15. Jh.; im modernen Aufsatz versuchten die Architekten, die achteckigen Obergeschosse nachzuahmen. Das Hochrelief (1930), die einzige authentische Darstellung König Matthias' (als Herr der Oberlausitz), ist dem Original von Schloß Ortenburg in Bautzen/Sachsen nachgebildet.

Kreuzgang und Kirche des **Dominikaner-Klosters** (13.–15. Jh.) sind von der Hotelhalle oder von der Donauterrasse her zugänglich. Im langgestreckten, frühgotischen Mönchschor steht ein *Bronzedenkmal der Dominikaner Julianus und Gellért* (Gerhard). König Béla IV. schickte sie 1235 nach Osten, um die Mongolengefahr zu erkunden und die in Magna Hungaria (Baschkirien) verbliebenen Magyaren als Kriegsbeistand ausfindig zu machen. Gellért starb auf dem Weg, Julianus erreichte tatsächlich die Ostmagyaren an der Wolga. Als er zwei Jahre später wiederkam, hatte sie der Tatarensturm hinweggefegt. Julianus lieferte als erster europäischer Reisender verläßliche Berichte über die Mongolen.

Der **Hess András tér** vor dem Hotel Hilton erinnert an den Buchdrucker Andreas Heß, den König Matthias nach Buda berief. Vermutlich im Hause Nr. 4 (Restaurant Fortuna) druckte er 1473 das erste ungarische Buch, eine lateinische Chronik von Buda. Die Nordseite des Platzes begrenzt die klassizistische Fassade des ehemaligen Gasthauses **›Zum roten Igel‹**, das im 18. Jh. auch als erster Theatersaal in Buda diente. Das **Denkmal Papst Innozenz' XI.**, den Initiator der Heiligen Allianz des Reiches mit Polen und Venedig zur Rückeroberung Budas, schuf der Bildhauer József Dankó 1936 anläßlich der 250-Jahrfeier dieses Ereignisses.

Durch die alten Gassen im Burgviertel

Ein Spaziergang durch die denkmalgeschützten Gassen der Bürgerstadt ist nicht nur eine Augenweide, sondern bietet auch die Gelegenheit, der wechselvollen Geschichte Budas auf vergnügsame Weise nachzuspüren. Die meisten Häuser bewahren noch ihren gotischen Mauerkern sowie freigelegte Fenster- und Türlaibungen, Arkaden und Konsolen. Charakteristisch sind *Sitznischen* in den Torwegen, deren Ursprung wohl in den politischen Unruhen Anfang des 14. Jh. zu suchen ist (Abb. 3). Die Bürgerschaft fürchtete damals einen Rachefeldzug des ersten Anjou-Königs Karl I. Robert und baute daher ihre Wohnhäuser nach italienischen Vorbildern festungsartig aus. In den Fluren postierte man Wachen und Dienstboten, in friedlichen Zeiten spielten die Sitznischen wohl auch eine Rolle im Weinhandel, der im 14. Jh. einen bedeutenden Wirtschaftszweig darstellte. Die meisten Bürgerhäuser und Adelspalais erhielten im 18. Jh. Fassaden im Barockstil, ab 1770/80 mit klassizierenden Zopfstil-Ornamenten. Anfang des 19. Jh. setzte sich der reine Klassizismus durch.

Der **Dísz tér (Paradeplatz)** teilt die Bürgerstadt im Norden vom Palastviertel auf dem Südsporn des Burghügels. Im Mittelalter befand sich hier der einzige Platz der Festungsstadt, zu dem noch heute zwei (erneuerte) Tore führen: von der Donauseite das *Wasser-* oder *Johannes-Tor,* von Westen das *Weißenburger-(Fehérvári-)* oder *Juden-Tor.* Die ersten, von König Béla IV. ins Land gerufenen Juden wohnten bis zu ihrer Vertreibung unter König Ludwig dem Großen (1360) in der Nähe der königlichen Burg. Das bronzene **Honvéd-Denkmal** von György Zala (um 1890) erinnert an die Nationalgardisten der Revolution 1848/49. Die Ostseite des Dísz tér beherrscht das spätbarocke **Palais Batthyány,** das Nachbarhaus (Dísz tér 4–5) bewahrt im Flur Reste eines Magnatenhauses aus dem 13. Jh. Den

Budapest, gotische Sitznischen im Burgviertel von Buda

Südwestrand des Platzes begrenzt das **Café Korona,** das älteste Kaffeehaus von Budapest, und eine *Husarenstatue* in der Prunkuniform aus Königin Maria Theresias Zeit von Zsigmond Kisfaludi Stróbl (1932). Auf dem *Szent György tér* (St. Georgs-Platz) stand im Mittelalter die gleichnamige Kirche und der von König Béla IV. errichtete Wohnturm.

An der Donauseite verläuft die **Színház utca (Theatergasse),** benannt nach dem traditionsreichen **Burgtheater** (Várszínház), heute die Kammerbühne des Ungarischen Nationaltheaters. Mitte des 13. Jh. gründete König Béla IV. an dieser Stelle ein Franziskaner-Kloster, in dem 1301 der letzte Árpáden-König Andreas III. beigesetzt wurde. Von 1541 bis 1686 residierten die türkischen Paschas in den Klostertrakten, nach der Rückeroberung erneuerte der Karmeliterorden Kirche und Kloster im Barockstil. Kaiser Josef II. verfügte 1786 den Umbau zu einem Theater und Kasino. Aus dieser Zeit stammen die Zopfstil-Ornamente. Ein Jahr später führten Wiener Schauspieler das erste deutschsprachige Stück auf, seit 1790 spielte man abwechselnd ungarische und deutsche Dramen, im Jahre 1800 gab Ludwig van Beethoven ein Konzert.

Das klassizistische **Palais Sándor** an der rechten Seite des Burgtheaters ließ der ungarisch-mährische Graf Vince Sándor von Szlawnicza 1805 bis 1821 nach Plänen des Wiener Baumeisters Johann Aman (unter Mitwirkung von Mihály Pollack?) errichten. Die biedermeierlich anmutenden Fassadenreliefs schuf der bayrische Bildhauer Anton Kirchmayer. Von 1867 bis 1944 residierten die ungarischen Ministerpräsidenten im Sándor-Palais, als erster Gyula

Graf Andrássy. Nach Abschluß der Restaurierung ist ein Museum der ungarischen Architektur geplant.

Vom Dísz tér nehmen die Tárnok- und die Úri utca ihren Ausgang. In der **Tárnok utca,** benannt nach dem königlichen Schatzmeister, wohnten im Mittelalter die deutschen Kaufleute. Am Haus Nr. 14 (Espresso) kamen bei der Instandsetzung nach dem Krieg die spätgotischen Konsolen und Segmentbögen des Obergeschosses zum Vorschein. Die **Apotheke ›Zum Goldenen Adler‹** (Arany Sas Patika) aus dem 18. Jh. dient heute als *Apothekenmuseum* und medizingeschichtliche Sammlung seit keltisch-römischer Zeit. Freigelegte Wandmalereien zeigen Barockornamente und alchimistische Sterne.

In der vornehmen **Úri utca (Herrengasse),** der längsten Gasse des Burgviertels, wohnte einst der Adelsstand. Vom Haus Nr. 9 kann ein Teil des *unterirdischen Höhlensystems* des Burghügels besichtigt werden (Wachsfiguren-Kabinett, Weinstuben, Läden). Die natürlichen, teilweise von Thermalwasser ausgeschwemmten Kavernen wurden schon in der Urzeit bewohnt und im Mittelalter zu einem 10 km langen Verteidigungssystem verbunden. Am Eckhaus zur schmalen Anna utca fällt ein wappentragender Löwe mit zwei Leibern auf (Original im Historischen Museum). Das reizvolle **Reiterstandbild** des **Husarengenerals András Hadik** von György Vastagh (1937) erinnert an eines seiner berühmten ›Husarenstückchen‹: Im Siebenjährigen Krieg hielt er 1757 mit seinem Regiment Berlin einen Tag lang besetzt und trieb in Abwesenheit König Friedrichs des Großen eine hohe Kontribution ein, angeblich 300000 Gulden. Königin Maria Theresia erhob den kleinadligen Hadik zum Reichsgrafen und Feldmarschall. Ungarische Geschichtsbücher rühmen sein mutiges Eintreten für die Abschaffung der Leibeigenschaft. In der Úri utca blieb sehr viel gotische Bausubstanz erhalten, besonders in den *Häusern Nr. 31* (erbaut um 1300, aufgestockt um 1440), *32, 36, 38* (die ältesten Rundbogennischen von Buda), *40, 48–50.* Das Gebäude *Nr. 49* gehörte zum Klarissinnen-Kloster bzw. Landhaus (s. Országház utca 28). Barockzierate tragen die *Palais Úri utca 50, 52, 58* (Palais Hadik), eine klassizistische Fassade die *Palais 54–56* (Knabenfiguren der vier Jahreszeiten) sowie *60* und *62.*

Die **Táncsics Mihály utca** verläuft parallel zur Siebenbürger Bastei, der ersten italienischen Befestigung des Burghügels, die Johann Zápolya, Fürst von Siebenbürgen und von den Osmanen begünstigter ›nationaler‹ König von Ungarn (Johann I., 1526–1540), anlegen ließ. Das **Palais Erdődy** (Nr. 7) gilt als schönster barocker Profanbau von Buda, begonnen 1696 von Bernardo Feretti und um 1750 von Matthäus Nepauer vollendet. Ludwig van Beethoven weilte hier im Jahre 1800 als Gast der Gräfin Maria Anna Erdődy, die er im Wiener Palais Erdődy (Himmelpfortgasse) kennengelernt hatte. – Die klassizistische **Josefs-Kaserne** (Nr. 9) erhebt sich vermutlich über den Grundmauern der königlichen Münze. Eine Gedenktafel erinnert an die im Hoftrakt eingekerkerten Führer der Revolution 1848/49: Lajos Graf Batthyány, Lajos Kossuth und Mihály Táncsis, den radikalen Bauernpolitiker und Schriftsteller.

Vom späten 14. Jh. bis zur christlichen Rückeroberung (1686) lag zwischen der Táncsics- und der Fortuna utca das von einem Turm geschützte jüdische Getto. 1433 schrieb der burgundische Ritter Bertrandon de la Brocquière in seinem Reisetagebuch, daß viele Juden französisch sprachen, also aus Frankreich vertrieben worden waren. Während der Türkenherrschaft erlebte die jüdische Gemeinde von Buda eine Hochblüte. Im Haus Táncsics Mihály utca 26 wohnte im Spätmittelalter der Präfekt der Budaer Juden, im 16. Jh. und 17. Jh. beherbergte es eine **Synagoge,** die heute als kleines *jüdisches Museum* zugänglich ist (geöffnet Mai bis Oktober). Der älteste Grabstein stammt aus dem Jahre 1276. Schräg gegenüber, im Hof der Häuser Nr. 21–23, befand sich eine zweite Synagoge, die 1686 zerstört und in den letzten Jahren teilweise freigelegt wurde. Nach Vertreibung der Juden vereinte man fünf Wohnhäuser des Gettos hinter der prächtigen Barockfassade (Palais Zichy). Das Zopfstil-Haus Nr. 24 ziert ein steinerner Türkenkopf (Abb. 5).

In der **Fortuna utca,** der einstigen ›Franzosen-Gasse‹, wohnten im Mittelalter die französischen und wallonischen Handwerker. Heute ist sie nach dem ehemaligen **Gasthof ›Fortuna‹** *(Nr. 4, Museum für Handel und Gaststättengewerbe)* benannt, der ursprünglich dem Esztergomer Domkapitel gehörte. (Das heutige Restaurant ›Fortuna‹ befindet sich auf dem Hess András tér, s. S. 100.) Das Haus Nr. 10 besaßen die Malteser Ritter.

In der **Országház utca (Landhausgasse),** der mittelalterlichen ›Italiener-Gasse‹, lebten früher die norditalienischen Kaufleute. Besondere Aufmerksamkeit verdienen das **Restaurant Alabárdos** (Nr. 2; klassizistische Fassade, gotische Sitznischen und Hofarkaden) und die Häusergruppe Nr. 18–22, überwiegend gotisch mit barocken Veränderungen. Das **Klarissinnen-Kloster** (Nr. 28) ließ Kaiser Joseph II. 1783 vom Wiener Hofbaumeister Franz Anton Hillebrandt als Landhaus und königliche Kurie im Zopfstil umbauen. 1790 bis 1807 tagte hier das Parlament (dann wieder in Preßburg), heute ist ein Teil der *Ungarischen Akademie der Wissenschaften* hier untergebracht. Das Haus Nr. 9 bewahrt das **Béla-Bartók-Archiv.** Das Gedenkhaus des großen Komponisten, Musikforschers und Klavierpädagogen *Béla Bartók* (1881–1945) befindet sich im II. Bezirk, Csalán út 29 (in den Budaer Hügeln, über Pasaréti tér), wo er vor seiner Emigration nach New York wohnte.

Auf dem **Bécsi kapu tér (Wienertor Platz)** fand früher der Samstagmarkt statt. Zum 250. Jahrestag der Rückeroberung Budas wurde 1936 das **Stadttor** wiederhergestellt und der Platz mit zwei Denkmälern versehen: Den vorwärtsstürmenden *Siegesengel* schuf Béla Ohmann, den *Brunnen* zu Ehren des Sprachreformers Ferenc Kazinczy (1759–1831) der Bildhauer János Pásztor. Die *evangelische Kirche* entstand 1896 im neoklassizistischen Stil. An der Westseite des Platzes vermittelt die reizvolle *Häuserzeile Nr. 5 bis 8* noch den Eindruck, wie Buda an der Wende vom 18. zum 19. Jh. ausgesehen haben mag (Abb. 6). Das Haus Nr. 7 (Abb. 7) zieren allegorische Reliefs der Wissenschaften und Künste unter dem Patronat der Göttin Pallas Athene und Porträtmedaillons antiker Autoren und Philosophen (Vergil, Cicero, Sokrates, Livius, Quintilian und Seneca). 1935/36 weilte der Dichter Thomas Mann als Gast des Literaturmäzens Lajos Hatvany in diesem Hause.

Der **Kapisztrán tér** erinnert an den Franziskaner **Johannes Capistran** (aus Capistrano in den Abruzzen), der mit seinen flammenden Predigten zum Kreuzzug gegen die Türken aufrief und dem Feldherrn János Hunyadi bei der Eroberung Belgrads 1456 zur Seite stand. Das **Denkmal** fertigte József Dankó 1922 an. Die **Ferdinands-Kaserne,** errichtet unter König Ferdinand V. (1835–1848), beherbergt heute das *Kriegshistorische Museum* (Landnahme bis Gegenwart). Von der **Maria Magdalena-Kirche** überdauerten im Zweiten Weltkrieg nur der eindrucksvolle spätgotische **Turm** (um 1470/80) und die Vorhalle im Zopfstil (Abb. 8). Gegründet wurde sie Mitte des 13. Jh. für die ungarische Bevölkerung von Buda, zur dreischiffigen Hallenkirche erweitert um 1400 (aus dieser Zeit freigelegte und rekonstruierte Teile). Unter den Türken blieb sie zunächst die einzige Kirche der Burgstadt, die sich Katholiken und Protestanten teilten; Anfang des 17. Jh. wurde sie zur Siegesmoschee umgestaltet. Nach der Rückeroberung errichteten die Franziskaner ein barockes Langhaus. 1792 wurde Kaiser Franz II. (seit 1804 Kaiser Franz I. von Österreich) in der Magdalenen-Kirche zum König von Ungarn gekrönt, im 19. Jh. war sie Garnisonskirche.

An der *Anjou-Bastei* im Norden des Burghügels liegt der 99. und letzte türkische Pascha von Buda begraben, der Albaner Abdurrahman Ali. Im Westen verläuft die **Bastei-Promenade,** benannt nach dem Lyriker Árpád Tóth (1886–1926). Den Rundblick begrenzt das Budaer Bergland; höchster Gipfel ist der *János-hegy* (Johannes-Berg) mit 529 m. Am Fuße des Burghügels erstreckt sich die große Grünfläche der ›*Blutwiese*‹ (Vérmező), auf der im Mai 1795 die fünf Anführer der ungarischen Jakobiner-Bewegung (s. S. 43) hingerichtet wurden. – Vom modernen **Südbahnhof** (Déli pályaudvar; Architekt György Kővari, Emailleschmuck auf dem Vorplatz von Victor Vasarely) fahren die Züge zum Balaton ab. Rechts davon ragt der Turm der **Herz-Jesu-Kirche** vom Stadtmeierhof empor (Városmajori templom, Csaba utca), ein bedeutendes Bauwerk der Moderne, errichtet 1931 bis 1935 nach Plänen und unter Leitung von Aladár Árkay und seines Sohnes Bertalan. Das Innere schmücken Skulpturen von Pál Pátzay und Glasgemälde von Lili Á. Sztehlós. Auf dem Krisztina tér erhebt sich die **Pfarrkirche** der einstigen ›Christinen-Stadt‹, ein Zopfstilbau (1795) an der Stelle einer Wunderkapelle.

Der Burgpalast (Várpalota)

Auf der Südspitze des Burghügels erhebt sich der gewaltige Burgpalast der Könige von Ungarn. Den Kernbau bildete ein Barockpalast an der Donauseite, der 1875 bis 1904 in historistischen Formen um mehr als das Doppelte vergrößert und mit der markanten Mittelkuppel bekrönt wurde. Ende 1944 verschanzten sich deutsche Truppen im Burgpalast, im Februar 1945 brannte er nach erbitterten Kämpfen gegen die Rote Armee völlig aus. Etwa dreißig Jahre lang dauerte der Wiederaufbau, bei dem auch verloren geglaubte Teile des großartigen mittelalterlichen Burgpalastes freigelegt und im Rahmen des Budapester Historischen Museums zugänglich gemacht werden konnten. Außerdem beherbergt das monumentale Gebäude die Ungarische Nationalgalerie, die Széchényi-Nationalbibliothek und das Museum der Ungarischen Arbeiterbewegung.

Neben dem Pavillon der Zahnradbahn, die vom Clark Ádám tér an der Kettenbrücke auf den Burghügel führt, steht eine Bronzeplastik des **Turul-Vogels** (Abb. 10) von Gyula Donath (1905). Den mythenumwobenen Wundervogel führten die landnehmenden Magyaren im Banner, wie vor ihnen angeblich schon die Hunnen. In seinen Klauen hält er das

Schwert des Heerführers Árpád (s. S. 25). Ein pompöses Tor im Neobarock-Stil leitet zur 304 m langen Donaufront des Burgpalastes. Das bronzene **Reiterstandbild** vor dem Kuppeltrakt von József Róna (1900) ehrt **Prinz Eugen von Savoyen,** dessen Sieg bei Zenta/Jugoslawien 1697 die Türken endgültig aus Ungarn vertrieb.

Vom mittelalterlichen Burgpalast ist oberirdisch nichts zu sehen; er sank bei der Rückeroberung Budas (1686) in Schutt und Asche. Über etwa 85 % seiner Fläche erhebt sich nunmehr der barocke und **historistische Neubau.** Fast dreißig Jahre lang blieb Buda ohne signifikantes Zeichen der ungarischen Königsmacht. Erst nach der Niederwerfung des Rákóczi-Aufstandes widmeten die Habsburger Ungarn mehr Aufmerksamkeit. König Karl III. (Kaiser Karl VI). ließ 1714 nach Plänen von Fortunato Prati einen schlichten Trakt aufführen, den die Ungarn spöttisch ›Baracke‹ nannten. Seine Tochter, Königin Maria Theresia, erweiterte diesen Südflügel auf Drängen der Stände ab 1749 zu einem dreiteiligen Palast nach Entwürfen der kaiserlichen Hofbaumeister Jean-Nicolas Jadot und Nicolaus Pacassi. Die Bauleitung oblag mit Ignác Oracsek, dann Franz Anton Hillebrandt.

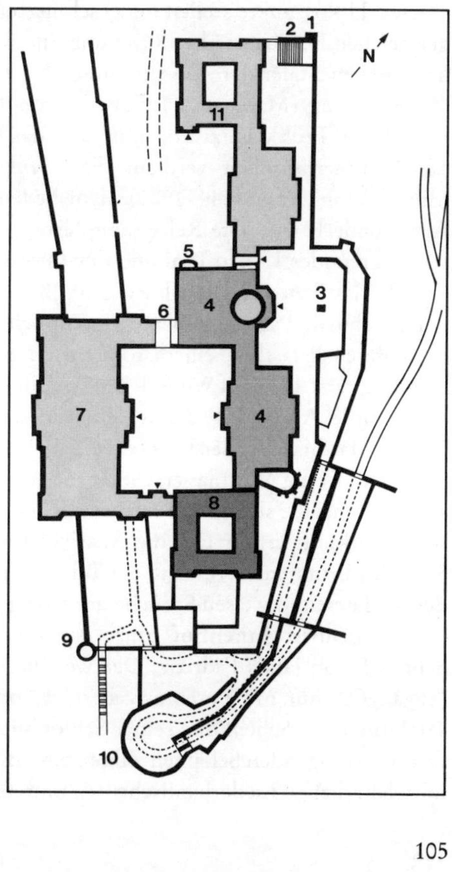

Budapest, Burgpalast auf dem Burghügel
1 Turul-Vogel 2 Prunktor (neobarockes Gartentor) 3 Reiterstandbild Prinz Eugen 4 Ungarische Nationalgalerie (Eingang im Kuppeltrakt von der Donauseite oder vom großen Innenhof) 5 Matthias-Brunnen 6 Löwentor 7 Széchényi-Nationalbibliothek 8 Historisches Museum und mittelalterlicher Burgpalast 9 Keulenturm 10 Rondell 11 Museum der Ungarischen Arbeiterbewegung

Nach dem Ausgleich mit Österreich erhielt das Königreich Ungarn wieder einen seiner Bedeutung würdigen Königspalast. Miklós Ybl, der führende Architekt des ungarischen Historismus, begann 1875 mit der Errichtung des Westflügels und Ehrenhofes, nach seinem Tod vollendete Alajos Hauszmann von 1892 bis 1904 die Gesamtanlage mit der Verlängerung des Barockpalastes durch zwei Nordflügel und der Überkuppelung des nunmehrigen Mittelteils. Beim Wiederaufbau nach 1950 wurde der monumentale Gebäudecharakter beibehalten, aber eine einfachere Dachkonstruktion und statt der barockisierenden Kuppel eine neoklassizistische aufgesetzt. So beherrschend der Budapester Burgpalast auch wirkt: ihm fehlten meistens die Könige! Nur Palatine (Vizekönige) residierten zeitweise in seinen Mauern, die Königspaare Franz Joseph und Elisabeth, Karl und Zita weilten nur zu Besuch.

Die **Ungarische Nationalgalerie (Magyar Nemzeti Galéria)** in drei Palastflügeln bietet einen ausgezeichneten Überblick der bildenden Kunst vom 11. Jh. (Romanik) bis zur Gegenwart und Wechselausstellungen zeitgenössischer Künstler. Im Erdgeschoß befinden sich das mittelalterliche Lapidarium und die Sammlung gotischer Malerei und Plastik des 14. und 15. Jh. Im ersten Stock werden Werke der Spätgotik (zweite Hälfte 15. Jh. bis um 1520) gezeigt. Höhepunkte stellen die geschnitzten und gemalten Flügelaltäre dar, besonders aus den reichen Bergbaustädten Oberungarns. Vom ›Meister MS‹ (MS Mester), dem führenden ungarischen Maler der ›Donauschule‹, besitzt das Museum ein wundervolles Tafelbild der Heimsuchung (Maria und Elisabeth) von 1506 (s. S. 58). Die Abteilungen Renaissance, Barock und Frühklassizismus umfassen das Kunstschaffen zwischen 1550 und 1800. Besondere Aufmerksamkeit verdient die *Munkácsy-Galerie* mit zahlreichen Gemälden von Mihály Munkácsy (1844–1900), dem bedeutendsten ungarischen Maler des 19. Jh.: ›Das Armesünderhaus‹, ›Die Reisigsammlerin‹, ›Christus vor Pilatus‹, ferner Landschaftsbilder seines Freundes Lászlo Páal und des Impressionisten Pál Szinyei Merse. Der zweite Stock enthält Plastiken und Gemälde des 20. Jh., u. a. Werke der Schule von Nagybánya (s. S. 83).

Die schmale Passage neben dem Kuppeltrakt führt zum **Jagd- oder Matthias-Brunnen** im äußeren Palasthof, einem romantisch empfundenen Frühwerk von Alajos Stróbl, der allerdings erst 1904 auf Wunsch des Architekten Alajos Hauszmann an diesem Platze aufgestellt wurde. Als Vorlage diente dem Bildhauer eine Anekdote aus dem Leben des populären Königs Matthias, die der Dichter Mihály Vörösmarty zu einer berühmten Geschichte verarbeitet hat. König Matthias erscheint auf dem obersten Kaskadenabsatz, rechts unten sitzt die schöne Ilona, die sich in den vermeintlichen Jäger verliebte und aus dem Leben schied, als sie seine Herkunft erfuhr und die Aussichtslosigkeit ihrer Neigung erkannte. Auf der linken Seite des Brunnens verewigte der Bildhauer den Hofdichter Marzio Galeotto aus Ferrara, der die Taten und weisen Sprüche des Königs aufgezeichnet hat.

Zum **großen Innenhof** führt das *Löwenportal* (Oroszlános kapu) mit plastischem Schmuck von János Fadrusz. Der Westflügel beherbergt die *Széchényi-Nationalbibliothek* (zugänglich nur mit Leserausweis oder Sondergenehmigung), die Ferenc Graf Széchényi 1802 durch die Schenkung seiner Schloßbücherei von Nagycenk begründete (s. S. 237). Zu den herausragenden Schätzen zählen eine Bilderchronik aus dem 14. Jh., einige der ältesten mittelalterlichen Liederhandschriften und ›Corvinen‹ aus der Bibliothek König Matthias'.

An der Südseite des Ehrenhofes liegt der Eingang zum **Budapester Historischen Museum (Történeti Múzeum),** geschmückt mit den allegorischen Reliefs ›Krieg und Frieden‹ von Károly Senyei. Die ständige Ausstellung ›Zwei Jahrtausende Budapest‹ zeigt im ersten Stock die Geschichte der Städte Buda, Óbuda und Pest, seit 1872/73 vereint zur Stadt Budapest, von der Römerzeit bis zur Gegenwart. Im zweiten Stock sind urgeschichtliche Funde sowie römische Grabplastiken und -beigaben zu sehen.

In den Unter- und Kellergeschossen befinden sich die eindrucksvollen Reste des **mittelalterlichen Burgpalastes.** Nach jahrelangen archäologischen Untersuchungen und Rekonstruktionen gelang es, einen umfassenden Einblick in seine Baugeschichte und einstige Pracht zu vermitteln. Von den ersten Befestigungen unter dem Árpáden-König Béla IV. (Mitte 13. Jh.) blieben spärliche Reste an der Westseite des Burghügels (Szent György tér). Der zwischen 1320 und 1366 errichtete gotische Burgpalast der Anjou-Könige Karl I. Robert und Ludwig der Große umfaßte den Südteil der Gesamtanlage um den nach Herzog Stephan benannten Wohnturm. König Sigismund von Luxemburg fügte ab 1386 den ›Stumpfen Turm‹ (Csonka-torony) gegen Westen hinzu, wohl unter Mitwirkung der Parler-Werkstatt des Prager Domes. Anfang des 15. Jh. setzte er die Bauarbeiten mit einem Ost- und Südtrakt und dem ›Neuen Palast‹ (Friss palota) im Norden fort, ungefähr bis zum heutigen Kuppeltrakt.

König Matthias verstärkte die Befestigungen mit italienischen Bastionen (Keulenturm, Rondell). Nach seiner Hochzeit mit Beatrix von Neapel-Aragonien (1476) begann er – etwa zeitgleich mit der Sommerresidenz Visegrád – mit der Umgestaltung des Palastes zum ersten und glanzvollsten Zentrum der Frührenaissance in Mitteleuropa. Unter der Leitung des Hofbaumeisters Chimenti Camiccia wirkten italienische oder in Italien geschulte Künstler und Handwerker. Der Hofchronist Antonio Bonfini und andere zeitgenössische Humanisten, ausländische Gesandte und Gäste priesen die prunkvolle Hofhaltung und Ausstattung: Fresken, Bronze- und Marmorstatuen, Zier- und Gebrauchskeramiken, farbenprächtige Majoliken, vergoldete Kassettendecken, mit Zinnglasur überzogene Bodenziegel und anderes mehr, entweder aus Italien eingeführt oder in heimischen Werkstätten hergestellt. Bei der Eroberung durch die Türken (1541) verbot Sultan Süleiman seinem Statthalter, in den ›glitzernden‹ Sälen des ›Goldapfel-Schlosses‹ zu wohnen. So verfiel der vielgerühmte Palast, seine Keller und Türme dienten als Gefängnis, Waffen- und Pulvermagazin, das 1578 explodierte. Bei der Rückeroberung Budas (1686) sank der Palast endgültig in Trümmer und geriet in Vergessenheit. Auf seinem Schutt erstand das heutige Königsschloß.

Der **Rittersaal** oder gotische Saal wurde unter Einbeziehung von Originalteilen aus der Zeit König Sigismunds rekonstruiert. Meisterwerke gotischer Bildnerei vom Ende des 14. Jh. stellen die fast lebensgroßen Kalksteinfiguren mit Charakterköpfen – ein mittelalterlicher Hofstaat – und Kragsteine in Form zweier Atlanten dar, die erst 1974 entdeckt wurden. Die Propheten-, Apostel- und Heiligenstatuen kamen in die **Palastkapelle,** die Mitte des 14. Jh. von Königin Elisabeth, der Mutter Ludwigs des Großen, begonnen wurde. Erhalten blieb nur das (rekonstruierte) Untergeschoß für die Höflinge; das reicher geschmückte Obergeschoß der Königsfamilie ging verloren. Der Flügelaltar (um 1500) wird

Budapest, Donaupromenade, ›Ybl-Basar‹ und Burgpalast um 1890

derzeit restauriert. Im Vorraum sind die Siegel aller Herrscher ausgestellt, die im Palast residierten, in weiteren Gemächern gotische Keramiken, Kacheln und ein rekonstruierter Ofen (Ritter, biblische Motive, Emblem des von König Sigismund gestifteten Drachenordens). Die Majoliken stammen aus Italien.

Im ›Renaissance-Saal‹ (ein Keller des Barockschlosses) und dem anschließenden Gang wurden *Bauplastik* und *Skulpturen* aus der Zeit König Matthias und der Jagiellonen (polnischer Adler) zusammengetragen. Die Kassettendecke aus rotem ›Marmor‹ (Kalkstein) schuf Giovanni Dalmata, der in Rom und Florenz geschulte dalmatinische Bildhauer Johannes Duknovich de Tragurio. Reliefs aus weißem Marmor von Gian Cristoforo Romano zeigen vermutlich das Königspaar Matthias und Beatrix. Über dem ›Corvina-Keller‹ neben der Palastkapelle lag die vielgerühmte Bibliotheca Corviniana mit einer Buchmaler- und Kopistenwerkstatt. Von den 2000 ledergebundenen und reich illuminierten Bänden, die König Matthias zum Teil in florentinischen Miniaturwerkstätten anfertigen ließ, überdauerten nur etwa 180 Bände, verstreut in aller Welt. 1875 gab der türkische Sultan Abd el Hamid 35 ›Corvinen‹ zurück (in der Nationalbibliothek); ausgestellt ist die Kopie eines Prachtbandes.

Im ›Königskeller‹ wurde ein Teil der Palastfassade und ein gotischer Konsolenerker rekonstruiert. Im ›Beatrix-Hof‹ steht der gleichnamige Brunnen; das Wasser für die Gärten der Königin wurde von der Donau hochgepumpt und in Zisternen gespeichert. Vom ›Stephans-Turm‹ (István-torony), dem Mittelpunkt des Anjou-Palastes und zur Türkenzeit ein gefürchtetes Verließ, ist das schräggestellte Untergeschoß im Hof zu sehen.

Durch den Palastgarten führt ein reizvoller **Treppenweg** hinab zum Szarvas tér im Stadtteil Tabán oder zum Donauufer. Vorbei am Zwinger kommt man zum markanten ›*Keulenturm*‹ (Buzogány-torony), benannt nach der berüchtigten mittelalterlichen Morgenstern-Waffe, neben dem Ferdinands-Tor, erbaut 1838 unter König Ferdinand V. Das ›*Rondell*‹, die mächtige Torbastei aus dem 15. Jh., bildete das letzte Hindernis bei der Rückeroberung Budas 1686. Aus türkischer Zeit überdauerten einige Grabsteine östlich des Rondells.

Der **Miklós Ybl tér** am Donauufer und das von Ede Mayer geschaffene Denkmal erinnern an Miklós Ybl, den bedeutendsten Architekten und Stadtplaner des ungarischen Historismus. Ybl erweiterte ab 1875 den Burgpalast und verband ihn durch elegante Freitreppen und Arkadengänge – wegen der früheren Läden ›Ybl-Basar‹ genannt – mit der Donaupromenade.

Südlich des Burghügels: Tabán, Gellért-Berg, Budafok und Nagytétény

Zwischen dem Burghügel, dem Nap-hegy (Sonnenberg) und dem Gellért-Berg liegt der Stadtteil **Tabán,** der seit 1933 weitgehend abgetragen und durch Parkanlagen ersetzt wurde. Vom Szarvas tér (Hirschplatz) führen breite Treppen hinauf zum Burgpalast; das **ehemalige Gasthaus ›Zum Goldenen Hirsch‹** am Fuße der Treppen blieb als eines der wenigen Gebäude des alten Tabán vom Anfang des 19. Jh. erhalten. Am Beginn der zur Donau führenden Apród utca verdient das Zopfstil-Haus Nr. 1–3 Aufmerksamkeit, in dem 1818 Ignaz Philipp Semmelweis, der berühmte Arzt, Universitätsprofessor und Entdecker des Erregers des tödlichen Kindbettfiebers geboren wurde (s. S. 157); heute enthält das Gebäude das **Semmelweis-Museum** für Medizingeschichte.

Mittelpunkt des alten Tabán war die spätbarocke **Pfarrkirche St. Katharina** an der Stelle einer mittelalterlichen Kirche zum hl. Gellért, die ungarische Fährleute, Fischer und Kleinbauern errichtet hatten. Lateinische Urkunden erwähnen den Ort im 12. Jh. als ›Pest Minor‹ (Klein Pest) gegenüber der deutschen Handelsstadt Pest. ›Tabán‹ nannten dagegen die Türken das hier angesiedelte Gerberviertel. Sie verwandelten die Tabáner Pfarrkirche zur Mustafa-Pascha-Moschee, die nach der christlichen Rückeroberung Budas als Chor einer neuen Kirche bestehen blieb. 1728 setzte der Baumeister Christian Obergruber ein spätbarockes Langhaus mit einem Fassadenturm an. Der klassizistische Hochaltar (1810) enthält ein Gemälde der Kirchenpatronin Katharina von Alexandrien, ihre mystische Verlobung mit Jesus, von Jacopo Marastoni (1850). In der Vorhalle ist die Kopie des romanischen Christus-(Pantokrator-)Reliefs aus der Vorläuferkirche des 12. Jh. eingemauert (Original im Historischen Museum). – Auf der kleinen Grünfläche nahe der Elisabeth-Brücke steht seit einigen Jahren (durch Straßenüberführungen leider sehr beeinträchtigt) wieder das **Denk-**

Stadtteil Tabán, im Hintergrund der Burgpalast, um 1900

mal der Königin-Kaiserin Elisabeth (1837–1898) von György Zala, der die Ungarn noch heute hohe Wertschätzung entgegenbringen (s. Gödöllő, S. 322).

Im Gellért-Berg entspringt eine Reihe von Thermalquellen, die die ersten ungarischen Siedler ›Alhévíz‹ nannten, das untere Warmwasser, im Gegensatz zum weiter nördlich gelegenen ›Felhévíz‹, dem ›oberen‹ Warmwasser bei der Margarethen-Brücke. Am Donauufer sieht man die Kuppel des **Rudas-Bades (Rudas fürdő),** das der türkische Statthalter Szokoli (Sokollu) Mustafa Pascha Mitte des 16. Jh. als prächtiges ›Bad mit den grünen Säulen‹ ausstatten ließ. Kuppel und Becken blieben im wesentlichen erhalten, verschwunden ist hingegen das Derwisch-Kloster. – Nahe der Freiheitsbrücke (Szabadság híd) steht das im Ausland bekannteste aller Budapester Bäder: das **Heilbad** (Farbabb. 6) und **Hotel Gellért,** ein um 1912 errichteter Jugendstilbau mit eleganter Innenausstattung. Schon im Mittelalter bestand hier eine Art Kurhaus, dem man in türkischer Zeit Wunderkräfte zuschrieb. – An der Straße zum Gellért-Berg liegt das nach den früher in Tabán ansässigen Serben (Raizen) benannte **Raizenbad (Rác fürdő).** König Sigismund ließ um 1400 wahrscheinlich das alte ›Emmerich-Bad‹ als königliches Bad gestalten, das unterirdische Gänge mit dem Burgpalast verbanden. Den Ausbau in historistischen Formen leitete Miklós Ybl 1870.

Am Donauufer ragt der 235 m hohe **Gellért-Berg (Gellért-hegy)** empor, ein steil nach Osten abfallender Dolomitklotz, von dessen Gipfel sich der herrlichste Blick auf Budapest bietet. Die 130 m Höhenunterschied zum Donauufer überwinden romantische Fußwege, von der Westseite her führt eine Autostraße. Oberhalb der Elisabeth-Brücke steht vor einer geschwungenen Säulenreihe die monumentale **Bronzestatue des hl. Gellért** von Gyula Jankovic (1904). König Stephan I. berief Gerhardus (ungarisch: Gellért), den Abt des Benediktiner-Klosters San Giorgio in Venedig, zur Erziehung seines Sohnes Emmerich (Imre), als Bekehrer seines Volkes und als Bischof von Csanád im südungarischen Maros-Gebiet (Rumänien). Der Legende nach wurde er bei den Heidenaufständen im Jahre 1046 in einem Faß vom Gellért-Berg in die Donau gerollt, 1083 sprach ihn der Heilige Stuhl zusammen mit König Stephan I. und dessen Sohn Emmerich heilig.

In der ungarischen Sagen- und Märchenwelt gilt der Gellért-Berg als Wohnsitz der Hexen. Auf dem Gipfel gründeten im 3. Jh. v. Chr. die keltischen Erawisker ihre Stammesfestung (oppidum). Die Wohnungen lagen auf dem südlichen Berghang, die Werkstätten auf dem nördlichen (der befestigte Donauübergang am Fuße des Berges sicherte den Handelsweg in die Tiefebene). Den Gipfel krönt seit 1947 das **Befreiungsdenkmal** von Zsigmond Kisfaludi Strobl. In den dreißiger Jahren plante man eine Kolossalstatue der Patrona Hungariae, deren Stelle eine 14 m hohe Frauengestalt einnimmt, die gleich einem Siegesengel einen Palmzweig als Zeichen der Befreiung von Krieg und Faschismus emporhält. Die Sockelfiguren zeigen einen Sowjetsoldaten und die Allegorien von Fortschritt und Verwüstung. Die **Zitadelle** ließ König (Kaiser) Franz Joseph I. nach der blutigen Niederschlagung des Freiheitskampfes von 1848/49 vorwiegend als drohendes Mahnmal gegen die ›rebellischen‹ Ungarn errichten. Einige Jahre nach dem Ausgleich Österreich-Ungarn trug man – wohl als

Schloß Nagytétény, um 1890

Versöhnungsgeste – Teile der bis zu 6 m dicken Mauern ab. Heute beherbergt die Zitadelle ein Restaurant und einen Weinkeller. – Der *Jubiläumspark* an den Südwesthängen entstand zum 40. Jahrestag der Großen Sozialistischen Oktoberrevolution von 1917. Bis zur Reblausseuche um 1880 baute man ebenso wie im Stadtteil Budafok (früher Promonter) Wein an.

Budafok und **Nagytétény** gehören erst seit 1950 als XXII. Stadtbezirk zu Budapest. Die etwa 100 km langen höhlenartigen Stollen in den ehemaligen Steinbrüchen von Budafok dienen noch heute als Kellereien des größten ungarischen Betriebes für Wein-, Sekt- und Branntweinherstellung. Mustergültig nach historischen Vorlagen eingerichtet ist die ›Borkatakomba‹ (Weinstube, Nagytétény út 63). – Nagytétény entwickelte sich aus dem Römerkastell Campona. Der Name kommt vom Magyaren-Fürsten Tétény aus der Zeit der Landnahme. – **Schloß Nagytétény** (Csókási Pál utca 9, zu erreichen mit Bus Nr. 3) erhielt um 1750 im Auftrag der Familie Száraz-Rudnyánszky vermutlich durch Andreas Mayerhoffer sein heutiges Erscheinungsbild als typisches ungarisches Landschloß des Spätbarocks. Heute befindet sich hier eine Zweigstelle des *Kunstgewerbemuseums* (europäische und ungarische Wohnkultur vom 15. bis 19. Jh.; im Stall Römerfunde der Umgebung).

Wasserstadt (Víziváros) und Rosenhügel (Rózsadomb)

Unterhalb des Burgberges zieht sich in einem schmalen Streifen bis zur Margarethen-Brücke (Margit híd) die ›Wasserstadt‹, im Mittelalter die ›Fischerstadt‹, weiter westlich lag die Handwerkersiedlung St. Peter. Der bogenförmige Verlauf der Wehrmauer läßt sich noch im Nordteil nachvollziehen, vom Bem József tér entlang der Mártírok utca bis zum Moszkva tér (nordwestlich des Burghügels). Erst im 18. Jh. setzte in diesen Wohnvierteln eine umfangreichere Bautätigkeit ein; an einigen Stellen überdauerte der reizvolle, kleinstädtische Charakter.

Im Süden begrenzt der heutige **Clark Ádám tér** die Wasserstadt, benannt nach dem englischen Brückenbaumeister Adam Clark, der seit 1839 die Bauleitung zur Errichtung der Kettenbrücke (Lánchíd; s. S. 151) nach Plänen seines Landsmannes und Namensvetters William Tierney Clark innehatte. Adam Clark entwarf 1853 den **Alagút,** den 350 m langen Tunnel durch den Burgberg mit seinem spätklassizistischen Portal aus grob behauenen Steinquadern (Bossenwerk) und dorischen Säulen. Bei der Plastik ›**Kilometerstein Null**‹ von Miklós Borsos (1975) nimmt die Kilometerzählung für ganz Ungarn ihren Ausgang. Links davon befindet sich die Talstation der Standseilbahn auf den Burghügel.

Hauptverkehrsader der Wasserstadt ist die **Fő utca (Hauptstraße),** die ungefähr der römischen Heerstraße nach Aquincum (Óbuda) folgt und einige Plätze durchstößt. Besondere Aufmerksamkeit verdient das Eckhaus Fő utca 20, das Anfang des 19. Jh. im Auftrag eines griechischen Kaufmannes im Zopfstil umgebaut und mit Reliefs geschmückt wurde (Putten, chinesische Motive). Das **ehemalige Kapuziner-Kloster** an der Stelle einer mittelalterlichen Kirche und einer Moschee aus dem 16. Jh. (Eselsrücken-Bogen an der Südseite!) veränderte Frigyes Feszl, der Architekt der Pester Redoute, 1856 im romantischen Stil. Der **Springbrunnen** von Barnabás Holló (1904) auf dem **Corvin tér** stellt einen Magyaren zur Zeit der Landnahme dar. Die gegenüberliegende Häuserzeile (Corvin tér 2–5) vermittelt annähernd noch den Eindruck der Wasserstadt an der Wende vom 18. zum 19. Jh. (Nischenfigur des böhmischen Wasser- und Brückenheiligen Johannes Nepomuk, Reliefs aus dem Leben König Matthias'). – Auf dem kleinen Szilágy tér erhebt sich die neugotische **Kirche der Reformierten.**

Mittelpunkt der Wasserstadt ist von alters her der Marktplatz, der heutige **Batthyány tér,** benannt nach Lajos Graf Batthyány (s. S. 44, 154). Die spätbarocke **St. Anna-Kirche,** errichtet 1740–42 von Christoph und Michael Hamon und Matthäus Nepauer, beeindruckt durch die elegante Doppelturm-Fassade, den ovalen Kuppelraum und die qualitätvolle Ausstattung. Die Fassaden-Skulpturen schufen Anton Eberhard und Leonhard Eber: über dem Portal allegorische Gestalten von Glaube, Hoffnung und Liebe, in der Mittelnische der ›Unterricht Mariä‹ (Mutter Anna, die Jungfrau Maria das Lesen lehrend). Die Plastiken des Hochaltares (Mariä Tempelgang) und der Kanzel schnitzte der italienische Bildhauer Carlo Bebo 1773. Gregor Vogl malte die hl. Dreifaltigkeit in der Chorkuppel, Franz Wagenschön aus Wien die Seitenaltarblätter. Die Fresken der Hauptkuppel stammen von Pál C. Molnár und Béla Kontuly (1938).

An der Westseite des Platzes überdauerten zwei prächtige Gebäude der alten Wasserstadt, wo früher die Postkutschen nach Wien abfuhren: Der vornehme **Gasthof ›Zum Weißen Kreuz‹** (Nr. 4), in dem Kaiser Josef II. abstieg, angeblich auch Casanova. Die Stuckfassade ist das einzige bedeutende Beispiel des Rokoko in Budapest. Das Zopfstil-Wohnhaus Nr. 3 ließ der Maurermeister Christoph Hikisch um 1795 erbauen; seine biedermeierlich anmutenden Reliefs zeigen die vier Jahreszeiten.

Die Nordseite des Batthyány tér begrenzt das **ehemalige Kloster, Krankenhaus** und **Asyl der Elisabethinen.** Der Eingang zur spätbarocken **Kirche** liegt in der Fő utca (in Restaurierung). Die Fassadenfiguren – Franz von Assisi, Antonius von Padua und Maria Immaculata – stammen aus der Zeit der Franziskaner, die das Gelände einer zerstörten Moschee erhielten und von 1703 bis 1731 Kloster und Kirche errichteten. 1785 übergab Kaiser Josef II. die Gebäude dem Krankenpflegeorden der Elisabethinen aus Wien; die Franziskaner übersiedelten in das aufgehobene Augustiner-Kloster in der Mártírok útja (s. S. 114).

Folgt man der Fő utca nordwärts, kommt man zum **Königsbad (Király fürdő),** dem besterhaltenen türkischen Bad der Stadt (Abb. 11). Seit der Errichtung unter Arslan Pascha Mitte des 16. Jh. wird es vom Thermalwasser der Lukasquelle (nahe der Margit híd) gespeist. Der Name kommt von der Familie König (ungarisch: Király), die um 1826 das Bad erwarb und im klassizistischen Stil erweitern ließ. Inmitten des Verkehrsgetriebes bilden das türkische Kuppelbad mit seinen Zubauten, die Grünanlage und die kleine Barockkirche

St. Florian einen stimmungsvollen Ruhepol. Erbaut wurde die Kirche 1760 von Matthäus Nepauer im Auftrag des Bäckermeisters Anton Christ; heute dient sie der griechisch-katholischen Gemeinde von Budapest zum Gottesdienst.

Die Fő utca mündet in den **Bem József tér,** der seinen Namen dem polnischen Offizier Josef Bem verdankt, der 1848/49 in Wien an der Seite der Aufständischen kämpfte und in Siebenbürgen die Honvéds gegen die zaristischen Truppen befehligte. Sándor Petőfi war sein Adjudant. Im Gebäude Bem József utca 20, der von Abraham Ganc gegründeten ersten ungarischen Eisengießerei, befindet sich heute ein *Gießereimuseum* (Öntödei Múzeum). – An der Mártírok útja (Märtyrer-Straße) steht die ehemalige *Franziskaner-Kirche*, bis 1785 im Besitz des Augustinerordens. Die spätbarocke Doppelturm-Fassade zieren Figuren der Muttergottes, des Kirchenlehrers Augustinus und seiner Mutter, der hl. Monika.

Vom Südosthang des Rosenhügels (Rózsadomb) grüßt die **Gül Baba-Türbe** (Grabkapelle), neben dem Königsbad das einzige vollständig erhaltene türkische Bauwerk von Budapest. Der Treppenweg beginnt am Ende der Mecset utca, ein anderer Weg führt von der Török utca durch das malerische Gül Baba-Gäßchen hinauf zur Aussichtsterrasse, wo Gül Baba, der ›Vater der Rosen‹, angeblich einen herrlichen Rosengarten besaß. Er kam als Derwisch (islamischer Wanderprediger) der militanten Bektaschi-Bruderschaft 1541 mit den Janitscharen nach Buda, starb aber kurze Zeit später während des feierlichen Dankgebets, das Sultan Süleiman der Prächtige in der Matthias-Kirche abhielt. Dies galt als Zeichen des Himmels; der Sultan nahm am Begräbnis teil, und Buda hatte fortan seinen Schutzheiligen! Zwei Jahre später ließ der türkische Pascha eine achteckige Kuppeltürbe und ein Derwisch-Kloster errichten. Viele Gläubige pilgerten zu dem Grabmal, so auch der berühmte türkische Reiseschriftsteller Evliya Çelebi im 17. Jh., und Wunder ereigneten sich. Nach der Rückeroberung verwandelten die Jesuiten die Türbe in eine Kapelle. Als im 19. Jh. der Wallfahrerstrom wieder zunahm, setzte sich die türkische Regierung für die Rückwidmung ein. Die letzte Restaurierung bemühte sich um die Wiederherstellung des Originalzustandes.

Nahe der Donau (Frankel Leó út) liegen das **Lukas**- und das **Kaiserbad (Lukács** und **Császár fürdő)** mit dem Landesinstitut für Rheumatologie und Physikotherapie. Schon die Römer schätzten die heißen Quellen, die ersten Magyaren nannten sie ›Felhévíz‹, das ›obere Warmwasser‹. Nach dem Mongolensturm siedelten in der Nähe Slowaken und Deutsche. Im Mittelalter unterhielt der Johanniterorden ein Hospiz, um 1570 stiftete der türkische Pascha das prächtige Veli-Beg-Bad, das mehrfach umgestaltet heute einen Teil der Gesamtanlage bildet. 1806 übernahmen die Barmherzigen Brüder das Heilbad, József Hild leitete den stufenweisen Ausbau im Stil des Klassizismus und romantischen Historismus.

Die Margarethen-Insel (Margit-sziget)

Wie ein riesiger Kahn – 2,5 km lang, bis 500 m breit – liegt Budapests beliebte Kur- und Freizeitinsel zwischen zwei Donauarmen, begrenzt im Süden von der 1876 eröffneten **Margarethen-Brücke** (Margit híd), im Norden von der 1950 fertiggestellten **Árpád-Brücke.** Entstanden ist sie aus drei kleinen Inseln und einigen Sandbänken. Die schönsten Parkanlagen der Stadt, das Hajós Alfréd-Sportbad, das Palatinus-Strandbad, ein Pionierstadion, eine Freilichtbühne (beim hohen Wasserturm), wo im Sommer auch das Ensemble der Budapester Staatsoper auftritt, ein Casino und Restaurants laden zum Besuch ein. Auf der ganzen Insel herrscht Fahrverbot; nur der städtische Bus und Taxis zu den beiden Hotels nahe der Nordspitze sind erlaubt, dem traditionsreichen Grand Hotel ›Ramada‹ und dem hochmodernen Kurhotel Thermal.

Die Thermalquellen nutzten schon die Römer; Reste eines Wachtturmes lassen die strategische Bedeutung der Insel erkennen. Im Mittelalter kamen die Könige zur Jagd auf die Haseninsel – so der damalige Name. Seit Ende des 12. Jh. siedelten sich geistliche Orden in Wehrklöstern an, zuerst Prämonstratenser, dann Dominikanerinnen, Johanniter und Franziskaner. Die **Propsteikirche St. Michael** der Prämonstratenser (nördlich des hohen Wasserturms) wurde beim Türkeneinfall zerstört und vom Hochwasser 1838 stark unterspült. 1930 errichtete man den schlichten einschiffigen Neubau in romanischen Formen unter Verwendung einiger Originalteile des 12. Jh. Unter einem Baum kam eine von Meister Hans Strous im 15. Jh. gegossene Glocke zum Vorschein, angeblich die älteste erhaltene im Lande. Die *Promenade* bis zum Grandhotel säumen Büsten ungarischer Dichter, Maler und Musiker, z. B. des Humanisten Janus Pannonius aus Pécs und des Lyrikers und Shakespeare-Übersetzers János Arany (s. S. 160), der auf der Margarethen-Insel im vorigen Jahrhundert viele seiner oft zitierten Gedichte über das Altern und die Vergänglichkeit verfaßt hat.

Das **Dominikanerinnen-Kloster,** heute die eindrucksvollste Ruine der Insel (östlich des Wasserturms), gründete König Béla IV. Als die Mongolen sein Land verwüsteten und ihn zur Flucht zwangen, gelobte er, seine Tochter Margarethe (Margit) Gott zu weihen.

Nach seiner Rückkehr übergab er die Dreijährige dem Dominikanerinnen-Kloster in Veszprém, im Alter von neun Jahren (1251) übersiedelte Margit in ›ihr‹ Kloster auf der damaligen Haseninsel, wo sie mit 29 Jahren starb und beigesetzt wurde. Bald nach ihrem Tod wurde sie selig- und 1944 heiliggesprochen. Nach ihrer Tante, der hl. Elisabeth von Thüringen, wurde sie als zweite Königstochter aus dem Árpáden-Haus »zur Ehre der Altäre« erhoben. Um 1500 verfaßte die Dominikanerin Lea Ráskai die Legende der seligen Margit in ungarischer Sprache, reich verklärt als leuchtendes Vorbild an Demut und Askese. Damals bürgerte sich auch die Bezeichnung ›Margarethen-Insel‹ ein. Zusammen mit dem städtischen Dominikaner-Kloster auf dem Burghügel (s. S. 100) nahm das Inselkloster der Nonnen einen bedeutenden Rang unter den Niederlassungen des Ordens ein. Während der männliche Ordenszweig als Prediger, Beichtväter, Pädagogen und Wissenschaftler wirkte, widmeten sich die Dominikanerinnen der Kontemplation, dem Sticken liturgischer Gewänder und dem Kopieren von Kodizes.

Wie bei Bettelorden üblich, war auch die Dominikanerinnen-Kirche auf der Margarethen-Insel ein schlichter Saal mit einem fast gleich langen Nonnenchor, der nach italienischem Vorbild – z. B. Santa Maria Novella in Florenz – geradlinig schloß. Ende des 15. Jh. setzte man eine erhöhte, spätgotische Apsis mit 3/8-Schluß an. Eine moderne Grabplatte im Nonnenchor gedenkt der hl. Margarethe (1242–1271). Statt des sonst üblichen Dachreiters besaß die Kirche einen wehrhaften Westturm. Nördlich von diesem lag der Trakt für Königin Maria Laskaris, Margits Mutter, und adlige Besucherinnen, südlich der Kirche die Grabkapelle der seligen Margit und ein langer Saal, vielleicht ein Hospital. Die Klausur grenzte an die Kirche: an der Südseite der Kreuzgang, das Refektorium, Zellen für etwa 70 Nonnen, gegen die Donauseite der Kapitelsaal.

Ungefähr in der Mitte der Margarethen-Insel steht die **Ruine der Franziskaner-Kirche.** Vom frühgotischen Bau (1272) überdauerten Teile der Westfassade und des Turmes, die Nordwand mit einem Maßwerkfenster wurde rekonstruiert. Neben der Klosterruine ließ der Palatin (Vizekönig) Erzherzog Joseph 1796 ein Lustschloß mit einem prächtigen Garten anlegen, die das Hochwasser 1838 hinwegspülte. – Fast an der Südspitze der Insel ragt das **Zentenarium-Denkmal** von István Kiss auf, das anläßlich der Hundertjahrfeier der Vereinigung von Buda, Pest und Óbuda 1972 aufgestellt wurde. Die Innenseite der schlanken, knospenähnlichen Metallkonstruktion zeigt Begebenheiten und Symbole aus der hundertjährigen Geschichte Budapests.

Óbuda, das ›alte Buda‹

Mittelpunkt von Óbuda ist heute der riesige, von Hochhäusern gesäumte und kaum einladende **Flórián tér.** Bis zum Bau der Árpád-Brücke und der Stadtsanierung in den fünfziger Jahren lagen hier kleinstädtische Wohnviertel und Plätze, Weinschenken und Fischlokale. An den Hügeln gedieh einst vorzüglicher Rotwein. Mit der Wiederherstellung und Belebung einiger ›Denkmalinseln‹ gewann Óbuda viel von seinem früheren Charme zurück; außerdem lohnen die Ausgrabungen der Römerstadt Aquincum einen Besuch (s. S. 120ff.). Nach der Landnahme (896) ließ sich der Clan des Fürsten Kurszán in der Awarenburg ›Buda‹ (die aus dem römischen Amphitheater hervorgegangene hunnisch-awarische

Budapest, Margarethen-Insel und Óbuda (Aquincum) 1 Propsteikirche St. Michael 2 Ruine des Dominikanerinnen-Klosters 3 Ruine der Franziskaner-Kirche 4 Zentenarium-Denkmal 5 Casino 6 Hajós-Alfréd-Sportbad 7 Palatinus-Strandbad 8 Wasserturm und Freilichtbühne 9 Grand Hotel ›Ramada‹ 10 Hotel Thermal 11 Fő tér, ehem. Schloß Zichy (Kulturzentrum) 12 ›Rundes Haus‹ (Kerek ház) 13 Pfarrkirche St. Peter und Paul 14 Ehem. Synagoge 15 Reformierte Kirche 16 Kiscelli-Museum 17 Römisches Militärbad 18 Museum der Militärstadt 19 Amphitheater 20 Hercules-Villa 21 Grabkapelle 22 Zivilstadt und Museum Aquincum

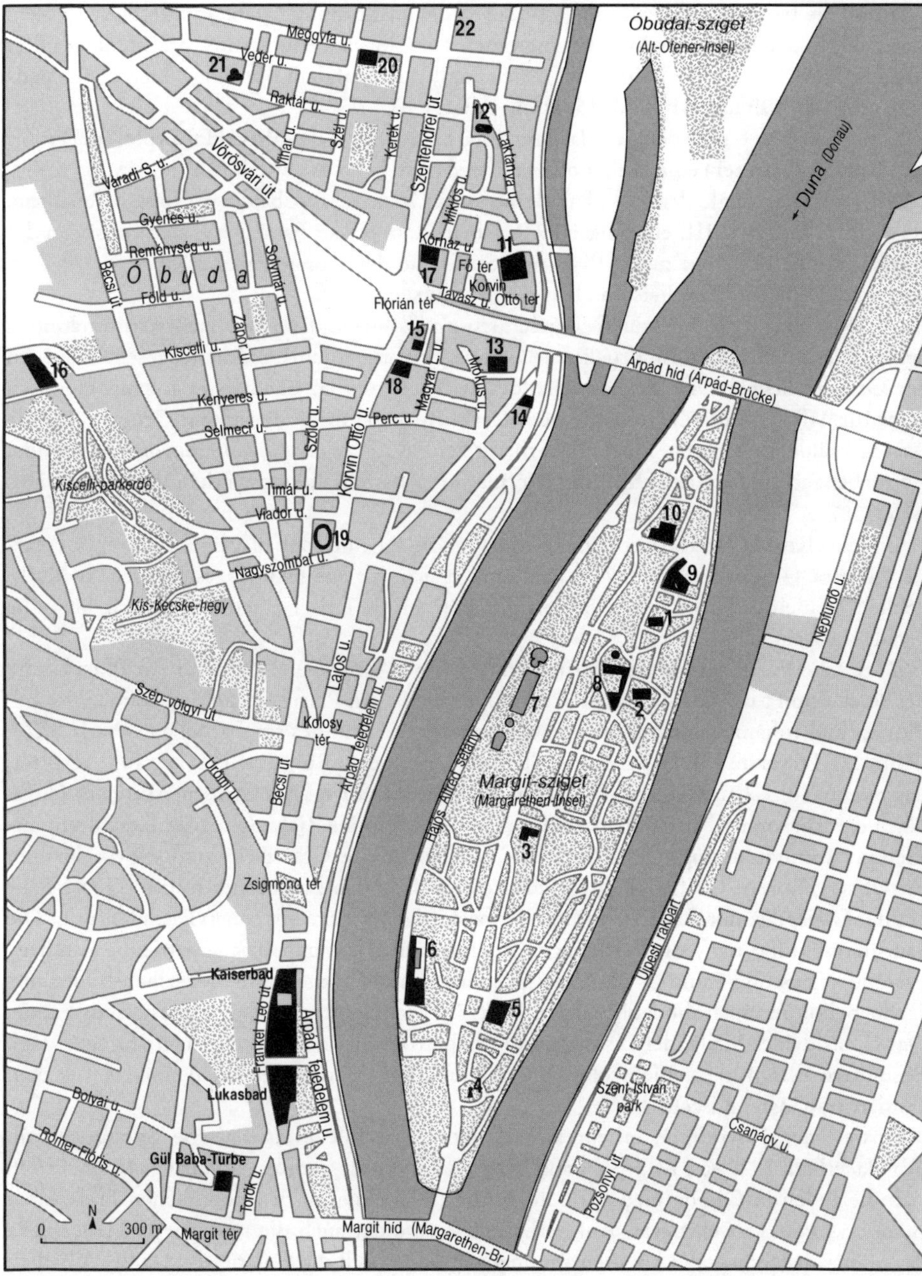
Óbudai-sziget
(Alt-Ofener-Insel)
Duna (Donau)
Meggyfa u.
Veder u.
Raktár u.
Vihar u.
Szél u.
Kerék u.
Szentendrei út
Laktanya u.
Miklós u.
Vörösvári út
Váradi S. u.
Gyenes u.
Reménység u.
Óbuda
Bécsi út
Föld u.
Solymár u.
Kórház u.
Fő tér
Korvin Ottó tér
Flórián tér
Tavasz u.
Kiscelli u.
Zápor u.
Magyar u.
Mókus u.
Árpád híd (Árpád-Brücke)
Kenyeres u.
Selmeci u.
Perc u.
Szőlő u.
Korvin Ottó u.
Kiscelli-parkerdő
Tímár u.
Viador u.
Nagyszombat u.
Kis-Kecske-hegy
Lajos u.
Szép-völgyi út
Kolosy tér
Árpád fejedelem u.
Bécsi út
Római u.
Hajós Alfréd sétány
Margit-sziget
(Margarethen-Insel)
Népfürdő u.
Zsigmond tér
Újpesti rakpart
Kaiserbad
Frankel Leó út
Árpád fejedelem u.
Lukasbad
Bolyai u.
Rómer Flóris u.
Gül Baba-Türbe
Török u.
Szent István park
Csanády u.
Pozsonyi út
Margit tér
Margit híd (Margarethen-Br.)
N
0
300 m
1
2
3
4
5
6
7
8
9
10
11
12
13
14
15
16
17
18
19
20
21
22

Festung) nieder. Anfang des 10. Jh., wohl nach der Ermordung Kurszáns durch die Bayern, kam Buda in den Besitz des Árpáden-Stammes; der Chronist Anonymus vermutet hier Fürst Árpáds Grab. Seit der Gründung der neuen Stadt Buda auf dem Burghügel hieß die Ursiedlung nunmehr Óbuda, Alt-Buda (deutsch: Alt-Ofen).

König Stephan I. gründete um das Jahr 1000 an der Stelle des **alten Hauptplatzes (Fő tér** und **Korvin Ottó tér)** eine Pfalz und ein dem Apostel Petrus geweihtes Priesterstift (Kollegiatkapitel), das dank der Zollpfründe an drei Donaufähren bald zu großem Reichtum gelangte. König Béla III. empfing 1189 in seiner Pfalz Kaiser Friedrich I. Barbarossa an der Spitze des dritten Kreuzzuges. Pfalz und Stift fegte der Mongolensturm hinweg; erhalten blieben nur einige Steinreliefs im Historischen Museum.

Der hübsche *Fő tér* mit seinen eingeschossigen Wohn- und Wirtshäusern vermittelt noch heute (oder wieder) den Eindruck, wie Óbuda im vorigen Jahrhundert ausgesehen hat. An der Ostseite liegt das spätbarocke **Schloß Zichy,** 1746 vom Baumeister Johann Heinrich Jäger für Miklós Graf Zichy begonnen. Carlo Bebo schuf die Plastiken, Gregor Vogl die Wandgemälde im Inneren. Heute beherbergt Schloß Zichy das *Kulturzentrum* von Óbuda, ein Nebengebäude auf dem Korvin Ottó tér eine Ausstellung von Werken Victor Vasarelys (s. S. 308).

Um das **›Runde Haus‹** (Kerek ház), eine Ovalanlage mit doppelläufiger Freitreppe (Harrer Pál utca 44–46 nördlich des Fő tér), ranken sich manche Haremsgeschichten. In Wirklichkeit handelt es sich um eine Seidenspinnerei, in die Kaiser Joseph II. 1785 italienische Fachleute berufen hat.

Durch die Fußgänger-Unterführung an der Árpád-Brücke gelangt man zur **Pfarrkirche St. Peter und Paul,** die mit der alten Kastanienallee, dem Pfarrhof und den Statuen der hll. Florian und Johannes Nepomuk ein stimmungsvolles Bild des spätbarocken Óbuda bietet (Abb. 13). Die erste Kirche hat König Stephan I. nach dem Bulgaren-Feldzug 1012 gestiftet, das zweite Gotteshaus Königin Elisabeth, die Mutter Ludwigs des Großen, Mitte des 14. Jh. Nach der Türkenherrschaft übernahm die gräfliche Familie Zichy (ein altes Geschlecht aus Zich im Komitat Somogy) die Herrschaft Óbuda. Miklós Graf Zichy und seine Gemahlin Erzsébet, geborene Gräfin Berényi, beauftragten 1744 den Baumeister Johann Georg Paur aus der Oberpfalz mit der Errichtung der einschiffigen Kirche mit einem Fassadenturm. Die Sandstein-Skulpturen – die Pestheiligen Rochus, Sebastian und Rosalia sowie die Kirchenpatrone Petrus und Paulus – stammen großteils von der Hand des italienischen Bildhauers Carlo Bebo, der auch die Rokoko-Kanzel (1753) schnitzte, eine der schönsten im Lande. Das Gemälde des Mailänder Bischofs und Pestpatrons Carlo Borromeo malte Gregor Vogl. Besondere Verehrung genießt eine Nachbildung des Mariazeller-Gnadenbildes aus dem Trinitarier-Kloster Kiscell.

Unweit der Pfarrkirche erhebt sich die monumentale klassizistische **Synagoge** von Óbuda, erbaut 1820 von Andreas Landherr (heute Fernsehstudio). Anfang des 18. Jh. ließen sich die Juden in Óbuda nieder, da ihnen die Ansiedlung in den königlichen Freistädten Buda und Pest verwehrt war. Aufmerksamkeit verdient auch die restaurierte Häuserzeile gegenüber der Synagoge; im alten Brauhaus befindet sich die Galerie ›Budapest‹. Westlich

Budapest, Pfarrkirche St. Peter und Paul in Óbuda (Alt-Buda), 1812

der Pfarrkirche steht die kleine **Reformierte Kirche** (Kálvin köz), ein teilweise aus Steinen der mittelalterlichen Burg der Königinnen errichteter Zopfstilbau (1785).

Im Westen von Óbuda (am Ende der steil aufwärts führenden Kiscelli utca, nahe dem gleichnamigen Park) beherbergt das ehemalige Trinitarier-Kloster das **Kiscelli-Museum,** eine Abteilung des Budapester Historischen Museums (kunst- und kulturgeschichtliche sowie technische Exponate seit dem Ende der Türkenherrschaft 1686). Kiscell heißt Klein-Zell nach Mariazell in der Steiermark, dem bedeutendsten Wallfahrtsort des Habsburger-Reiches. 1744 stiftete die gräfliche Familie Zichy ein spätbarockes Trinitarier-Kloster und eine Familiengruft zur Aufnahme einer Kopie des Gnadenbildes von Mariazell nach Plänen des Wiener Architekten Johann Entzenhoffer. Nach der Aufhebung des Konvents 1783 unter Kaiser Josef II. dienten die Gebäude als Lazarett und Speicher, 1910 ließ sie der Wiener Möbelfabrikant Max Schmidt zu einem Schloß umbauen. Dabei opferte man die beiden Kirchtürme; in den Mitteltrakt wurde ein spätbarockes Portal von Franz Anton Hillebrandt aus dem Wiener Kriegsministerium (dem ehem. Jesuitenstift Am Hof) eingesetzt.

In **Üröm** (knapp außerhalb der nördlichen Stadtgrenze von Budapest, Richtung Dorog) ließ Palatin Erzherzog Joseph im Jahre 1802 eine *Grabkapelle* für seine jung verstorbene erste Frau erbauen, die Großfürstin Alexandra von Rußland (Zopfstil, byzantinische Ikonostase, Ikonen).

Aquincum – auf den Spuren der Römer

Die bedeutendsten Überreste der Römerstadt Aquincum liegen in Óbuda: die Militärstadt zwischen dem Flórián tér und dem Amphitheater am Südende der Korvin Ottó utca, die Hercules-Villa nördlich des Flórián tér (Meggyfa utca 19) und die Zivilstadt um das Museum an der Szentendrei út 181–203.

Im Namen Aquincum lebt vermutlich die keltische Bezeichnung ›Ak-ink‹ (wasserreich) für die Thermalquellen am westlichen Donauufer weiter, die auch die Römer nutzten – wie außergewöhnlich viele Bäder und Heiligtümer von Heilgottheiten beweisen. Ein befestigtes Lager (castrum) ist seit dem Besuch von Kaiser Tiberius' Sohn Drusus 19 n. Chr. bezeugt. Am Endpunkt des schwer zu verteidigenden Donauknies gelegen, kam dem Castrum als Grenzschutz gegen die berittenen Nomadenvölker der Tiefebene (Jazygen/Sarmaten) und als Basis zur Eroberung von Dacia (Rumänien) große Bedeutung zu. 89 n. Chr. rückte die 6000 Mann starke II. Legion ein, eine Elitetruppe junger Männer mit Bürgerrecht. Bei der Teilung der Provinz Pannonien unter Kaiser Trajan (106 n. Chr.) wurde Aquincum Sitz des Statthalters und Befehlshabers von Unterpannonien (Pannonia inferior). Der erste Statthalter, der spätere Kaiser Hadrian, ließ auf der Óbuda-Insel einen Marmorpalast erbauen (heute unter der Schiffswerft). Die Zivilstadt entwickelte sich eine römische Meile (etwa 1,5 km) nördlich der Militärstadt, an der Stelle einer keltischen Handwerkersiedlung. 124 n. Chr. verlieh ihr Kaiser Hadrian den Rang eines Municipiums, 194 Kaiser Septimius Severus einer Colonia, den höchsten Status der Selbstverwaltung nach römischem Recht.

Nach Einfällen der iranischen Jazygen und der Markomannen mußte die Stadt neu aufgebaut werden. Ihre höchste Blüte erreichte Aquincum in der ersten Hälfte des 3. Jh., als die Militärstadt etwa 30000 Mann zählte (die Bevölkerung der Zivilstadt wird auf 15000 bis 20000 Einwohner geschätzt). Im Stadtgebiet von Budapest lagen außer der Militär- und Zivilstadt in Óbuda noch Hilfskastelle an der Donau (das südlichste in Nagytétény), Villen, Dörfer, Heiligtümer und Gräberfelder. Wegen der häufigen ›Barbaren‹-Einfälle errichtete man 294 n. Chr. gegenüber des befestigten Brückenkopfes Trans-Aquincum (an der Elisabeth-Brücke) auf der östlichen Donauseite das Militärlager Contra-Aquincum (s. S. 125), wenige Jahre später gegenüber der Óbuda-Insel eine Festung mit doppelt so hohen Mauern wie die alten. Von hier rückten die Kaiser Constantius II. und Valentinian I. gegen die Sarmaten vor. 375 wurde Valentinian II. in Aquincum zum Kaiser ausgerufen, aber bereits 378, nach der schweren Niederlage gegen die Goten bei Hadrianopolis (Edirne nördlich von Istanbul), zog die Legion ab. In den verwaisten römischen Siedlungen und Festungen ließen sich Sarmaten nieder, im Jahre 404 Hunnen. Die romanisierte Bevölkerung lebte vorübergehend mit Ostgoten und Langobarden zusammen, vom 6. bis Anfang des 9. Jh. mit Awaren, dann mit Slawen. Ende des 9. Jh. erschienen die Magyaren.

Die *Ausgrabungen* der Zivilstadt begannen im vorigen Jahrhundert; 1892 wurde im Mittelpunkt des Ruinenfeldes das Museum errichtet. Erste Spuren der Militärstadt kamen schon 1778 zum Vorschein, die meisten Funde wurden beim Bau der Árpád-Brücke und der

Stadtsanierung von Óbuda 1970 bis 1985 freigelegt und gehoben. Laufende Ausgrabungen fördern noch immer bemerkenswerte Funde zutage.

Die Militärstadt in Óbuda

Den Kern der Militärstadt (canabae) bildete das annähernd quadratische **Legionslager** (520 × 540 m) im Zentrum von Óbuda (Flórián tér). Das ursprüngliche Lager aus Holz und Erde wurde in der ersten Hälfte des 2. Jh. durch ein mit hohen Wehrmauern, Türmen und Doppelgraben geschütztes Castrum aus Stein ersetzt. Wie üblich bestand es aus Mannschaftsbaracken, Stabsgebäuden, Atriumhäusern der Offiziere, dem Haus des Tribunen (mit einem Mithras-Heiligtum), Werkstätten, Speichern, Bad und Lazarett. Gesandte ferner Länder, aber auch Abgeordnete der ›Barbaren‹ jenseits der Donau besuchten das Lager. Mit Götterstatuen und Kaiserbildern geschmückte Tore, säulengesäumte Hauptstraßen und bronzene Reiterstandbilder in den Empfangshallen sollten Macht und Prunk des Imperium Romanum demonstrieren. Das große **Militärbad** (thermae maiores) in der Fußgänger-Unterführung am Flórián tér (Nordseite, Kórház utca) ist als Museum zugänglich. Gezeigt werden u. a. Gegenstände der Badekultur, des Gesundheitswesens und der Heilkunde. Auf dem Flórián tér sind außerdem die mit Säulen markierte **Hauptstraße** (Via principalis) sowie Reste des Südtores und der Südmauer zugänglich.

Um das Legionslager – zwischen den Hügeln von Buda und der Donau – erstreckte sich die Militärstadt, in der die Angehörigen der Soldaten sowie Handwerker und Kaufleute wohnten. Das kleine **Museum der Militärstadt** (Táborvárosi Múzeum, Korvin Ottó utca

Budapest, römisches Amphitheater von Aquincum (Óbuda), Ansicht im 19. Jh.

64–65) befindet sich in den Überresten eines Gasthauses, das im 3./4. Jh. zu einem Bad umgebaut wurde (Wandmalereien mit Jagdszenen, Gebrauchsgegenstände, Handwerksgerät, Sarkophage, Ziegelgräber, Grabbeigaben). – Das **Amphitheater** begrenzte die Militärstadt im Süden (Korvin Ottó utca). Nach Abtragung eines Häuserviertels um 1935 wurden die Grundmauern der riesigen Ovalanlage (131 × 107 m) aus der Zeit um 150 n. Chr. freigelegt und teilweise rekonstruiert (Abb. 12). In der Arena (89 × 66 m), einer der größten der römischen Welt, fanden Gladiatorenkämpfe, Tierhatzen und – nach dem umfangreichen Kanalsystem zu schließen – auch Wasserschlachten statt; außerdem diente sie als Exerzierplatz. Eine 3 bis 4 m hohe Mauer schützte die Zuschauer auf den ansteigenden Sitzreihen, die etwa 13 000 bis 15 000 Menschen Platz boten. Während der Völkerwanderung nutzte man das Amphitheater als Festung. Der Hunnenkönig Attila benannte die Burg angeblich nach seinem Bruder und Mitregenten Bleda (Buda). Nach der Landnahme (896) gehörte die gewaltige Ruine dem Magyaren-Fürsten Kurszán.

Hercules-Villa und frühchristliche Grabkapelle

Ausgrabungen einer großen Villa vom Ende des 2. Jh. n. Chr. förderten die künstlerisch wertvollsten *Mosaiken* der römischen Provinz Pannonia zutage (Museum im Garten einer Schule, Meggyfa utca 19–21, Zugang durch die Bogdáni út). Glanzstück ist eine Darstellung der Deianeira, der Tochter des Königs Oineus von Kalydon und Gemahlin des halbgöttlichen Helden Herakles (lat. Hercules), bei der Entführung durch den Kentaur Nessos. Die besondere Feinheit des Mosaiks aus Marmor- und Basaltsplittern läßt eine Entstehung in Italien vermuten. Wahrscheinlich kam die Szene vorgefertigt nach Aquincum, und heimische Handwerker fügten den gröber gearbeiteten Rahmen (Flechtband) hinzu. Provinzieller Herkunft sind auch die übrigen Mosaiken: Dionyos beim Weinlesefest, Tiger und Faustkämpfer in einem Umkleideraum zum Bad. Die Sarkophage stammen vom Gräberfeld nach Verwüstung der Villa Anfang des 4. Jh.

In der Nähe der Hercules-Villa (Kreuzung Kunigunda útja/Raktár utca) können die Grundmauern einer **Grabkapelle** mit kleeblattförmigem Grundriß (cella trichora) aus der Zeit um 360, bei der sich die ersten Christen bestatten ließen, frei besichtigt werden.

Die Zivilstadt Aquincum mit dem Museum

Rund eine römische Meile (etwa 1,5 km) nördlich der Militärstadt lag die Bürgerstadt, eine Siedlung von Kaufleuten und Handwerkern. Waren aus Aquincum wurden in die umliegenden Dörfer und Kleinstädte, aber auch in die Nachbarprovinzen geliefert.

Knapp südlich des Ruinenfeldes um das Museum (Szentendrei út 181–203) kommt man an Tragepfeilern eines **Aquädukts** vorüber. Unmittelbar nördlich der Eisenbahnunterführung liegt links das **Amphitheater** der Bürgerstadt, das wesentlich kleiner (7000 bis 8000

Budapest, Rekonstruktion der Markthalle (basilika) der Bürgerstadt Aquincum

Zuschauer) und schlechter erhalten als jenes der Militärstadt ist. Schräg gegenüber wurde ein kleiner Abschnitt der **Stadtmauer** wiederhergestellt.

Das ergrabene **Zentrum der Zivilstadt** (600 × 400 m) besteht aus rechtwinkligen, gepflasterten Gassen, öffentlichen Gebäuden (basilica = Gerichtshalle, macellum = Markthalle) und meist eingeschossigen Wohnhäusern mit Werkstätten und Kaufläden, Wasserleitung und Kanalisation. In den bisher freigelegten drei öffentlichen Bädern läßt sich die Abfolge von Kaltwasserbad (frigidarium), lauwarmem Übergangsbad (tepidarium), Warmwasserbad (caldarium) und Umkleideraum sowie die Fußbodenheizung (Hypokausten) gut erkennen. Neben dem großen Saktuarium für den Kaiserkult und einem Heiligtum der Fortuna Augusta genossen keltische Gottheiten (Waldgott Silvanus und Pferdegöttin Epona) und der persische Lichtheros Mithras Verehrung. Das *Mithräum*, das schönste von vier ähnlichen Anlagen, liegt südöstlich des Museums. Römische Soldaten verbreiteten die Mithras-

Budapest, Mithras-Heiligtum (Rekonstruktion) von Aquincum

Mysterien im ganzen Imperium Romanum. Im Mittelpunkt der unterirdischen Kulträume stand stets ein Relief des Mithras bei der Tötung des Urstiers, dessen Blut die Erde tränkt und belebt. Den Kern der dualistischen Lehre bildet der Sieg des Lichts (Mithras, Sol invictus – die ›unbesiegte Sonne‹) über die Mächte der Finsternis (Stier). Im Wohnbezirk (Abb. 15) südlich des Museums enthält ein *Versammlungssaal* Fußbodenmosaiken und Wandgemälde aus dem Statthalterpalast sowie Grabstatuen, ein *Badehaus* ein Fußbodenmosaik (Ringkämpfer).

Das 1892 gegründete, sehr interessante **Museum** zeigt Wandgemälde (Lebensbaum mit Vögeln, 2. Jh.), Marmorreliefs (Mithras, tanzende Mänade des Dionysoskults), Stuckfriese, Fußbodenmosaiken, Weihealtäre, Götterstatuen, Bronzestatuetten, Kult- und Gebrauchsgegenstände, Schmuck, Theatermasken, Werkzeuge und Grabbeigaben. Einzigartig ist die Wasserorgel (datiert 228) im Besitz der Feuerwehr, deren Bronzepfeifen zusätzlich mit einem Blasebalg betrieben werden konnten.

Die Pester Innenstadt (Belváros)

Rundgang 1: Der Nordteil zwischen Elisabeth-Brücke und Kleinem Ring

Unter Belváros verstand man ursprünglich nur die mittelalterliche, mauerumgürtete Altstadt, heute auch die Leopoldstadt (s. S. 150). Ihre Ausdehnung läßt sich im Stadtbild noch gut nachvollziehen: ungefähr vom Redoutenplatz (Vigadó tér) durch die Deák Ferenc utca und dann entlang des Kleinen Rings, der die Stelle des Stadtgrabens einnimmt, bis zur Freiheitsbrücke (Szabadság híd). Schon im Mittelalter durchschnitt die vom Pester Brückenkopf der Elisabeth-Brücke ausgehende Fernstraße, die heutige Kossuth Lajos utca, die Stadt ungefähr in der Mitte in einen Nord- und Südteil.

Die **Elisabeth-Brücke (Erzsébet híd)** behielt als einziger Budapester Donauübergang zwar ihren alten Namen nach Königin-Kaiserin Elisabeth, sie wurde aber nach der Sprengung im Zweiten Weltkrieg ab 1961 von Pál Sávoly in modernen Formen erneuert. Unmittelbar an der Brücke erhebt sich die **Innerstädtische Pfarrkirche** (Belvárosi Plébániatemplom), gegründet im 12. Jh. von den Pester Bürgern. Von dieser romanischen Basilika, in der im Jahre 1211 die spätere hl. Elisabeth, die Tochter König Andreas' II., im Alter von vier Jahren dem künftigen Landgrafen Ludwig von Thüringen angetraut wurde, überdauerten nur spärliche Reste im Südturm. Das heutige Erscheinungsbild der Kirche ist gotisch und barock. Nach der Feuersbrunst von 1723 führte der Oberpfälzer Baumeister Johann Georg Paur die Doppelturm-Fassade auf, die Zopfstil-Helme wurden erst Ende jenes Jahrhunderts aufgesetzt (Abb. 14). Das Hauptportal krönt eine Dreifaltigkeitsgruppe, vermutlich von Anton Hörger, von dessen Hand auch die reizvolle Statue des Feuerpatrons St. Florian an der Außenwand des Chores stammt. An den Seitenfronten der Kirche reihen sich gotische

Strebepfeiler; das vermauerte, liliengeschmückte Südportal (Ende 15. Jh.) kann nur von der angrenzenden Tiefgarage aus betrachtet werden.

Auch im Inneren herrschen gotische und barocke Formen. Der edle *Chor* aus der Zeit König Sigismunds (Ende 14. Jh.) verbindet einen Umgang im Sinne französischer Kathedralen-Gotik mit süddeutschem Hallenaufbau. Besondere Schönheit zeichnet die Bündelpfeiler aus, die sich über einem Kranz von Blattkapitellen zu Kreuzrippengewölben entfalten. Die Sitznische im zweiten Joch der Südwand verwandelten die Türken in einen Mihrab (Gebetsnische). König Matthias ließ die anschließende Kapelle um 1470 als königliches Oratorium in spätgotischen Formen verändern. – In der gegenüberliegenden Taufkapelle verdienen die aus dem Chor übertragenen gotischen *Freskenreste* (Anfang 15. Jh.) Beachtung, vermutlich das Werk eines italienischen Wanderkünstlers. Teile der Fresken wurden ins Historische Museum im Burgpalast überführt, die verbliebenen Stücke zeigen die Kreuzigung, das Schweißtuch des Herrn (Vera icon) und Gottvater im Paradies. Das tonnengewölbte, barocke Schiff erbaute Johann Paur unter Verwendung der gotischen Außenmauern gleichzeitig mit der Westfassade.

In die Seitenkapellen vor dem Chor wurden zwei *Sakramentsnischen* aus rotem Marmor eingesetzt, bedeutende und richtungweisende Beispiele der Renaissance in Ungarn, gestiftet 1507 von der Stadt Pest bzw. dem Pfarrer Endre Nagyrévi; ihre Wappen erscheinen im Sockel der Nischen, die als perspektivische Türen, flankiert von Engeln und gesäumt von Grotesken, Fruchtgebinden sowie Puttenköpfen, ausgeführt sind (Abb. 18). Die Nagyrévi-Nische krönt eine Lünette mit dem Relief ›Christus im Elend‹ (Schmerzensmann) zwischen zwei Engeln. Das Sakramentshäuschen links vom Hochaltar enthält gotische Originalteile. Die Kanzel fertigte der Pester Tischlermeister Philipp Ungnadt 1808 an, das Hochaltargemälde mit Szenen aus dem Marienleben malte Pál Molnár 1948. Vor dem Ausgang sollte man einen Blick in die erste Seitenkapelle links werfen: Der spätbarocke Kreuzaltar entstand um 1760, das Grabmal des Schriftstellers István Kultsár schuf István Ferenczy, der führende ungarische Bildhauer des Klassizismus, im Jahre 1835. An der Orgel spielte oft Franz Liszt; 1872 fand hier die Uraufführung seiner ›Missa choralis‹ statt.

Nördlich der Kirche, auf dem Március 15 tér, liegen die als Ruinengarten konservierten Ausgrabungen der **römischen Gegenfestung Contra Aquincum.** Die Römer hielten zwar nur das rechte Donauufer besetzt, wegen der häufigen ›Barbaren‹-Einfälle aus der Tiefebene errichteten sie aber unter Kaiser Diokletian 294 n. Chr. auch auf der linken Flußseite, also im Feindesland, Wehrtürme und ein Kastell. Den *›Legionärs-Brunnen‹* in der erhöhten Grünanlage schuf István Tar 1970. Mitte des 10. Jh. gehörten die römischen Ruinen dem Magyarenfürsten Taksony. An ihrer Stelle entstand der Schwurplatz, das Zentrum der überwiegend von Deutschen bewohnten Stadt Pest, der König Andreas II. 1230 das Stadtrecht verlieh. Der heutige Name des Platzes erinnert an die Revolution 1848/49 gegen die Habsburger, die am 15. März 1848 von der Pester Innenstadt ihren Anfang nahm.

An der Ecke zur schmalen Pesti Barnabás utca steht das **›Hundertjährige Restaurant‹ (Százéves vendéglő),** das ehemalige Palais Péterffy, der einzige erhaltene Barockpalast von Pest und gleichzeitig das eleganteste Profanbauwerk jener Zeit in Budapest. Schon die reizvolle, spätbarocke Fassade (1755) mit einem von Atlanten gestützten Balkon und wappenverzierten Dreiecksgiebel verrät die Handschrift eines großen Baumeisters: Der Salzburger Andreas Mayerhoffer, ein Schüler Lukas von Hildebrandts und Haupt der Pester Baumeistergilde, entwarf in Ungarn zahlreiche Schlösser und Kirchen.

Eng verknüpft mit den Ereignissen um den 15. März 1848 ist auch der **Petőfi tér** am Donauufer. Ungarns gefeierter Revolutionslyriker Sándor Petőfi trug an jenem Schicksalstag auf der Freitreppe des Nationalmuseums erstmals sein sogenanntes Nationallied »Auf! Die Heimat ruft, Magyaren!« vor; 1849 blieb er im Alter von 26 Jahren auf dem Schlachtfeld bei Schäßburg/Rumänien verschollen. Das **Petőfi-Denkmal** (Abb. 16) von Adolf Huszár (1882), ein Symbol des ungarischen Patriotismus und Freiheitsdranges, war oft Schauplatz großer Kundgebungen, so 1942 gegen Krieg und Faschismus, 1956 gegen das damalige Regime. – An der Ostseite des Petőfi tér erhebt sich die **Griechisch-orthodoxe Kirche,** erbaut um 1791 im Zopfstil für die griechischen Kaufleute von Pest. 1872 veränderte Miklós Ybl die Fassade, 1944 stürzte der Südturm ein. Das Innere (leider selten zugänglich) besitzt eine reich verzierte Ikonostase, geschnitzt von dem serbischen Künstler Nikolaus Jankovich, dazu Bilder des Wieners Anton Kochmeister aus der Zeit um 1800.

An der Donau verläuft bis zur Kettenbrücke der Donaukorso (Belgrád rakpart), einst eine baumbestandene Promenade und Treffpunkt der eleganten Welt, nunmehr gesäumt von riesigen Hotels (Forum, Duna Intercontinental, Atrium Hyatt). Eindrucksvoll blieb bis heute der Blick auf das gegenüberliegende Burgviertel (Abb. 9). Auf dem **Vigadó tér (Redoutenplatz)** erinnert ein roter Marmorobelisk an die bei der Befreiung Budapests 1945 gefallenen Sowjetsoldaten.

Budapest, die Pester Innenstadt 1 Innerstädtische Pfarrkirche 2 Ruinengarten Contra Aquincum mit ›Legionärs-Brunnen‹ 3 ›Hundertjähriges Restaurant‹ 4 Petőfi tér mit Petőfi-Denkmal 5 Griechisch-orthodoxe Kirche 6 Vigadó tér und sowjetisches Ehrenmal 7 Redoute 8 Vörösmarty tér mit Vörösmarty-Denkmal 9 Konditorei Gerbeaud 10 Pester Theater 11 Passage ›Pariser Hof‹ 12 Komitatshaus (Bezirksrathaus von Pest) 13 Rathaus 14 Ehem. Serviten-Kirche 15 Martinelli tér (ehem. Bankhaus Török u. Haus Nr. 5) 16 Biermann István tér mit Danaiden-Brunnen 17 Franziskaner-Kirche 18 Universitäts-Bibliothek 19 Ehem. Palais Károlyi (Petőfi-Literaturmuseum) 20 Universitätskirche und ehem. Pauliner-Kloster 21 Eötvös-Loránd-Universität (ELTE) 22 Serbische Kirche 23 St. Michaelis-Kirche 24 Neues Rathaus 25 Karl-Marx-Universität (Ehem. Hauptzollamt) 26 Markthalle 27 József Nádor tér mit Erzherzog Joseph-Denkmal 28 Engels tér mit Danubius-Brunnen 29 Ungarische Akademie der Wissenschaften 30 István Széchenyi-Denkmal 31 Gresham-Palast (Fremdenverkehrszentrale) 32 Ferenc Deák-Denkmal 33 Pfarrkirche St. Stephan 34 Ferenc II. Rákóczi-Denkmal 35 Lajos Kossuth-Denkmal 36 Parlament 37 Völkerkundemuseum 38 Ehem. Postsparkasse (Bank) 39 ›Ewiges Licht‹ (Batthyány-Denkmal) 40 Bank von Österreich-Ungarn (Ungarische Nationalbank) 41 Börse (Studio des Ungarischen Fernsehens) 42 Evangelische Kirche und Landesmuseum, Eisenbahnmuseum (U-Bahn) 43 Ehem. Palais der Anker-Versicherung 44 ›Kleine‹ Synagoge 45 Große Synagoge und Jüdisches Museum 46 ›Arkadenbasar‹ (Metroclub) 47 Rochus-Kapelle, Krankenhaus und Ignaz Semmelweis-Denkmal 48 Reformierte Kirche und Haus ›Zu den zwei Löwen‹ 49 Kollegium der Reformierten (Bibel-Museum) 50 Ehem. Palais Wenckheim (Ervin Szabó-Bibliothek) 51 Josephstädter Pfarrkirche und Denkmal Péter Pázmány 52 ›Zweiunddreißiger‹-Denkmal 53 Franzenstädter Pfarrkirche 54 Kunstgewerbemuseum und Ödön Lechner-Denkmal 55 Ungarisches Nationalmuseum

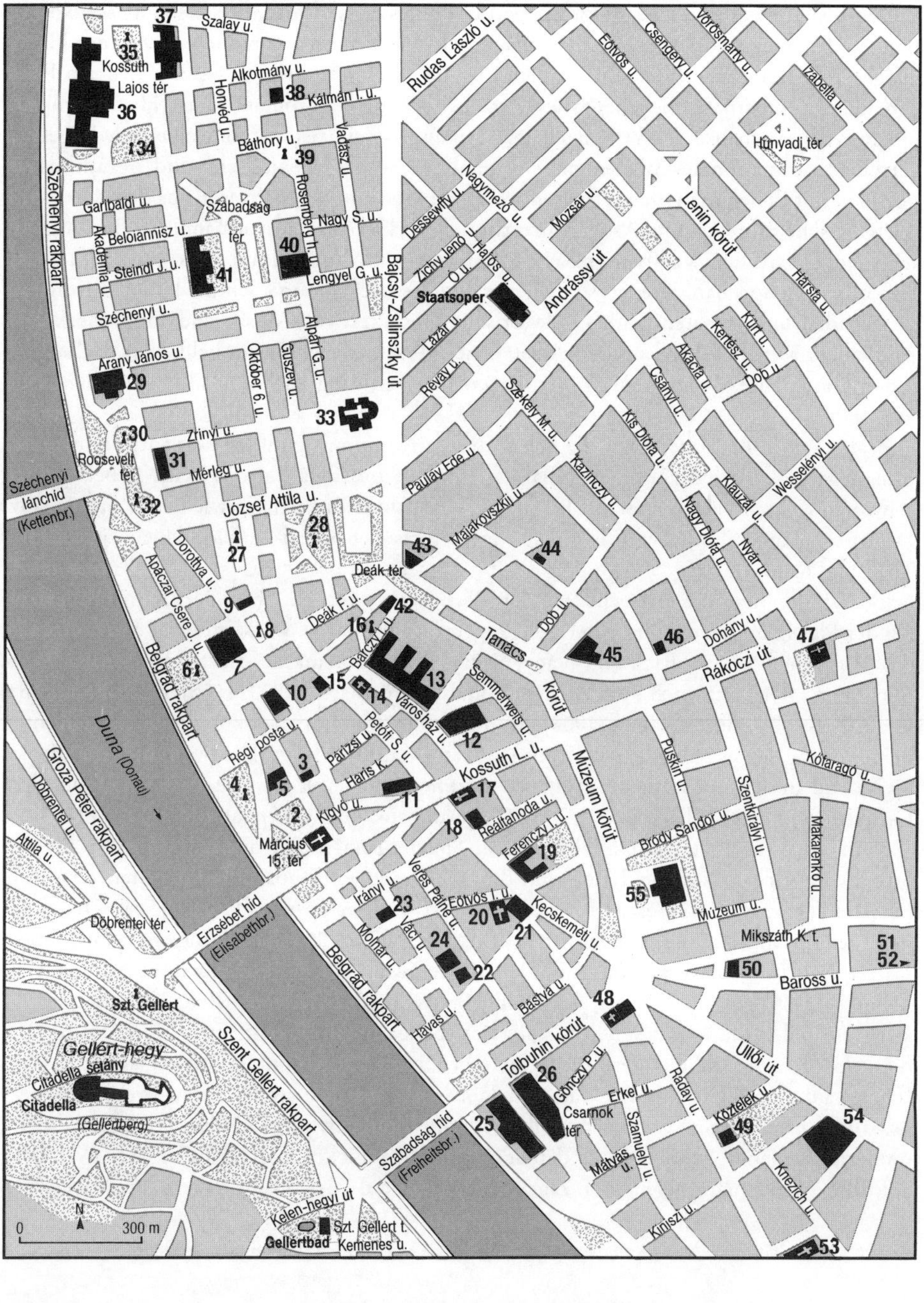

Szalay u.
Kossuth
Lajos tér
Alkotmány u.
Kálmán I. u.
Honvéd u.
Báthory u.
Vadász u.
Széchenyi rakpart
Garibaldi u.
Szabadság
tér
Rosenberg h. u.
Nagy S. u.
Akadémia u.
Beloiannisz u.
Steindl J. u.
Lengyel G. u.
Széchenyi u.
Alpári G. u.
Arany János u.
Október 6. u.
Guszev u.
Bajcsy-Zsilinszky út
Zrinyi u.
Roosevelt
tér
Mérleg u.
Széchenyi
lánchíd
(Kettenbr.)
József Attila u.
Dorottya u.
Apáczai Csere J. u.
Deák tér
Deák F. u.
Bárczy I. u.
Belgrád rakpart
Duna (Donau)
Városház u.
Petőfi S. u.
Régi posta u.
Párizsi u.
Haris K.
Kígyó u.
Március
15. tér
Kossuth L. u.
Reáltanoda u.
Ferenczy I. u.
Semmelweis u.
Tanács
körút
Múzeum körút
Groza Péter rakpart
Döbrentei u.
Attila u.
Döbrentei tér
Erzsébet híd
(Elisabethbr.)
Irányi u.
Veres Pálné u.
Váci u.
Molnár u.
Eötvös L. u.
Kecskeméti u.
Havas u.
Bástya u.
Szt. Gellért
Gellért-hegy
Citadella sétány
Citadella
(Gellértberg)
Szent Gellért rakpart
Tolbuhin körút
Gönczy P. u.
Erkel u.
Csarnok
tér
Szamuely u.
Ráday u.
Mátyás u.
Szabadság híd
(Freiheitsbr.)
Kelen-hegyi út
Szt. Gellért t.
Gellértbad
Kemenes u.
Kinizsi u.
Knezich u.
Köztelek u.
Üllői út
Baross u.
Mikszáth K. t.
Múzeum u.
Bródy Sándor u.
Szentkirályi u.
Makarenkó u.
Kőfaragó u.
Puskin u.
Rákóczi út
Dohány u.
Dob u.
Nyár u.
Nagy Diófa u.
Klauzál u.
Wesselényi u.
Kazinczy u.
Kis Diófa u.
Csányi u.
Akácfa u.
Kertész u.
Kürt u.
Hársfa u.
Majakovszkij u.
Paulay Ede u.
Székely M. u.
Révay u.
Lázár u.
Staatsoper
Andrássy út
Zichy Jenő u.
Ó u.
Hajós u.
Dessewffy u.
Nagymező u.
Mozsár u.
Lenin körút
Hunyadi tér
Izabella u.
Vörösmarty u.
Csengery u.
Eötvös u.
Rudas László u.
N
0
300 m
1 2 3 4 5 6 7 8 9 10 11 12 13 14 15 16 17 18 19 20 21 22 23 24 25 26 27 28 29 30 31 32 33 34 35 36 37 38 39 40 41 42 43 44 45 46 47 48 49 50 51 52 53 54 55

Den Osten des Platzes begrenzt die berühmte Pester **Redoute.** Das erste, klassizistische Ball- und Konzerthaus von Mihály Pollack fiel 1848 den schweren Geschützen der Habsburger Truppen zum Opfer. 1864 vollendete der Architekt Frigyes Feszl (Friedrich Feßl) den neuen Prachtbau, die phantasievollste Schöpfung des romantischen Historismus in Ungarn. Seine Schauseite vereint nach dem damaligen Zeitgeist im Sinne einer Wiedergeburt verschiedene ›nationale‹ Stilelemente: romanische sowie orientalische und byzantinische Formen, mit denen man die mythenumwobene Herkunft der Magyaren aus dem Grenzbereich zwischen Europa und Asien romantisch zu verklären suchte und indirekt dem ungarischen Jugendstil den Weg bereitete. Den fünfachsigen Mittelteil mit rückversetztem zweitem Obergeschoß flankieren zwei Seitenrisalite. Gliederung und Schmuck bilden Rundbogenarkaden und -fenster, Säulen, allegorische Gestalten von Musik und Tanz, Werke des Bildhauers Károly Alexy, und ein Büstenfries verschiedener Persönlichkeiten der ungarischen Geschichte, denen man im nationalen Überschwang auch den Hunnenkönig Attila zugesellte.

In der Pester Redoute traten die bekanntesten Komponisten ihrer Zeit auf: Franz Liszt, Johann Strauß, Richard Wagner, Johannes Brahms und Béla Bartók. Nach Behebung der schweren Kriegsschäden erstrahlt Budapests schönstes Konzerthaus wieder im alten Glanz. Das Stiegenhaus schmücken Fresken aus der ungarischen Sagen- und Märchenwelt von Mór Thán und Károly Lotz.

Östlich der Redoute erstreckt sich der **Vörösmarty tér,** ein besonders harmonisch wirkender Platz und heute Herz einer Fußgängerzone (Abb. 28). Im Mittelalter begrenzte hier das Waitzener Tor in Richtung Vác (Waitzen) im Donauknie die Stadt nach Norden. Benannt ist der Platz nach dem Dichter Mihály Vörösmarty (1800–1855), dessen **Denkmal** von Ede Kallós und Ede Telcs (1908) ihn über einer Zuhörerschar aus allen Volksschichten beim Vortrag seines bekanntesten Epos ›Szózat‹ (Mahnruf) zeigt. Die berühmte **Konditorei Gerbeaud** an der Nordseite des Platzes besitzt noch die noble Empire-Ausstattung aus dem Gründungsjahr 1858 (Farbabb. 7). Emil Gerbeaud aus Genf übernahm den Betrieb 1884.

Vom Vörösmarty tér empfiehlt sich ein Spaziergang durch die **Váci utca** (Waitzener Straße), die eleganteste Geschäfts- und Bummelstraße von Budapest. Im Mittelalter verlief hier die Fernhandelsstraße zur Bischofsstadt Vác und weiter nach Oberungarn. Heute reihen sich im nördlichen Fußgängerteil Luxusgeschäfte, Buchhandlungen, Imbißstuben, Cafés, Antiquitäten- und Souvenirläden, Friseur- und Kosmetiksalons, aber auch viele kleine Werkstätten – Schneider, Schuster, Handschuhmacher, Modisten, Kürschner –, die sich zum Teil in die verwinkelten Passagen, Nebengassen und Höfe hineinziehen. Rings um diese Höfe fallen die aus dem biedermeierlichen Wien bekannten Außengänge (›Pawlatschen‹) auf. Der Charakter der Váci utca läßt sich am besten an der Abzweigung der *Régiposta utca* erkennen, wo sich historistische Bauwerke, schwungvolle Jugendstilformen und moderne Gebäude vereinen, mit denen man die Baulücken nach dem zweiten Weltkrieg auffüllte. Manchmal spielen noch Zigeunerkapellen auf oder bieten Bauern ihre Stickereien

29 BUDAPEST Heldenplatz, Millenniums-Denkmal ▷

30 BUDAPEST Millenniums-Denkmal, Reiterfiguren der sieben Magyarenfürsten

32 SZENTENDRE Hauptplatz mit Mariä-Verkündigungs-Kirche und Pestkreuz ▷

31 BUDAPEST Jüdischer Friedhof

LÁNGOS
KÖNYVESBOLT

33 ESZTERGOM Dom Mariä Himmelfahrt

34 SZENTENDRE Freilichtmuseum, Kirche aus Mándok

35 VISEGRÁD Königspalast, Löwenbrunnen

42 ZSÁMBÉK Romanische Kirchenruine
◁ 41 MAJKPUSZTA Camaldulenser-Kloster

43 TATA Burgschloß am Öreg-tó

44 SOPRON Hauptplatz mit Dreifaltigkeitssäule

46 FERTŐD Schloß Esterházy

◁ 45 SOPRON St. Michaels-Kirche

47 NAGYCENK Historischer Bahnhof

48 KŐSZEG Rathaus am Jurisics tér

49 CSEMPESZKOPÁCS Romanische Kirche

50 JÁK St. Georgs-Kirche, Detail des Westportals

51 SZOMBATHELY Römerstraße und Dom ▷

Budapest, Obstmarkt vor der Griechen-Kirche in Pest, um 1900

und Schnitzereien feil. Im Haus Nr. 9, dem **Pester Theater** (Pesti Színház), gab Franz Liszt im damaligen Gasthof ›Zu den sieben Kurfürsten‹ als elfjähriges ›Wunderkind‹ sein erstes Konzert in Pest. Den Beginn der Kígyó utca ziert ein *Knaben-Brunnen* aus dem Nachlaß des Bildhauers Béni Ferenczy (1890–1967).

Der **Felszabadulás tér** (Platz der Befreiung) entstand erst Ende des 19. Jh. als Auffahrt zur Elisabeth-Brücke, die zwei turmbekrönte ehemalige Handelshäuser – das *Klothilden-* und das *Mathilden-Palais* – im Stile des Späthistorismus (1902) flankieren. An der Nordseite dominiert ein Mietshaus im Jugendstil (1909), der hier Neorenaissance-Anklänge mit gotisch wirkendem Höhendrang und orientalischen Zieraten verbindet. Die Geschäftspassage **›Pariser Hof‹** (Párizi udvar), den damals modernen glasüberspannten Galerien in Paris, Mailand, Neapel und anderen Großstädten verwandt, führt zur *Petőfi Sándor utca,* einst die vornehme Herrengasse der Pester Innenstadt. Heute allerdings besitzt die parallel verlaufende **Városház utca** (Rathausgasse) eine größere Zahl sehenswerter Baudenkmäler. Beachtung verdient zunächst das klassizistische **Komitatshaus** (Nr. 7), der Sitz des Bezirksrates von Pest, errichtet 1811 bis 1838 in mehreren Bauabschnitten. Die von einem sechsteiligen korinthischen Portikus beherrschte Fassade plante Matthias Zitterbarth jun., den Seitentrakt gegen die Semmelweis utca Josef Hofrichter. Der kleine stimmungsvolle Platz an der Nordseite trägt den Namen des ersten Budapester Bürgermeisters, *Károly Kamermayer.*

Budapest, die Pester Redoute (Vigadó), um 1890

Vom Café Pilvax an der Ecke zur gleichnamigen Gasse begann am 15. März 1848 der Zug der revolutionären Jugend mit Sándor Petőfi an der Spitze.

Fast den ganzen Nordabschnitt der Városház utca nimmt die 190 m lange Fassade des **Rathauses (Városház)** ein, des größten Barockbaus von Budapest. Errichtet wurde die monumentale Anlage 1727 bis 1735 im Auftrage König Karls III. (Kaiser Karl VI.) als Heim für 4000 Invaliden der Türkenkriege; dann diente sie – sehr zum Ärgernis der Bevölkerung – als österreichische Grenadierkaserne, schließlich als Sitz des Budapester Stadtrates. Der Plan des Wiener Architekten Anton Erhard Martinelli nahm sich das von Joseph Emanuel Fischer von Erlach entworfene Invalidenhaus in Prag zum Vorbild. Der Turm über dem mächtigen Mittelportal erhob sich einst über der Kapelle, die heute als Kultursaal Verwendung findet. Die Reliefs an den beiden Seitenportalen – sie verherrlichen Kaiser Karl VI. und den Türken-Bezwinger Prinz Eugen von Savoyen – schuf vermutlich der Bildhauer Johann Christoph Mader, der an der Wiener Karls- und Piaristen-Kirche wirkte. In der südlichen Toreinfahrt steht die Figur der Göttin *Pallas Athene,* 1784 von Carlo Adami in klassizistischer Manier für den ehemaligen Brunnen vor der Matthias-Kirche in Buda gebildet.

Der **Martinelli tér,** benannt nach dem Architekten des Rathauses, hieß früher Serviten-Platz. Die **ehemalige Serviten-Kirche** errichteten Johann Georg Paur und Johann Hölbing ab 1725 im Stil des Spätbarock; die Einturm-Fassade wurde um 1870 verändert. Das Relief

Budapest, ›Pawlatschen‹-Hof in Pest, um 1900

zeigt die sieben Gründer des Serviten-Ordens, Kaufleute aus Florenz, die sich im 13. Jh. in die Einsamkeit zurückzogen, um gleich der Muttergottes ›Diener‹ (servi) des Herrn zu werden. Die Seitenfiguren stellen die beiden Ordensheiligen Peregrin und Juliana Falconieri dar, die ›Mutter‹ der Servitinnen. Das reich ausgestattete Innere befindet sich in Restaurierung.

Die Gebäude an der Westseite des Martinelli tér veranschaulichen sehr klar die Vielfalt des ungarischen Jugendstils und seinen Wert beim Aufbruch der Moderne. Zunächst springt das **ehemalige Bankhaus Török** (Nr. 3) ins Auge, das die Architekten Heinrich Böhm und Ármin Hegedüs 1906 entwarfen. Im reich verzierten Giebelfeld mit einem Mosaik der Patrona Hungariae, Steinmasken und krönender Weltkugel lebt noch die bisweilen überschwengliche Schmuckfreude der Wiener Sezession (Farbabb. 5). Das rechts anschließende Wohn- und Geschäftshaus (Nr. 2) nach Plänen der Brüder David und Zsigmond Jonas errichtet, betont dagegen eher Funktionalität und ›Schönheit‹ des Baumaterials – Glas, Steinplatten, Stiftnägel –, wie sie zuvor der Wiener Architekt Adolf Loos bevorzugte. Gewissermaßen den Ausgleich zwischen diesen beiden Polen schuf Béla Lajta, ein Schüler Ödön Lechners, mit dem 1910 erbauten **Haus Martinelli tér 5** (Musikalienhandlung Rózsavölgyi), das geradezu als Meilenstein der ungarischen Moderne gilt. Lajta erfüllte hier in vorbildlicher Weise die Forderung des Jugendstils nach einer aus dem Grundriß entwickelten Fassade. Die verglasten unteren Geschosse sind schon von außen als Geschäfts- und Büroetagen, die oberen vier geschlossenen Stockwerke als Wohnräume erkennbar. Schmuck wird nicht verworfen, aber äußerst sparsam und – dies wiederum ein Hauptanliegen des Jugendstils – unter Verwendung von Volkskunstmotiven eingesetzt, hier durch ungarische Majolikafriese.

Durch die Bárczy István utca kommt man zum kleinen **Biermann István tér,** dessen Häuser aus dem frühen 19. Jh. ein biedermeierlich anmutendes Stück altes Pest vermitteln. Der hübsche *Danaiden-Brunnen* von Ferenc Sidló (1933) erinnert an öffentliche Stadtbrunnen aus alter Zeit.

Rundgang 2: Zwischen Elisabeth- und Freiheitsbrücke (Erzsébet híd und Szabadság híd)

Der südliche Teil der Innenstadt bietet zwar nicht die weltstädtische Eleganz wie der nördliche, bewahrte aber den Charakter eines Wohn- und Universitätsviertels aus der ersten Hälfte des 19. Jh. verhältnismäßig gut. Die barocke **Franziskaner-Kirche** (Ferenciek temploma) am Felszabadulás tér errichtete ein unbekannter Baumeister ab 1727 an der Stelle des mittelalterlichen Vorläuferbaues, der zeitweilig als Moschee gedient hat; der Turmhelm wurde erst um 1860 aufgesetzt. Über dem Eingang ist das Ordenszeichen der Minoriten angebracht, zwei gekreuzte Arme, dazu ein Relief der Kreuztragung und eine Statue der ›Maria vom Siege‹ (als Überwinderin des Bösen), die Seitennischen füllen Statuen der hll. Franz von Assisi und Antonius von Padua. Das Bronzerelief von Barnabás Holló (1900) erinnert an Baron Miklós Wesselényi, den liberalen Oppositions-Politiker und Schriftsteller, der beim Hochwasser 1838 vielen Menschen das Leben gerettet hat. Das Innere der Franziskaner-Kirche folgt noch dem Typus einer frühbarocken Wandpfeilerkirche des 17. Jh., der zur Erbauungszeit (1727) schon als veraltet galt. Die Ausstattung ist barock, den Großteil der Fresken malte Károly Lotz 1895.

Der kleine Platz um den *Najaden-Brunnen* (1835, Statue erneuert) bildet inmitten des hektischen Verkehrsgetümmels ein idyllisches Stück altes Pest. Das Neorenaissance-Gebäude Károlyi Mihály utca 10 beherbergt die **Universitäts-Bibliothek,** das **ehemalige Palais Károlyi** (Nr. 16) das nach *Sándor Petőfi* benannte *Literaturmuseum.* Das alte Grafengeschlecht Károlyi aus dem Komitat Szatmár ließ das Palais 1834 im klassizistischen Stil erbauen. 1849 befand sich hier das Hauptquartier des Barons Julius Haynau, der nach der blutigen Niederwerfung der Revolution von 1848 eine grausame Militärdiktatur ausübte. Das Relief an der Ecke zur Henszlmann utca erinnert an die Festnahme Lajos Graf Batthyánys vor seiner Hinrichtung (s. S. 154). Letzter Privatbesitzer des Palais war Mihály Graf Károlyi, der erste Ministerpräsident der Republik Ungarn 1918/19.

Vom Palaisgarten bietet sich ein eindrucksvoller Blick auf die Zwillingstürme der **Universitätskirche (Egyetemi templom**, Abb. 19) aus der Zeit um 1770. Begonnen hat diese schönste Barockkirche von Budapest der Paulinerorden 1725 vermutlich nach Plänen von Andreas Mayerhoffer. In der Fassadennische steht eine Figur der Maria Immaculata, den Dreiecksgiebel krönen Statuen der Ordenspatrone Paulus und Antonius mit dem Symbol der Pauliner: Rabe, Palme und Löwen. Der einzige in Ungarn gegründete Mönchsorden erkor die ägyptischen Wüsteneinsiedler und ›Väter‹ des morgenländischen Mönchtums Paulus von Theben und Antonius den Großen zum Leitbild. Figuren der Muttergottes und der Ordenspatrone stehen auch im Hochaltar, ebenso wie das reich geschnitzte Chorgestühl Werke des österreichischen Bildhauers Josef Hebenstreit. Die Mitte des Altars nimmt eine Kopie des Gnadenbildes der schwarzen Muttergottes von Tschenstochau in Polen ein. Die reich mit Plastiken besetzte Kanzel – Allegorien der göttlichen Tugenden, Putten, Engel, Christus –, ein Meisterwerk des ungarischen Spätbarocks, stammt aus der Werkstatt der Pauliner. Die Beichtstühle in den Seitenkapellen tragen schon Zopfstil-Girlanden. Die Dekkenfresken zur Verherrlichung der Muttergottes (die allerdings der Restaurierung bedürfen) malte 1776 Johann Bergl aus Böhmen, ein Schüler Paul Trogers und ein Hauptmeister des österreichischen Rokokos. Bekannt sind vor allem seine ›exotischen‹ Wandmalereien im Schloß Schönbrunn in Wien und die Fresken im ehemaligen Stift Kleinmariazell im Wienerwald.

Rechts von der Kirche schließt sich das frühere **Pauliner-Kloster** an, heute die katholisch-theologische Fakultät der Universität. Die Pauliner ließen sich schon im 13. Jh. in Pest nieder, im 16. Jh. mußten sie den Türken weichen, 1686 kehrten sie zurück, 1786 hob Kaiser Joseph II. den Orden auf. Die *Pauliner-Bibliothek* mit prächtig geschnitzten Bücherschränken und Galerien (um 1770) kann nur mit Genehmigung besichtigt werden.

Auf dem Universitätsplatz (Egyetem tér) steht das schloßartige, neobarocke Hauptgebäude der **Eötvös-Loránd-Universität** (ELTE), benannt nach dem Physiker Loránd

(Roland) Eötvös (s. Tihany). Gegründet wurde die Budapester Universität 1635 von Péter Pázmány in Tyrnau (Trnava/Slowakei), weil zu jener Zeit die Türken das ungarische Kernland besetzt hielten (s. S. 35). 1777 übersiedelte die Universität nach Buda, 1784 nach Pest.

In der schmalen Szerb utca (Serben-Gasse) ragt der spätbarocke Turm der kleinen griechisch-orthodoxen **Kirche der Serben** auf, der vermutlich Andreas Mayerhoffer um die Mitte des 18. Jh. ihr heutiges Aussehen verlieh. Der kleinbürgerlich bescheidene Südteil der **Váci utca** (Waitzener-Straße) unterscheidet sich deutlich von der weltstädtischen Eleganz im Nordabschnitt. Die spätbarocke **St. Michaelis-Kirche** (1747) des ehemaligen Instituts der Englischen Fräulein erhebt sich an der Stelle der mittelalterlichen Dominikaner-Kirche. Das **Neue Rathaus** (Váci utca 62–64) wurde 1870 bis 1875 nach Plänen von Emmerich (Imre) Steindl, dem Architekten des Parlaments, im Stile der Neorenaissance errichtet. Lohnend ist ein Blick auf die elegante Gußeisenkonstruktion des Treppenhauses (Abb. 20).

Im Süden mündet die Váci utca in den *Dimitrov-Platz* an der Freiheitsbrücke (Szabadság híd), der früheren Franz Josephs-Brücke. Die Büste des Arbeiterführers und Staatsmannes Georgi Dimitroff (Dimitrov) ist ein Geschenk der Volksrepublik Bulgarien. Das **ehemalige Hauptzollamt,** errichtet 1871 bis 1874 von Miklós Ybl im Stile der Neorenaissance, beherbergt heute die *Karl-Marx-Universität* für Wirtschaftswissenschaften. Die anschließende zentrale **Markthalle (Központi vásárcsarnok)** entwarf Samu Pecz (Samuel Petz) um 1890 als Ziegel-Stahlkonstruktion. Täglich versorgen sich hier die Budapester Hausfrauen mit Fleisch, Geflügel, Fisch, Gemüse, Obst und Backwaren. Eine wahre Augenweide und ein typisches Bild ungarischer Gaumenfreuden bieten ›Berge‹ frischer und getrockneter Paprikasorten, meterlange Knoblauch- und Zwiebelzöpfe, Schweinewürste und Speckseiten, riesengroße Schinken und andere Köstlichkeiten.

An der Nordseite des Tolbuhin-Rings verlief die mittelalterliche **Stadtmauer,** die zum letztenmal 1480 erneuert wurde und erst Anfang des 19. Jh. aus dem Stadtbild verschwand. Überreste blieben in einigen Häusern und Höfen im Bereich Tolbuhin körút, Bástya utca, Királyi Pál utca und Kálvin tér erhalten.

Rundgang 3: Zwischen Ketten- und Margarethen-Brücke (Lánchíd und Margit híd)

Die ›Leopoldstadt‹ (Lipótváros) bildet heute den nördlichen Teil der Innenstadt. Entstanden ist sie auf Anregung Vizekönigs Erzherzog Joseph, eines Sohnes Kaiser Leopolds II., der 1808 eine Stadtverschönerungs-Kommission zur Eindämmung der wild wuchernden Bautätigkeit innerhalb der Pester Stadtmauer und zur Anlage eines Wirtschafts- und Finanzzentrums einberief. János Hild, der Vater des Baumeisters József Hild, plante eine Reißbrettstadt mit parallel zur Donau verlaufenden Hauptstraßen bis zum Waitzener Ring im Osten (der heutigen Bajcsy Zsilinszky út) und rechtwinklig kreuzenden Nebenstraßen. »Die Leopoldstadt ist der Hauptsitz des Handels. Die Bevölkerung besteht zum großen Teil aus vornehmen Juden. Sie bilden gewissermaßen eine Welt für sich, haben ihr eigenes Salonleben von außerordentlichem Luxus, ihre eigenen Clubs, ihre eigene Weltanschauung...« schrieb Eugen Rákosi 1893.

Zwischen die planmäßig angelegte ›Leopoldstadt‹ und die alte Pester Innenstadt (etwa in der Achse Vigadó tér – Deák Ferenc utca) schieben sich einige Plätze. Der schmale **József Nádor tér** ist nach jenem *Erzherzog Joseph* benannt, dem Pest viel verdankt. 51 Jahre lang (1796–1847) waltete er unter zwei österreichischen Kaisern – seinem Bruder Franz II. (I.) und seinem Neffen Ferdinand I. – als Vizekönig (Palatin/ ungarisch: Nádor) von Ungarn. Sein *Denkmal,* ein Werk des Münchner Bildhauers Johann Halbig (1858) – es zeigt ihn im Ornat des ungarischen St. Stephans-Ordens –, überdauerte als einziges Standbild eines Habsburgers in Ungarn alle politischen Veränderungen. Den Platz säumen Bürgerhäuser im Stile des Klassizismus, Historismus und der Sezession.

Auf dem **Engels tér,** der ehemaligen Elisabeth-Promenade, steht der von Miklós Ybl 1880 für den damaligen Heumarkt (Kálvin tér, s. S. 157) entworfene *Danubius-Brunnen* (Abb. 17). Die Figuren von Leó Feszler – die gekrönte Männergestalt der Donau (Danubius) und die weiblichen Verkörperungen der übrigen ungarischen Hauptflüsse Theiß, Drau und Save – mußten durch Kopien ersetzt werden.

Die **Kettenbrücke (Lánchíd)**, der älteste und schönste aller Budapester Donauübergänge, entstand 1839 bis 1849 auf Anregung des ›Reformgrafen‹ István Széchenyi als erste feste

Budapest, Kettenbrücke und Blick auf die St. Stephans-Kirche, um 1890

Verbindung zwischen den damals noch selbständigen Städten Buda und Pest. Die Pläne lieferte der englische Ingenieur William Tierney Clark, die Bauleitung oblag seinem Namensvetter Adam Clark. Eisenketten an zwei 48 m hohen Pylonen – diese erinnern an klassische Triumphbögen – tragen die 380 m lange und etwa 16 m breite Fahrbahn. An den Brückenköpfen lagern je zwei gewaltige Steinlöwen, Werke des Bildhauers János Marschalkó (1850). Nach der Sprengung im Zweiten Weltkrieg baute man die Kettenbrücke – seit ihrer Errichtung ein Wahrzeichen der Donaustadt – zur Hundertjahrfeier 1949 wieder in alter Form auf (Farbabb. 2, Abb. 9).

Der große langgestreckte *Platz* an der Kettenbrücke hieß früher Markt- oder Ladeplatz, weil hier die Donaufrachter anlegten, dann Kettenbrücken- und Franz Josephs-Platz; heute ist er nach *Franklin D. Roosevelt* benannt, dem 1945 verstorbenen Präsidenten der Vereinigten Staaten von Amerika. Die Nordseite begrenzt die **Ungarische Akademie der Wissenschaften** (Magyar Tudemányos Akadémia), ein harmonischer Bau des Berliner Architekten Friedrich August Stüler im Stil der Neorenaissance (1864). Statuen von Emil Wolf und Miklós Izsó stellen Allegorien der ehemals sechs Fakultäten der Universität und bedeutende Wissenschaftler dar: Newton, Lomonossow, Galilei, Miklós Révai (ungarischer Sprachforscher), Descartes und Leibniz. Die Fresken im Festsaal malte Károly Lotz. – Das von József Engel geschaffene **Denkmal** vor dem Akademiegebäude erinnert an **István Graf Széchenyi**, den Gründer der ›Ungarischen Wissenschaftlichen Gesellschaft‹ im Jahre 1825; die Götterfiguren Ceres, Vulcan, Neptun und Minerva verkörpern Landwirtschaft, Industrie, Schifffahrt und Handel, in denen er entscheidende Impulse setzte.

Gegenüber der Kettenbrücke liegt der monumentale **Gresham-Palast**, das frühere Budapester Stammhaus der Londoner Versicherungs-Gesellschaft Gresham, errichtet 1907 von den Architekten József und László Vágó und Zsigmond Quittner. Im Gegensatz zur ruhigen Eleganz des Akademiegebäudes wuchern und schwellen hier üppige Jugendstil-Formen, durchwoben mit orientalischen Motiven. Zwischen den beiden Weltkriegen galt das *Café Gresham* als beliebter Künstlertreff (heute *Fremdenverkehrszentrale*). Das **Denkmal** von Adolf Huszár (1882) in der Grünfläche vor dem Gresham-Palast ist dem Staatsmann **Ferenc Deák** gewidmet, der die Verhandlungen zum Ausgleich Österreich-Ungarn 1867 leitete.

Die Zrínyi út führt zur Leopoldstädter **Pfarrkirche St. Stephan (Szent István templom)**, dem größten Gotteshaus Budapests und einem wichtigen Akzent im Stadtbild. Seine volkstümliche Bezeichnung ›Basilika‹ bezieht sich nicht auf den Kirchentypus, sondern wird hier als Synonym für Größe und Pracht verstanden. Als nämlich Esztergom und Eger monumentale Kathedralen erhielten, stiftete die reiche Handelsstadt Pest 1845 eine ähnlich aufwendige Kirche, ohne je Bischofssitz gewesen zu sein. Die von József Hild entworfene klassizistische Anlage auf dem Grundriß eines griechischen Kreuzes ist eigentlich nur mehr an den giebelbekrönten Seitenfassaden erkennbar. Nach Hilds Tod stürzte 1868 die Kuppel ein. Miklós Ybl änderte die Pläne im Stil der Neorenaissance und leitete die Bauarbeiten bis zu seinem Tod 1891; Josef Kauser vollendete sie 1905. Die Skulpturen und Reliefs von Leó Feszler zeigen an der Westfassade die Muttergottes als Schirmherrin Ungarns (Patrona Hungariae) im Kreise ungarischer Heiliger, in den Nischen der beiden Türme die vier lateinischen

Budapest, Parlamentsgebäude am Donauufer, um 1890

Kirchenväter, am Tambour der 96 m hohen Kuppel die vier Evangelisten, auf der Balustrade der Apsis die zwölf Apostel, darüber Christus. Die Büste über dem Hauptportal stellt König Stephan I. dar, dem die Kirche geweiht ist. – Das *Innere* prangt im Glanz venezianischer Mosaiken nach Entwürfen von Károly Lotz. An den Stützpfeilern der Kuppel stehen Figuren der ungarischen Heiligen Elisabeth (von Károly Senyei), Gellért (Gerardus; von Alajos Stróbl) beim Unterricht des Prinzen Emmerich (Imre) sowie des heiligen Königs Ladislaus I. (László; von János Fadrusz). Die Statue des hl. Königs Stephan auf dem Hochaltar stammt von Alajos Stróbl, das schönste Gemälde der Kirche – ›Der hl. Stephan bietet der Jungfrau Maria die ungarische Krone dar‹ (auf dem zweiten Altar der Südseite) – von dem bekannten Historienmaler Gyula Benczúr. In der *Szent Jobb Kápolna* (›Kapelle der Heiligen Rechten‹, der früheren Sakristei) wird die von König Ladislaus angeblich unversehrt entdeckte rechte Hand des hl. Königs Stephan als kostbare Reliquie verwahrt. Anläßlich der Feiern im 950. Todesjahr (1988) wanderte der Reliquienschrein in alle Dome des Landes.

Plätze entstanden in der Leopoldstadt erst Ende des 19. Jh. Den **Kossuth Lajos tér**, einen der weitläufigsten Plätze Budapests, säumen im Westen das Parlament, im Osten das Ethnographische Museum und das Ministerium für Landwirtschaft. Die *Denkmäler* von János Pásztor (1937) bzw. Zsigmond Kisfaludi Strobl (1952) ehren die Freiheitskämpfer *Ferenc II. Rákóczi* (1676–1735) und *Lajos Kossuth* (1802–1894), den Führer der Revolution 1848/49.

Das neugotische **Parlament (Országház)** mit seiner 268 m langen Donaufront ist wohl das berühmteste Wahrzeichen von Budapest (Abb. 21). Erbaut wurde es 1884 bis 1902 nach Plänen von Emmerich (Imre) Steindl, der sich vor allem an englischer Gotik orientierte, nämlich England als Heimat des Parlamentarismus. Die ungarische Nationalversammlung hatte seit der Türkenherrschaft mit kurzen Unterbrechungen in Preßburg getagt, 1861 übersiedelte sie endgültig nach Pest. Zum Millennium 1896 sollte Ungarn ein seiner Größe und Bedeutung entsprechendes Parlamentsgebäude erhalten; nach zwölfjähriger Bauzeit konnte aber nur die Kuppelhalle eröffent werden. 1902 war die monumentale Anlage mit 691 Räumen vollendet.

Ihr dreiteiliger Aufbau entspricht der ursprünglichen Zusammensetzung des Parlaments: Im Nordflügel tagte das Oberhaus, im Südtrakt das Unterhaus, die 96 m hohe Kuppel krönt den Festsaal für aufwendige Staatsakte. Die Schauseite an der Donau lockern filigranartig durchbrochene Türmchen und Arkaden auf; 88 Figuren stellen die landnehmenden Magyaren-Führer von 896, ungarische Fürsten und Könige bis zu Ferdinand V. (Kaiser Ferdinand I. von Österreich, 1835–1848) sowie Fürsten von Siebenbürgen und berühmte Heerführer dar. Im stark vorspringenden Mittelteil an der Ostseite nimmt die Prunkstiege ihren Ausgang; die Wandmalereien zur Verherrlichung der ungarischen Nation und der Gesetzgebung malte Károly Lotz. Im prunkvollen Kuppelsaal reihen sich Statuen ungarischer Fürsten und Könige, von Árpád bis zum Habsburger Leopold II. Mihály Munkácsy schuf das berühmteste Historiengemälde im Parlament: die ›Landnahme‹ (s. S. 24). Im Parlamentsgebäude tagt heute die ungarische Nationalversammlung, der Präsidial- und der Ministerrat (Besichtigungen nur mit Gruppenführungen).

An der Ostseite des Kossuth tér errichtete der Architekt Alajos Hauszmann 1893 den Obersten Gerichtshof, heute beherbergt das Gebäude das sehr interessante **Völkerkundemuseum (Néprajzi Múzeum)**. An die ursprüngliche Bestimmung erinnern die Statuen der Fassade von Károly Senyei, János Fadrusz und György Zala. Die tonnengewölbte Treppenhalle schmückte Károly Lotz mit Wand- und Deckengemälden. Im Erdgeschoß werden Wechselausstellungen gezeigt, im ersten Obergeschoß ungarische Volkskunst, im zweiten Stock die außereuropäischen Sammlungen, u. a. der Uiguren, Tungusen des Amur-Bogens und der Kirgisen, die alle zur großen ural-altaischen Völkerfamilie und daher zu den Urverwandten der Magyaren zählen. Besonders reich ist das Museum an Objekten der Naturvölker Ozeaniens, Melanesiens und Neuguineas.

In der Rosenberg házaspár utca gilt es, ein Hauptwerk des ungarischen Jugendstils zu betrachten: die **ehemalige Postsparkasse** (heute Bank, Nr. 4), erbaut 1900 von Ödön Lechner. Wesentlich stärker als beim Entwurf zum Kunstgewerbemuseum (s. S. 159) löste er sich vom ›starren‹ Historismus und verband schwingende, indisch-orientalische Formen und ungarische Majolika-Zierate, wie immer aus der Keramikfabrik Zsolnay in Pécs. – An der Kreuzung zur Báthori utca erinnert das **›Ewige Licht‹** an *Lajos Graf Batthyány*, den Ministerpräsidenten von 1848, der am 6. Oktober 1849 vom österreichischen Militär hingerichtet wurde. Am selben Tage starben in Pest und Arad (Rumänien) 13 Offiziere, unter ihnen Karl Graf Leiningen-Westerburg, ein Verwandter der englischen Königin Viktoria, und der 23-jährige polnische Ulanenführer Mieczyslaw Fürst Woroniecki.

Eng verknüpft mit diesem ›Bluttag‹ ist auch der **Szabadság tér (Freiheitsplatz)** im Herzen der Leopoldstadt, der erst Ende 19. Jh. nach Abtragung der verhaßten Kaserne entstand, in der viele Freiheitskämpfer schmachteten. Befreit von diesem Schandmal, errichtete man an diesem Platz monumentale öffentliche Gebäude: die **Bank von Österreich-Ungarn** (heute *Ungarische Nationalbank*) an der Südostecke nach Plänen von Ignác Alpár (1905) im Stile des eklektischen Historismus und die **Börse** an der Westseite (heute *Studio des Ungarischen Fernsehens*), ebenfalls nach Entwürfen von Alpár, allerdings in blockhaft-starren Formen des ›internationalen‹ Jugendstils, um die Wirtschaftskraft der damaligen Weltmacht Österreich-Ungarn zu demonstrieren. An der Ostseite des Szabadság tér reihen sich weitere Jugendstil-Gebäude, u. a. die *Amerikanische Botschaft* (Nr. 12) mit floralem Dekor des französischen Art Nouveau.

Der Kleine Ring (Kiskörút) und seine Umgebung

Der Innere oder Kleine Ring folgt im wesentlichen dem Graben vor der einstigen Pester Stadtmauer. Östlich und südlich des Halbkreises lagen öffentliche Vororte, die sich nach Schleifung der Stadtmauer seit dem frühen 19. Jh. zu den Stadtteilen Theresien-, Elisabeth-, Joseph- und Franzens-Stadt entwickelten.

Die Südwestecke des verkehrsreichen **Deák Ferenc tér** nimmt die **Evangelische Kirche** mit dem **Evangelischen Landesmuseum** ein. Mihály Pollack plante Kirche und Hochaltar im klassizistischen Stil, 1811 erfolgte die Einweihung. József Hild blendete 1856 die dorische Säulenfassade davor. Eine besondere Stütze fand das Lutherum in der ersten Hälfte des vorigen Jahrhunderts durch die evangelische Gemahlin des Palatins Erzherzog Joseph, Maria Dorothea von Württemberg. Das Museumsgebäude beherbergte ursprünglich das evangelische Gymnasium, das Sándor Petőfi 1833/34 besuchte. Der Metro-Zugang vor der Kirche führt zum kleinen **Eisenbahnmuseum** in einem Tunnelabschnitt der Millenniums-Untergrundbahn von 1896.

An der Ostseite des Deák tér dominiert das mächtige **Palais der Anker-Versicherung**, ein kaum mehr zu überbietendes bombastisches Stilgemisch der Jahrhundertwende. Am Anfang der **Majakovszkij utca**, der früheren Königsstraße, reihen sich dagegen einige vornehme Wohnhäuser vom Anfang des 19. Jh. (Nr. 9 im Zopfstil, Nr. 12 von Mihály Pollack im klassizistischen Stil entworfen). Die Königsstraße begrenzte die Theresien-Stadt gegen die Elisabeth-Stadt (Erzsébetváros), die bis zum Zweiten Weltkrieg ein überwiegend jüdisches Viertel war. – In der schmalen Rumbach Sebestyén utca steht die interessante **›Kleine‹ Synagoge**, ein Frühwerk (1879) von Otto Wagner, dem führenden Architekten der Wiener Sezession (1841–1918). Die orientalisch anmutende Ziegelfassade mit blauen Kacheleinlagen und einem minarettartigen Turmpaar ist der Großen Synagoge in der Dohány utca ähnlich, im Inneren verrät die ebenso komplizierte wie elegante Gußeisen-Konstruktion dagegen schon den Bahnbrecher der Moderne. 1989 befand sich die Synagoge in Restaurierung.

Budapest, Große Synagoge von Pest im 19. Jh.

Die **Große Synagoge** für 6000 Besucher beherrscht weithin sichtbar die Ecke Tanács körút (Räte-Ring)/Dohány utca (Abb. 23). Errichtet wurde sie 1854 bis 1859 nach Plänen des Wiener Baumeisters Ludwig Förster im Stile des romantischen Historismus. Maurisch-byzantinische Stilelementen schienen der orientalischen Herkunft der Juden und ihrer langen Tradition in Spanien am besten gerecht zu werden; kleine Kacheln in der Ziegelfassade steuern die ungarische Note bei. Das Innere der dreischiffige Hallenanlage mit einer auf Eisensäulen ruhenden Empore entwarf Frigyes Feszl, der Architekt der Redoute (s. S. 128). Der Seitenflügel wurde um 1930 angefügt.

Das **Jüdische Museum** (Zsidó Múzeum) im ersten Stock bietet einen Überblick über Religion und Kultur, im besonderen die Geschichte der Juden in Ungarn. Sie zählen zu den ältesten Bewohnern des Karpaten-Beckens, wie ein Grabstein mit eingeritztem siebenarmigem Leuchter (3. Jh. n. Chr.) aus Esztergom beweist. Mit den Römern verließen sie das Land wieder. Die Magyaren lernten das Judentum vermutlich im Chasaren-Reich auf der Halbinsel Krim kennen. (Ein großer Teil der turkstämmigen Chasaren wurde von jüdischen Flüchtlingen aus Byzanz im 8. Jh. zum mosaischen Glauben bekehrt.) Im 13. Jh. riefen die

Árpáden-Könige Juden als Kaufleute, Finanzberater, Hofbankiers, Dolmetscher und Diplomaten nach Ungarn. Ihr Schicksal wechselte – wie im ganzen Abendland – zwischen Blüte und Verfolgung. Nach der Rückeroberung Südspaniens aus der Hand der Mauren (1492) fanden viele sephardische Juden Zuflucht im Osmanischen Reich, in Osteuropa und Ungarn. Die Christen vertrieben sie 1686 wieder aus Buda; im 18. Jh. entwickelte sich die jüdische Gemeinde in Óbuda, da ihnen Kaiser Leopold I. die Niederlassung in den königlichen Freistädten Buda und Pest verwehrte. Königin Maria Theresia förderte die Ansiedlung jüdischer Bauern in Südungarn. Die Mehrheit der nach Anerkennung bürgerlicher Rechte von 1867 hauptsächlich aus Galizien eingewanderten Juden stieg in der zweiten und dritten Generation in die ungarisch-sprachige Mittelklasse auf. Am Beginn des zweiten Weltkrieges lebten ungefähr 900000 Juden in Ungarn, allein in Budapest 250000. Etwa die Hälfte der jüdischen Bevölkerung wurde in den Nazi-Vernichtungslagern ermordet. Im arkadengesäumten Garten der Synagoge (Wesselényi utca) ruhen die Opfer des Gettos, das die Nazis in den letzten Kriegsmonaten hier zum Abtransport nach Auschwitz-Birkenau eingerichtet hatten. Der ›*Heldentempel*‹, ein Kuppelbau im späten Jugendstil nach Plänen von Ferenc Faragó und László Vágó (um 1930), ehrt die gefallenen jüdischen Soldaten der K.u.K.-Armee im Ersten Weltkrieg.

Die breite **Rákóczi út** begrenzt die Elisabeth-Stadt nach Süden. Bis 1906 hieß sie Kerepesi út, da die Habsburger das Gedenken an Ferenc II. Fürst Rákóczi (1676–1735) aus der Öffentlichkeit verbannten. Schon im Mittelalter führte eine lebhafte Fernstraße aus der Pester Innenstadt durch das Hatvaner Tor – dieses stand in der Nähe des Hotels Astoria – über Kerepes, Hatvan und Miskolc nach Oberungarn. In der Gründerzeit, besonders bei der Errichtung des Ostbahnhofes (Keleti pályaudvar) 1884, entstanden die monumentalen Wohnhäuser im Stile des Historismus, die das Bild dieser belebtesten – nicht elegantesten – Budapester Einkaufsstraße prägen. In den Seitengassen wagten junge Architekten um 1910 richtungweisende Bauwerke der Moderne: die Brüder László und József Vágó den ›*Arkadenbasar*‹ (heute Metroclub, Ecke Síp utca/Dohány utca), Béla Lajta die *Handelshauptschule* in der Vas utca 9–11.

An der Rákóczi út (vor der Einmündung in den Blaha Lujza tér) steht das einzige barocke Baudenkmal zwischen Kleinem und Großem Ring: die **Rochus-Kapelle (Rókus-kápolna)**, gestiftet vom Stadtrat nach der großen Pestepidemie 1711 in der damals noch unbebauten Gegend, vollendet 1740 in spätbarocker Form. Ende des 18. Jh. entstand an der Stelle der Quarantäne-Baracken das erste *Krankenhaus* von Pest, um 1840 leitete Miklós Ybl den Erweiterungsbau. Die *Statue* von Alajos Stróbl (1906) vor dem Haupteingang stellt den bedeutenden Arzt *Ignaz Philipp Semmelweis* dar, der als Leiter der Gebärklinik (1851 bis 1857) den Erreger des tödlichen Kindbettfiebers entdeckte (s. S. 109).

Der **Museum-Ring (Múzeum körút)** gilt mit den anschließenden Seitengassen als Budapests ›Kulturstraße‹, gesäumt von monumentalen Universitätsgebäuden, Bibliotheken, Antiquariaten und dem Nationalmuseum (s. S. 159ff.). Vom *Kálvin tér*, dem einstigen Heumarkt, führte eine Fernstraße durch das Kecskeméter Tor in die Große Tiefebene. Am Rande des Verkehrsgetümmels läßt das engere Gebiet um die **Reformierte (calvinistische)**

Budapest, Rochus-Kapelle und (Semmelweis-)Krankenhaus im 19. Jh.

Kirche noch den Eindruck des alten Pest im 19. Jh. erahnen. Joseph Hofrichter entwarf das Gotteshaus um 1830 als elliptische Kuppelhalle im klassizistischen Stil; József Hild setzte 1848 den Säulenportikus und den Turm davor. Das Grabmal der Gräfin Manó Zichy im Inneren schuf der Pariser Bildhauer Raymond Gayard (1854). Dem **Haus ›Zu den zwei Löwen‹** (links von der Kirche) verlieh Matthias Zitterbarth klassizistische Noblesse. Reizvoll erweist sich ein Blick in den Hof und an den Beginn der Ráday utca, wo eine Reihe von Türläden in alter Form wiederhergestellt wurde. Im **Kollegium der Reformierten** (Ráday utca 28), gestiftet von den Grafen Ráday, befindet sich ein kleines, aber interessantes *Bibel-Museum*.

Östlich und südlich des Museum- und des Tolbuhin-Rings erstrecken sich – bis über den Großen Ring hinaus – die Stadtteile Joseph- und Franzens-Stadt (Józsefváros, Ferencváros). Bereits im vorigen Jahrhundert entwickelte sich die nach dem Palatin Erzherzog Joseph benannte ›Joseph-Stadt‹ als Ärzte- und Intellektuellenviertel. Die Universitätskliniken liegen zwischen der Baross utca und der Üllői út. Am Beginn der Baross utca (Szabó Ervin tér) besaßen die Grafen Wenckheim ein prunkvolles Palais im Stile des Neobarock, heute befindet sich hier die *Städtische Ervin Szabó-Bibliothek*.

Nahe der Kreuzung Baross utca/József körút steht das **Denkmal** des Budapester Hausregiments, der von Königin Maria Theresia gegründeten **›Zweiunddreißiger‹**, ein Werk des Bildhauers István Szentgyörgyi (1933). Am Horváth Mihály tér erhebt sich die **Josephstädter Pfarrkirche**, 1797/98 nach Entwürfen von Josef Thalherr errichtet, später mehrfach verändert. Das Hochaltarblatt ›Der Tod des hl. Josef‹ stammt von dem bekannten Wiener Biedermeiermaler Leopold Kupelwieser (1837), der zum Freundeskreis Franz Schuberts zählte. Das **Denkmal** vor der Kirche erinnert an Erzbischof-Primas **Péter Pázmány**, den Führer der Gegenreformation und Gründer der Universität der Wissenschaften 1635 in Tyrnau (s. S. 38).

Die **Franzenstädter Pfarrkirche** auf dem Bakáts tér (in der Nähe des Ferenc körút) erbaute Miklós Ybl ab 1867 im neoromanischen Stil. Die Wandmalereien stammen von Károly Lotz und Mór Than.

Nahe der Kreuzung des Ferenc körút mit der Üllői út, einer der wichtigsten Radialstraßen, steht ein Hauptwerk des ungarischen Jugendstils: das **Kunstgewerbemuseum (Iparművészeti Múzeum)**, errichtet 1893 bis 1896 nach Plänen und unter der Leitung von Ödön Lechner und Gyula Pártos. Der monumentale, U-förmige Baukörper mit stark vorspringendem, überkuppeltem Mittelrisalit (Abb. 24) folgt wie das zeitgleich erbaute Rathaus von Kecskemét (s. S. 368) noch der Tradition des Historismus: venezianisch-gotische und orientalische Stilelemente werden kombiniert, aber wesentlich reicher mit ungarischen Volkskunst-Ornamenten geschmückt. Dächer, Firste, Türmchen und Fassaden tragen Keramikverkleidungen aus der Firma Zsolnay in Pécs. Die *Statue Ödön Lechners* rechts vom Eingang schuf der Bildhauer Béla Farkas 1936.

Gegenwärtig wird das Innere des Museums restauriert; abgesehen von einem bunten Glasdurchbruch ist es völlig in Weiß gehalten. Die Vorhalle öffnet sich zur großen Ausstellungshalle, deren glasüberspannte Eisenträger in die Moderne weisen. Die umlaufenden Galerien des Erdgeschosses dienen für Wechselausstellungen. In den beiden Obergeschossen werden die fünf Abteilungen der 1872 gegründeten Kunstgewerbe-Sammlung gezeigt, damals das dritte Museum dieser Art in Europa: Holz, Textil, Keramik, Leder, Metall – aus Ungarn und anderen, auch außereuropäischen Ländern (z. B. koptische Textilien aus Ägypten). Prunkstücke sind Siebenbürger, Nürnberger und Augsburger Goldschmiede- und Emailarbeiten aus der Schatzkammer der Fürsten Esterházy (15. bis 19. Jh.).

Das Ungarische Nationalmuseum

Bedeutendstes Bauwerk des ungarischen Klassizismus und gleichzeitig die reifste Schöpfung des Architekten Mihály Pollack ist das Ungarische Nationalmuseum (Magyar Nemzeti Múzeum) am Museum-Ring (Múzeum körút). Pollack stammt aus Wien, studierte in Mailand und errichtete 1837 bis 1847 (unterbrochen durch das Hochwasser von 1838) dieses ›Idealmuseum‹ nach den bautheoretischen Schriften des französischen Architekten Jean Nicolas Durand von 1805. Beherrscht wird die Schau- und Eingangsseite von dem weit vorspringenden Portikus mit korinthischen Säulen und der mächtigen Freitreppe (Abb. 22). Hier verlas am 15. März 1848 die revolutionäre ›Märzjugend‹ die zwölf Punkte ihrer Forderungen, und Sándor Petőfi trug erstmals sein ›Nationallied‹ vor. Das Giebelfeld schmückt eine Zinngußgruppe der thronenden ›Pannonia‹ als Verkörperung Ungarns zwischen allegorischen Gestalten der Wissenschaften und Künste nach Entwürfen des Mailänder Bildhauers Raffaelo Monti, ausgeführt von Ludwig Schaller aus München. Das *Denkmal* vor dem Museum von Alajos Stróbl (1893) ist dem Lyriker, Balladendichter und Shakespeare-Übersetzer *János Arany* (1817–1882) gewidmet. Im Museumspark reihen sich Denkmäler namhafter Wissenschaftler, Künstler, Politiker und Freiheitskämpfer.

Gegründet hat das Nationalmuseum Ferenc Graf Széchényi, der Vater des ›Reformgrafen‹ István Széchenyi, im Jahre 1802 mit der Schenkung der Kunstsammlung seines Schlosses Nagycenk an das Königreich Ungarn. Heute beherbergt das Gebäude die archäologische, naturwissenschaftliche und historische Abteilung des Nationalmuseums sowie die ungarischen Krönungs-Insignien. Die Nationalgalerie und die Nationalbibliothek befinden sich nunmehr im Burgpalast (s. S. 104 ff.).

In der runden Vorhalle ist ein Mosaikfußboden aus der römischen Villa in Baláca bei Veszprém (3. Jh. n. Chr.) ausgestellt. Der Südflügel enthält die **archäologische Abteilung** unter dem Titel *›Geschichte der Völker Ungarns von der Altsteinzeit bis zur Landnahme‹* (s. S. 15 ff.): in Saal 1 die Altsteinzeit, in Saal 2 die Jungstein- und Kupferzeit, in den Sälen 3 und 4 die Bronze- und die Urnenfelderzeit, in Saal 5 die Eisenzeit (Illyrer/Pannonier – Hallstatt-Kultur, Kelten – Latène-Kultur, Steppenkunst – Skythen), in den Sälen 6 und 7 die Römerzeit einschließlich frühem Christentum und Judentum, orientalische Kulte, iranische und germanische Nachbarvölker der Römer (Jazygen/Sarmaten, Quaden, Vandalen), im Korridor die Völkerwanderung und das Frühmittelalter bis ins 9. Jh. n. Chr. (Hunnen, Alanen, Germanen, Awaren, östliche Reitervölker, Slawen), in Saal 8 die Goldfunde seit der Kupfer- und Bronzezeit (3200–1300 v. Chr.) bis ins 7. Jh. n. Chr. (Awaren, byzantinische Münzen).

Eine doppelläufige **Prunktreppe** mit Decken- und Wandgemälden von Károly Lotz und Mór Than (Allegorie der Wissenschaften und Künste, ungarische Geschichte) führt in den Rundsaal im ersten Stock, den Mihály Pollack nach dem Vorbild des Pantheons in Rom als ›Tempel der Kultur‹ plante. Heute fungiert dagegen der anschließende Festsaal mit den ungarischen Krönungs-Insignien als Nationalschrein der Ungarn (s. S. 161 ff.) schlechthin. Im Nordflügel befindet sich die **historische Abteilung** unter dem Titel *›Die Geschichte Ungarns von der Landnahme bis 1849‹*. Im Korridor werden historische Abläufe mit Hilfe von Urkunden, Schmuck- und Alltagsgegenständen, Waffen, Kunstwerken und ähnlichem erläutert. Der Überblick in den Schaukästen beginnt mit prunkvollen Grabbeigaben, Rang- und Stammeszeichen der frühen Magyaren (Ende 9./10. Jh.), gefolgt u. a. von Grabfunden der Árpáden-Könige aus Székesfehérvár (König Bélas III. und seiner Gemahlin Anna von Châtillon-Antiochien, spätes 12. Jh.) und weiteren Exponaten bis zum Ende des 14. Jh. (Gotik).

Die **Schatzkammer** am Ende des Korridors enthält Gold- und Emailarbeiten, feinst geschliffene Gläser, edelsteinbesetzten Schmuck und andere Kostbarkeiten vom 11. bis zum 19. Jh. (u. a. die liliengeschmückte Bestattungskrone eines ungarischen Königs aus dem 13. Jh., den ›Pálffy-Pokal‹ von 1598, den goldenen, mit Smaragden und Perlen verzierten Dirigentenstab Franz Liszts). Eindrucksvollstes Kleinod ist die *›Monomach-Krone‹* mit

Darstellungen des byzantinischen Kaisers Konstantinos Monomachos (1042–1055) und den Kaiserinnen Theodora und Zoë in buntem Zellenschmelz.

Die anschließenden **sieben Säle** bewahren Kunstwerke und historische Denkmäler vom 15. Jh. bis 1848/49: in Saal I aus der Blütezeit unter den Königen Sigismund von Luxemburg und Matthias Corvinus (das Kopfreliquiar trägt vermutlich die Gesichtszüge König Sigismunds), in Saal II aus der Zeit von 1490 (Tod König Matthias') bis 1526 (Schlacht von Mohács), u. a. ein spätgotisches Chorgestühl und die sogenannte Báthory-Madonna von 1526, ein Marmorrelief im Stile der Renaissance, in Saal III aus dem Zeitalter der Dreiteilung Ungarns (1526–1686) u. a. ein 1683 vor Wien erbeutetes Türkenzelt, Prunkwaffen und -rüstungen, das von italienischen Künstlern gefertigte Chorgestühl aus der Báthory-Kirche in Nyírbátor und Objekte aus dem Fürstentum Siebenbürgen, in Saal IV aus den Kuruzzenkriegen unter Fürst Ferenc II. Rákóczi (1703–1711), in Saal V aus dem 18. Jh., in Saal VI aus dem Reformzeitalter, in Saal VII aus der bürgerlichen Revolution 1848/49.

Die Krönungs-Insignien

Abgeschirmt von ›profanem‹ Tageslicht und flankiert von Ehrensoldaten, ruht die sogenannte Stephans-Krone mit den übrigen Krönungs-Insignien – Zepter, Reichsapfel, Schwert und Mantel – auf rotem, ›majestätischem‹ Samt. Der Besucher fühlt sich beinahe in ein Heiligtum entrückt, umhüllt vom geheimnisvollen Zauber, der von der **Krone Ungarns** – so lautet ihr offizieller Titel – auszuströmen scheint. Sie galt nicht nur als wichtigstes Zeichen der Königsmacht, sondern als ihr Sitz: Wer sie besaß, herrschte über Ungarn. Lange Zeit heiß begehrt und umkämpft, liest sich ihr Schicksal manchmal wie ein Abenteuerroman! Das letzte Kapitel stammt aus dem Zweiten Weltkrieg: 1945 fiel die ›Stephans-Krone‹ in die

Die ›Krone Ungarns‹, die sogenannte Stephans-Krone

Hände der amerikanischen Streitkräfte, wurde in Fort Knox aufbewahrt und 1978 endlich der ungarischen Nation zurückgegeben. Bis heute blieb sie das *stärkste Symbol der Nation.*

Die Einzigartigkeit, Unersetzbarkeit, ja ›Heiligkeit‹ der Krone wurzelt im Glauben an ihre Herkunft vom ersten, apostolischen (gottgesandten) König der Ungarn, dem heiligen Stephan. In Wirklichkeit handelt es sich aber nicht um die von Papst Silvester II. im Jahre 1000 übersandte ›echte‹ (verschollene) Stephans-Krone, sondern eigentlich um Stückwerk, allerdings ein äußerst kostbares und wunderschönes! Sie besteht aus zwei Teilen: dem Stirnreif, der sogenannten griechischen Krone (corona graeca) aus dem 11. Jh., und den überkreuzten Bügeln, der lateinischen Krone (corona latina), die vermutlich im 13. Jh. zur heutigen Form zusammengefügt wurden. Dazu kommt das charakteristische, schiefstehende Kreuz.

Der älteste Teil der Krone, der ›*griechische Reif*‹ mit Giebelschmuck, Edelsteinen, Emailbildern und Pendilien (Anhängern) stammt aus Byzanz. Die fein gearbeiteten, figürlichen Emailplatten wurden wohl in den kaiserlichen Werkstätten hergestellt, die gröberen Aufsätze mit blau-grünen Ornamenten in der Art von Pfauenfedern wahrscheinlich in Ungarn, ebenso wie die einfache Krallenfassung der Edelsteine. Wichtigste Darstellung ist der thronende Christus Pantokrator (›Allherrscher‹) zwischen Zypressen, dem Zeichen des ewigen Lebens, auf der abgerundeten Giebelplatte der Vorderseite. Sein irdischer Stellvertreter, der byzantinische Kaiser Michael VII. Dukas (1071–1078), ist auf der Rückseite abgebildet; als Hoheitszeichen umgibt ihn ein Nimbus (lat. ›Wolke‹, Heiligenschein). Die acht Emailplatten auf dem Reif zeigen Brustbilder des himmlischen und irdischen ›Hofstaates‹ mit griechischen Inschriften: den Erzengel Gabriel als göttlichen Boten und den Erzengel Michael als Anführer der himmlischen Heerscharen, die Soldatenheiligen Georg und Demetrios als irdische Glaubensstreiter, die heiligen Ärzte Kosmas und Damian als Heiler von Leib und Seele (Spender des himmlischen Wissens) sowie Konstantin Porphyrogennetos, den ›Purpurgeborenen‹, also Mitregenten Kaiser Michaels – daher trägt er ebenfalls einen Nimbus –, und Géza I. (Geobitzas), den König der Ungarn (›Krales Tourkias‹, denn um diese Zeit setzte man Ungarn mit Turkia/Türkei gleich!). Diesem steht nach byzantinischer Rangordnung kein Nimbus zu, wohl aber ein Kreuzzepter in der Hand, das Zeichen eines siegreichen Christenfürsten. Über die Bestimmung der ›griechischen‹ Reifkrone gibt es bis heute nur Mutmaßungen: entweder gehörte sie König Géza I. oder seiner aus Byzanz stammenden Gemahlin. Für die Verwendung als Frauenkrone sprechen die Aufsätze (pinnae), nach byzantinischem Protokoll das Rangabzeichen der ›Königin Turkias‹.

Auch die ›*lateinische Krone*‹ gibt bis heute viele Rätsel auf. Deutungen reichen von Teilen der ›echten‹ Stephanskrone oder der Fassung der Schädelreliquie des heiligen Königs Stephan bis zu einem kostbaren Buchdeckel, Stücken eines Tragealtares oder gar einem ›Stern‹, jenem liturgischen Gerät der Ostkirche, über welches bei der Bereitung des Meßopfers ein Tuch zum Schutz der Darbringungsbrote gedeckt wird. Stilkritische Untersuchungen scheiden aber alle Zusammenhänge mit König Stephan aus und weisen in eine Entstehungszeit zwischen 1160 und 1230. Dargestellt sind auf den Emailplatten acht Apostel und Christus zwischen Lebensbäumen, der dem Pantokrator auf dem griechischen Reif nachgebildet ist.

Als Entstehungsort gilt Ungarn, allerdings unter dem Einfluß der von Venedig und Aquileia ausgehenden byzantinischen Ausdrucksweise (›maniera graeca‹).

Ungeklärt blieb bis heute auch der *Auftraggeber* für die Verbindung des griechischen Stirnreifs mit den Kreuzbügeln zu einer geschlossenen Krone. Vielleicht ließ der in Byzanz erzogene und mit der Kaisertochter Maria Laskaris verheiratete König Béla III. die ›neue‹ Krone anfertigen, als er nach dem Tode Kaiser Manuels I. im Jahre 1180 die byzantinische Kaiserwürde anstrebte. Andere Vermutungen zielen auf König Andreas II., der ins Heilige Land zog, oder auf König Stephan V. (1270–1272), dessen umstrittene Herrschaft vielleicht zur Anfertigung einer ›Ersatzkrone‹ zwang. Von seiner Schwester, der Herzogin Anna von Macsó (Südungarn), ist jedenfalls überliefert, daß sie Herrschaftsinsignien nach Böhmen entführte. Wie dem auch sei: Die legendenumwobene Krone Ungarns galt im 12. und 13. Jh. bereits als »äußerst begehrenswertes Kleinod«, ja als »Heilige Krone«. Papst Innozenz III. mahnte in einem Schreiben, sie sorgsamst zu behüten, da von ihr die Ehre des Landes (›honor patriae‹) abhinge.

Jüngster Teil der Krone ist das schlichte, *schiefstehende Goldkreuz*, das König Ferdinand I. von Habsburg 1551 in aller Eile aufsetzen ließ, als das lilienartig gefaßte Reliquienkreuz mit einem Splitter vom ›wahren‹ Kreuz Christi fehlte. Königin Isabella, die Witwe König János Zápolyas, hatte es vor der Übergabe der Krone abgebrochen, um ihrem Sohn Johannes Sigismund die Königswürde zu sichern. Vom Reliquienkreuz ging nämlich die Mär um, daß

Der Krönungsmantel (Meßgewand aus dem frühen 11. Jh., gestiftet von König Stephan und Königin Gisela)

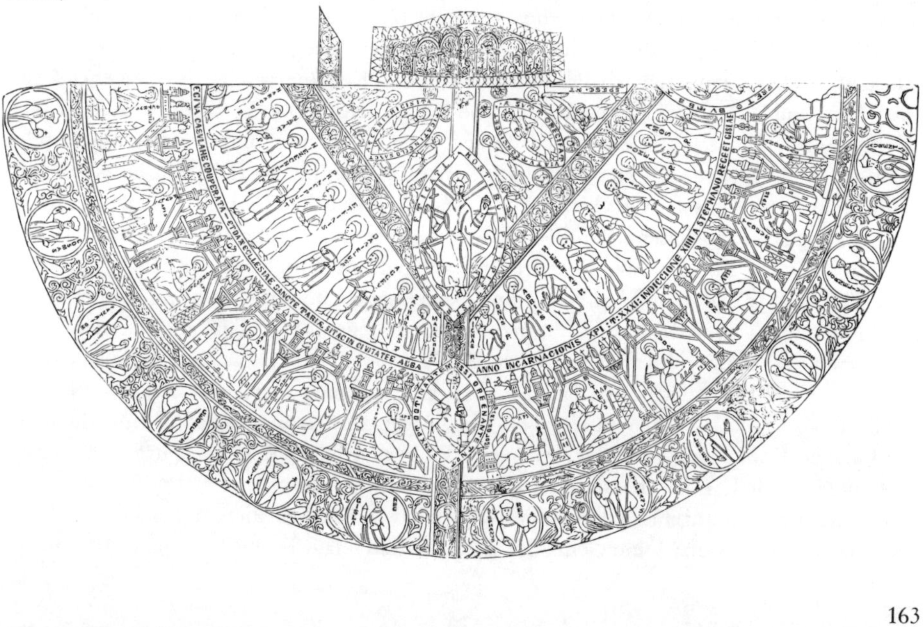

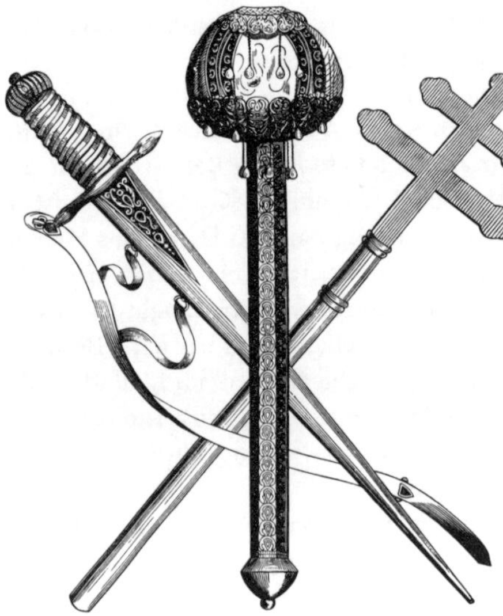

Zepter, Krönungsschwert und Apostolisches Kreuz im Ungarischen Nationalmuseum Budapest

sein Träger auch wieder in den Besitz der Krone und damit der Herrschaft über Ungarn gelangen werde (Passionsreliquien galtem im christlichen Abendland als überirdische Kraftquelle und Zeichen der Regierung »von Gottes Gnaden«). Das Reliquienkreuz blieb zwar verschollen, aber die Krone war längst in ihrer Gesamtheit zur Reliquie und damit ›heilig‹ geworden.

Aufbewahrt wurde die *›Heilige Krone‹* seit dem 12. Jh. in der Krönungsstadt Székesfehérvár (Stuhlweißenburg), dann in den Königsresidenzen Visegrád und Buda. Während der Türkenbesatzung kam sie nach Preßburg, der neuen Krönungsstadt, vorübergehend auch nach Prag und Wien. Thronzwistigkeiten und Kriege erforderten Verstecke in Wiener Neustadt, Passau, Linz, Győr, Munkacs, Füzér, Eger, Debrecen und anderen ungarischen Städten. Im 17. Jh. wurde Péter Révay zum ersten Kronhüter bestellt. Ein besonders aufwühlendes Kapitel aus der Geschichte der Krone schilderte die Hofdame Helene Kottanerin in ihren ›Denkwürdigkeiten‹. Beim Tod König Albrechts von Habsburg 1439 wurde sie von der schwangeren Königswitwe Elisabeth gezwungen, die Krone aus der Schatzkammer in Visegrád zu entwenden und bei Nacht und Nebel nach Komárom zu bringen, um sie dem nachgeborenen Thronerben Ladislaus in die Wiege zu legen. Anschließend verwahrte dessen Großvater und Vormund Kaiser Friedrich III. die Krone, 1464 verkaufte er sie für die riesige Summe von 80000 Dukaten an den gewählten Ungarnkönig Matthias Corvinus. Nach der Schlacht von Mohács (1526) übergaben die Türken die Krone an ihren Günstling, den ›nationalen‹ König János Zápolya, 1551 kam sie in den Besitz der Habsburger. Als letzter von ihnen wurde Karl IV. (Kaiser Karl I.) 1916 in Buda gekrönt.

Der **Krönungsmantel** ist der einzige Teil der Krönungs-Insignien, der sicher von König Stephan stammt. Er und seine Gemahlin Gisela stifteten laut Inschrift im Jahre 1031 für die

Krönungskirche in Alba (Székesfehérvár) ein überaus kostbares Meßgewand. Hergestellt wurde die herrliche Goldstickerei auf byzantinischer Purpurseide der Überlieferung nach im griechischen Nonnenkloster im Veszprém-Tal, möglicherweise aber in der königlichen Werkstatt unter Anleitung von Meistern aus Königin Giselas bayrischer Heimat oder überhaupt in Regensburg. Vermutlich Ende des 12. Jh. wurde die Glockenkasel zum Krönungsmantel umgearbeitet und mit einem perlenbestickten Kragen geschlossen. Dargestellt ist der Lobgesang Gottes (Te Deum) nach den Hymnen des Kirchenlehrers Ambrosius von Mailand im 5. Jh.: in der Mitte Christus in der Mandelglorie (Mandorla), einmal stehend, einmal thronend, ihm zur Seite Maria, Johannes der Evangelist und Engel. Zwischen erläuternden Inschriften (Tituli) sowie Arkaden und Türmen des himmlischen Jerusalem gruppieren sich Propheten und Apostel. Den Saum nehmen medaillongefaßte Märtyrerbilder mit dem Stifterpaar Stephan und Gisela in der Mitte ein.

Das eigenartige **Krönungszepter** in Form eines Streitkolbens steht in der Tradition persisch beeinflußter Steppenvölker. Der Knauf aus Bergkristall mit drei eingeschnittenen Löwenfiguren, vermutlich eine arabische Arbeit (Ägypten im 10. Jh.?), könnte ein Geschenk Kaiser Heinrichs II. an seinen Schwager König Stephan gewesen sein. Ende des 12. Jh. wurde die Kristallkugel mit reichem Goldfiligran (Rosetten, Palmetten, magischem Knoten) gefaßt und später mit einem Holzschaft zum Krönungszepter vereint.

Der erstaunlich einfache **Reichsapfel** aus vergoldetem Silber ist durch das Emailwappen (Streifenemblem Altungarns und die Lilie der Anjou-Könige) in das 14. Jh. zu datieren. Ungewöhnlich ist das Doppelkreuz, das sonst auf Reichsäpfeln nicht vorkommt. In Ungarn erscheint diese Kreuzesform erstmals auf einer Münze König Bélas III. (1172–1196), der sich vermutlich seinen Pflegevater Kaiser Manuel Komnenos von Byzanz zum Vorbild nahm, der auf einem Goldsolidus mit der Weltkugel samt Doppelkreuz abgebildet ist. Den älteren, verschollenen Reichsapfel krönte ein lateinisches Kreuz, wie die Darstellung König Stephans I. auf dem Krönungsmantel sowie Münzen und Siegel bis zum Ende des 12. Jh. beweisen.

Das schlichte **Krönungsschwert**, eine venezianische Arbeit vom Anfang des 16. Jh., ersetzte wahrscheinlich einen kostbaren, mittelalterlichen Vorläufer. In Prag wird ein ›Schwert des hl. Stephan‹ verwahrt.

Der Große Ring (Nagykörút), die Andrássy út (früher Népköztársaság útja) und ihre Umgebung

Der Äußere oder Große Ring, die mehr als 4 km lange Hauptstraße von Budapest, führt in einem Halbkreis von der Margarethen- bis zur Petőfi-Brücke. Seinen Verlauf bestimmte ein stillgelegter Donauarm; 1871 begannen die Bauarbeiten, zum Millennium 1896 war der Prachtboulevard fertiggestellt. Besonders im nördlichen und mittleren Abschnitt (Szent

Großer Ring, Andrássy út (früher Népköztársaság útja), Heldenplatz und Stadtwäldchen

1 *Lustspieltheater*
2 *Westbahnhof*
3 *Musikakademie*
4 *Theresienstädter Pfarrkirche*
5 *Madách-Theater*
6 *Nationaltheater*
7 *Café-Restaurant ›Hungária‹*
8 *Erkel-Theater*
9 *Ostbahnhof*
10 *Kerepeser Friedhof*
11 *Jüdischer Friedhof*
12 *Opernhaus (Ungarische Staatsoper)*
13 *Puppentheater (Staatl. Marionettentheater)*
14 *Ballett-Institut*
15 *Operettentheater*
16 *Thalia-Theater*
17 *Kodály-Köröndd (›Rondeau‹)*
18 *Ostasiatisches Museum*
19 *China-Museum*
20 *Reformierte Kirche*
21 *Millenniums-Denkmal*
22 *Kunsthalle*
23 *Museum der Bildenden Künste*
24 *Burg Vajdahunyad (Landwirtschaftsmuseum)*
25 *Széchenyi-Bad*
26 *Restaurant ›Gundel‹*
27 *Zoo*
28 *Großer Zirkus*
29 *Vergnügungspark*
30 *Verkehrsmuseum*
31 *Nép-Stadion*
32 *Geologisches Institut*

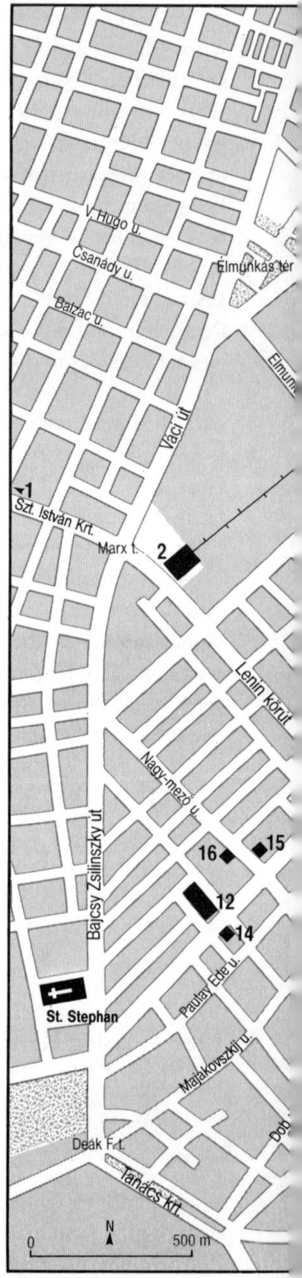

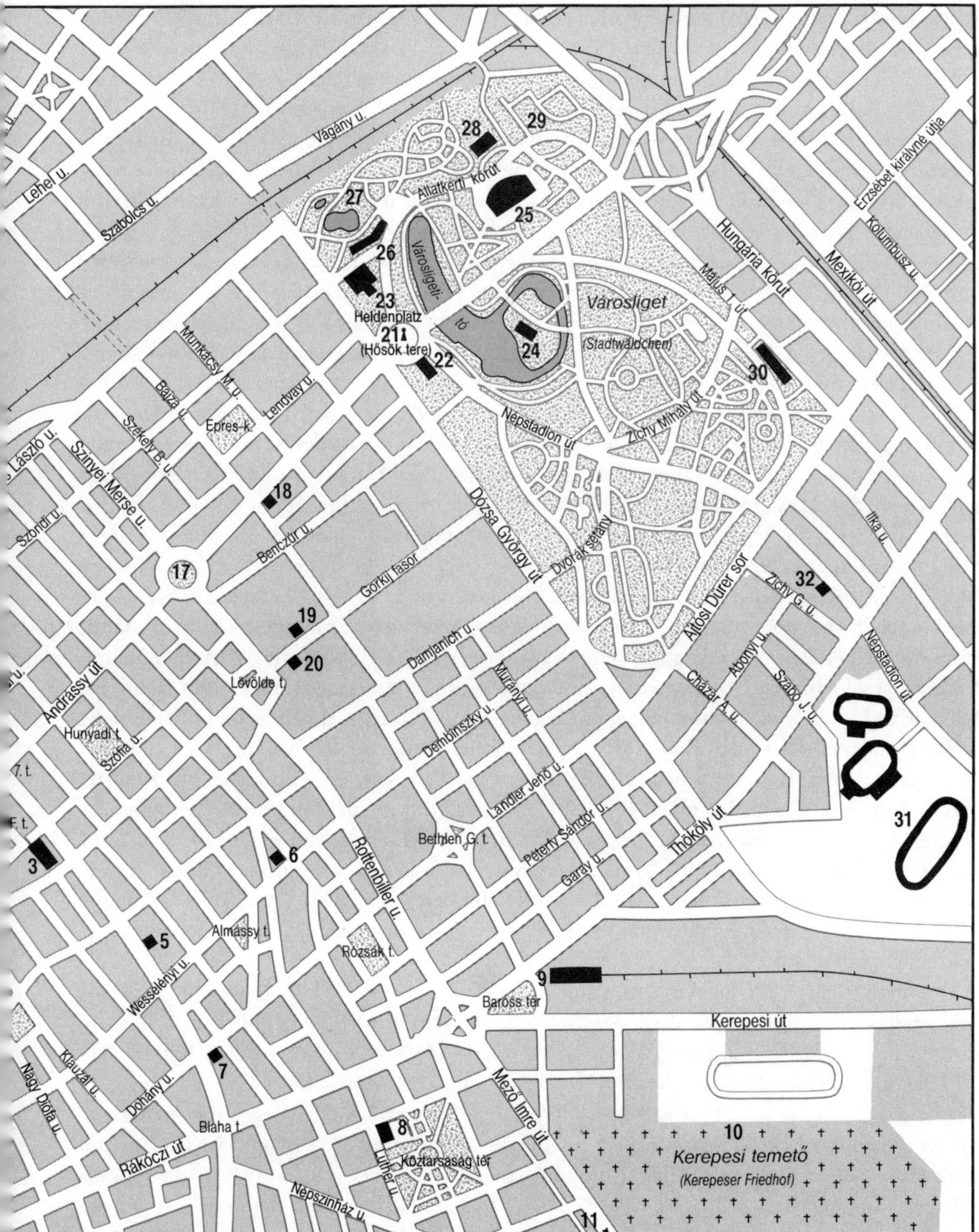

Vágány u.
Lehel u.
Szabolcs u.
Állatkerti körút
Városligeti-tó
Heldenplatz
21
(Hősök tere)
22
23
24
25
26
27
28
29
30
Városliget
(Stadtwäldchen)
Hungária körút
Május 1. út
Erzsébet királyné útja
Kolumbusz u.
Mexikói út
Munkácsy M. u.
Bajza u.
Lendvay u.
Epres-k.
Székely B. u.
László u.
Szinyei Merse u.
Szondi u.
Népstadion út
Zichy Mihály u.
Dózsa György út
Dvořák sétány
Ilka u.
18
17
Benczúr u.
Gorkij fasor
19
20
Lövölde t.
Damjanich u.
Murányi u.
Ajtósi Dürer sor
Zichy G. u.
32
Abonyi u.
Cházár A. u.
Szabó J. u.
Népstadion út
Andrássy út
Hunyadi t.
Szófia u.
Dembinszky u.
Landler Jenő u.
Péterfy Sándor u.
Thököly út
31
3
6
Bethlen G. t.
Rottenbiller u.
Garay u.
5
Almássy t.
Rózsák t.
9
Wesselényi u.
Baross tér
Kerepesi út
Klauzál t.
Nagy Diófa u.
Dohány u.
7
Mező Imre út
Blaha t.
8
Rákóczi út
Köztársaság tér
Luther u.
Népszínház u.
10
Kerepesi temető
(Kerepeser Friedhof)
11

István körút, Lenin körút) wird er von drei- bis viergeschossigen Geschäfts- und Wohnhäusern, Theatergebäuden, Hotels und Restaurants (Béke, Royal, Hungária) im prunkvollen Stil des eklektischen Historismus gesäumt. Bescheidener wirken dagegen die Mietshäuser im südlichen Teil, dem Josefs- und Franzens-Ring (József körút, Ferenc körút).

Schönstes Bauwerk am **Sankt-Stephans-Ring (Szent István Körút)** ist das **Lustspieltheater** (Vígszínház), ein neobarocker Kuppelbau (1895/96) nach Plänen des Wiener Architektenbüros Ferdinand Fellner und Hermann Helmer, das in der ganzen Donaumonarchie und darüber hinaus, von Hamburg bis in die Moldau (Jaşi) und Ukraine (Odessa), etwa 50 Theater- und Opernhäuser entwarf. Den verkehrsreichen Marx tér beherrscht der **Westbahnhof** (Nyugati pályaudvar), eine elegante Eisen- und Glaskonstruktion nach Entwürfen des Ingenieurs August de Serres, ausgeführt von der Pariser Firma Gustave Eiffel von 1874 bis 1877. Der Lenin-Ring hieß früher im ersten Abschnitt Theresien-Ring, von der Majakovszkij utca an – der früheren Königsstraße – dagegen Elisabeth-Ring (Erzsébet körút) nach Königin Elisabeth. – Die Ecke Liszt Ferenc tér/Majakovszkij utca nimmt die nach ihrem Gründer und ersten Leiter Franz Liszt benannte **Musikakademie** ein, dessen Standbild von Alajos Stróbl die Hauptfassade schmückt. Auch Béla Bartók und Zoltán Kodály wirkten an der Musikhochschule. Beide Konzertsäle sind im Jugendstil gestaltet. In der Nähe erhebt sich die **Theresienstädter Pfarrkirche** (Terézvárosi plébánia templom), vollendet 1811 im späten Zopfstil; den Hochaltar entwarf Mihály Pollack in klassizistischer Manier. – Zurückgekehrt zum Lenin körút, verdient zunächst das **Madách-Theater** Aufmerksamkeit, das um 1960 aus einem Vergnügungslokal der Jahrhundertwende entstand. Imre Madách (1823–1864) ging mit seinem Hauptwerk ›Die Tragödie des Menschen‹ in die Literaturgeschichte ein. Im Gegensatz zu Goethes ›Faust‹ und Ibsens ›Peer Gynt‹ stellt der Dichter nicht das Ringen eines einzigen Mannes nach Vollkommenheit in den Mittelpunkt seines Dramas, sondern den Kampf der ganzen Menschheit, von den Anfängen bis in utopische Ferne. – Berühmteste Sehenswürdigkeit am Großen Ring ist wohl das **Café-Restaurant ›Hungária‹** (Lenin körút 9–11), 1891 als ›Palais New York‹ unter der Leitung von Alajos Hauszmann errichtet und bis zum Zweiten Weltkrieg das führende Literaten- und Künstlercafé in Budapest. Franz Molnár verfaßte hier Teile seines Dramas ›Liliom‹. Besonders im Inneren entfaltet sich die verschwenderische Pracht der Belle Époque ein ›Bühnenbild‹ aus Marmor, Gold, Spiegeln und Gemälden (von Károly Lotz) zwischen neobarocken Schraubensäulen (Abb. 27).

Der **Blaha Lujza tér** an der Kreuzung zur Rákóczi út wurde erst um 1960 zu einem Verkehrsknotenpunkt umgestaltet. An diesem Platz stand das 1837 gegründete Nationaltheater, in dem die Volksschauspielerin Lujza Blaha (1850–1926) ihre größten Erfolge feierte. (Heute steht das Nationaltheater [Nemzeti Színház] nordöstlich des Großen Rings, an der Ecke Wesselényi utca/Hevesi Sándor tér.) Die Nordwestecke des begrünten Köztársaság tér nimmt das **Erkel-Theater** (1910) ein, die ›Volksoper‹ und das zweitgrößte Budapester Opernhaus, dessen Name an den Komponisten Ferenc Erkel (1810–1893) erinnert, den Schöpfer der ungarischen Nationaloper (Bánk Bán, s. S. 28, 386) und der Nationalhymne. Den **Baross tér** am Ende der Rákóczi út beherrscht der **Ostbahnhof** (Keleti pályaudvar), der wichtigste Budapester Bahnhof, eine Eisen- und Glaskonstruktion hinter einer Steinfassade im Stile der Neorenaissance (1884) nach Plänen von Julius Rochlitz.

Der **Kerepeser Friedhof (Kerepesi temető)** erstreckt sich südlich der historischen Straße über Kerepes, Hatvan nach Eger und Miskolc. Seit der zweiten Hälfte des vorigen Jahrhunderts wurden hier nahmhafte Politiker und Künstler beigesetzt: Ferenc Deák, Lajos Batthyány, Lajos Kossuth – dessen Leichnam man aus dem Exil in Turin überführte –, Mihály Károlyi, Lujza Blaha, Ferenc Erkel und andere. 1958 wurde das *Pantheon der Arbeiterbewegung* nach Plänen von József Körner und mit Skulpturen von Zóltan Olcsai Kiss errichtet. Kulturhistorischer Wert kommt vor allem den pompös gestalteten Grabmälern in der Ehrenkolonnade und ihrer Umgebung zu (erreichbar vom Westeingang, Mező Imre út). – Der **Jüdische Friedhof** (Eingang am Ende der Salgótarjáni utca, Abb. 31) besitzt einige bemerkenswerte Grüfte im Jugendstil. – Namhafte Architekten der ungarischen Sezession – wie Ödön Lechner und Béla Lajta – entwarfen Grabmäler auch auf dem *Neuen Friedhof* (Új Köztemető) an der Kozma utca im X. Bezirk (Umschlagklappe vorn).

Die fast 2,5 km lange **Andrássy út**, nach 1948 bis in jüngste Zeit die Népköztársaság útja (Straße der Volksrepublik), ist neben dem Lenin-Ring das eindrucksvollste Budapester Bauensemble im Stile des Historismus und der prunkvollste ›Spiegel‹ von Reichtum, Einfluß und Geltungssucht des Großbürgertums während der Gründerzeit. 1870 verabschiedete der Stadtrat im Hinblick auf die Millenniums-Feier ein Gesetz zur Anlage dieser Prachtstraße vom Kleinen Ring quer durch die Theresien-Stadt bis zum Heldenplatz. Miklós Ybl erstellte die Pläne; 1872 wurde mit den Bauarbeiten begonnen, 1884 waren sie mit wenigen Ausnahmen abgeschlossen. Ursprünglich – und auch heute wieder – benannte man die Straße nach Gyula (Julius) Graf Andrássy, dem ersten ungarischen Ministerpräsidenten nach dem Ausgleich 1867, dann Außenminister von Österreich-Ungarn; im Volksmund hieß sie aber einfach **Sugár út** (Radialstraße). Seit 1896 verkehrt unter ihr die Millenniums-Bahn, die erste Untergrundbahn auf dem europäischen Festland.

Miklós Ybl plante auch einige Wohnpaläste und das Königliche, heute Staatliche Ungarische **Opernhaus (Állami Operaház)** im Stile der Neorenaissance (Abb. 25). Nach durchgreifender Renovierung erstrahlt das Opernhaus, eines der schönsten der Welt, wieder in vollem Glanz. International gefeierte Künstler traten hier auf, Gustav Mahler wirkte als erster Chefdirigent. Die Statuen von Alajos Stróbl neben dem Haupteingang zeigen die Komponisten Franz Liszt und Ferenc Erkel, der auch als erster Direktor waltete. In den Ecknischen des ersten Stockwerks stehen Figuren der Muse des Tanzes (Terpsichore), der Liebeslyrik (Erato), der Komödie (Thalia) und der Tragödie (Melpomene), auf der Balustrade Statuen von Opernkomponisten. Die Wand- und Deckengemälde im Foyer schuf Bertalan Székely, an der Prunktreppe Mór Than, im Zuschauerraum Karóly Lotz (Apollo auf dem Olymp).

Die Staatsoper liegt im Budapester **Theaterviertel**, außerdem unter anderem das *Puppentheater* und das *Ballett-Institut*. An der Nagymező utca (zweite Querstraße nördlich der Staatsoper), dem ›Pester Broadway‹, reihen sich Musik- und Sprechbühnen *(Operetten-*

Das Königliche Opernhaus Budapest um 1890 (heute Staatsoper)

theater, Thalia-Theater), Kabaretts und Nachtlokale. Reizvoll liest sich heutzutage eine Schilderung der Sugár út und der angrenzenden Gassen aus dem Jahre 1893 von Eugen Rákosi: »....Indeß verdecken die Paläste dieser weltmännischen Hauptstraße nur gleich Coulissenwänden das anderweitige Düster dieses Stadttheils. Hier wohnt und wimmelt ein Völkchen, das nicht gerade fein zu nennen ist. Auch durch Geschmack und Reinlichkeit zeichnen sich die kleineren Nebengassen der Theresienstadt nicht aus. Hier sind die Schlupfwinkel der internationalen Kaffeehausmuse, die unterschiedlichen Singspielhallen und Orpheums mit ihren zucht- und geschmacklosen Belustigungen, hier und im benachbarten VII. Bezirke, der Elisabethstadt, blühen die Damenkapellen zweifelhaften Charakters...«

Am **Platz des 7. November**, der Kreuzung mit dem Großen Ring, beginnt der zweite Abschnitt der Andrássy út. Seine Bezeichnung nach dem 7. November 1917, dem Beginn der Großen Sozialistischen Oktoberrevolution (nach dem alten russischen Kalender), hat sich kaum durchgesetzt; im Volksmund heißt er noch immer ›*Oktogon*‹ nach der achteckigen Form, die in sehr gelungener Weise von vier schräggestellten Wohnpalais gebildet wird. – Am **Kodály-Körönd**, dem sogenannten ›*Rondeau*‹, nimmt der dritte Abschnitt der Radialstraße seinen Ausgang. Zoltán Kodály, der bedeutende Komponist und Musikpädagoge (s. S. 370), wohnte bis zu seinem Tod im Jahre 1967 im Haus Nr. 98. In der Grünflä-

Budapest, Kaffeehaus im Theaterviertel um die Jahrhundertwende

che erinnern vier *Standbilder* an gefeierte Freiheitskämpfer: *Niklas (Miklós) Zrínyi*, den Banus von Kroatien und Verteidiger der Festung Sziget 1566 gegen die Osmanen, ein Werk von József Róna (1902), sowie an die drei ›Volkshelden‹ *György Szondi* und *Bálint Balassi* (Ungarns erster Lyriker), die im 16. Jh. gegen die Türken fielen, sowie *Vak Bottyán*, Kuruzzengeneral unter Fürst Rákóczi (gest. 1709). – Den nördlichen Teil der Radialstraße säumten ursprünglich »drei Fahrdämme, zwischen denen baumbepflanzte und bekieste Wege liegen, einerseits für die Fußgänger, anderseits für Reiter«. Mittlerweile hat sich durch den starken Autoverkehr viel verändert; geblieben sind die gerne als Residenzen ausländischer Botschaften genutzten noblen Villen.

Freunden asiatischer Kunst und Geisteswelt empfiehlt sich der Besuch von zwei kleinen, aber sehr interessanten Museen. Das **Ostasiatische Museuem (Keletázsiai Művészeti Múzeum)** befindet sich in der Villa Andrássy út 103, die der Kunstsammler Ferenc Hopp (gest. 1919) samt Inventar dem ungarischen Staat schenkte. Das Schwergewicht der Sammlung liegt auf Objekten aus Indien und Hinterindien (Burma, Indonesien, Thailand), ein Raum enthält chinesische Keramiken. – Das **China-Museum (Rath György Kína Múzeum)** in der Jugendstil-Villa Gorkij fasor 12 liegt nur etwa zehn Minuten Fußweg entfernt. Gezeigt werden chinesische und japanische Kunstwerke, Alltags- und Zeremonialgegenstände, die Abteilung ›buddhistisches Mittelalter‹, Erinnerungen an den ungarischen Tibetologen Sándor Csoma von Körös (geb. 1784 in Csomakörös/Siebenbürgen, gest. 1842 in Darjeeling).

Aufmerksamkeit verdient schließlich noch die **Reformierte Kirche** (Gorkij fasor 5–7), erbaut 1913 nach Plänen von Aladár Árkay, mit reicher Innendekoration (Majolika) im ungarischen Jugendstil.

Heldenplatz (Hősök tere), Stadtwäldchen (Városliget) und Umgebung

Den großartigen Abschluß der Andrássy út (Népköztársaság útja) bildet der **Heldenplatz**, einer der weitläufigsten und architektonisch ausgeglichensten Plätze in Ungarn. Geplant wurde er anläßlich der Jahrtausendfeier der magyarischen Landnahme 1896 von den Architekten Albert Schickedanz und Philipp Herzog unter Mitwirkung des Bildhauers György Zala, fertiggestellt war er erst 1927. In der Mitte ragt das **Millenniums-Denkmal** auf (Abb. 29), eine 36 m hohe Steinsäule mit einer Statue des Erzengels Gabriel, für die György Zala bei der Pariser Weltausstellung 1900 den Grand Prix erhielt. Gabriel trägt das Apostolische Kreuz (s. S. 97f.) und die Krone Ungarns in Händen. Um den Sockel gruppieren sich die Bronzefiguren der sieben landnehmenden Magyaren-Fürsten (Tétény, Ond, Kond, Árpád, Előd, Huba, Tas), eindrucksvolle Steppenkrieger mit malerischem Aufputz – Flügelhelme, Hirschgeweihe, Federbuschen und Jagdfalken (Abb. 30). Der einfach behauene Steinblock vor dem Denkmal ist dem Unbekannten Soldaten gewidmet. Hinter der Säule setzen zwei, je einen Viertelbogen beschreibende *Kolonnaden* an, die von vier Figurengruppen aus dem Atelier György Zala bekrönt werden: links die Allegorien von Arbeit und Wohlstand sowie der Streitwagen des Krieges; rechts das gemächlich ziehende Gespann des Friedens, abschließend Ruhm und Wissenschaft. – Zwischen den Säulen reihen sich **Bronzestandbilder** ungarischer Könige, Fürsten, Heer- und Revolutionsführer, geschaffen von Károly Senyei, Ede Telcs, György Zala, Barnabás Holló, György Vastagh, Zsigmond Kisfaludi Stróbl und anderen Bildhauern. Die chronologisch angeordneten Statuen beginnen links mit dem Staatsgründer und ersten christlichen König, Stephan dem Heiligen (Szent István); ihm folgen weitere Herrscher aus dem Árpáden-Haus, nämlich Ladislaus I., der Heilige (Szent Laszló), Koloman der Bücherfreund (Könyves Kálmán), Andreas II. und Béla IV., dann die Anjou-Könige Karl I. Robert (Károly Róbert) und Ludwig I., der Große (Nagy Lajos). Rechts führt der Reichsverweser und Türkenbezwinger János Hunyadi die illustre Versammlung an, gefolgt von seinem Sohn, König Matthias Corvinus (Mátyás I.), und den vier Siebenbürger Fürsten István Bocskai, Gábor Bethlen, Imre Thököly und Ferenc II. Rákóczi. Den Abschluß bildet eine Statue von Lajos Kossuth, politischer Führer der Revolution 1848/49 und frei gewähltes Staatsoberhaupt, wenn auch nur für einige Monate vor seinem Exil. Die Sockelreliefs schildern jeweils die bekannteste ›Helden‹-Tat des Betreffenden, zum Beispiel den Erlaß der Goldenen Bulle durch König Andreas II. 1222, der die Privilegien des Adels sicherte. Für einen Nicht-Ungarn schwer verständlich erscheint die Auswahl der Persönlichkeiten, die in der Kolonnade verewigt wurden. Auch 30 Jahre nach dem Ausgleich Österreich-Ungarn erachtete man offenbar keinen Habsburger – die fast 400 Jahre lang die Länder der ungarischen Krone regierten – als ›würdig‹ in diesem Kreise, nicht einmal Königin Maria Theresia, der die Ungarn einst enthusiastisch »Blut und Leben« zur Verteidigung ihrer Herrschaftsrechte anboten.

Die Südseite des Heldenplatzes begrenzt die **Kunsthalle (Műcsarnok)**, ein Backsteingebäude im Stil der Neorenaissance mit bunten Keramikreliefs, erbaut 1895 nach Plänen von Albert Schickedanz und Philipp Herzog. In dieser größten Ausstellungshalle für bildende Kunst werden in stetem Wechsel Künstler vorgestellt. Als Pendant zur Kunsthalle entwarfen die Architekten Schickedanz und Herzog an der Nordseite des Heldenplatzes das neoklassizistische **Museum der Bildenden Künste (Szépművészeti Múzeum)**, das 1906 vollendet war. Das Giebelrelief des Mittelrisalits zeigt die Kentauromachie, den Kampf der halb pferdegestaltigen Kentauren gegen die Lapithen, einen thessalischen Volksstamm, bei der Hochzeit ihres König Peirithoos mit Hippodameia, nach dem Original auf dem Zeustempel von Olympia. Den Grundstock der reichhaltigen Sammlungen von internationalem Rang bildeten die 1870 vom Königreich Ungarn angekauften Kunstwerke der Fürstenfamilie Esterházy, 637 Gemälde, mehr als 8000 Graphiken und zahlreiche Handschriften, die vorher als ›Landesgalerie‹ in der Akademie der Wissenschaften ausgestellt waren. Dazu kamen Schenkungen von Erzbischof Pyrker und Bischof Ipolyi. Zum Millennium wurden außerdem bedeutende Geldmittel für Neuankäufe zur Verfügung gestellt.

Im Erdgeschoß befinden sich die *Antikensammlung* (die ägyptische Abteilung, in der griechisch-römischen Abteilung u. a. die sogenannte Budapester Tänzerin), die *Sammlung moderner Skulpturen* (u. a. von Rodin, Maillol, Meštrović, Meunier), die *Galerie des 20. Jh.* (u. a. Bilder von Kokoschka, Picasso, Chagall, Vasarely) und die *Graphikabteilung*, die Werke fast aller bedeutenden Meister dieser Sparte besitzt. In Wechselausstellungen wird jeweils ein namhafter Künstler, eine Schule oder Epoche gezeigt. Zu den kostbarsten Schätzen gehören drei Studien von Leonardo da Vinci, Radierungen und Zeichnungen von Rembrandt und Goya. – Die *Galerie Alter Meister*, die größte und bedeutendste Sammlung des Museums, umfaßt etwa 2800 Gemälde fast aller namhaften europäischen Maler, von denen rund 700 in 23 Sälen und 17 Kabinetten im ersten Stock zu sehen sind: in den *Sälen I–VIII* die Italiener, besonders viele frühe Maler ab dem 14. Jh. (Trecento), des weiteren Bellini, Giorgione, Tizian, Tintoretto, Veronese, Raffael (seine ›Esterházy-Madonna‹ im Kabinett 1), Caravaggio, Filippino Lippi, Correggio, Tiepolo, Guardi, Bellotto (Canaletto); in den Sälen *IX–XIII* die Niederländer, Holländer und Flamen (Pieter Breughel d. Ä. – ›Predigt Johannes' des Täufers‹, Memling, Rembrandt – u. a. ›Der Ochse‹ –, Vermeer van Delft, Hals, Rubens, van Dyck); in den Sälen *XIV–XVII* die Spanier und Portugiesen (sieben Gemälde von El Greco, Murillo, Velázquez, fünf Bilder von Goya – u. a. ›Mädchen mit Krug‹, ›Der Schleifer‹ –); in den Sälen *XVIII–XXI* Deutsche und Österreicher (Dürer, Holbein, Altdorfer, Cranach, Barockmaler, vor allem Maulbertsch); in Saal *XXII* Engländer des 18. Jh.; in Saal *XXIII* Franzosen des 17. und 18. Jh. Die *Galerie des 19. Jh.* enthält Werke von Waldmüller, Leibl, Böcklin, Renoir, Monet, Manet, Corot, Pissarro, Cézanne, Gauguin, Utrillo, Toulouse-Lautrec, Segantini und anderen Malern. – Die *Sammlung Alter Skulpturen* bietet einen Querschnitt abendländischer Plastik von frühchristlicher Zeit bis zum Barock, darunter besonders viele und bedeutende Werke italienischer Bildhauer. Glanzstück ist die kleine Reiterstatue von Leonardo da Vinci, die er als Modell für ein Denkmal des französischen Königs Franz I. schuf, des weiteren eine Muttergottes mit Kind von Andrea Pisano (um 1330) und ein Christus von Andrea del Verrocchio. Der österreichische Barockbildhauer Georg Raphael Donner ist mit einem Bleirelief (Venus in der Schmiede Vulkans) vertreten.

Östlich des Heldenplatzes erstreckt sich das **Stadtwäldchen (Városliget)**, mit einer Fläche von etwa 1 km^2 der größte Park von Budapest. König (Kaiser) Leopold I. schenkte das sumpfige Gelände, ein ehemaliges königliches Jagdgebiet, Anfang des 18. Jh. der Stadt Pest. Um 1810 legte der französische Landschaftsgärtner Henry Nebbion den Park an, Ende des vorigen Jahrhunderts wurde der Teich ausgehoben. Auf der Insel erhebt sich die **Burg Vajdahunyad** (Abb. 26), eigentlich eine Gebäudegruppe, die ursprünglich nur als Kulisse für die Milleniums-Feiern 1896 gedacht war. Zu diesem Anlaß sollte der Architekt Ignác Alpár einen Querschnitt der ungarischen Baukunst aller Stilrichtungen vorstellen, von der Romanik bis zum Rokoko. Dazu kopierte er Teile von 21 markanten Bauwerken, ließ aber auch seiner Phantasie freien Lauf. Das Interesse war so groß, daß man nach Beendigung des Festjahres beschloß, die Baudenkmäler in dauerhaftem Material zu errichten; fertiggestellt war diese Anlage erst 1907. Ihren Namen verdankt sie dem Hauptteil, einer Nachbildung der Burg Vajdahunyad (rumänisch Hunedoara) in Siebenbürgen, dem Stammsitz der Familie Hunyadi. In die Burg führt eine Steinbrücke mit einem pseudogotischen Tor, flankiert von Kopien eines Wehrturmes in der Zips (Slowakei) und des Stumpfen Turmes von Schäßburg in Siebenbürgen (Sighişoara/Rumänien).

Für die neoromanische *Burgkapelle* mit dem Zwölfapostel-Portal (links im Hof) diente die Sippenkirche von Ják aus der ersten Hälfte des 13. Jh. als Vorbild. Dem Verbindungstrakt im Renaissance-Stil an der gegenüberliegenden Hofseite folgt der schloßartige *Barockkomplex*. Die Zierate ahmen Schmuckformen aus der Zeit Königin Maria Theresias nach (1740–1780), also Rokoko-Schnörkel und Zopfstil-Girlanden. Heute beherbergt das Gebäude das *Landwirtschaftsmuseum* (Mezőgazdasági Múzeum), das in ansprechender Weise alle Zweige der ungarischen Landwirtschaft vorstellt: Viehzucht, Ackerbau, Weinkulturen, Jagd – mit bemerkenswerten Tierplastiken von György Vastagh –, Fischerei, Forstwesen. Breiter Raum ist der Entwicklung der magyarischen Hirtenkultur gewidmet, vom frühen Nomadentum bis zum Leben in der Großen Tiefebene. – Vor Verlassen des Hofes gilt es, das interessante *Denkmal* eines Mönches mit herabgezogener Kapuze vor dem Barocktrakt zu betrachten, ein Werk des Bildhauers Miklós Ligeti (1903). Dargestellt ist der sogenannte *Anonymus (Magister P.)*, der namentlich unbekannte Chronist König Bélas III., der um 1200 die ›Gesta Hungarorum‹ verfaßte, die erste Geschichte seines Volkes.

Im Nordteil des Stadtwäldchens liegen verschiedenartige Erholungs- und Vergnügungsstätten. Das **Széchenyi-Bad**, eine Kuppelanlage im Stil des Neobarock, wirkt wie ein Schloß. Die Thermalquellen sprudeln 74 Grad Celsius heiß aus etwa 1200 m Tiefe hervor. Zwischen dem Széchenyi-Bad und dem Museum der Bildenden Künste lädt das **Restaurant ›Gundel‹** zum Besuch ein. In diesem einstigen Feinschmecker-›Tempel‹ kreierte um 1910 der berühmte Gastronom Kárloyi Gundel sein Markenzeichen, die nach ihm benannten Schokolade-Nuß-Palatschinken. – Der 1864 eröffnete ›Hauptstädtische Tier- und Pflanzengarten‹ (Fővárosi Állatés Növénykert) wurde um 1910 nach dem Vorbild des Hamburger Tiergartens Hagenbeck erweitert. Östlich vom **Zoo** ist der ständig bespielte **Große Zirkus** (Nagycirkusz) ansässig, des weiteren der **Vergnügungspark** (Vidám Park).

Nahe der Südostecke des Stadtwäldchens (Városligeti körút 11) befindet sich das Ungarische **Verkehrsmuseum (Magyar Közlekedési Múzeum)**, das die Entwicklung des Straßen-, Schiffs-, Schienen- und Luftverkehrs von der Antike bis zur Gegenwart zeigt. Ausgestellt sind u. a. der Speisewagen des ›Orient-Expreß‹ und Teile der ersten Phasenumformer-Lokomotive des ungarischen Erfinders Kálmán Kandó. Interessant erscheint in diesem Zusammenhang, daß die Wagenbauer der Ortschaft Kocs bei Tata im Auftrag König Matthias' Ende des 15. Jh. einen gefederten Reisewagen entwickelten, der als ›Wagen aus Kocs‹ (Kotsch) namengebend für die Kutsche (französisch coche, englisch coach) wurde.

Die breite **Dózsa György út** an der Westseite des Stadtwäldchens erinnert an den Führer der Bauernaufstände zu Beginn des 16. Jh. Am 4. April jedes Jahres, dem Gedenktag der Befreiung Ungarns 1945, und am 1. Mai finden hier Aufmärsche statt. Das *Lenin-Denkmal* aus rotem Granit schuf der Bildhauer Pál Pátzay 1965.

Das **Nép-Stadion (Volksstadion)**, die größte Sportanlage des Landes, ist Schauplatz unzähliger, auch internationaler Sportveranstaltungen. Nach einem Erweiterungsbau faßt das Stadion rund 100000 Besucher. In einigen Villen an der Népstadion út residieren ausländische Botschaften. Kunsthistorisch bemerkenswert ist das 1899 nach Plänen von Ödön Lechner erbaute **Geologische Institut** (Népstadion út 14), ein typisches Beispiel des national-ungarischen Jugendstils mit blauem Keramikschmuck.

Die Umgebung von Budapest

Das Donauknie und seine Städte

Südlich von Preßburg (Bratislava) bildet die Donau entlang der Kleinen Tiefebene bei Győr den Grenzfluß zur Tschechoslowakei. Westlich von Esztergom formt sie ein tiefes Tal zwischen dem Pilis-Gebirge und dem Börzsöny-Bergland, dann knickt sie in einem rechten Winkel nach Süden ab. Die Donaulandschaft zwischen Esztergom und Szentendre – manchmal als ›ungarische Wachau‹ bezeichnet – gilt als einer der schönsten Abschnitte des Stromes.

Szentendre (St. Andreas)

Das reizvolle Barockstädtchen am Westufer eines Donauarms, Künstlerkolonie und südliches ›Tor zum Donauknie‹, ist vom 20 km entfernten Budapest mit der Vorortbahn HEV (Batthyány tér) bequem zu erreichen. Am südlichen Stadtrand liegen die Überreste des römischen Militärlagers Ulcisia (1. bis 4. Jh. n. Chr.), in dessen Ruinen Ende des 9. Jh. die ersten Magyaren siedelten. Unter König Stephan I. wurde Anfang des 11. Jh. erstmals ein Dorf ›Sanctus Andreas‹ (Szentendre) im Besitz des Bischofs von Veszprém urkundlich erwähnt. Die Schirmherrschaft des hl. Andreas weist nach Rußland und Griechenland; im Mittelalter galt der Apostel als Beschützer der Verkehrswege zu Wasser und zu Lande, von Pilger- und Kreuzfahrerrouten. Szentendre erhielt sein besonderes Gepräge durch griechisch-orthodoxe Serben (Raizen), die seit der Niederlage auf dem Amselfeld (1389) vor den Türken nach Norden flüchteten. Die größte Einwanderungswelle kam 1690 unter Führung des Patriarchen Arsenije Črnojević aus Mittelserbien und dem Kosovo. Allein in Szentendre ließen sich damals etwa 6000 Serben nieder. In der Nähe der Schiffsanlegestelle, beim ›Kreuz des Zaren Lazar‹ (der letzte Fürst Alt-Serbiens), errichteten sie eine Holzkirche, dann weitere Gotteshäuser, die sie nach ihren Heimatgemeinden benannten. Die Habsburger gewährten den Serben Autonomie, Steuer- und Zollbegünstigungen; um 1750 war Szentendre eine wohlhabende Handelsstadt mit spärbarocken Bürgerhäusern und Steinkirchen. Seit der Errichtung der Eisenbahn verlor die Donauschiffahrt an Bedeutung, 1880 vernichtete die Reblausseuche die Weinkulturen. Die meisten serbischen Kaufmannsfamilien zogen fort. Um 1920 ›entdeckten‹ Künstler – Maler, Graphiker, Bildhauer, Keramiker – das verschlafene Städtchen. Heute gehört der Besuch von Szentendre zum ›Pflichtprogramm‹ jeder Budapest-Reise.

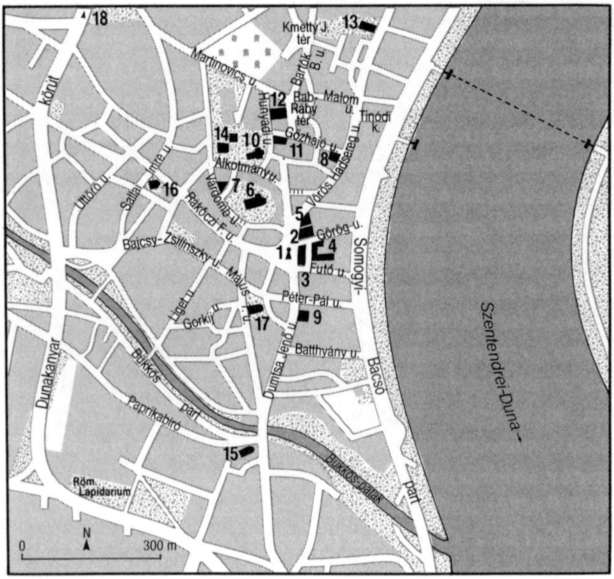

Szentendre

1 *Hauptplatz (Fő tér)*
2 *Kirche Mariä Verkündigung*
3 *Ehem. Zadruga-Haus*
4 *Kovács-Museum*
5 *Ferenczy-Károly-Museum*
6 *Pfarrkirche St. Johannes d. T.*
7 *Czóbel-Museum*
8 *Vajda-Ámos-Museum*
9 *›Steger-Haus‹*
10 *›Belgrad-Kirche‹*
11 *Serbisch-orth. Pfarrhaus*
12 *Haus Rab Ráby tér 1*
13 *Preobraženska-Kirche*
14 *Serbische Kirchenkunst-Sammlung und ehem. Bischofspalais*
15 *Požarevačka-Kirche*
16 *ehem. ›Opovačka‹ (Reformierte Kirche)*
17 *ehem. ›Čiprovačka‹ (St. Peter und Paul)*
18 *Freilichtmuseum ›Skansen‹*

Mittelpunkt und gleichzeitig berühmteste Ansicht von Szentendre ist der **Hauptplatz (Fő tér**, auch Marx tér; Abb. 32). Das *Pest-* oder *Kaufmannskreuz* stiftete die ›Privilegierte Serbische Handelsgesellschaft‹ 1752 aus Dankbarkeit für das Versiegen der Pestseuche. Die **Mariä-Verkündigungs-Kirche** (serbisch: Blagoveščenska sobor) wurde 1752–54 nach Plänen von Andreas Mayerhoffer, dem aus Salzburg stammenden Führer der Pester Baumeistergilde, errichtet. Elegant und eigenwillig nimmt sich die bis zur Mitte des Turmes hochgezogene Fassade aus. Über dem Seitenportal ist eine in der Ostkirche sehr beliebte Darstellung gemalt: Kaiser Konstantin der Große und seine Mutter, die hl. Helena, mit dem Christus-Kreuz. Die prächtige Einrichtung verbindet byzantinischen Bildinhalt mit Rokoko- und Zopfstil-Ornamenten. Die Ikonostase (Altarwand) malte Michael Živković, ein serbischer Ikonenmaler aus Buda.

Das langgestreckte Gebäude rechts von der Kirche beherbergte um 1720 eine **Zadruga** (südslawische Großfamilie) von fünf Kaufleuten. Im Erdgeschoß befanden sich Läden, in den Stockwerken die Wohnungen, im Dachboden Lagerräume, zu denen Seilwinden emporführten (heute Galerie, Eingang Vastagh György utca). – Die schmale *Griechengasse* (Görög utca), in der einst griechische Kaufleute wohnten, führt hinunter zur Donau. An der Ecke zur Vastagh György utca 1 (früher Kaufmannssitz, ›Salzhaus‹ und Poststation) steht das **Kovács-Museum** mit Werken der international preisgekrönten Keramikerin und Bildhauerin Margit Kovács (1902–1977). Sie wurde in Győr geboren und studierte in Wien,

München und Sèvres bei Paris. In ihren Werken verband sie ungarische Volkskunstmotive und das Erbe der naiven serbischen Ikonenmalerei mit unerschöpflichem Phanatsiereichtum zu ihrer unverkennbaren Menschendarstellung: liebenswürdig und natürlich, bisweilen visionär und grotesk.

Das **Ferenczy-Károly-Museum** im Zopfstil-Haus Fő tér 6 (das ehemalige serbische Gymnasium) beherbergt Werke der namhaften Künstlerfamilie: Károly Ferenczy (1862–1917), einem der ersten impressionistischen Maler Ungarns, seiner Frau Olga Fialka und ihrer Kinder, des Malers und Graphikers Valér Ferenczy, des Bildhauers Béni Ferenczy (1890–1967) und dessen Zwillingsschwester Noémi Ferenczy (gest. 1957), einer Meisterin der Gobelinkunst.

Neben dem Haus Fő tér 8 führt die schmale, von Schwibbögen überdachte Burgtreppe hinauf zum **Burghügel**, wo sich seit dem 12. Jh. das Wehrdorf St. Andreas entwickelte. Erhalten blieb nur die katholische **Pfarrkirche St. Johannes der Täufer**, die älteste Kirche in Szentendre, die dalmatinische Kroaten nach Zerstörungen durch die Türken im Barockstil erneuerten. Bei der Restaurierung kamen spätromanische und gotische Fenster zum Vorschein. Gotisch ist auch die kleine Sonnenuhr am südwestlichen Strebepfeiler des Turmes. Vom Kirchhof bietet sich ein zauberhafter Blick über Ziegeldächer und Kirchtürme bis hinaus zu den Donauauen. Im benachbarten Haus Templom tér 1 ist das **Czóbel-Museum** mit Werken des expressionistischen Malers Béla Czóbel (1883–1976) eingerichtet. – Darüber hinaus bietet Szentendre eine Vielzahl von Museen, Galerien und Wechselausstellungen von Künstlern des 20. Jh.: das **Vajda-Ámos-Museum** (Vörös Hadsereg útja 10) mit Werken des surrealistischen Malers Lajos Vajda (1908–1941) sowie seiner Freunde, des Ehepaares Imre und Anna-Margit Ámos, die *Barcsay-Jenő-Sammlung* des Malers, Graphikers und Mosaikkünstlers Jenő Barcsay (1900–1987) im ›**Steger-Haus**‹, Dumtsa Jenő utca 10, u. a.

Nördlich des Burghügels ragt der schönste Kirchturm von Szentendre auf, der kräftig dunkelrot und weiß gefaßte Westturm der 1764 vollendeten ›**Belgrad-Kirche**‹ Mariä Himmelfahrt (Alkotmány utca). Als Sitz des griechisch-orthodoxen Bischofs der Serben ist sie die eindrucksvollste der sieben Spätbarock-Kirchen der Stadt, aber meistens geschlossen. Die Ikonostase malte Vasul Ostoić aus Novisad, das Rokoko-Gitter zum Kirchhof schuf der einheimische Kunstschlosser Matthias Ginesser. Hinter dem Chor führt ein malerisches Gäßchen entlang der Friedhofsmauer zum **serbischen Pfarrhaus** in der Hunyadi utca (Bild des hl. Nikolaus von Myra). In den winkeligen Gassen weiter nördlich wohnten einst die aus Dalmatien geflüchteten (katholischen) Handwerker. Sehenswert ist das **barocke Haus Rab Ráby tér 1**, um 1780 im Besitz von Mátyás Ráby, dem Mór Jókai in seinem Roman ›Rab Ráby‹ (›Einer stach ins Wespennest‹ – er deckte die Korruption der Stadtbeamten auf) ein literarisches Denkmal setzte. Die griechisch-orthodoxe **Preobraženska-(Verklärungs-) Kirche** in der Vörös Hadsereg útja, gestiftet um 1740 von den Gerbern und Tabakbauern, besitzt eine reich geschnitzte Rokoko-Ikonostase.

Zurückgekehrt zur Belgrad-Kirche, verdient die **Serbische Kirchenkunst-Sammlung** neben dem ehemaligen Bischofspalais (Engels utca 6) Aufmerksamkeit; sie ist allerdings nur selten geöffnet. Neben Ikonen, liturgischen Geräten und Gewändern aus allen Teilen

Ungarns besitzt die Sammlung auch wertvolle Ikonen und Holzschnitzereien aus Rußland und vom Berg Athos sowie türkische Urkunden. Auch die **Požarevačka-Kirche**, zu Ehren der Erzengel Gabriel und Michael von Flüchtlingen aus Požarevac (Passarowitz südöstlich von Belgrad) gegründet, ist nur selten zugänglich (Kossuth Lajos utca, im Südteil von Szentendre). Die **Opovačka-Kirche** (Rákóczi Ferenc utca) gehört heute den Reformierten, die **Čiprovačka-Kirche** den Katholiken (St. Peter und Paul).

Das **Freilichtmuseum ›Skansen‹** (Szabadtéri Néprajzi Múzeum) liegt 3 km nordwestlich von Szentendre, an der Straße über das Pilis-Gebirge nach Visegrád. In dem ›Stara Voda‹ (serbisch: altes Wasser) genannten Flußtal, nahe den Resten einer römischen Villa, entsteht aus originalen und rekonstruierten Gebäuden das größte Dorfmuseum Ungarns. Aufgestellt sind bisher etwa 80 Einzelobjekte aus der Kleinen Tiefebene, West-Transdanubien und der Oberen Theiß-Region (Szabolcs-Szatmár), so die Reformierte Kirche aus Mánd (1790), der Glockenturm aus Nemesborzova (1670) und die einzigartige griechisch-katholische **Kirche aus Mándok**, weithin sichtbar auf der Anhöhe (Abb. 34). Sie ist das älteste erhaltene Gebäude Ungarns in Blockbauweise (1670) und vertritt gleichzeitig den Grundtyp des Kirchenbaues in den Nord- und Ostkarpaten. Die Einrichtung stammt aus den ehemaligen Komitaten Bereg und Máramaros (heute UdSSR und Rumänien). Wie bei orthodoxen Kirchen trennt die Ikonostase den Priesterchor vom Laienhaus. Über der ›Königspforte‹ (Mitteltür) zeigt die ›Festreihe‹ die zwölf wichtigsten Feste der Ostkirche. Den oberen Abschluß bildet die ›Apostelreihe‹ mit Christus in der Mitte. Vier großflächige Ikonen neben der Königspforte sind dem Kirchenpatron Nikolaus von Myra, der Muttergottes als Hodigitria (Wegführerin), Christus Pantokrator (Allherrscher) und dem sogenannten Engelschor gewidmet. Auf diesem seltenen Bildtypus erscheint der Erzengel Gabriel als himmlischer Streiter, davor Christus im Clipeus (Medaillon) mit dem Reichsapfel, ganz unten ein körperloser Cherubim (Sechsflügler).

Der Ursprung der griechisch-katholischen (oder unierten Griechen-) Kirche reicht bis in die Zeit nach der Eroberung Konstantinopels durch die Türken (1453) zurück. Bis zum Ende des 16. Jh. (1596) gelang es der römischen Kirche, einen Großteil der Orthodoxen in Polen und Ungarn zur Anerkennung des Papstes zu bewegen (statt des Patriarchen als Oberhaupt einer Nationalkirche). Mitte des 18. Jh. förderte Königin Maria Theresia die ›Heimführung‹ orthodoxer Karpato-Ukrainer (Ruthenen) und der Haiducken in die römische Mutterkirche. Bei den Serben scheiterte allerdings die ›Katholisierung‹, sie blieben griechisch-orthodox (orientalisch), wenn nötig durch Auswanderung nach Rußland. Die Liturgie feierten die Unierten bis ins 19. Jh. in altslawischer Sprache, seither Ungarisch. Unverändert blieben auch die Priesterehe, das Altarsakrament in beiderlei Gestalt (Wein und gesäuertes Brot) und die Taufe durch dreimaliges Untertauchen.

Visegrád

Die etwa 350 m vom Donauufer hochragenden Visegráder Hügel (Visegrádi hegység), die nördlichen Ausläufer des Pilis-Gebirges, schätzten die Könige einst als Jagdgebiet. Zartes Frühlingsgrün und satt-buntes Herbstlaub verleihen den dicht bewaldeten Kuppen besonderen Reiz. Am rechten Donauufer verlief der römische Limes, ein Verteidigungswall zum Schutze der Nordgrenze des Reiches. In den Ruinen römischer Wachtburgen siedelten im 8. Jh. Slawen, von denen der Name Visegrád, die ›hohe Burg‹, stammt. Im Mittelalter ließen die Árpáden- und Anjou-Könige innerhalb des vom Donauufer bis auf den Höhenkamm verlaufenden Festungssystemes einen Wohnturm und später einen Palast errichten, den König Matthias zu einer prächtigen Terrassenanlage im Stile der Frührenaissance umgestaltete.

Aus Richtung Budapest kommend, erblickt man zunächst den mächtigen **Salomon-Turm (Salamon-torony)**, den Mittelpunkt der ›Unteren Burg‹ (Alsóvár) nahe dem Donaustrom. Der Name kommt von König Salomon (1063–1074), dem Schwager und Günstling Kaiser Heinrichs IV., der vom ungarischen Adel zur Schwächung des deutschen Einflusses hier gefangengesetzt wurde. In seiner heutigen Form geht der Wohnturm auf König Béla IV. zurück, der nach dem Mongolensturm Mitte des 13. Jh. die Untere und die Obere Burg wiederherstellen ließ. Auf sechseckigem Grundriß steigen die an den Kanten 8 m dicken Mauern mehr als 30 m hoch empor. In den Türkenkriegen stürzte die Südmauer ein. Heute dient der vorbildlich restaurierte Turm als *Museum*, in dem die Plastiken des nahen Königspalastes ausgestellt sind. Im Anjou-Saal befindet sich der überwiegend aus Originalteilen zusammengesetzte Brunnen aus der Zeit König Ludwigs des Großen (1342–1382). Dieses Meisterwerk ungarischer Hochgotik stand im Ehrenhof des Königspalastes; König Matthias ersetzte ihn durch den rotmarmornen *Herkules-Brunnen* im Renaissancestil. Der Bildhauer hat den berühmtesten Helden der Antike bei der Bezwingung der neunköpfigen Hydra von Lerna nicht in kraftstrotzender Pose dargestellt, sondern als feisten Knaben auf der Schlange reitend – und damit verspielt-groteske Züge des Manierismus vorweggenommen. Schöpfer des Herkules-Brunnens wie auch der übrigen Skulpturen – die ›Madonna von Visegrád‹ (ein halbfiguriges Relief vom Hochaltar der Palastkapelle), Teile des Löwenbrunnens und ein reizvolles Kinderköpfchen – ist entweder der Hofbildhauer Giovanni Dalmata oder ein Meister aus dem Umkreis des Florentiners Desiderio da Settignano. Im obersten Saal gewährt das mit Hilfe eines Metallnetzes rekonstruierte Kreuzgewölbe einen guten Einblick in die mittelalterliche Wölbetechnik. Von der Dachterrasse bietet sich ein herrlicher Blick auf die Donau, die Befestigungsmauern und Tortürme bis hinauf zum Gipfel des Sibrik-Hügels, den die Oberburg krönt.

Die prächtige Panorama-Straße zur **Oberburg (Fellegvár)** beginnt in der Ortsmitte von Visegrád. In den Ruinen des römischen Kastells siedelte König Andreas I. um 1050 Basilianer-Mönche aus Kiew an. Um 1250 ließ König Béla IV. die Burg anlegen, in der seine Gemahlin, die byzantinische Kaisertochter Maria Laskaris, und seine Tochter Margarethe (Margit) mit den Dominikanerinnen von der Donauinsel bei Buda (Margarethen-Insel)

Der Salomon-Turm in Visegrád, Ansicht im 19. Jh.

Schutz bei einem neuerlichen Mongolen-Angriff finden sollten. Im Bergfried, dem ›Alten Turm‹, wurden die Mitgift der Königin Maria Laskaris und vom 14. bis Anfang des 16. Jh. die ungarischen Krönungsinsignien verwahrt. 1440 entwendete die Hofdame Helene Kottanerin die ›Heilige Krone‹ für Königin Elisabeths nachgeborenen Sohn Ladislaus V. (s. S. 164). 1702 sprengten die Kaiserlichen die Burg.

Der **Königliche Palast**, meist König-Matthias-Palast genannt (Zugang vom Parkplatz am Donauufer zum Hause Fő utca 27) staffelte sich einst in vier Terrassen am Berghang. Nach der Zerstörung des Wasserleitungs- und Kanalsystems durch die Türken (1526) lag der Palast mehr als 400 Jahre unter den Erdmassen verschüttet. Freiliegende Steine verwendeten deutsche Siedler (›Schwaben‹) im 18. Jh. zum Bau ihrer Dörfer. Man wußte vom Palast zwar aus zeitgenössischen Berichten, hielt diese aber für märchenhafte Übertreibungen. Nur der Archäologe János Schulek, der Sohn des Architekten Frigyes Schulek (Matthias-Kirche in Budapest), suchte unermüdlich nach Beweisen. Eines Tages stieß ein Bauer in seinem Keller auf Reste der 17 m breiten Prunktreppe. Seit 1934 durchgeführte Ausgrabungen legten etwa die Hälfte des Palastes frei.

Den ersten Palast ließ König Karl I. Robert um 1320 erbauen, da er wegen langanhaltender Thronzwistigkeiten nicht in Buda residieren wollte; gleichzeitig entwickelte sich am Donauufer eine wohlhabende Bürgerstadt. Nach einer Feuersbrunst ließ König Sigismund den Palast um 1410 als Sommerresidenz wiederherstellen, zwischen 1476 und 1484 verliehen ihm König Matthias und seine zweite Gemahlin Beatrix von Neapel-Aragonien das vielgerühmte Renaissance-Gepräge. Die Um- und Erweiterungsbauten leitete der Hofbaumeister Chimenti Camiccia; an der prunkvollen Ausgestaltung wirkten überwiegend Italiener oder in Italien geschulte Künstler. Heute läßt sich die Pracht des Palastes, den der päpstliche

Nuntius als ›Paradies auf Erden‹ pries, nur mehr erahnen. Eine genaue Beschreibung lieferte der Esztergomer Erzbischof Miklós Oláh mit seinen 1536 in Brüssel verfaßten Erinnerungen (er war Königin Maria, der Witwe des bei Mohács gefallenen Königs Ludwig II. und Statthalterin der Niederlande, als Sekretär gefolgt). Erzbischof Oláh schrieb von 350 prunkvollen Gemächern, wertvollen Kunstschätzen, einer Orgel mit Silberpfeifen, hängenden Gärten, Musenstatuen und Springbrunnen, aus denen bei Festen Wein floß.

König Matthias' Palast bestand aus zwei Blöcken, von denen der Nordteil freigelegt und zugänglich ist. Der Südteil, wohl die Residenz der Königin Beatrix, liegt noch im Berghang verborgen. Der ummauerte große Empfangshof lag ursprünglich auf Straßenniveau. Die eindrucksvollsten Palastteile beginnen nunmehr auf der *zweiten Terrasse*: Ein Gang mit Sitznischen für Wächter und Pagen führt in den relativ kleinen Ehrenhof in der Art eines Kreuzganges. Erhalten blieb nur der östliche Flügel, eines der schönsten Beispiele spätgotischer Baukunst in Ungarn. Bezeichnend für die Zeit König Matthias' (1458–1490) ist das Nebeneinander von Spätgotik und Frührenaissance. In der Mitte des Ehrenhofes verblieb eine Marmorplatte des Herkules-Brunnens, verziert mit Blatt- und Fruchtgirlanden und Wappen (Rabe der Hunyadi, doppelschwänziger Löwe von Böhmen und Streifenemblem von Altungarn, gekrönter Löwe der Stadt Bistritz in Siebenbürgen, deren Graf der König war). Weitere Originalteile kamen in den Salomon-Turm.

Die *dritte Terrasse* oberhalb des Ehrenhofes begrenzt ein Balustergeländer. Weiter südlich stand die gotische Burgkapelle aus dem 14. Jh., die König Matthias durch eine vergoldete Holzdecke und einen Marmoraltar bereicherte. Vom Kapellenhof mit den »süßduftenden Lindenbäumen« schwärmte Erzbischof Oláh. In der Felswand der *vierten Terrasse* überdauerten Reste eines Kalt- und Warmwasserbades. Im königlichen Privatgarten steht die Kopie des *Löwenbrunnens* (Abb. 35), ein prächtiges Werk der Spätgotik mit Renaissance-Anklägen. Aus Löwenmäulern floß Quellwasser in die Marmorschale. Die Säulen ruhen auf Löwen, die von Hunden bedrängt werden. Unter dem Zinnenkranz verlaufen rankenumspielte Wappen, im Baldachin erinnert das Hunyadi-Wappen an den Auftraggeber.

Esztergom (Gran)

Westlich der Stromenge bei Visegrád öffnet sich der Blick über die Donau bis in die Slowakei. Weithin sichtbar beherrscht der erzbischöfliche Dom von Esztergom, das größte Gotteshaus Ungarns und Sitz des Oberhauptes der katholischen Kirche, das ›westliche Tor zum Donauknie‹. Der Felshügel am Donauufer ist seit der Jungsteinzeit bewohnt. Auf keltischen Grundmauern entstand im 2./3. Jh. n. Chr. das Römerkastell Solva Mansio, in dem sich Kaiser Marc Aurel bei seinem Feldzug gegen die Markomannen und Quaden mehrmals aufhielt und Teile seiner ›Selbstbetrachtungen‹ verfaßte. Unter Kaiser Karl dem Großen lag hier die östlichste Festung des Frankenreiches. Großfürst Géza ließ eine Burg errichten, wohl eine der ältesten magyarischen Steinburgen, in der um 973 sein Sohn Vajk geboren wurde, der spätere erste Ungarnkönig Stephan der Heilige.

Burgberg und Wasserstadt von Esztergom, im Vordergrund Husaren, Ende 16. Jh.

Esztergom war neben Székesfehérvár die wichtigste Königspfalz und gleichzeitig Sitz der Erzbischöfe von Esztergom, die oft höchste Staatsämter bekleideten. König Béla III. (1172–1196) ging vom Brauch der Pfalzen ab und konzentrierte nach byzantinischem Vorbild geistliche wie weltliche Macht auf eine einzige, feste Residenz: die kirchlich-feudale Burgstadt Strigonium (so der lateinische Name). 1189 empfing er in seinem neuerbauten Burgpalast den deutschen Kaiser Friedrich I. Barbarossa an der Spitze des dritten Kreuzzuges. Die Mongolen konnten 1241/42 den Burghügel nicht erobern, aber sie zerstörten die Bürgerstadt an der Donau. Wenige Jahre später übersiedelten die Könige nach Visegrád und Buda, die Burg ging endgültig in den Besitz des Erzbischofs über. Der jeweilige Primas von Ungarn, der traditionell Kardinalsrang einnimmt, residiert noch heute in Esztergom.

Von 1543 bis 1683 herrschten mit kurzen Unterbrechungen die Türken; die Erzbischöfe mußten nach Tyrnau ausweichen. Bei einer der Belagerungen (1595) fiel Bálint (Valentin) Balassi (auch Balassa), Ungarns erster Lyriker. Im Gefolge des Habsburgers Erzherzog Matthias (der spätere Kaiser und König) und des Herzogs von Mantua weilte auch Claudio Monteverdi, der Schöpfer der italienischen Oper, in Esztergom. Während der Türkenzeit wurde ›Osterghun‹ zu einem verschlafenen Provinznest. Erst seit der Rückkehr der Erzbischöfe setzte im 18. Jh. wieder ein gewisser Aufschwung ein. Heute ist die malerische

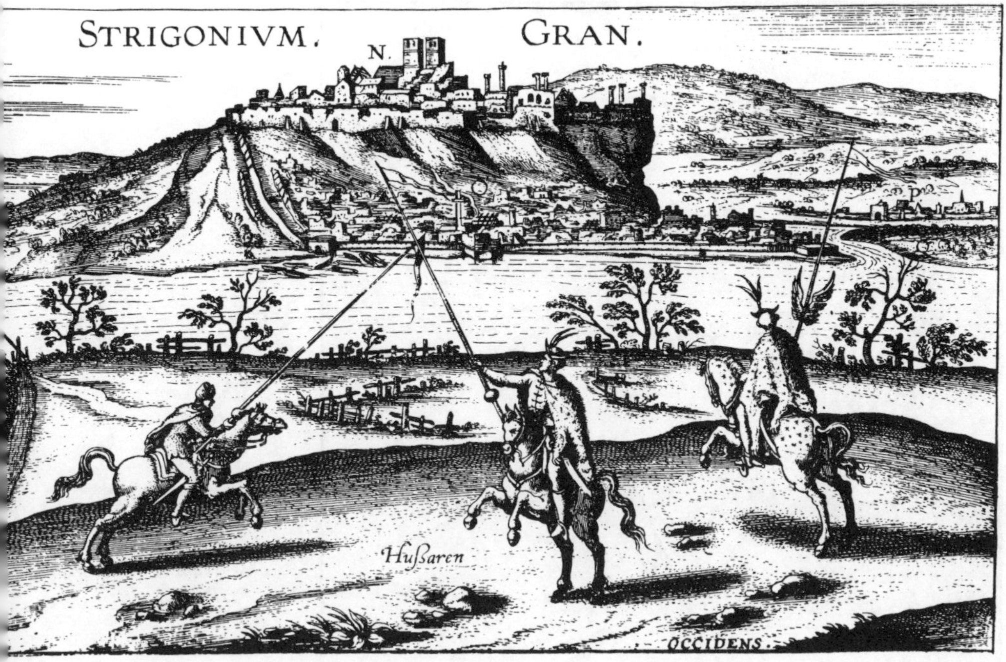

Kleinstadt (32 000 Einwohner) ein vielbesuchtes Kunstzentrum von internationalem Rang, Wallfahrts- und Ausflugsziel.

Der **Dom Mariä Himmelfahrt** erhebt sich auf dem 160 m hohen Burghügel an der Stelle der 1010 von König Stephan I. gestifteten Adalbert-Kathedrale (Bischof Adalbert von Prag, später Erzbischof von Magdeburg und Slawenmissionar, war König Stephans Erzieher). Nach der Vertreibung der Türken riß man die stark beschädigte Kathedrale ab, entschloß sich aber nach mehreren Planentwürfen nur zum Bau einer kleinen Barockirche. 1822 wurde mit der Errichtung des machtvollen, klassizistischen Domes begonnen. Zur Schaffung eines riesigen Platzes (Béke- oder Szent István tér) mußte das Gelände 7 bis 11 m abgesenkt werden, so daß alle Spuren der mittelalterlichen Burgstadt um den alten Dom verschwanden. Die Eisenstädter Architekten Johann Baptist Packh und Paul Kühnel lieferten die Pläne für ein überaus aufwendiges Projekt, das seitlich des Platzes noch ehrenhofartig angeordnete Domherren- und Seminargebäude vorsah. Nach Packhs Tod übernahm József Hild 1839 die Bauleitung, aber erst 1856 erfolgte im Beisein von Kaiser-König Franz Joseph I. die feierliche Domweihe, für die Franz Liszt die ›Graner Festmesse‹ komponierte. Obwohl der Dom kleiner als ursprünglich geplant und ohne die Nebengebäude ausfiel, ist er dennoch die größte Kirche Ungarns. Zur vollen Wirkung der Fassade drehten die Architekten den

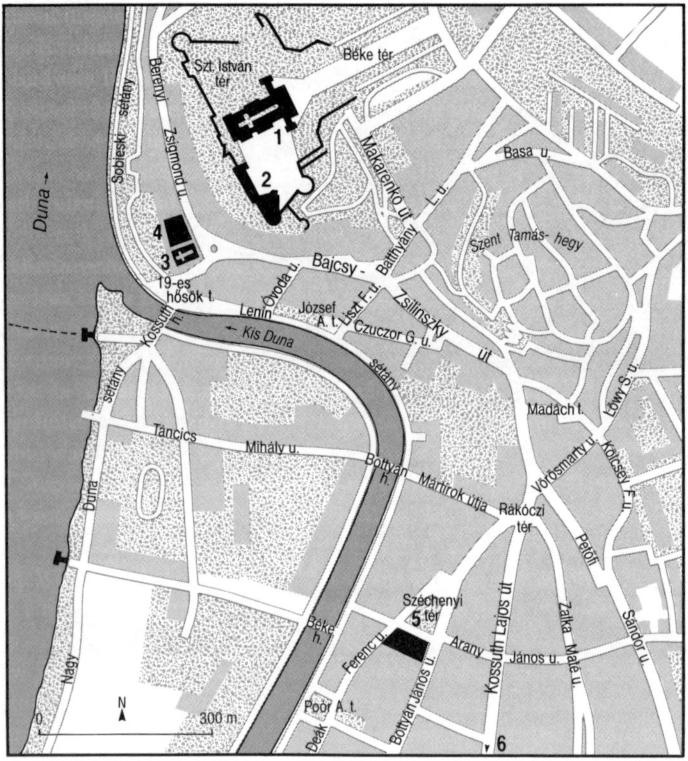

Esztergom
1 *Dom Mariä Himmelfahrt und Schatzkammer*
2 *Burgpalast*
3 *Ehem. Jesuitenkirche St. Ignatius in der ›Wasserstadt‹ (Víziváros)*
4 *Christliches Museum (Ehem. Erzbischöfliches Palais)*
5 *Széchenyi tér und Rathaus*
6 *Rundkirche St. Anna (Kerek templom)*

Haupteingang nach Osten. Beherrscht wird die *Schauseite* von einem achtsäuligen Portikus mit Dreiecksgiebel und der 107 m hohen Kuppel über einem von 24 Säulen umringten Tambour (Abb. 33). Weitausladende Seitentürme an tonnengewölbten Verbindungsarmen verleihen dem klassizistischen Gesamteindruck einen barock anmutenden Akzent. Angelegt ist der Dom als Kreuzkuppel-Kirche, ein aus altchristlichen Vorbildern in Byzanz entwickelter Kirchentyp, dem ein griechisches Kreuz zugrundeliegt, auf dessen Vierung sich die Kuppel erhebt.

Grauer Kunstmarmor läßt das *Innere* ›kalt‹, abweisend, bombastisch erscheinen. Die Reliefs innen wie außen stammen von Johann Meixner und Marco Casagrande, der Hochaltar von Pietro Bonani. Das Hochaltarblatt, eine Kopie von Tizians ›Himmelfahrt‹ (Assunta) in Venedig, malte Michelangelo Grigoletti 1846. Die *Grabkapelle des Erzbischofs Tamás Bakócz* (links vom Eingang), ein wichtiges Beispiel der florentinischen Renaissance in Ungarn (1506/07), von einem Künstler aus dem Umkreis von Giuliano da Sangallo überdauerte als einziges Kunstwerk die Zerstörung des alten Domes. Alle Teile wurden Stein für Stein abgetragen und beim Neubau wieder zusammengefügt. Rechts ist das Relief des knienden Auftraggebers mit seinem Wappen zu sehen, außerdem die Wappen seines Nachfolgers György Szathmáry und des damaligen Königs Wladislaw II. Jagiello. Den weißen Marmoraltar hat Erzbischof Bakócz 1519 vom Florentiner Bildhauer Andrea Ferucci da Fiesole gekauft. Die Verkündigungsgruppe im Aufsatz ist original, das Tabernakel und die Nischenstatuen wurden im 19. Jh. ergänzt. In der gegenüberliegenden *Stephanus-Kapelle* steht eine Statue des Erzmärtyrers vom Bildhauer István Ferenczy (1831); das Grabmal des Erzbischofs Erzherzog Karl Ambrosius von Österreich fertigte Giuseppe Pisani aus Modena an.

Die berühmte *Schatzkammer* der Erzbischöfe von Esztergom, trotz mehrfacher Plünderungen die reichste Sammlung kirchlicher Kunstwerke in Ungarn, umfaßt liturgische Geräte und Gewänder aus elf Jahrhunderten (Eingang rechts vom Chor). Zu den kostbarsten Schätzen zählen: ein Bergkristall mit eingeritzter Kreuzigung (karolingisch, aus Metz, 9. Jh.); eine Friedenskuß-Tafel aus Byzanz, Ende 12. Jh. (›Staurothek‹, Zellenschmelzfiguren, Doppelkreuz-Reliquie); das Schwurkreuz zur Königskrönung, 13. Jh.; Emaillegegenstände aus Limoges, um 1250; als Ölgefäße verwendete gotische Trinkhörner; das ›Corvinus-Prunkkreuz‹, ein seltenes Beispiel der Goldemailleplastik, gearbeitet als Kalvarienberg 1402 in Paris, der Unterteil im Stile der lombardischen Renaissance; das ›Corvinus-Trink-

Esztergom um 1890: Dom, Burgpalast und ›Wasserstadt‹ mit Ignatius-Kirche und Erzbischöflichem Palais (heute Christliches Museum)

horn‹; der ›Suki-Kelch‹, der schönste spätgotische Kelch Ungarns, und der ›große Filigrankelch‹, beide aus Siebenbürgen; die ›Báthory-Kasel‹, eine ungarische Reliefstickerei, um 1520.

Die *Krypta* (Eingang in der westlichen Turmhalle) im pseudoägyptischen Stil bewahrt einige Grabplatten von Erzbischöfen, die Marmorsäulen der Bakócz-Kapelle und zwei klassizistische Engelsfiguren vom Wiener Bildhauer Andreas Schroth.

Der königliche, seit 1256 erzbischöfliche **Burgpalast** liegt südlich (links) vom Dom. Den Kern der Anlage bildete ein Wohnturm aus dem 11. Jh., den König Béla III. gegen Ende des 12. Jh. erweitern und prunkvoll ausstatten ließ. Bei der Belagerung 1595 erlitt der Burgpalast schwerste Schäden und verfiel. Ausgrabungen und umfangreiche Restaurierungen vermochten den alten Glanz teilweise wiederherzustellen. In den beiden Eingangsgemächern befindet sich heute eine Ausstellung zur Besiedlung des Burghügels von der Jungsteinzeit bis zum Frühmittelalter. Im dritten Raum steht ein Modell der ›Porta speciosa‹, die König Béla III. als offizielle Königspforte an die Westfassade der Adalbert-Kathedrale setzen ließ. Dieses (zerstörte) spätromanische Prunkportal diente als Vorbild für die Mönchspforte in Pannonhalma (s. S. 257). In den Kasematten sind Originalplastiken des mittelalterlichen Burgpalastes ausgestellt. Der *›Stephans-Saal‹*, der im 19. Jh. einzige bekannte romanische Teil der Burg, wurde für den Geburtsort König Stephans gehalten und zu einer Kapelle umgebaut. Die Bruchstücke des erzbischöflichen Throns stammen vom Ende 12. Jh.

Der *János Vitéz-Saal*, der Hauptsaal des alten Wohnturmes, ist heute durch eine Mauer unterteilt. Erzbischof János Vitéz (1408–72), namhafter Humanist, Erzieher König Matthias' und Onkel des Janus Pannonius (s. Pecs, S. 307), ließ den Saal als Arbeits- und Empfangszimmer mit Renaissance-Wandmalereien, vermutlich von italienischen Künstlern (Alberto da Firenze?) schmücken. Vorbild mag in mancher Hinsicht der florentinische Maler Filippino Lippi gewesen sein, der für König Matthias gearbeitet hat. Dem Zeitgeschmack entsprechend umfaßten die Darstellungen ein Horoskop des Auftraggebers und

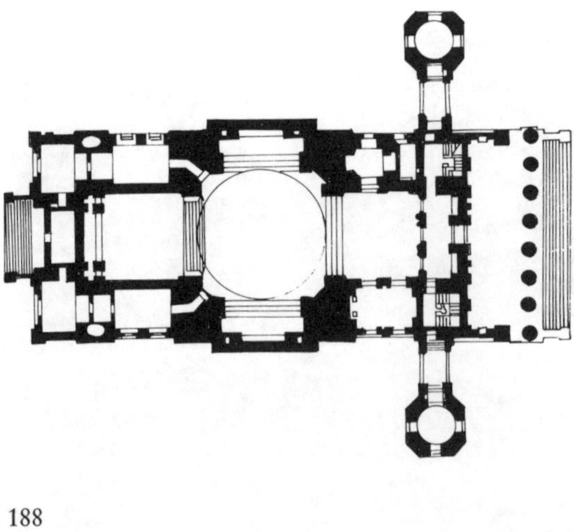

Esztergom, Dom Mariä Himmelfahrt, Grundriß

einen Triumphzug der Planeten (Reste am Gewölbebogen und der Trennwand). Wesentlich besser erhalten blieben die allegorischen Frauengestalten der vier Kardinaltugenden in antikisierenden Rundbogenarkaden: die Klugheit (Prudentia) mit dem Spiegel der Selbsterkenntnis, die Mäßigkeit (Temperantia) bei der Mischung von Wasser und Wein, die Stärke (Fortitudo) mit Streitkeule und Säule sowie die Gerechtigkeit (Justitia) mit Waage und Schwert. Vom zweiten Stock des Wohnturmes überdauerte nur eine Aussichtsterrasse.

Eine mittelalterliche Treppe führt hinab in das Erdgeschoß des Wohnturmes, wo die Grundmauern einer Rundkapelle, vermutlich der Burg- und Pfalzkapelle St. Veit aus dem 10./11. Jh., freigelegt wurden. (Die Schirmherrschaft des hl. Veit/Vitus weist auf Prag: Der sizilianische Märtyrer des 4. Jh. ist der Lieblingsheilige der Slawen.)

Auf einem anderen Weg gelangt man vom Wohnturm zur **Burgkapelle.** Die Westfassade, gegliedert durch eine Fensterrose und ein Stufenportal, steht noch in der Tradition der Romanik, die Chorapsis ist hingegen das Hauptwerk der französisch inspirierten Frühgotik in Ungarn (Ende 12. Jh.). Die Bindungen zu Frankreich waren zu jener Zeit sehr eng: König Béla III. war in zweiter Ehe mit Margarethe, der Tochter König Ludwigs VII. von Frankreich, vermählt, ungarische Geistliche studierten in Paris, französische Zisterzienser, Baumeister und Steinmetzen verbreiteten die Frühgotik aus dem Raum um Paris in Ungarn. In der Chorapsis wurde die Grundforderung der Gotik in schönster Weise verwirklicht: das ›Steigen‹ der Wand, die Verleugnung der Schwere des Steins (der altchristliche Raum ›strömte‹ waagerecht, der romanische steht senkrecht). Kreuzrippengewölbe wachsen aus Doppelsäulen und bündeln sich im Schlußstein mit einem Relief der Hand Gottes.

Hohe Steinmetzkunst verraten die Knospenkapitelle und die ›normannischen‹ Zackenbögen der Seitenportale. Doppelsitznischen gliedern das annähernd quadratische Schiff. Ein bartloses Steinhaupt mit Lockenfrisur und ein bärtiger Kopf mit zerzaustem Haar galten lange Zeit als Abbilder des französischen Baumeisters und seines ungarischen Gehilfen. Wie die beiden Männchen im Südportal weisen sie aber eher in die dualistische Welt von Christen- und Heidentum, den Urkampf zwischen Gut und Böse. Von der ursprünglichen Gesamtausmalung überdauerten nur Spuren im Chor (Löwe mit Palmetten, ein byzantinisches Gewebe imitierend). Um 1340 malte ein italienischer Meister (Nicolo di Tommaso?) in der Nachfolge der florentinischen Trecento-Malerei (Giotto) vorzügliche Brustbilder von Aposteln in die Sitznischen.

Die **Wasserstadt (Víziváros)** schmiegt sich entlang der Kleinen Donau (Kis Duna), einem regulierten Donauarm, an den Fuß des Burghügels. Schönstes Bauwerk ist die **ehemalige Jesuitenkirche St. Ignatius** mit elegant vorschwingender Fassade, 1728 bis 1738 von einem unbekannten Baumeister aus dem Jesuitenorden errichtet. Die Türme kamen erst Ende 18. Jh. hinzu, die Spitzhelme im 19. Jh. Im Zweiten Weltkrieg wurden die Fresken vernichtet. Das moderne Hochaltarbild von Imre Gaal zeigt die Verklärung des Ordensgründers Ignatius von Loyola. Die *Mariensäule* auf dem Kirchplatz wurde 1740 anläßlich des Versiegens der Pest gestiftet (Statuen der Pestpatrone Rochus, Sebastian, Carlo Borromeo, Antonius; im Sockel Rosalia von Palermo).

Das *ehemalige Erzbischöfliche Palais* (rechts von der Kirche) beherbergt das **Christliche Museum (Keresztény Múzeum),** das bedeutendste ungarische Provinzmuseum und gleichzeitig die größte Privatsammlung des Landes mit staatlicher Förderung. Den Grundstock bildeten die Sammlungen von Fürstprimas János Simor und Bischof Arnold Ipolyi, die römische Kollektion Bertinelli und Ankäufe aus Köln. Im ersten Raum verdient das holzgeschnitzte ›Heilige Grab‹ Aufmerksamkeit, ein spätgotischer Prozessionsschrein für Osterumzüge und Passionsspiele (um 1470/80) aus Garamszentbenedek/Slowakei. Besonders reich ist das Museum an spätgotischen Tafelbildern und Schnitzwerken aus den wohlhabenden Bergbaustädten Siebenbürgens und Oberungarns, die von den Türken weitgehend verschont blieben. Ausgeführt sind die meisten Tafelbilder in Öl- oder Tempera-Malerei, einige in Mischtechnik (z. B. von Memling). Herausragende ungarische Maler sind Tamás Kolozsvári (Thomas von Klausenburg) und der ›Meister MS‹, dessen vier Passionstafeln von einem Marienaltar (1506) Hauptwerke der ›Donauschule‹ darstellen. Außerdem besitzt das Museum Bilder italienischer Maler (Duccio di Buoninsegna aus Siena, Fra Filippo Lippi aus Florenz), von Niederländern (›Schmerzensmann‹ von Hans Memling), Franzosen, Deutscher und Österreichern (Maulbertsch). Die kunstgewerbliche und volkskundliche Sammlung umfaßt einen prächtigen Majolika-Ofen aus Salzburg (Renaissance, um 1570), Gold- und Silberschmiedearbeiten, Elfenbein-Schnitzereien, Habaner Keramik (s. S. 361), flämische Gobelins, türkische Teppiche, russische und griechische Ikonen usw.

Die Bürgerstadt entwickelte sich um den **Széchenyi tér,** den mittelalterlichen Marktplatz. Reizvolle Bürgerhäuser des 18. und 19. Jh. säumen die Grünanlage und die Seitengassen. Die Südseite des Széchenyi tér nimmt das **Rathaus** ein, Ende des 17. Jh. im Besitz von János Bottyán (genannt Vak, der Blinde) – er verteidigte Esztergom 1685 erfolgreich gegen die Türken (s. S. 192) –, um 1770 mit einer Rokoko-Fassade geschmückt. Auf dem Hősök tere (Heldenplatz) an der Straße nach Dorog steht die ›Rundkirche‹ (Kerek templom) **St. Anna,** ein dem Pantheon in Rom nachempfundener Zentralbau, den Johann Packh als Modell für den Dom entwarf und der wiederum als Vorbild für andere klassizistische Rundkirchen diente (Balatonfüred, Szilvásvárad).

Vác (Waitzen)

Im Gegensatz zum Touristenzentrum Szentendre bewahrte die Landstadt Vác (36 000 Einwohner) ihr ›Eigenleben‹, ihre Gemütlichkeit und Stille (Farbabb. 8). Am schönsten wirkt sie von der Donaufähre (über die Szentendre-Insel), wenn sich die Kirchtürme bei Sonnenuntergang im Wasser spiegeln. Vác hat eine bewegte Vergangenheit: Vom Römerkastell Uvencum im ›Barbarenland‹ (also jenseits des Limes) berichtete schon der ägyptische Geograph Ptolemäus im 2. Jh. n. Chr. König Stephan I. stiftete um 1010 ein Bistum, im Hochmittelalter entwickelte sich eine wichtige Handelsstadt auf dem Wege von Pest nach Oberungarn. Mongolen und Türken verwüsteten Vác noch stärker als die anderen Städte im Donauknie. An ihre erste Blüte erinnert daher nur mehr ein Stück Stadtmauer nahe der

Dom von Vác, klassizistische Fassade von Isidore Canevale

Donau. Erst seit der Rückkehr der Bischöfe im 18. Jh. begann ein neuer Aufschwung. Die Eröffnung der ersten ungarischen Bahnlinie von Pest im Jahre 1846 förderte die wirtschaftliche Entwicklung. Am Fuße der Cserhát-Berge haben sich etliche Industriebetriebe angesiedelt, von denen aber die malerische Altstadt unberührt blieb.

Der große, dreieckige **Március 15 tér** (Platz des 15. März), schon im Mittelalter Marktplatz und Zentrum der Bürger- oder Oberstadt, zählt zu den schönsten spätbarocken Bauensembles in Ungarn. Das *Rathaus* (Nr. 11) zieren ein Marienrelief und schmiedeeiserne Rokoko-Gitter. *Kloster* und *Spital der Barmherzigen Brüder* (Nr. 9) dienen heute als städtisches Krankenhaus und griechisch-katholische Kirche. Das Haus Nr. 6, im Kern mittelalterlich und im 18. Jh. vorübergehend Bischofsresidenz, beherbergt seit 1802 eines der ältesten *Taubstummen-Institute* Europas. Die spätbarocke **Dominikaner-Kirche** (heute Oberstädtische Pfarrkirche zur Rosenkranz-Königin) zeichnet eine reizvolle Nordfassade und eine qualitätvolle Rokoko-Ausstattung (um 1760) aus. Das predellenartig angeordnete, querformatige Bild ›Christus und seine Jünger‹ im Hochaltar ist hundert Jahre älter: signiert 1664 vom italienischen Manieristen ›C. V. Savoy‹.

Vor der ehemaligen **Piaristenkirche St. Anna** (derzeit in Restaurierung) auf dem Szentháromság tér (Dreifaltigkeitsplatz) steht eine künstlerisch beachtenswerte **Dreifaltigkeits-** und **Pestsäule,** gestiftet 1750 von Bischof Althann (Wappen).

Mittelpunkt der Bischofsstadt ist der **Konstantin tér** vor dem Dom. 1760 begann Bischof Károly Graf Esterházy mit der Errichtung des Domes Mariä Himmelfahrt, kurze Zeit später übernahm er den Bischofsstuhl von Eger (s. S. 327). Neuer Bischof wurde Christoph Graf Migazzi, der beste Beziehungen zum Wiener Hof unterhielt und Vác als Sprungbrett für seine ehrgeizigen Pläne ansah. Er schenkte Vác den damals ›modernsten‹ Dom von ganz Ungarn: Während die größeren Bischofsstädte – z. B. Győr, Eger, Székesfehérvár – noch am konservativ ›verzopften‹ Spätbarock festhielten, wurde gerade das kleine Vác zum Wegbereiter des Klassizismus. Unmittelbaren Anlaß bot der Besuch Königin Maria Theresias im Jahre 1764. Bischof Migazzi bereitete ihr im wahren Sinne des Wortes einen ›triumphalen‹ Empfang. Am nordwestlichen Stadteingang (heute Dózsa György út) ließ er vom kaiserlichen Hofbaumeister Isidore Canevale einen **Triumphbogen** errichten, ein einzigartiges Baudenkmal des klassizierenden römischen Spätbarocks in Ungarn. Die Reliefporträts auf der Attika erinnern an antike Imperatorenköpfe. Als Huldigung an das Haus Habsburg-Lothringen sind Königin Maria Theresia und ihr Gemahl Kaiser Franz I. (Franz Stephan von Lothringen) abgebildet, außerdem ihre ältesten Söhne, die Erzherzöge Joseph und Leopold (später Kaiser und König Joseph II. und Leopold II.). An die ersten Habsburger auf dem ungarischen Thron erinnern die Reliefs der Kaiser und Könige Ferdinand I. und Maximilian II. (16. Jh.).

Im Auftrag Bischof Migazzis veränderte Isidore Canevale die Pläne für den **Dom** stark im Sinne des Klassizismus. Als Bauleiter waltete Gáspár Oswald aus dem Piaristenorden. Die von zwei gedrungenen Türmen flankierte Fassade wirkt eher starr als elegant; die Statuen auf der Attika über dem mächtigen Säulenportikus schuf Josef Bechert. Beachtlicher Kunstwert kommt Teilen der Innenausstattung zu: Franz Anton Maulbertsch malte 1770 das Fresko in der Kuppel (hl. Dreifaltigkeit, Evangelisten) und am Hochaltar (Mariä Heimsuchung), Martin Johann Schmidt, der ›Kremser-Schmidt‹ aus Krems/Stein in der Wachau, zwei Altarblätter nahe dem Haupteingang (hl. Nikolaus, hl. Johannes Nepomuk). In der Krypta werden Reste des mittelalterlichen Domes verwahrt.

Die barocke **Franziskaner-Kirche** zum Heligen Kreuz und das **Gymnasium** auf dem Géza király tér (König Géza-Platz) erheben sich über den Grundmauern der Königsburg des 13. Jh. Zum Kirchenbau (1721) verwendete man auch Steine vom abgebrochenen mittelalterlichen Dom. Die Bauplastik kam in das ortsgeschichtliche **Vak-Bottyán-Museum** (Múzeum utca 6, südlich vom Dom). Vak Bottyán (der ›Blinde‹) war ein Mitstreiter des Fürsten Ferenc II. Rákóczi gegen die Habsburger zu Beginn des 18. Jh.

Die Straße nach Budapest führt über die barocke Steinbrücke am Gombás-Bach, erbaut 1753 von Ignác Oracsek. In **Vácrátót** liegt der 1872 gegründete schönste *Botanische Garten* des Landes mit seltenen Pflanzen aus allen Erdteilen. Im klassizistischen *Schloß* finden im Sommer Konzerte statt.

1 BUDAPEST Matthias-Kirche und Dreifaltigkeitssäule

2 BUDAPEST Blick auf Donau und Kettenbrücke ▷

3 BUDAPEST Burgviertel, Fischerbastei

4 BUDAPEST Matthias-Kirche, Dachdetail

5 BUDAPEST Martinelli tér, Jugendstil-Giebel mit Mosaik der ›Patrona Hungariae‹

6 BUDAPEST Gellért-Thermalbad

7 BUDAPEST Konditorei Gerbeaud

8 VÁC Abendstimmung an der Donau

9 ÓCSA Romanische Kirche und Bauernhäuser

10 VESZPRÉM Bischöfliches Palais und Dom

11 GYŐR Ignatius-Kirche, Fresken im Chorgewölbe von Paul Troger

12 FERTŐD Schloß Esterhazy, Festsaal

13 RÁCKEVE Serben-Kirche, byzantinische Fresken ▷

14 Weinhänge am St. Georgs-Berg (Plattensee) bei Hegymagas

15 Abendstimmung am Balaton (Plattensee)

16 Vulkanberge am Balaton

18 Schafherde mit Hirt in der Hortobágy-Pußta ▷

17 Toter Theiß-Arm bei Tőserdő

19 Paprika-Feld bei Kalocsa

20 ›Paprika-Haus‹ in der Großen Tiefebene bei Baja

21 Pflügende Bauern im Bakony-Wald

23 SÜMEG Pfarrkirche, Fresken ›Anbetung der Könige‹ von Franz Anton Maulbertsch ▷

22 Volkstanz in Pécsvárad

24 SZEGED Große (Neue) Synagoge, Glaskuppel

25 GRÁBÓC Klosterkirche,
Ikone in Zopfstil-Rahmen

26 KECSKEMÉT ›Bunter Palast‹, Fassadendetail

28 EGER Blick auf Minoriten-Kirche und Dom

◁ 27 SOPRON ›Feuerturm‹ und Storno-Haus

30 EGER Lyzeum, Fresken ›Konzil von Trient‹ im Bibliothekssaal ▷

29 MISKOLC Burg Diósgyőr

Die Donauinsel Csepel

Das Städtchen Ráckeve auf der etwa 54 km langen Donauinsel südlich von Budapest bietet zwei herausragende Sehenswürdigkeiten: das ehemalige Schloß Savoyen und die interessanteste Serben-Kirche ganz Ungarns. Die Zufahrt über die Nordspitze der Insel wirkt wegen der größten Budapester Eisen- und Metallwerke kaum einladend. Von Westen her führen aber keine Brücken nach Ráckeve, sondern nur Fähren bei Ercsi und Adony. So empfiehlt sich die Zufahrt über die Straße 51, die am Westrand der Großen Tiefebene parallel zur Donau verläuft (Abzweigung bei Kiskunlacháza). Den östlichen Donauarm (Soroksári Duna) schätzen die Budapester als Angler- und Badeparadies.

Mitte des 10. Jh. gehörte die Insel dem Magyaren-Fürsten Taksony. Das malerische Städtchen **Ráckeve** gründeten im Jahre 1440 Serben (Rác), die aus ihrem Heimatdorf Kovin (Keve) südöstlich von Belgrad vor den Türken flüchten mußten. 1487 erbauten sie die erste Steinkirche, Anfang des 16. Jh. kamen die gleichfalls spätgotischen Südkapellen und der freistehende Glockenturm dazu, dessen Stockwerke und Rokoko-Haube erst um 1760. Diese griechisch-orthodoxe **Kirche der Serben** (Görögkeleti Szerb templom) nimmt in doppelter Hinsicht eine Sonderstellung ein: Sie wurde nicht nach dem Vorbild byzantinischer Kuppelkirchen im mittelalterlichen Serbien errichtet, sondern man griff den hierzulande verbreiteten spätgotischen Stil auf. Nur die Dreiteilung des Saales entspricht den liturgischen Vorschriften der Orthodoxie: Altarraum für die Priester, Schiff (Naos) für die Männer, Vorhalle (Pronaos) für die Frauen.

Einzigartig in Ungarn sind auch die *Fresken* im spätbyzantinischen Stil, eingebettet zwischen spätgotischen Netzrippengewölben (Farbabb. 13)! Der Name des Künstlers ist überliefert: Todor Gruntovics, der scheinbar die alten Fresken aus dem späten 15. Jh. zwischen 1765 und 1771 übermalt hat. An der Freilegung von Teilen der ursprünglichen Gesamtausmalung wird gearbeitet. Dargestellt sind übliche Themen der Ostkirche: im Gewölbe Christus als Pantokrator (Allherrscher), umringt von Erzengeln und himmlischen Streitern, die Muttergottes, Propheten, an den Wänden der Erdenwandel Christi, beginnend mit seiner Geburt auf der Südseite und endend mit der Himmelfahrt im Altarraum, an der Westwand das Jüngste Gericht, in den Kapellen der Stammbaum Christi (Wurzel Jesse) und körperlose Sechsflügler (Seraphim). Die kostbare Ausstattung ist spätbarock (Ikonostasis von 1768). An der Kirchentür werden zwar die Öffnungszeiten exakt angegeben, aber nur zeitweise eingehalten.

Das ehemalige **Schloß Savoyen** liegt nördlich der Donaubrücke. Prinz Eugen von Savoyen, der größte Feldherr seiner Zeit und finanzkräftigste Kunstmäzen des Wiener Hochbarocks, bestimmte nach seinem epochalen Sieg über die Türken bei Zenta (1697) Ráckeve zum Mittelpunkt seiner ungarischen Besitzungen. Gleichzeitig beauftragte er den

◁ 31 KISKUNFÉLEGYHÁZA Rathaus, Jugendstil-Giebel

genialen Architekten Lukas von Hildebrandt (geb. 1668 in Genua, gest. 1745 in Wien), den er in Oberitalien als Feldingenieur schätzen gelernt hatte, mit der Errichtung eines Lustschlosses. Im Gegensatz zum klassisch ›kühlen‹ Barock Johann Bernhard Fischer von Erlachs vertrat Hildebrandt den festlich-heiteren Barock mit prunkvollem Dekor an allen Baugliedern. Sein Lebenswerk krönte er um 1720 mit dem Schloß Belvedere in Wien.

Das 1702 vollendete Schloß in Ráckeve war Hildebrandts erstes Großprojekt im Dienste Prinz Eugens, aber durchaus schon ein Meisterwerk. Die Ehrenhofseite beherrscht der prächtig geschmückte Mittelrisalit mit dem Wappen des Bauherrn (Abb. 36). Auf der Baluster-Attika stehen mythologische Figuren, denen sich Prinz Eugen besonders verbunden fühlte: Herkules, der stärkste Held der griechischen Sage, Anchises und Äneas aus Troja als Stammväter des römischen Kaiserhauses, der Göttervater Jupiter, Flora und Diana als Verkörperungen von Frühling und Herbst, u. a. Den achtseitigen Tambour krönte einst ein geschwungenes Mansardendach, nach einem Brand Anfang des 19. Jh. setzte man die behäbig wirkende Kuppelhaube auf. Um 1750 erweiterte Hildebrandts Schüler Andreas Mayerhoffer die U-förmige Schloßanlage durch zwei Stallflügel zu einem Rechteck. Vor einigen Jahren wurde das Schloß als ›Haus der Architekten‹ und Konferenzzentrum wiederhergestellt. Im Mitteltrakt liegt der Gartensaal (Sala terrena); spärliche Reste von Laubbandwerk-Stukkaturen lassen die einstige Eleganz der Ausstattung erahnen.

Auf der Rückfahrt nach Budapest empfiehlt sich ein Umweg nach **Ócsa** an der Fernstraße Budapest – Kecskemét durch das *Landschaftsschutzgebiet Ócsa,* den Rest eines großen Moores zwischen Donau und Theiß. Weithin sichtbar ragen die Zwillingstürme der **Reformierten Kirche** empor, eines der großartigsten Baudenkmäler Ungarns im Stile der Spätromanik (Farbabb. 9). Die festungsartige Anlage bildet einen überaus reizvollen Kontrast zu einer Gruppe strohgedeckter Bauernhäuser mit Storchennestern. Ócsa wurde zu Beginn des 13. Jh. als Sitz einer mächtigen Propstei des Prämonstratenser-Ordens erstmals urkundlich erwähnt. Der Mongolensturm unterbrach die Bauarbeiten an der dreischiffigen Basilika, fertiggestellt wurde sie um 1250. Nach der Auflösung der Propstei durch die Türken übernahmen Calvinisten im Jahre 1560 die baufällige Kirche, die sie behelfsmäßig ausbesserten; eine durchgreifende Restaurierung begann 1896. Sowohl das Äußere als auch das Langhaus im Inneren werden von wuchtigen, ›erdenschweren‹ Formen der Spätromanik bestimmt, im Querschiff und den drei Chören kündigt sich dagegen schon der Höhendrang burgundischer Frühgotik an (s. Zsámbék, S. 229). So wechseln auch an den Pfeilern strenge Würfelkapitelle mit zarten Knospen- und Rankenformen. Freigelegte Fresken im Hauptchor vom Ende des 13. Jh. zeigen Apostel, die hll. Nikolaus und Georg, die Legende des hl. Ladislaus und das Jüngste Gericht.

Westungarn (Transdanubien)

Von Nickelsdorf/Hegyeshalom nach Győr

Mosonmagyaróvár (30000 Einwohner) entstand 1939 aus der Vereinigung von Mosony (Wieselburg) und Magyaróvár (Ungarisch Altenburg). Die Altstadt um die Pfarrkirche und die Burg verbreitet noch den Eindruck eines gemütlichen Landstädtchens der Jahrhundertwende. Nahe der Mündung der Lajta (Leitha) in die Mosoner Donau (Mosoni Duna) oder Kleine Donau (Kis Duna) errichteten die Römer im 1. Jh. n. Chr. die Grenzfeste Arx Flexum. Seit dem 11. Jh. galt Wieselburg als ›Porta Hungarica‹, als ›Tor zu Ungarn‹, um dessen Besitz Österreicher, Böhmen und Ungarn rangen. Die Herren von Győr erbauten Mitte 13. Jh. die erste Steinburg, die **›Alte Burg‹ (Óvár).** Um 1630 nach neuester italienischer Festungstechnik erweitert, wurde sie zweimal beim Vormarsch der Türken gegen Wien (1529, 1683) eingeäschert. Ende des 18. Jh. kamen Burg und Herrschaft Ungarisch-Altenburg in den Besitz Herzog Albrechts von Sachsen-Teschen, den Begründer der weltberühmten graphischen Sammlung ›Albertina‹ in Wien und Statthalter in Ungarn, der mit Erzherzogin Marie-Christine, der ältesten Tochter Kaiserin Maria Theresias, vermählt war. An der 1818 gegründeten landwirtschaftlichen Fachschule (heute ein Teil der Agrar-Universität) studierte 1822/23 auch der Dichter Nikolaus Lenau.

Die barocke **Pfarrkirche** auf dem Szent László tér (St. Ladislaus-Platz) bewahrt Erinnerungen an Erzherzog Friedrich, den letzten Majoratsherrn von Ungarisch-Altenburg und bis 1917 Oberbefehlshaber der österreichisch-ungarischen Armee, und an seine Gemahlin Erzherzogin Isabella, geborene Prinzessin Croÿ. Um 1770 wurde die Kirche im Zopfstil vollendet und mit Fresken geschmückt: im Chor die Muttergottes bei der Überreichung des Rosenkranzes an den hl. Dominikus, im himmlischen Gefolge zwei Mohren und eine ›Haremsdame‹, von einem unbekannten Künstler. Im Langhaus malte Franz Schellmayer aus Wien Szenen aus dem Leben des hl. Paulus. Von ihm stammt auch das Hochaltarblatt, das beliebte Thema ›König Stephan vor seiner Lehensherrin, der Muttergottes‹. An der Hauptstraße, der Lenin út, reihen sich denkmalgeschützte Bürgerhäuser, meistens mit Barockfassaden. Das **Hanságer Museum** (Lenin út 121), eine der ältesten Provinzsammlungen Ungarns, zeigt Ortsgeschichte sowie Archäologie und Volkskunde des Landstrichs Hanság, der vom Ostufer des Neusiedler Sees in die Kleine Tiefebene reicht.

Die *›Kleine Schütt‹* (Szigetköz) zwischen Mosonmagyaróvár und Győr bewahrt in weitverzweigten toten Flußarmen und Sumpfwäldern eine charakteristische Fauna und Flora. In

Hédervár steht das *Khuen-Hédervàry-Schloß,* im Mittelalter ein Glied der westungarischen Burgenkette, in der Renaissance zur heutigen Form verändert.

In **Lébény (Lébénymiklós),** 5 km südlich der Hauptroute nach Győr, erhebt sich die großartige, spätromanische **Kirche St. Jakob** (Abb. 37). Ende des 12. Jh. stifteten die Grafen Csépán und Pot von Győr eine Sippenkirche mit einer kleinen Benediktinerabtei, die 1206 geweiht wurde. Als älteste der westungarischen Geschlechterkirchen diente Lébény als Vorbild für andere Bauten dieses Typs, auch für Ják, aber sie wurde in den Türkenkriegen viel stärker beschädigt. Der Außenbau – eine dreischiffige Basilika mit zwei wuchtigen

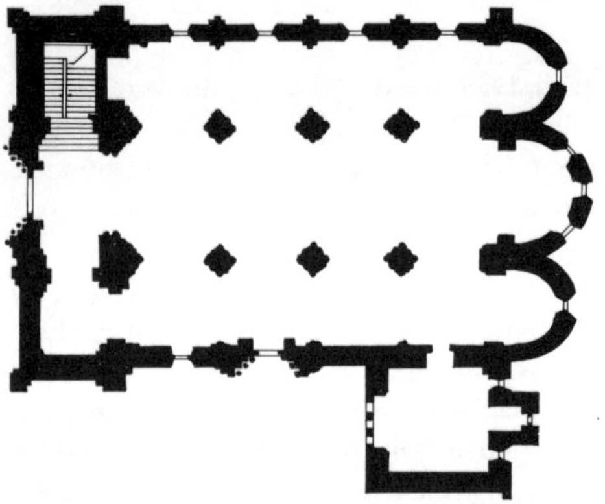

Lébény, St. Jakob, Grundriß

Westtürmen und drei halbrunden Apsiden – blieb weitgehend erhalten. Das Westportal zieren Pflanzenornamente, das Südportal (Abb. 38) auch Zackenmuster und ein Engelrelief, aber nicht der bei den Benediktinern übliche Dämonenzauber (wohl unter Einfluß der Zisterzienser wie in Pannonhalma, s. S. 256). Die Turmhelme rheinischen Typs und der obere Teil des Nordturms stammen von der Restaurierung im 19. Jh. unter August Essenwein, dem Leiter des Germanischen Museums in Nürnberg. Originale Kreuzrippengewölbe überdauerten nur im Westteil; die barocken Gewölbe ließen die Jesuiten im 18. Jh. einziehen. Über den romanischen Bündelpfeilern setzen im Mittelschiff halbrunde Dienste an, die in der Fensterzone in Knospenkapitellen auslaufen. Die Glasgemälde schuf Lili Á. Sztehlós 1953.

Győr (Raab)

Etwa auf halbem Wege zwischen Wien und Budapest liegt Győr, von alters her das wirtschaftliche und kulturelle Zentrum Nord-Transdanubiens und die größte Stadt der Kleinen Tiefebene (130000 Einwohner), neben Eger und Székesfehérvár die schönste Barockstadt

Ungarns. Gründung und Namen verdankt die ›Stadt der Gewässer‹ ihrer strategisch wichtigen Lage an der Mündung von Rába (Raab), Rábca (Rabnitz) und Marcal in die Mosoner- oder Kleine Donau. Aus der keltischen Festung Arrabona ging die gleichnamige römische Militär- und Zivilstadt am Donaulimes hervor. Im 6. Jh. errichteten die Awaren an dieser Stelle ihren Hauptort, dessen ringförmige Erdschanzen im Stadtnamen weiterleben (gyűrű = Ring). 797 zerschlug das Heer Kaiser Karls des Großen das Awarenreich in der Schlacht an der Raab. Anfang des 11. Jh. entwickelte sich um den von König Stephan I. gegründeten Dom die Bischofsstadt, weiter östlich die königliche Stadt. Mongolen, Grenzkriege gegen Österreich und Brände zerstörten Győr, aber immer wieder erstand die Stadt auf den Trümmern ihrer Vorläuferinnen. Obwohl die Türken nur vier Jahre hier hausten (1594 bis 1598), hinterließen sie eine Stätte der Verwüstung, die sie Janik-Kala nannten, die verbrannte Berg. Vom 17. Jh. an begann ein neuer wirtschaftlicher Aufschwung: Győr bewährte sich als idealer Umschlagplatz für das ungarische Getreide und Vieh. Die Nähe der Kaiserstadt Wien färbte auf das spätbarocke Stadtbild ab. 1809 schlug Eugène de Beauharnais ein ungarisches Adelsaufgebot in der Schlacht von ›Raab‹ (der deutsche Name steht auf dem Pariser Arc de Triomphe eingemeißelt), der einzigen Schlacht während der napoleonischen Kriege auf ungarischem Boden. Bei seinem Einzug in Győr ließ Napoleon einen Teil der alten Burg schleifen. Im 19. Jh. wurde Győr durch die Eisenbahn mit Wien verbunden, lange bevor die Linie nach Budapest führte.

Aus Richtung Wien kommend, begrüßt den Besucher auf dem Szabadság tér das mächtige neobarocke *Komitatsratshaus* mit seinem 60 m hohen Mittelturm. Bester Ausgangspunkt zur Besichtigung des Dom-(Burg-)viertels ist der **Köztársaság tér** (Platz der Republik) am Ufer der Raab. Die **Karmeliter-Kirche,** ein ovaler Kuppelbau und seltenes Beispiel des römischen Barocks in Ungarn, errichtete der Ordensbaumeister Martin Witwer 1721 bis 1725 nach dem Vorbild der Mutterkirche in Rom. Martino Altomonte aus Neapel malte die vier Nebenaltarbilder: den Moldausturz des hl. Johannes Nepomuk, den Tod des hl. Josef sowie die Karmeliter-Mystiker Johannes vom Kreuz und Teresa von Avila. Altomonte kam 1703 als kaiserlicher Kammermaler nach Wien und zählte zu den meistbeschäftigten Künstlern des österreichischen Barocks; ihm folgte sein nicht minder begabter Sohn Bartolomeo Altomonte. Die Plastiken schuf der Karmeliter-Bruder Franz Richter. Vor der Kirche erinnert ein *Denkmal* an *Károly Kisfaludy* (1788–1830), neben József Katona der erste ungarische Dramatiker. – Die Ostseite des Platzes begrenzen zwei palastartige Wohnhäuser, vorzügliche Beispiele des ungarischen Bürgerbarocks: das **Altabak-Haus** (Nr. 12) und das **Ott-Haus** (Nr. 13), erbaut um 1780 für Bischof Ferenc Graf Zichy. Bandwerkstuck, régenceartig an den Brechungen abgerundet, überzieht die Fassade (französische Spielform des Spätbarocks während der Herrschaft [Régence] Herzog Phillips von Orléans um 1720). An der Seitenfassade des Altabak-Hauses verraten gotische Konsolen den mittelalterlichen Ursprung des Gebäudes; den Hof schmücken barocke Säulenarkaden.

Die acht Renaissance-Basteien der **Bischöflichen Burg,** ab 1537 von italienischen Festungsingenieuren unter Leitung von Pietro Ferrabosco begonnen, staffeln sich an der Mündung der Raab in die Mosoner Donau. Nach dem Fall von Buda gewann Győr als

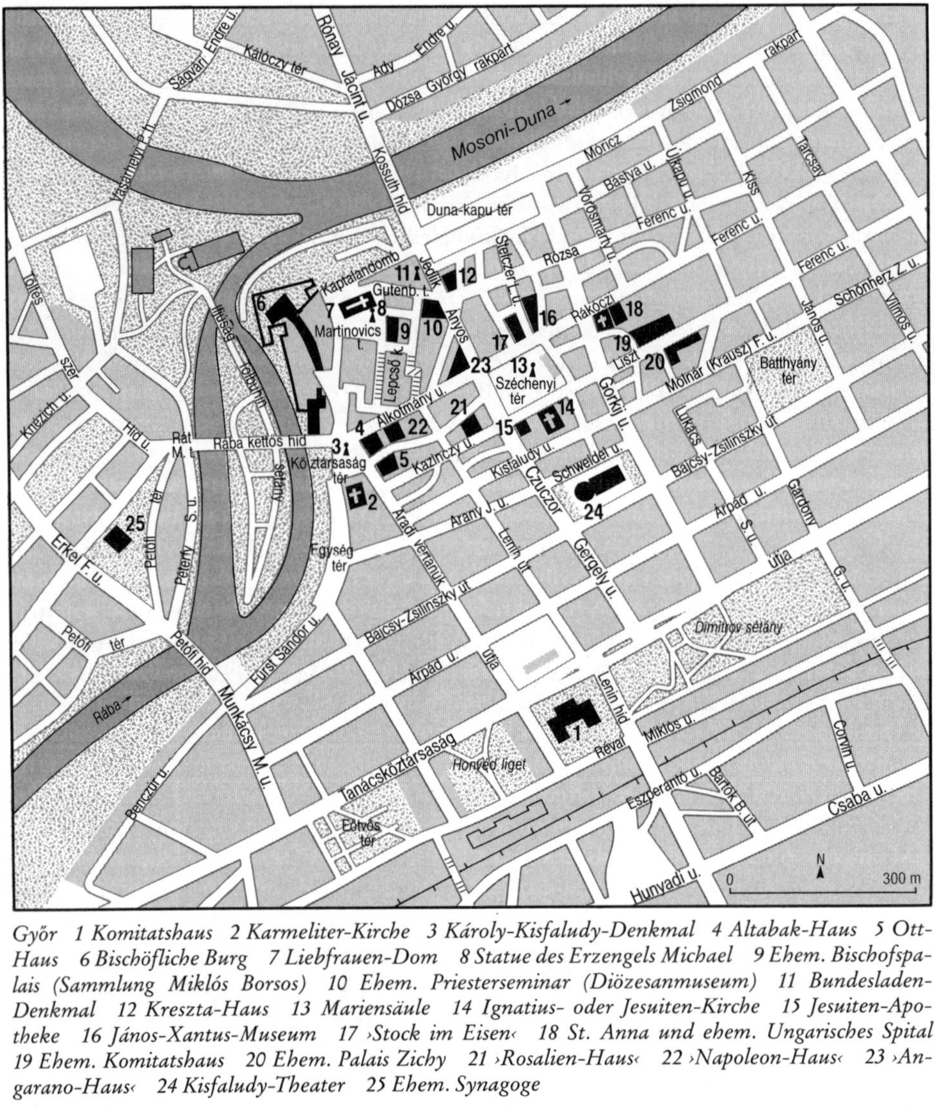

Győr *1 Komitatshaus 2 Karmeliter-Kirche 3 Károly-Kisfaludy-Denkmal 4 Altabak-Haus 5 Ott-Haus 6 Bischöfliche Burg 7 Liebfrauen-Dom 8 Statue des Erzengels Michael 9 Ehem. Bischofspalais (Sammlung Miklós Borsos) 10 Ehem. Priesterseminar (Diözesanmuseum) 11 Bundesladen-Denkmal 12 Kreszta-Haus 13 Mariensäule 14 Ignatius- oder Jesuiten-Kirche 15 Jesuiten-Apotheke 16 János-Xantus-Museum 17 ›Stock im Eisen‹ 18 St. Anna und ehem. Ungarisches Spital 19 Ehem. Komitatshaus 20 Ehem. Palais Zichy 21 ›Rosalien-Haus‹ 22 ›Napoleon-Haus‹ 23 ›Angarano-Haus‹ 24 Kisfaludy-Theater 25 Ehem. Synagoge*

wichtigstes östliches Bollwerk der Habsburger an Bedeutung. Wegen der unvollendeten Wehranlagen wurde die Burg 1594 von den Türken gestürmt, aber bereits vier Jahre später unter Führung von Miklós Pálffy und Adolf Schwarzenberg zurückerobert. In der *Sforza-Bastei* befindet sich das *Burgmuseum* (Vármúzeum, Eingang Káptalan-domb), das die Steinsammlung des Städtischen János-Xantus-Museums enthält (Römerzeit bis Barock). Von der ersten Bischofsburg auf dem Domkapitelhügel (Káptalan-domb), die Anfang des 11. Jh. auf den Resten der keltisch-römisch-awarischen Festung entstand, blieb oberirdisch nichts erhalten. Trotz vieler Umbauten und Veränderungen, zuletzt im 18. und 19. Jh., läßt sich der gotische Kern noch gut erkennen. Den mächtigen *Torturm* ließ Bischof Kálmán, ein natürlicher Sohn König Karls I. Robert von Anjou, um 1337 errichten (Wappen an der Ostseite), die spätgotische *Burgkapelle* Bischof Orbán Dóczy um 1480.

Das Äußere des **Liebfrauen-Doms** spiegelt seine lange Baugeschichte wieder. Die nördliche Nebenapsis stammt vom spätromanischen Dom, der Anfang des 13. Jh. über dem Urbau des 11. Jh. entstand. In die Nordfront wurden Teile eines Altars der römischen Siegesgöttin Victoria eingemauert (›heidnische‹ Steine galten im Mittelalter als dämonenabwehrend). Um 1400 stiftete Bischof Johannes Hédervary die gotische Hédervary- oder Ladislaus-Kapelle an der Südseite. 1823 blendete der Ödenburger Baumeister Jakob Hendler die klassizistische Westfassade kulissenartig vor.

Im *Inneren* herrscht zwar noch die romanische Grundstruktur, im wesentlichen ist der Dom aber eine dreischiffige Barockanlage: Das frühbarocke Tonnengewölbe mit Stichkappen vollendete der italienische Baumeister Giovanni Battista Rava 1645, den letzten Umbau nahm Melchior Hefele um 1770 im Zopfstil vor. Hefele entwarf auch den streng wirkenden Hochaltar. Das Hochaltarblatt ›Mariä Himmelfahrt‹ und die Fresken malte Franz Anton Maulbertsch: im Hauptschiff Christi Himmelfahrt, im Chor ungarische Heilige, seitlich (Grisaillen) König Stephan gründet das Bistum Győr, König Ladislaus schlägt Wasser aus der Erde, im Südschiff Diakonweihe und Disput des Erzmärtyrers Stephanus, im Nordschiff die Verkündigung an Maria und Christi Verklärung. Von Maulbertsch stammen auch die beiden großen Tafelbilder in den Seitenschiffen: Christus am Ölberg und die Kreuzigung. Die qualitätvollen Seitenaltäre mit Gemälden aus dem Maulbertsch-Umkreis zeigen die hl. Anna und die Heiligen Drei Könige. Das Marien-Gnadenbild aus Irland kam während der englischen Religionswirren im 17. Jh. nach Győr. Die Bleireliefs an den beiden ersten Chorpfeilern (König Stephan empfiehlt die Krone Ungarns der Muttergottes, König Ladislaus findet die unversehrte rechte Hand König Stephans) goß um 1770 Jacob Gabriel Mollinarolo, ein Schüler Georg Raphael Donners.

Als kostbarster Schatz wird in der Ladislaus-Kapelle das *Kopfreliquiar König Ladislaus' I.* (1077–95) verwahrt. Er genoß ähnlich große Verehrung wie König Stephan und wurde 1192 heiliggesprochen (St. Ladislaus/Szent László). Seine Kopfreliquie befand sich ursprünglich im Dom von Großwardein, wo er bestattet ist. Die Reliquienbüste, ein Meisterwerk ungarischer Metallplastik, fertigte vermutlich Martin von Klausenburg oder ein anderer Siebenbürger Künstler (Dionys?) in der zweiten Hälfte des 14. Jh. an. König Sigismund stiftete um 1405 die Fassung des Mantels aus vergoldetem Silber und Drahtemail. Als Vorbilder dienten vielleicht Reliquienbüsten aus Prag und/oder die lebensgroßen Statuen der Heiligen aus dem Árpáden-Haus, die einst im Dom von Großwardein standen. Auffällig ist das Bemühen um lebensnahe Züge und ›Allansichtigkeit‹, wie sie Mitte des 15. Jh. in den an römische Porträtköpfe erinnernden Plastiken des florentinischen Frührenaissance-Bildhauers Donatello

Kopfreliquiar König Ladislaus' I., des Heiligen, Ladislaus-Kapelle im Dom von Győr

ihren künstlerischen Höhepunkt fanden. Lediglich Haartracht und Bart der Ladislaus-Büste wirken gekünstelt und ›altmodisch‹. Die Zackenkrone ist eine spätere Zufügung, um 1600 in Prag gearbeitet; das vor der Büste liegende Horn stammt dagegen noch aus dem 15. Jh. Die Schatzkammer des Domes bewahrt geistliches Kunsthandwerk vom 14. bis zum 18. Jh.

Auf dem **Martinovics tér** südlich des Domes wurden die Grundmauern der romanischen Michaels-Kapelle freigelegt. Die spätbarocke *Statue des Erzengels Michael* (1764) ist dem dramatisch bewegten ›Teufelssturz‹ an der Michaeler-Kirche in Wien nachgebildet. Das *ehemalige Bischofspalais* (Martinovics tér 1) beherbergt Werke des Bildhauers *Miklós Borsos* (geb. 1906), das einstige Priesterseminar (Káptalan-domb 26) das *Diözesanmuseum* (Bibliothek, kirchliche Kunstgegenstände vom 14. bis 19. Jh.).

Auf dem kleinen **Gutenberg tér** steht das thematisch außerordentlich interessante **Bundesladen-Denkmal,** entworfen vom Wiener Architekten Joseph Emanuel Fischer von Erlach (1693–1742), dem Sohn Johann Bernhard Fischer von Erlachs, und ausgeführt 1731 vom kaiserlichen Hofbildhauer Antonio Corradini. Kaiser Karl VI. stiftete dieses Sühnemal, als bei einer Fronleichnams-Prozession angeblich ein entsprungener Häftling das Altarsakrament entweiht hatte (im Mittelalter wurden die Juden gerne der ›Hostien-Schändungen‹ bezichtigt; im Barockzeitalter besann man sich dagegen verstärkt der jüdischen Wurzeln des Christentums). Dargestellt ist eine aus vergoldetem Blech gefertigte Nachbildung der Bundeslade, das Symbol der Anwesenheit Gottes im jüdischen Tempel, auf der das Gotteslamm über dem ›Buch mit sieben Siegeln‹ ruht. Schon der Prophet Isaias pries das Lamm als Heilszeichen, die beiden Johannes (der Täufer und der Evangelist) übertrugen diese Vision auf Christus und seinen Opfertod. Nach der Geheimen Offenbarung (Johannes-Apokalypse), dem einzigen prophetischen Buch des Neuen Bundes, wird das Gotteslamm am Ende der Tage strahlenumglänzt zur Erlösung der Welt erscheinen.

Das Viertel um den Gutenberg tér – Jedlik Ányos utca – bietet eine Fülle malerischer Altstadtansichten und -winkel. Im klassizistisch veränderten Barockhaus Rózsa Ferenc utca 1 **(Kreszta-Haus)** ist eine Ausstellung von Werken der berühmtesten ungarischen Keramikerin Margit Kovács zu sehen, die 1902 in Győr geboren wurde (s. S. 178).

Mittelpunkt der Bürgerstadt ist seit der Römerzeit der heutige **Széchenyi tér.** Die **Mariensäule,** umringt von Heiligenstatuen (König Stephan, Markgraf Leopold III. von Österreich, Johannes der Täufer, Antonius von Padua), stiftete Bischof Leopold Graf Kollonitz anläßlich der Rückeroberung Budas 1686.

Beherrschend erhebt sich an der Südseite des Platzes die **Ignatius-** oder **Jesuiten-Kirche,** errichtet 1635 bis 1641 in strengen Frühbarockformen vom italienischen Baumeister Baccio del Bianco. Die vom römischen bzw. jesuitischen Theater inspirierte, flächige Giebelfassade hatte ursprünglich keine Türme. Rundbogennischen mit darüberliegenden kleinen Fenstern und kräftige Lisenen gliedern die Schauseite rasterartig (entfernt klingt die Fassade der Münchener Jesuiten-Kirche St. Michael nach); Statuen bilden den Schmuck (Johannes Nepomuk, Johannes Evangelist, Andreas und der Jesuitenheilige Franz von Borgia, über dem Portal die Muttergottes, im Giebel der Ordensgründer Ignatius von Loyola). Die spätbarocken Zwillingstürme fügte der Karmeliter-Baumeister Martin Witwer 1726 hinzu (Abb. 39).

Das Innere der Wandpfeilerkirche schmückte der große österreichische Barockmaler Paul Troger 1744 mit herrlichen *Fresken* (Farbabb. 11), seinem einzigen Werk in Ungarn. Troger wurde 1698 in Welsberg im Südtiroler Pustertal geboren, wirkte vor allem in niederösterreichischen Stiften – Altenburg, Melk, Göttweig, Geras – und starb 1762 in Wien. Im Chorgewölbe triumphiert die hl. Dreifaltigkeit mit der Muttergottes, im Schiff ist die Verkündigung neben vier Propheten dargestellt, über der Orgelempore das Engelskonzert. Die rahmenden Scheinarchitekturen malte Gaetano Fanti. Wie immer bestechen Trogers satte Farben, vor allem das ›Troger-Blau‹ (Mantel der Muttergottes in der Verkündigung), im Chor auch ein kräftiges Orange im Gewand des Evangelisten Markus. Das Bild des Evangelisten Lukas hat Troger signiert. Von ihm stammt auch das Hochaltarblatt, die Verklärung des hl. Ignatius von Loyola. Die Statuen der hll. Petrus und Paulus, Josef und Johannes Nepomuk schuf der Wiener Bildhauer Johann Josef Rössler, ein Schüler Georg Raphael Donners, die Kanzel der Preßburger Bildhauer Ludwig Gode. Die schwarz-gold-gefaßten Altäre und der kraftvolle Stuck in den Seitenkapellen entsprechen dem Hochbarock um 1680/90, im besonderen der Jesuitenpracht.

Im ehemaligen Jesuitenkolleg führen die Benediktiner seit 1802 ein Gymnasium. Die **Jesuiten-Apotheke** (jetzt Széchenyi patika, an der Ecke Czuczor Gergely utca) trägt noch die barocke Stuckdecke (Akanthusranken, Putten als vier Jahreszeiten, um 1700) mit Gemälden aus der Mariensymbolik nach dem Hohelied, der Lauretanischen Litanei und anderen Quellen (Olive, Rose, Myrrhe, Lilie als Tugendsymbole).

An der Nordseite des Széchenyi-Platzes steht das Städtische **János-Xantus-Museum** (Nr. 5), 1742 als Palais des Abtes von Pannonhalma aus dem Zusammenschluß von neun mittelalterlichen Häusern hinter einer Spätbarock-Fassade errichtet. Das Fehlen eines Mezzanins und eines zweiten Obergeschosses verleiht dem Gebäude eher bürgerliche, denn herrschaftliche Züge. Den Mittelerker flankieren Statuen König Stephans und des hl. Benedikt. Im Festsaal malte Stefan Schaller 1756 den Triumph der Kirche und die Gründungslegende von Pannonhalma. Das nach dem Naturkundler und Weltreisenden János Xantus (19. Jh.) benannte Museum enthält eine archäologische, kunsthistorische und volkskundliche Sammlung der Kleinen Tiefebene. – Vor dem Nachbarhaus (Széchenyi tér 4) steht der *›Stock im Eisen‹*, ein nagelbeschlagener Baumstamm, auf dem früher – ähnlich wie in Wien – durchziehende Wanderburschen ihre ›Visitenkarte‹ hinterließen.

Die Ecke Rákóczi Ferenc utca/Gorkij utca nimmt die kleine **Barockkirche St. Anna** (1730) mit dem **ehemaligen Ungarischen Spital** ein, das Bischof György Graf Széchenyi 1666 für die ungarischen Bürger stiftete (die deutschen Bürger besaßen ein eigenes Krankenhaus und Altersheim). Durch die Vereinigung von zwei Lichthöfen entstand der stimmungsvolle Laubenhof (Arkaden auf toskanischen Säulen), der früheste seiner Art in Győr und ein seltenes Beispiel der Spätrenaissance in Westungarn. Den Zierbrunnen fertigte Miklós Borsos an.

Vom Széchenyi tér nehmen nach allen Richtungen hin *denkmalgeschützte Straßen* mit wertvollem Althausbestand – im Kern meist gotisch, hinter Barockfassaden – ihren Ausgang: die *Liszt Ferenc utca* – besonders sehenswert Nr. 1, 6, 13 *(ehem. Komitatshaus),* Nr. 20 **Palais Zichy;** die *Kazinczy utca* mit dem **›Rosalien-Haus‹** (Nr. 21), dessen Erker ein Stuckrelief der Pestpatronin Rosalia von Palermo ziert. In der *Alkotmány utca* verdienen besondere Aufmerksamkeit: Nr. 4 **›Napoleon-Haus‹,** Nr. 6 und 10 *(ehem. Gasthof zum Schwarzen Adler),* Nr. 12 (barocker Laubenhof), Nr. 17 **›Angarano-Haus‹** (für einen italienischen Kaufmann erbaut, um 1770 von Gábor Graf Esterházy im Spätbarockstil verändert, Statuengruppe Marienkrönung).

Das **Kisfaludy-Theater,** eines der modernsten Bühnenhäuser in Ungarn, steht an der Ecke Czuczor Gergely utca/Bajcsy-Zsilinszky út. Die Wandverkleidung entwarf Victor Vasarely, der aus Pécs stammende Meister der Op-Art (s. S. 308). Die Gotteshäuser nichtkatholischer Konfessionen liegen auf der *›Insel‹* (Sziget) zwischen Raab und Rabnitz. Die **ehemalige Synagoge,** ein gewaltiger Kuppelbau, bedarf der Restaurierung.

Tata, Vértes-Gebirge und Zsámbék

Entstanden ist die **›Seenstadt‹ Tata** (früher hieß sie Totis oder Továros) um den im Mittelalter angelegten Alten See (Öreg-tó) und ein weitverzweigtes Kanal- und Schleusensystem. Aus Richtung Győr kommend, stößt man zunächst auf den eigenwilligen hölzernen **Uhrturm** (1763) am alten Hauptplatz, neben dem Burgschloß das Wahrzeichen der Stadt.

Schräg gegenüber führt die Bartók Béla út am *Kapuzinerkloster* vorbei zur **Cifra-Mühle,** der ältesten und schönsten Wassermühle von Tata, und weiter zum **Burgschloß (Öregvár)** am Seeufer (Abb. 43). Nach der Landnahme gehörte das Gebiet der Csák-Sippe, seit dem 13. Jh. dem König. 1424 empfing Kaiser und König Sigismund im Burgschloß den byzantinischen Kaiser Manuel Paläologos. König Matthias weilte gerne zur Jagd in Tata. Im vorigen Jahrhundert ließen die Fürsten Esterházy das ruinöse Burgschloß im neugotischen Stil wiederherstellen, 1980 bemühte man sich um die Freilegung der gotischen Teile. Das *Burgmuseum* ist nach Domonkos Kuny (eigentlich Dominique Cuny) benannt, einem Meister der Fayence-Kunst, die im 18. Jh. in Tata blühte. Ausgestellt sind römerzeitliche und mittelalterliche Steinfragmente (u. a. aus der Benediktinerabtei Vértesszentkereszt), Möbel, Gemälde, Fayencen und Volkskunst.

Die Fürsten Esterházy und Jakob Fellner, der führende Architekt des ungarischen Zopfstils, verliehen dem Stadtviertel westlich des Burgschlosses um 1760/70 das noble Gepräge einer Adelsresidenz. Hoch über allen anderen Gebäuden thront das monumentale *Ordenshaus* und *Gymnasium der Piaristen* (heute Studentenheim). Die Fertigstellung der **Heiligkreuz-Pfarrkirche** am Kossuth tér erlebte Fellner nicht mehr; er wurde 1786 in der Krypta beigesetzt, sein Schüler Josef Großmann vollendete das Bauwerk. – **Schloß Esterházy** im Park am Seeufer (heute Krankenhaus) beherbergte einst gekrönte Häupter: 1809 unterzeichnete Kaiser Franz I. von Österreich auf der Flucht vor Napoleon den sogenannten Frieden von Schönbrunn, Kaiser Franz Joseph I. und der deutsche Kaiser Wilhelm II. trafen sich bei Manövern, und 1921 versuchte Ex-Kaiser Karl I. von Tata aus vergeblich, die ungarische Königswürde wieder zu erlangen. In der **ehemaligen Synagoge** (November 7 tér) werden

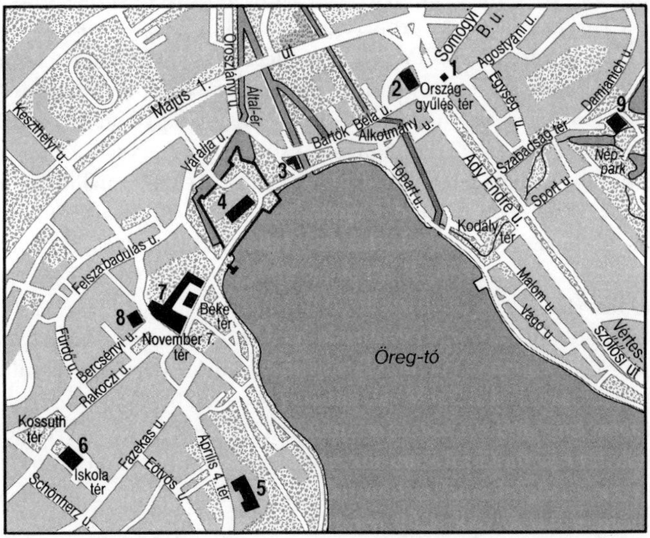

Tata
1 *Uhrturm*
2 *Kapuzinerkirche und -kloster*
3 *Cifra-Mühle*
4 *Burgschloß (Domonkos-Kuny-Museum)*
5 *Ehem. Ordenshaus und Gymnasium der Piaristen*
6 *Heiligkreuz-Pfarrkirche*
7 *Schloß Esterházy (Krankenhaus)*
8 *Ehem. Synagoge (Görög-római Másolatmúzeum)*
9 *Cseke-tó und künstliche Ruine im Volkspark (Néppark)*

Nachbildungen griechischer und römischer Plastiken gezeigt (Görög-római Másolatmúzeum).

Im Ostteil von Tata erstreckt sich um den **Cseke-Stausee** der Volksgarten (Nép kert). Die **künstliche Ruine,** ein einzigartiges Denkmal der frühen Romantik in Ungarn, entwarf 1801 Charles-Pierre de Moreau. Eingemauert wurden römische Grabsteine und romanische Plastiken aus der zerstörten Benediktinerabtei Vértesszentkereszt (s. unten).

In **Vertesszőllős,** 4 km südöstlich von Tata, wurde eine 500000 Jahre alte Urmenschen-Siedlung entdeckt, neben dem ›Heidelberger Fund‹ die älteste ihrer Art in Europa. Warme Quellen dienten Tieren als Tränke, die sie jagenden Urmenschen schlugen in den Kalktuffhöhlen ihre Lager auf. Das kleine *Museum* unweit der Straße ist im Sommer geöffnet; die wichtigsten Funde kamen in das Budapester Nationalmuseum.

Den Berghang oberhalb der Industriestadt **Tatabánya** krönt eine riesige Bronzeplastik des mythenumwobenen *Turul-Vogels* von Gyula Donath, die anläßlich des Millenniums der Landnahme 1896 aufgestellt wurde (s. S. 25).

In **Császár,** etwa 30 km westlich von Tatabánya (bei Kisbér), stifteten die Fürsten Esterházy um 1770 eine der schönsten spätbarocken *Dorfkirchen* Westungarns. Jakob Fellner lieferte die Pläne, Stephan Dorffmeister malte die Fresken, bevorzugt Szenen aus dem Leben der Kirchenpatrone Petrus und Paulus. Die bootförmige Kanzel bezieht sich auf das Gleichnis vom Wunderbaren Fischzug.

Im reich bewaldeten, bis 480 m hohen **Vértes-Gebirge** errichteten im Mittelalter Ordensgemeinschaften ihre Klöster, in der Barockzeit Adlige ihre Schlösser. Die spätromanische *Kirchenruine* von **Vértesszentkereszt** verbirgt sich heute im Kohlerevier von Oroszlány (auf einer Anhöhe beim Schacht Nr. 15, schwer zu finden und nur zu erfragen!). Gestiftet Anfang des 13. Jh. von der Csák-Sippe, verödete die mächtige Benediktinerabtei während der Türkenkriege. Der großartige Reliefschmuck, der einst die Kirche überwucherte, kam in das Burgmuseum von Tata oder wurde in künstliche Ruinen eingemauert (Tata, Csákvár).

Leichter zu erreichen und ›ergiebiger‹ ist **Majk** oder **Majkpuszta,** die ›Einöde von Majk‹, von einem Teich an der Straße Oroszlány – Csákvár abzweigend. In der Árpádenzeit stand hier eine berühmte Prämonstratenser-Propstei. Nach Zerstörung in den Türkenkriegen stifteten verschiedene Adelsfamilien um 1730 eine Camaldulenser-Eremitei, an der namhafte Künstler wirkten (Pilgram, Fellner, Maulbertsch). Kaiser Joseph II. löste das Kloster auf; die Fürsten Esterházy nutzten die Gebäude ab 1860 als Jagdschloß (heute Konferenzzentrum von Industriefirmen). Von der spätbarocken Kirche steht nur mehr der *Turm* (Abb. 41).

Interessant und einzigartig in Ungarn sind die *Einsiedlerklausen,* ebenerdige Häuschen mit Kapelle und Garten, in denen Angehörige der Stifterfamilien (Wappen der Esterházy, Cziráky, Erdődy, Berényi, Hunyadi usw.) ein beschauliches Leben führten und gleichzeitig ein Handwerk ausübten. Der Camaldulenser-Orden, gegründet 1012 vom hl. Romuald in Camaldoli im Apennin, folgt der Regel des hl. Benedikt: »Ora et labora«, bete und arbeite, und verbindet wie die Kartäuser das altorientalische Einsiedlerideal mit einer Mönchsgemeinschaft. Im Speisesaal wurden die prächtigen Stukkaturen und Fresken bereits restauriert (Leben des hl. Romuald, Mitglieder des Árpáden-Hauses). Das Jagdzimmer schmückte der bekannte österreichische Tiermaler Franz Pausinger 1903 mit Jagdbildern.

In **Csákvár** besaßen die Esterházy ein riesiges *Schloß*, erbaut 1823 von ihrem Hofbaumeister Charles-Pierre de Moreau im klassizistischen Stil (heute Sanatorium). Der Ortsname leitet sich vom alten Geschlecht Csák ab, Nachfahren des Fürsten Szabolcs aus der Zeit der Landnahme (der Standort der Burg an der Stelle der Reformierten Kirche ist allerdings umstritten). – Das klassizistische **Schloß Lovasberény,** 11 km südlich von Csákvár, gehörte den Grafen Cziráky (vormals Pálffy), **Schloß** und **Park Alcsút** (Alcsútdoboz) dem jeweiligen Palatin aus dem Hause Habsburg. In **Vál** verdient das *Ürményi-Mausoleum* samt *Pfarrkirche* im klassizistischen Stil Aufmerksamkeit. – Die Herrschaft **Mór-Bodajk** inmitten ausgedehnter Weinberge, von ›Schwaben‹ (Siedlern aus Salzburg und Bayern) bewirtschaftet, unterstand den Grafen Lamberg. Ihr elegantes, spätbarockes *Schloß* in der Ortsmitte von Mór erbaute Jakob Fellner um 1770.

Die spätromanische *Kirchenruine* in **Zsámbék** (westlich von Budapest) ist die jüngste der Geschlechterkirchen Westungarns, gleichzeitig ein Höhepunkt mittelalterlicher Baukunst (Abb. 42). Über einer Sippenkirche der Familie Ainardi (der französische Adlige Aynard hat Anna von Châtillon, die Gemahlin König Bélas III., nach Ungarn begleitet) wurde 1220 mit der Errichtung der gewaltigen dreischiffigen Basilika begonnen. Nach dem Mongolensturm vollendeten französische Prämonstratenser das Bauwerk 1258 in frühgotischen Formen. Die Fensterrose fügten Paulinermönche Ende des 15. Jh. ein. Mitte des 18. Jh. brachte ein Erdbeben Kirche und Kloster zum Einsturz, im 19. Jh. erfolgte die Konservierung der Kirchenruine. Romanische Wucht und gotischer Höhendrang verbinden sich zu großartiger Harmonie.

Sopron (Ödenburg)

Als einzige größere Stadt Ungarns, die vor Mongolen und Türken verschont blieb, besitzt Sopron die meisten gotischen Baudenkmäler des Landes. Die ganze Altstadt, an mittelalterlicher und barocker Bausubstanz gleichermaßen reich und bedeutend, steht unter Denkmalschutz, für die sie mit dem Europapreis ausgezeichnet wurde. Besonders an Wochenenden und Feiertagen herrscht reger Ausflugs- und Einkaufsverkehr, vornehmlich aus dem benachbarten Österreich.

Älteste Siedlungsspuren reichen bis in das 5. Jahrtausend v. Chr. zurück. In der Urnenfelderzeit (um 1200 v. Chr.) wohnten Illyrer um den Neusiedler See, seit Beginn des 3. Jh. v. Chr. die keltischen Boier. Um 15 n. Chr. ließen sich römische Kaufleute und Veteranen nieder. Aus einer römischen Festung an der Via Aemilia (die von der Donau bis zur Adria der seit der Bronzezeit hier vorbeiführenden ›Bernstein-Straße‹ folgte) entwickelte sich die Bürgerstadt (municipium) Scarbantia, die Kaiser Marc Aurel während der Grenzkriege an

Sopron (Ödenburg) um 1890, Blick auf Feuerturm, Marien- und Georgs-Kirche, rechts die Wiener Vorstadt mit der Heiligengeist-Kirche

der Donau mehrmals besuchte. Einfälle von Markomannen, Quaden, Sarmaten und Roxolanen beendeten die erste Blütezeit. Anfang des 4. Jh. setzte unter Kaiser Konstantin dem Großen ein neuer Aufschwung ein; die Christen erhielten Religionsfreiheit. In der Völkerwanderungszeit (5. bis 8. Jh.) siedelten Hunnen, Goten, Langobarden, Heruler, Awaren und Slawen. Zu Beginn des 9. Jh. erbauten die nach der Zerschlagung ihres Reiches verbliebenen Awaren in den römischen Ruinen eine Festung, die bairische Siedler die ›öde Burg‹ (Ödenburg) nannten. Anfang des 10. Jh. sicherten die landnehmenden Magyaren ihre Westgrenze mit einem Bollwerk. Der ungarische Stadtname leitet sich von Suprun ab, dem ersten Gespan des Komitats. Dank der günstigen Verkehrslage am Rande der Ostalpen und der Kleinen ungarischen Tiefebene entwickelte sich eine Stadt, der König Ladislaus IV. der Kumane 1277 die Privilegien einer königlichen Freistadt gewährte. Handwerk und Handel, besonders mit Rotwein (Blaufränkischer), brachten rasch Wohlstand. Um 1520 bekannte sich die überwiegend deutschsprachige Bürgerschaft zum Luthertum und blieb auch während der Gegenreformation evangelisch. Die 150jährige Türkenherrschaft berührte Ödenburg kaum, so daß sich die Stadt über Jahrhunderte hinweg friedlich entwickeln und ein reiches kulturelles Leben entfalten konnte. Nach dem Stadtbrand von 1676 begann der Wiederaufbau im Barockstil. In der Volksabstimmung vom 14. bis 16. Dezember 1921 entschied sich die Bevölkerung für den Verbleib bei Ungarn, während viele Gemeinden Deutsch-Westungarns für Österreich stimmten und heute zum Burgenland gehören. Die

Regierung Horthy verlieh Sopron den Titel der ›allzeit Getreuen‹; im Ausland wurden die Ergebnisse der Volksabstimmung allgemein in Zweifel gezogen. Heute zählt Sopron etwa 60000 Einwohner.

Die ovale Stadtanlage reicht in römische Zeit zurück; der mittlere Zug der dreifachen mittelalterlichen **Stadtmauer** ruht auf römischen Fundamenten vom Anfang des 4. Jh. Eindrucksvollster Teil der Befestigungsanlagen ist das **Große Rondell** am Várkerület, dem früheren Lenin-Ring, aus dem 16. Jh. Als Ausgangspunkt für die Besichtigung der Altstadt eignet sich am besten der markante, rund 60 m hohe **Stadtturm (Várostorony)**, das Wahrzeichen von Sopron (Farbabb. 27). Im Volksmund heißt er ›Feuerturm‹, weil früher die Turmbläser von hier oben die Bevölkerung vor Feinden und Feuer mit Hornsignalen warnten. Auf römischen und romanischen Grundmauern erhebt sich der zylindrische Turmschaft mit einer toskanischen Arkadengalerie aus der Renaissancezeit (16. Jh.), von der sich ein prächtiger Rundblick bietet. Der bekrönende Uhrturm mit dem barocken Zwiebelhelm entstand um 1680 nach böhmischen, schlesischen und polnischen Vorbildern. An der Südseite des Feuerturms erinnert das ›Tor der Treue‹ an die Volksabstimmung von 1921; die Reliefgruppe der ›Hungaria‹ im Kreise der Soproner Bürger schuf Zsigmond Kisfaludi Strobl.

Beim **Vorderen Tor** (Elő Kapu), dem nördlichen der beiden mittelalterlichen Stadttore, legten Archäologen Reste des römischen Stadttores, der Awarenburg aus dem 9. Jh. und der Stadtmauer des 14. Jh. frei (Városház utca, hinter dem Rathaus am Feuerturm).

Der **Fő tér (Hauptplatz)** nimmt die Stelle des römischen Forums und des mittelalterlichen Marktplatzes ein. 1695 regte der damalige Primas von Ungarn, Erzbischof Leopold Kollonitz von Esztergom, die Aufstellung einer der Dreifaltigkeit geweihten **Pestsäule** an, aber erst 1701 stimmten die evangelischen Stadträte zu. Der Entwurf zu dieser ältesten und schönsten Pestsäule in Ungarn stammt vielleicht von Martino Altomonte (Urbild aller Pestsäulen der Habsburger-Monarchie ist jene am Graben in Wien von Johann Bernhard Fischer von Erlach). Dargestellt sind das kniende Stifterpaar, Johann Jakob Graf Löwenburg und seine Gemahlin Katharina Gräfin Thököly, die hll. Jakob, König Stephan, Johannes Nepomuk und Antonius von Padua, darüber die hll. Barbara, Regina, Anna und Katharina, am Fuß der Wolkensäule Maria Immaculata, auf der Spitze die hl. Dreifaltigkeit (Abb. 44).

Viele Soproner **Altstadthäuser** – den Regeln mittelalterlicher Verteidigungstechnik entsprechend ›sägezahnartig‹ angelegt – bewahren noch ihren gotischen Mauerkern. Bei Restaurierungsarbeiten kamen oft bedeutende gotische Details zum Vorschein: Sitznischen für Wachen und Gesinde im Torweg, Maßwerkfenster, Portale. Die meisten Fassaden wurden nach dem Stadtbrand von 1676 im Barockstil erneuert, zum Teil um die Mitte des 18. Jh. mit Rokoko- oder Zopfstil-Ornamenten bereichert. Von den stimmungsvollen **Laubenhöfen,** überwiegend mit toskanischen Säulen und Korbbogen-Arkaden, stammen manche noch aus der Spätrenaissance oder dem Frühbarock (Ende 16. und 1. Hälfte 17. Jh.).

Die Nordseite des Fő tér säumen prächtige Patrizierhäuser, die heute die wichtigsten Museen der Stadt beherbergen. An der Ecke gegen den Feuerturm steht das **Storno-Haus,** in dem vermutlich König Matthias 1482/83 wohnte (gotische Sitznischen, Festetics-Wappen

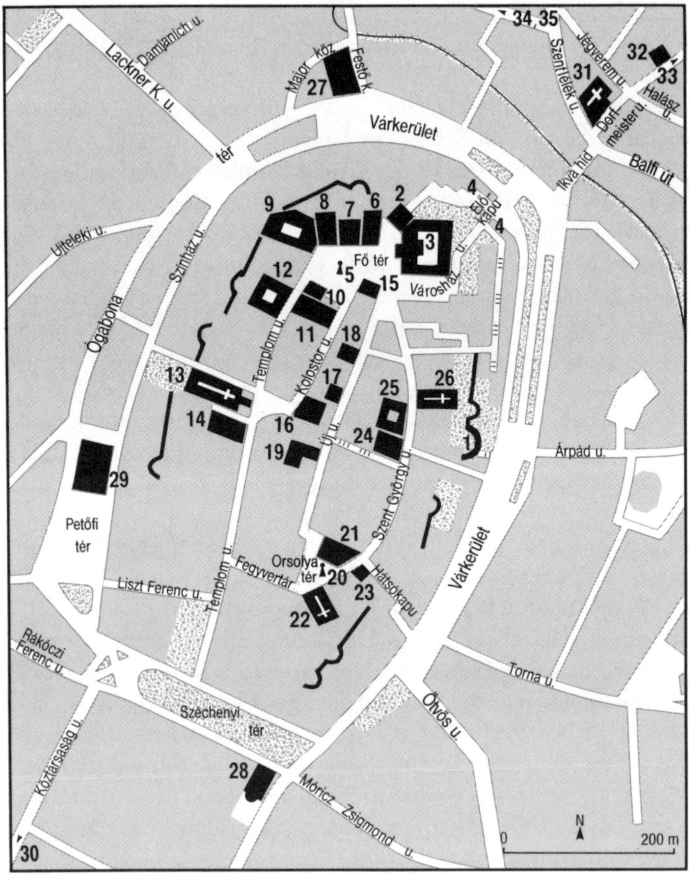

Sopron
1 *Großes Rondell*
2 *Stadtturm*
3 *Rathaus*
4 *Vorderes Tor (Ausgr.)*
5 *Pestsäule*
6 *Storno-Haus*
7 *Generals-Haus*
8 *Fabricius-Haus*
9 *Komitatshaus*
10 *Marienkirche*
11 *Kapitelsaal*
12 *Palais Esterházy*
13 *Evang. Kirche*
14 *Evang. Museum*
15 *Apotheke ›Zum weißen Engel‹*
16 *Ehem. Palais Zichy*
17 *Új utca Nr. 16*
18 *Hof-Synagoge*
19 *Alte Synagoge*
20 *Marienbrunnen*
21 *Arkadenhaus*
22 *Ursulinen-Kloster*
23 *Kaiserhaus*
24 *Löffelholz-Haus*
25 *Palais Eggenberg*
26 *St. Georgs-Kirche*
27 *Rejpal-Haus*
28 *Dominikaner-Kirche*
29 *Petőfi-Theater*
30 *Städtisches Museum (F.-Liszt-Museum)*
31 *Heiligengeist-Kirche*
32 *›Zwei-Mohren-Haus‹*
33 *St. Michaels-Kirche*
34 *Johannes-Kirche*
35 *Bäckerei- und Konditorei-Museum*

und barocke Türklopfer am Korbbogentor, Spätbarock-Fassade). Der Spätrenaissance-Arkadenhof zählt zu den schönsten der Stadt. Im ersten Stock befindet sich das *Historische Stadtmuseum,* im zweiten Stock die *Storno-Sammlung* (Wohnkultur). Die aus dem Tessin stammende Künstlerfamilie Storno brachte beim Erwerb des Hauses 1872 ihre ansehnliche Kunstsammlung mit. – Das **Generals-** oder **Lackner-Haus** (Fő tér 7), das älteste der bisher bekannten Soproner Steinhäuser (14. Jh.), erhielt seine heutige Form um 1620 durch den Bürgermeister und Stadtrichter Christoph Lackner; der klassizistische Balkon kam 1830 für den Stadtkommandanten hinzu. Die Räume um den Arkadenhof dienen zur Ausstellung und Restaurierung barocker Steinfiguren. – Das **Fabricius-Haus** (Fő tér 6) entstand auf römischen und mittelalterlichen Teilen der Stadtmauer und aus dem Zusammenschluß gotischer Häuser hinter einer Barockfassade. Im Eingangsflügel befindet sich die Interieur-Ausstellung des Städtischen *Franz-Liszt-Museums* (Holzdecken, Kachelöfen, Möbel,

Geschirr, Rokoko- und klassizistische Wandmalereien 1750 bis 1770), im Hoftrakt (Renaissance-Arkaden, 17. Jh.) die hervorragende *Archäologische Abteilung*. Der gotische Saal im Keller enthält das *römische Lapidarium* (Grabplastiken, Reste der marmornen Sitzfiguren der Kapitolinischen Trias – Jupiter, Juno, Minerva – vom Forum, 2. Jh., Mithras-Relief). Chronologisch beginnt die Sammlung im zweiten Obergeschoß (Kultwagen oder Sonnenkulttisch 7. Jh. v. Chr., Mondidole = Feuerböcke, illyrische Funde vom Soproner Burgstall = Várhely, Kelten, Römer, Völkerwanderung, Awaren, frühe Magyaren). Besondere Beachtung verdient der ›Cunpald-Kelch‹ aus Petőháza, gearbeitet von Meister Cunpald um 760/80 vermutlich für einen fränkisch-bairischen Bischof (Arno?), stilistisch dem berühmten Tassilo-Kelch im Stift Kremsmünster/Oberösterreich verwandt. Die mittelalterliche Sammlung besitzt eine spätgotische Schnitzgruppe der Heiligen Drei Könige aus dem Veit-Stoß-Umkreis, um 1500. – Gegen Westen schließt der Fő tér mit dem klassizistischen **Komitatshaus** (heute Kreisratshaus), 1830 nach Plänen von Vencel Hild erbaut.

An der Ecke zur Templom utca erhebt sich das schönste Gotteshaus von Sopron: die gotische **Marienkirche,** bis 1787 im Besitz der Franziskaner, dann der Benediktiner. Im Volksmund heißt sie ›Ziegenkirche‹, weil an dieser Stelle ein Ziegenhirt einen Schatz entdeckt haben soll. Als Stifterin gilt die Familie Geißler, die eine Geiß im Wappen führt, das mehrmals an der Kirche auftaucht. Der Nordturm wurde im ersten Viertel des 14. Jh. aufgeführt, wohl unter der Mitwirkung der Bauhütte von St. Stephan in Wien. Sein markanter, achteckiger Steinhelm diente als Leitbild aller gotischen Kirchtürme um Ödenburg. Ältester Teil der Kirche ist der frühgotische Chor, um 1280 vermutlich in Verbindung mit der französisch beeinflußten Werkstatt der Budapester Liebfrauen-(Matthias-)Kirche begonnen. Das dreischiffige, quadratische Langhaus – als Ordenskirche ist es ebenso lang

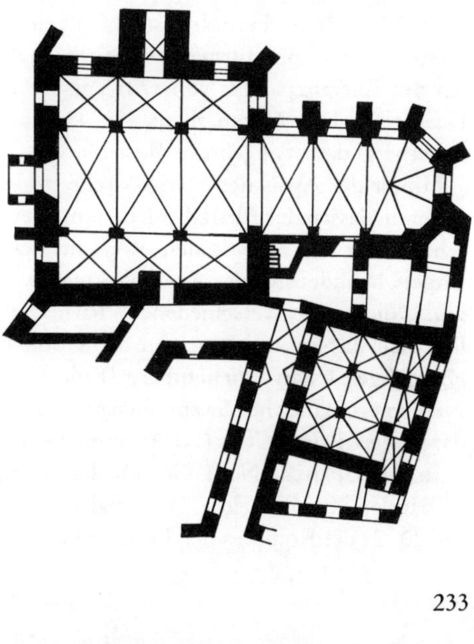

Sopron, Marienkirche und Kapitelsaal, Grundriß

wie der Chor – mit seiner wertvollen Bauplastik (Kapitelle, Konsolen) stammt aus der Hochgotik (14. Jh.). Vollendet wurde die Kirche laut Inschrift an der Westempore 1491 im spätgotischen Stil. Von der Steinkanzel im südlichen Nebenschiff rief der wortgewaltige Franziskaner-Prediger Johannes von Capistran Mitte des 15. Jh. angeblich zum Kreuzzug gegen die Türken auf. Als diese weite Landesteile besetzt hielten, fanden in der Marienkirche einige Reichstage, die Krönung von zwei Königinnen und 1625 die Krönung Kaiser Ferdinands II. zum König von Ungarn statt. Der spätbarocke Hochaltar (Bild ›Mariä Himmelfahrt‹, Engelsfiguren, Reliefs Kindheitsgeschichte Jesu, Rokoko-Zierate) und die Kanzel (Allegorien von Glaube, Hoffnung, Liebe, Putten mit den Evangelisten-Symbolen) tragen die Handschrift eines bemerkenswerten, anonymen Bildhauers um 1750.

Der **Kapitelsaal** im ehemaligen Franziskaner-Kloster (Eingang rechts von der Kirche), eine der bedeutendsten Schöpfungen der Hochgotik in Ungarn, wurde 1950 in ursprünglicher Form wiederhergestellt. Erbaut wurde der rechteckige, dreischiffige Raum mit quadratischer Apsis um 1330, Ende des 14. Jh. kamen die beiden Nebenapsiden dazu. Im Mittelalter diente er als Ort der Mönchsbeichte vor versammeltem Kapitel, seine Konsolenreliefs als ›Seelenspiegel‹, wie er in ähnlicher Weise an Notre-Dame in Paris zu finden ist. Diese noch in der Romanik wurzelnden Darstellungen verkörpern die Hauptsünden: der Bär die Trunksucht, die Frau mit einem Ungeheuer den Neid, der Affe den Geiz, eine Frau die Eitelkeit, der Greif den Unglauben, die Fledermaus und der Mann mit einer Mütze die Faulheit, der Krebs die Unbeständigkeit, Mann und Frau mit dem Rücken zueinandergekehrt die Wollust. Die Reliefs an den Schlußsteinen verheißen Erlösung (Engel vom Jüngsten Gericht, Lamm Gottes, Evangelisten-Symbole, Pelikan).

Die **Templom utca (Kirchengasse)** wird von denkmalgeschützten Häusern gesäumt: Im ehemaligen **Palais Esterházy** (Barockportal, ›Glockenmadonna‹) stieg Kaiserin Maria Theresia 1772 ab; das Haus Nr. 6 schmückt eine der schönsten Barockfassaden. In der Mitte der Gasse ragt der hohe Turm der **evangelischen Kirche** aus dem 19. Jh. empor. Den Vorschriften des Toleranzpatents von 1781 entsprechend, besaß die Kirche ursprünglich nur einen Dachreiter. Das Nachbarhaus Nr. 12 (gotische Sitznischen, Barockfassade, Laubenhof) beherbergt das *Evangelische Museum*.

Hinter der Apsis der Marienkirche beginnt die **Kolostor utca (Klostergasse),** wie alle anderen Gassen der Altstadt ein denkmalgeschütztes Bauensemble von hohem kunsthistorischem Wert und ästhetischem Reiz. Im Eckhaus zum Fő tér, der **Apotheke ›Zum weißen Engel‹**, befindet sich das *Apothekenmuseum* (Patikamúzeum) mit klassizistischem Mobiliar und Objekten aus verschiedenen Pharmazien der Stadt. An der Fassade des Nachbarhauses läßt sich die Entwicklung von der Gotik bis zum Rokoko besonders gut ablesen. Dem **ehemaligen Palais Starhemberg** (Kolostor ucta 3) folgen ein Kelterhaus (Nr. 5), das Haus Nr. 7 mit romanischen Sitznischen (Durchgang zur Új utca) und gotischen Elementen sowie das frühere **Palais Zichy** (Nr. 11) mit einem schönen Treppenhaus.

In der **Új utca (Neue Gasse),** der einstigen Judengasse, stehen die meisten gotischen Gebäude: Nr. 16, heute Denkmalamt, Nr. 11 mit der **Synagoge** (um 1350) im Hof, Nr. 20–24 der Komplex der **Alten Synagoge** (Ó-Zsinagóga), das besterhaltene mittelalterliche jüdische Gotteshaus in Ungarn. Errichtet wurde sie von den ersten Juden, die mit deutschen Siedlern um 1300 nach Ödenburg kamen. Als die meisten Juden 1526 die Stadt verlassen mußten – die christlichen Bürger nahmen die Geld- und Kreditgeschäfte selbst in die Hand –, wurde die Synagoge zu einem Wohnhaus umgebaut; 1975 erfolgte die Wiederherstellung. Zunächst gelangt man in den Straßenhof (Gotteshäuser nicht-katholischer Konfessionen durften nicht an der Straße stehen), den Ort der Rechtsprechung und der Geschäfte mit den Christen. Dahinter ragt das hohe Zeltdach der Synagoge auf – Bethaus, Schule und Versammlungsraum –, der Synagoge von Miltenberg in Unterfranken ähnlich. Durch ein frühgotisches Portal an der Nordseite öffnet sich der rechteckige Saal, dessen Mitte die Bima (oder Almemor) bildet, die ›Tribüne‹ zur Tora-Lesung. Der Tora-Schrein (auch Aron ha-Kodesch genannt) an der Ostwand barg die Tora-Rollen, die Bücher Moses'. Der Frauenbetsaal an der Westseite ist nur durch Sehschlitze mit dem Hauptraum verbunden. Im Nebenhof befindet sich das rituelle Tauchbad (Mikwe).

Die Új utca mündet in den **Orsolya tér (Ursulinen-Platz)** mit dem klassizistischen *Marienbrunnen* (1780) aus dem Franziskaner-Kloster und dem barocken **Arkadenhaus** (Lábasház). Das **Ursulinen-Kloster** neben der neugotischen Kirche enthält das *Museum Katholischer Kirchenkunst* (Katolikus Egyházművészeti Gyűjtemény). An der Ecke zur Hátsókapu utca – der Name kommt vom zerstörten Süd- oder Hintertor der Stadtmauer – steht das prächtige **Kaiserhaus (Caesar ház),** wegen seiner Farbe auch das ›Grüne Haus‹ genannt. Sein Ursprung reicht in römische Zeit zurück, die Fassade ist barock (17. Jh.).

In der **Szent György utca (St. Georgs-Straße)** reihen sich palastartige Wohnhäuser: das ehemalige *Palais Széchenyi,* später *Erdődy* (Nr. 16, spätbarocker Laubbandlwerk-Stuck), das **Löffelholz-Haus** (Nr. 14) und das frühere **Palais Eggenberg** (Nr. 12), seit 1674 im Besitz der Fürstin Eggenberg, einer Verwandten der Kurfürsten von Brandenburg (Wappen über dem Eingang). Als die Protestanten aus der St. Georgs-Kirche vertrieben wurden, stellte die Fürstin ihre Stadtresidenz für evangelische Gottesdienste zur Verfügung (Steinkanzel mit dem Eggenberg-Wappen im Hof). Die Eggenberger waren von Weinhändlern im südsteirischen Radkersburg zu Reichsfürsten aufgestiegen. – An der **St. Georgs-Kirche** lassen sich innen wie außen die beiden Bauphasen deutlich ablesen: Gotik und Barock (nur der Chorturm stammt aus dem 19. Jh.). Gestiftet wurde die Kirche Ende des 14. Jh. vermutlich von der St. Georgs-Gilde zu Ehren der ›Drachenheiligen‹ Georg und Margareta von Antiochien, die auf den Tympanon-Reliefs (um 1410/20) erscheinen. Nach der Rekatholisierung 1685 ließen die Jesuiten die Fassade aufführen und acht Seitenkapellen anfügen. Das Innere prangt im Schmuck prächtiger Stukkaturen: schwere Hochbarock-Ornamente an Kapellen und Emporen, graziöse Laubbandwerk-Ranken (um 1720) von Pietro Antonio Conti zwischen den gotischen Kreuzrippen.

Sopron besitzt auch außerhalb des ›Hufeisens‹ der Altstadt bemerkenswerte Bürgerhäuser, vor allem am *Várkerület,* früher Lenin körút **(Rejpal-Haus,** Nr. 7 und die anschließenden Gebäude). Nach Abtragung der Stadtmauer entstand Mitte des 19. Jh. auf dem *Széchenyi tér* eine markante Häuserzeile im Stile der Romantik. Die barocke **Dominikaner-Kirche** (heute Pfarrkirche zum hl. Judas Thaddäus) enthält geschnitzte Altäre und Statuen, gearbeitet vom Ordensbruder Domonkos (Dominikus). Beachtung verdient schließlich das **Petőfi-Theater** in der Színház utca, geplant von István Medgyaszay im Jugendstil. Das **Städtische Museum** in der historistischen Villa am Május 1. tér zeigt Volkskunde, Kunstgewerbe und Gemälde, u. a. von Troger, Maulbertsch, Altomonte und ›Kremser-Schmidt‹); benannt ist es nach Franz Liszt, der wie Joseph Haydn oft in Ödenburg konzertierte.

Nördlich des Ikva-Baches (der Name erinnert an die Goten) liegt ein stimmungsvolles **Vorstadtviertel,** wo früher Handwerker und Kleinbauern wohnten, besonders die ›Ponzichter‹ (mundartlich für Bohnenzüchter). Solche ›Ponzichter‹-Häuser stehen beispielsweise in der Szent Lélek utca (Nr. 7, 13), der **Heiligengeist-Gasse** mit der gleichnamigen **Kirche.** Der dachreiterartige Turm verrät gotischen Ursprung, die Fresken malte Stephan Dorffmeister 1782 (Marienleben, Kirchenväter, Evangelisten). Dorffmeister wurde 1728 in Wien geboren, kam um 1760 nach Ödenburg und arbeitete in vielen Kirchen, Klöstern und Schlössern Westungarns. Schönstes Beispiel des volkstümlichen Barocks ist das ›**Zwei-Mohren-Haus**‹ in der Preßburger Straße (Pozsonyi út 9) das um 1700 sein damaliger Eigentümer, ein Steinmetz, nach alten Musterbüchern mit Figuren und Schraubensäulen schmückte. – Die **St. Michaels-Kirche,** die älteste Pfarrkirche von Sopron, wurde im 11. Jh. gegründet und im 14. Jh. zu einer gotischen, dreischiffigen Hallenkirche mit Fassadenturm erweitert. Seit der ›stilgerechten‹ Restaurierung und Ausstattung um 1860 durch Franz Storno wirkt sie eher historistisch (neugotisch) als mittelalterlich (Abb. 45). Die frühgotische *Grabkapelle St. Jakob* (Karner?) auf dem alten Friedhof besitzt ein spätromanisches Tympanon-Relief, einen Drachen am Lebensbaum darstellend.

An der **Wiener Straße (Bécsi út)** steht die gotische **Johannes-Kirche** der Johanniter, später Jesuiten. Das Steinhaupt Johannes des Täufers am ersten Strebepfeiler der Nordfassade (Ende 15. Jh.) überstand die Restaurierung der Kirche durch Franz Storno im 19. Jh.

Maria-Magdalena-Kirche in Wandorf bei Sopron, heute im Stadtteil Sopronbánfalva

unbeschadet. – Beim gotischen *Lenart-Kreuz,* etwa 150 m stadtauswärts, versammelten sich früher die Pilger nach Mariazell in der Steiermark, dem beliebtesten Wallfahrtsort im Habsburger-Reich. Im Barockhaus Bécsi út 5 befindet sich seit 1711 eine Backstube, heute ein sehenswertes *Bäckerei- und Konditorei-Museum.*

Im Südwesten von Sopron hat sich aus einer keltisch-römischen Siedlung die Ortschaft Wandorf (Bánfalva) entwickelt, heute der Stadtteil **Sopronbánfalva** oder **Kertváros** (Gartenstadt). Die **Marienkirche** auf den Resten der mittelalterlichen Burgkapelle (später Pauliner- bzw. Karmeliter-Kirche) ist zwar im Kern gotisch, wurde aber durch Brände und Umbauten stark verändert. Wesentlich besser bewahrte hingegen die **Maria-Magdalena-Kirche** im alten Friedhof ihr gotisches Erscheinungsbild. Im Inneren kamen Fresken zum Vorschein: am Triumphbogen ein Bischofs-Fragment (13. Jh.), im Schiff Apostel und der Zug der hl. Drei Könige (15. Jh.).

Die Umgebung von Sopron

Schloß Széchenyi in **Nagycenk** (Großzinkendorf), der Stammsitz des berühmten gräflichen Geschlechts, ging aus einem barocken Herrenhaus hervor und erhielt um 1800 die frühklassizistische Fassade mit dem Giebelfries (Putten als Künstler und Wissenschaftler). Ferenc Graf Szénchényi schenkte 1802 seine Kunstsammlung und Bibliothek dem ungarischen Staat und begründete damit das Nationalmuseum und die Nationalbibliothek in Budapest. Sein Sohn István Széchenyi, der große Reformpolitiker, gab dem Schloß um 1840 seine heutige Form und ließ nach englischem Vorbild erstmals in Ungarn eine Gasbeleuchtung und moderne sanitäre Einrichtungen einbauen. Heute beherbergt der Schloßkomplex das *István-Széchenyi-Gedenkmuseum,* ein Hotel und ein Gestüt. Am Ende der schönen alten Lindenallee gegenüber vom Schloß stehen Lokomotiven und Eisenbahnwaggons aus dem Budapester Verkehrsmuseum. Die *Museumseisenbahn* verkehrt zwischen dem *Schloßbahnhof* und dem reizvoll restaurierten *Bahnhof* an der Straße nach Fertőboz/Hidegség (Abb. 47).

Auf dem kleinen Dorfplatz von Nagycenk (südlich vom Schloßpark, an der Straße 84 nach Sárvár) steht die neoromanische **Pfarrkirche St. Stephan,** Mitte des 19. Jh. nach Plänen von Miklós Ybl errichtet. Vom romanischen Vorläuferbau aus dem 13. Jh. überdauerte nur das Löwen-Tympanon am Eingang zum Turm. Das *Denkmal* vor der Kirche, ein Werk des Bildhauers Alajos Stróbl, erinnert an den ›Reformgrafen‹ István Széchenyi, der sich 1860 in der Nervenheilanstalt Wien-Döbling erschoß. Beigesetzt wurde er im klassizistischen Familienmausoleum (1806) auf dem nahen Dorffriedhof.

Sopronhorpács, etwa 20 km südlich von Nagycenk, verdient wegen des aufwendigen, spätromanischen Stufenportals der *Pfarrkirche St. Peter und Paul* (vormals Prämonstratenser- und Augustiner-Propstei Horpács) einen Abstecher. Ende des 12. Jh. als Stammeskir-

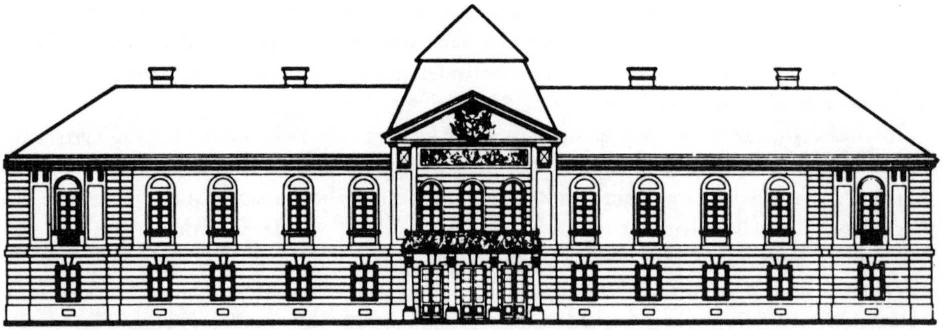

Schloß Széchenyi in Nagycenk im 19. Jh.

che der Osl-Sippe gestiftet, von Mongolen und Türken zerstört, gotisch und barock umgebaut, wurde die Kirche 1960 vorbildlich wiederhergestellt.

In **Fertőrákos** (Kroisbach), 6 km nordöstlich von Sopron, kann der stillgelegte *Steinbruch* besichtigt werden, wie der ›Römersteinbruch‹ von St. Margarethen im Burgenland aus 15 bis 20 m hohen Kalksteinwänden (›Leithakalk‹) aufgebaut; er wurde schon von den Römern und zum Bau der Wiener Ringstraße genutzt. Die *Prangersäule* in der Ortsmitte gilt als seltenes Denkmal des öffentlichen Strafvollzugs aus dem 17. Jh. Etwa zur gleichen Zeit entstand die nahe *Wassermühle* (Vízimalom). Bedeutendste Sehenswürdigkeit ist das elegante **Bischöfliche Palais,** die Sommerresidenz der Bischöfe von Győr. Schon während der Türkenbesatzung mußten die Kirchenfürsten nach Fertőrákos ausweichen. Das alte Schloß vom Ende des 16. Jh. ließ Bischof Ferenc Graf Zichy um 1745 im Spätbarockstil umbauen und ausstatten. Der prächtige Rokoko-Stuck stammt von Pietro Conti, die allegorischen Grisaillen malte Gaetano di Rosa.

Von der landschaftlich sehr reizvollen Straße nach Fertőd bieten sich zwischen Weinbergen und Eichenwäldern immer wieder Ausblicke auf den stark verschilften *Neusiedler See,* den die Ungarn ›Fertő-to‹ nennen, den ›Sumpfsee‹.

Verläßt man Sopron durch die Balfi út in Richtung Balf, kommt man an einem *Rastkreuz* aus dem 13. Jh. vorbei, dessen »ewig brennendes Licht« dereinst Wanderern den Weg wies.

Balf lädt als kleiner, stimmungsvoller Kurort ein, dessen Thermalquelle schon die Römer schätzten. Die *›Badekapelle‹* neben dem alten Kurhaus stiftete István Graf Wosinski 1773 zu Ehren des hl. Joseph. Fresken und Hochaltarblatt malte Stephan Dorffmeister. Vor der Kapelle steht ein barocker Bildstock (Pietà). Die gotische, barock veränderte *Pfarrkirche St. Jakob* krönt den Dorfhügel.

Die *Pfarrkirche St. Andreas* in **Hidegség** (Schlüssel im Pfarrhaus Nr. 9/19 an der Abzweigung nach Nagycenk) besitzt romanische Fresken aus dem 12./13. Jh.: Majestas Domini (Christus in der Mandorla zwischen Evangelisten-Symbolen), darunter von Arkadenbogen gerahmte Apostel. Das Ölberg-Fresko und die Chornische sind gotisch.

In **Fertőszéplak** wurden einige Streckhöfe mit Laubengängen als *Dorfmuseum* (Falumúzeum) zugänglich gemacht. Die barocke *Allerheiligen-Pfarrkirche* stiftete György Graf Széchenyi 1728 (derzeit in Restaurierung). Beachtung verdienen der Statuenschmuck, der Kalvarienberg auf dem Kirchplatz und die Innenausstattung.

In **Csorna,** an der Hauptstraße nach Győr, stand im Mittelalter eine bedeutende *Prämonstratenser-Propstei,* gegründet 1226 von der Familie Osl. Sehenswert ist die elegante Zopfstil-Fassade (um 1780) der ehemaligen Stiftstrakte und ein romanisches Michaels-Relief in der Vorhalle zur Kirche.

Fertőd – ehemaliges Schloß Esterházy

Ungarns größten und schönsten Schloßkomplex ließ *Fürst Nikolaus (Miklós) Esterházy,* den seine Zeitgenossen »den Prachtliebenden« nannten, zwischen 1760 und 1767 errichten. Den Kern der Anlage bildete das um 1720 unter Leitung von Anton Erhard Martinelli erbaute *Jagdschloß Süttör.* Wie der Wiener Hof das Schloß Schönbrunn nach dem Vorbild der französischen Königsresidenz Versailles anlegen ließ, verwirklichte Nikolaus Esterházy ›sein‹ Versailles in Ungarn. »Was der Kaiser kann, das kann ich auch«, pflegte er zu sagen, und tatsächlich konnte seine prunkvolle Hofhaltung mit vielen europäischen Fürstenhöfen wetteifern oder sie übertrumpfen. Grundlage hierfür bot das unvorstellbar riesige Fideikommißvermögen (Familiengut) der Esterházy, das er fast dreißig Jahre lang verwaltete. Als Gesandter Königin Maria Theresias bei den Krönungsfeierlichkeiten für Joseph II. zum römisch-deutschen Kaiser 1765 in Frankfurt machte der Fürst tiefen Eindruck auf den jungen Goethe, wie dieser in seiner Selbstbiographie ›Dichtung und Wahrheit‹ über das ›Esterházysche Feenreich‹ schrieb.

Der Architekt von **Schloß Eszterháza** (so hieß Fertőd einst als Residenz der Esterházy) ist bis heute nicht gesichert. Abgesehen von Einzelentwürfen und Bauleitungen durch Girolamo Bon und die Esterházyschen Hofarchitekten Nicolaus Jacoby und Johann Ferdinand Mödlhammer, erstand die Anlage im wesentlichen nach dem Generalplan von 1761/62, den vermutlich *Melchior Hefele* unter maßgeblicher Beteiligung des Bauherrn erstellte. Dem Tiroler Hefele, bei Balthasar Neumann in Würzburg und Johann Bernhard Fischer von Erlach in Wien geschult, gelang mit Schloß Eszterháza das einzige bedeutende Bauwerk des Rokoko in Ungarn. Diese verspielt-elegante, bewegte Stilrichtung fand hierzulande kaum Verbreitung, entsprach doch das ruhige Spätbarock und sein klassizierender Zopfstil-Ausklang viel eher dem konservativen Geschmack des ungarischen Adels und Klerus'.

Die glanzvollen Feste und das Musikleben von Eszterháza genossen europaweit Ruhm. Prinz Louis Rohan, der Gesandte des französischen Königs, schrieb: »In Eszterháza habe ich ein Versailles gefunden.« Kaiserin Maria Theresia bemerkte bei einem ihrer Besuche: »Wenn ich eine gute Oper sehen will, dann fahre ich nach Eszterháza.« Als Hofkapellmeister der Esterházy wirkte seit 1761 fast dreißig Jahre lang Joseph Haydn, zuerst in Eisenstadt (Kismarton), dann in Eszterháza, wo er viele seiner Meisterwerke verfaßte: Opern, Kirchen- und Kammermusik sowie Symphonien, darunter 1772 die legendäre Abschiedssymphonie. Nach dem Tode des Bauherrn 1790 löste sein Sohn und Nachfolger Fürst Anton die prunkvolle Hofhaltung, das Orchester und das Opernensemble auf und übersiedelte nach Eisenstadt. Eszterháza versank in einen Dornröschenschlaf: das Opernhaus, das Marionettentheater, die Lustpavillons, die Eremitage, die chinesische Gartenlaube und viele andere Nebengebäude wurden zerstört oder zu Wirtschaftszwecken genutzt. Nach Schäden im Zweiten Weltkrieg begann 1958 die Wiederherstellung des Schlosses.

Den von halbkreisförmigen Flügeln umschlossenen Ehrenhof (Cour d'honneur) betritt man durch ein kunstvolles *Rokokotor*, geschmiedet vermutlich von Karl Johann Franke nach Entwürfen von Melchior Hefele. Die Mitte des Ehrenhofes ziert ein Delphinbrunnen, die Schloßfassade eine elegante Prunktreppe (Abb. 46). Zarter Stuck und Fresken von Joseph Ignaz Milldorfer schmücken den Gartensaal (Sala terrena). Bei der Restaurierung kamen in einigen der 126 Gemächer Chinoiserie-Malereien aus dem Süttörer Jagdschloß zum Vorschein. Die prunkvollsten Räume, meist weiß-gold gehalten und zum Teil mit kostbaren Originalmöbeln und -öfen ausgestattet, liegen im Mittelteil: der *Chinesische* und der *Grüne Salon*, das *Maria-Theresia-Zimmer*, das die Königin 1773 bewohnte (ein Gemälde zeigt sie

Schloß Esterházy in Fertőd, Wandverkleidung im ›Chinesischen Salon‹

mit der sogenannten Stephans-Krone), und der *Festsaal* (heute Musiksaal, Farbabb. 12) mit dem Deckenfresko ›Apollo im Sonnenwagen‹ des Hofmalers Johann Basilius Grundemann und allegorischen Figuren der vier Jahreszeiten. Die anschließenden Räume beherbergen das *Joseph-Haydn-Museum.*

An der *Gartenfront* des Schlosses prangt das Fürstliche Wappen der Esterházy mit dem Buchstaben L (Leopold) in der Mitte, eine Gunst, die Kaiser Leopold I. 1687 dem Palatin Pál (Paul) Esterházy für dessen Unterstützung der Ansprüche des Hauses Habsburg auf die ungarische Krone gewährte. Pál Esterházy vollendete den gesellschaftlichen und materiellen Aufstieg seiner Familie durch das Erbe der konfiszierten Nádasdy-Güter (s. S. 250). Kaiser Karl VI. verlieh den erstgeborenen Söhnen des Hauses Esterházy den Fürstentitel. Begonnen hat der Aufstieg des kleinadligen Geschlechts aus Oberungarn unter Miklós (Nikolaus) Esterházy von Galánta 1625 durch seine Wahl zum Palatin und die Erhebung in den Grafenstand. Reiche Heiraten, Parteinahme für die Habsburger, Bewährung in den Türkenkriegen mehrten Ansehen und Vermögen, bis schließlich das Familiengut auf etwa 5000 km^2 Grundbesitz, fast hundert Schlösser und eine kostbare Kunstsammlung anwuchs. Die im nördlichen und mittleren Burgenland (Eisenstadt, Forchtenstein) liegenden Güter, etwa ein Siebentel des einstigen Esterházy-Imperiums, befinden sich noch im Familienbesitz. In national-ungarischen Kreisen genossen die Esterházy allerdings keineswegs die Hochachtung oder Verehrung wie die Batthyány oder Széchenyi, die sich dem Königreich Ungarn und kaum dem Hause Habsburg verpflichtet fühlten. In fast jeder ungarischen Stadt und in vielen Dörfern erinnern Plätze, Straßen, Denkmäler an die Verdienste dieser Familien, der Name Esterházy taucht dagegen kaum auf.

Gegenüber vom Haupteingang zum Ehrenhof stehen die ehemaligen *›Grenadier-Häuser‹*, Arkadengebäude für die 150köpfige Leibwache. Im **Musikerhaus** an der Straße nach Fertőszéplak bewohnte Joseph Haydn von 1766 bis 1790 die Eckräume im Obergeschoß.

Kőszeg (Güns)

Das malerische Burgstädtchen am Fuße des Günser Gebirges (Kőszegi hegység) wirkt wie aus einem Bilderbuch. Innerhalb der mittelalterlichen Stadtmauer scheint die Zeit stillzustehen, beginnen die alten Häuser, stimmungsvollen Gassen und Plätze zu erzählen... Was uns heute als liebenswerte Idylle entzückt, sind die Zeugen eines jahrhundertelangen Grenzschicksals, von Krieg, Zerstörung und Überlebenskampf: Güns war ein wichtiges Glied der westungarischen Burgenkette, zeitweise ein Zankapfel zwischen Österreich und Ungarn und während der Türkenkriege eine Sperrfeste zum Schutz von Wien. Heute zählt Kőszeg zu den schönsten altertümlichen Kleinstädten Mitteleuropas.

Der sonnige Südosthang des *Günser Gebirges* – der höchste Gipfel, der Geschriebenstein (Írott kő) mit 884 m, liegt heute auf österreichischem Boden – ist fortlaufend seit der

Kőszeg, Wappen des Burghauptmannes Miklós Jurisics

Jungsteinzeit besiedelt. Bedeutende bronzezeitliche Funde kamen bei Velem zum Vorschein. Den Weinbau führten die Römer ein. Die älteste, von den Magyaren des 9. Jh. angelegte Holzburg brannten die Mongolen nieder. Mitte des 13. Jh. gründeten die Grafen von Güssing (Burgenland) im Tal der Güns (Gyöngyös) eine Steinburg, um die sich eine kleine Stadt entwickelte. Im August 1532 verwehrte die Festung Güns einem riesigen Türkenheer von angeblich 200000 Mann (wohl 80000) den Vormarsch nach Wien. Burghauptmann Miklós Jurisics (kroatisch: Niklas Jurisich) leistete mit einigen hundert Soldaten und Bauern drei Wochen lang heldenhaften Widerstand. Als Sultan Süleiman II. die Kunde von dem mittlerweile vor Wien versammelten Kaiserlichen Heer vernahm und außerdem der Winter heranrückte, entschloß er sich zum Rückzug. Im 17. und Anfang des 18. Jh. verwüsteten Haiducken und Kuruzzen der aufständischen Siebenbürger Fürsten mehrfach die Stadt.

Schönster Platz der annähernd quadratischen Altstadt ist der **Jurisics tér,** seit dem Mittelalter Haupt- und Marktplatz. Alle Häuser stehen unter Denkmalschutz, nur das *Heldentor* (Hősi Kapu) wurde erst 1932, anläßlich des 400. Jahrestages der ruhmreichen Verteidigung gegen die Türken erbaut. Die barocke *Mariensäule* nimmt die Stelle des Prangers ein, das *Brunnenhaus* wurde Ende des 18. Jh. im Zopfstil erneuert. Das *Rathaus* (Nr. 8) erhielt um 1710 seine Barockfassade mit gemalten Wappenmedaillons (Ungarn, Güns, Miklós Jurisics); die Gemälde der Muttergottes mit der ungarischen Krone und des hl. Stephan sind jünger (Abb. 48). Das *Pfarramt* (Nr. 12) ziert prächtiger Barockstuck, das Haus Nr. 14 besitzt einen malerischen Laubenhof. Die Häuser Jurisics tér 5 und 7 an der gegenüberliegenden Seite tragen Sgraffito-Schmuck im Stile der Spätrenaissance (17. Jh.). In der ehemaligen Jesuiten-Pharmazie, heute *Apotheken-Museum ›Zum Goldenen Einhorn‹*, blieb die von drei Laienbrüdern um 1740 gefertigte barocke Einrichtung erhalten. Im *›Arkadenhaus‹* befanden sich früher die Buden der Zöllner, im Obergeschoß Tanzsäle. Das ›*Generalshaus*‹ (Nr. 4) beherbergt einen Teil des *Städtischen Museums* (Handwerk, Kunsthandwerk, Naturraum).

An der Nordseite des Jurisics tér stehen parallel angeordnet die St. Jakobs- und die St. Emmerichs-Kirche. Die ältere **Pfarrkirche St. Jakob** verbirgt hinter ihrer schlichten Barockfassade eine gotische, dreischiffige Hallenanlage, die Palatin Miklós Garai 1404 bis 1407 unter Einbeziehung von Teilen der romanischen Minoritenkirche erbauen ließ. 1554 kam sie in den Besitz der deutschsprachigen Lutheraner, 1671 wieder an die Katholiken (Jesuiten, Piaristen, Benediktiner). Gotische Fresken an der Stirnseite des südlichen Nebenschiffs zeigen die Anbetung der hl. Drei Könige, die hll. Christophorus, Elisabeth und Barbara (um 1407) sowie eine Schutzmantel-Muttergottes, gröber und etwas jünger. Im Hochaltar steht eine spätgotische Muttergottes-Statue (um 1500), die übrige Ausstattung ist spätbarock. Eine Gedenktafel erinnert an die in der Gruft beigesetzten Kinder des Burghauptmanns Miklós Jurisics.

Die **St. Emmerichs-Kirche** (sehr hoher Fassadenturm) errichteten die ungarischen Lutheraner 1615 bis 1620 über dem mittelalterlichen Friedhof und Karner (Beinhaus). Da ihnen die St. Jakobs-Kirche als Vorbild diente, trägt ihre Kirche noch zur Zeit der Spätrenaissance gotisierende Züge. An den Ecken der Dachtraufen sind Reliefs der Reformatoren angebracht. Ende des 17. Jh. wurde die Kirche wieder katholisch und König Stephans heiligem Sohn Emmerich (Szent Imre) geweiht. In der qualitätvollen, spätbarocken Ausstattung kündigt sich schon der Klassizismus an (Kanzel). Das Hochaltarblatt von Stefan Dorffmeister d. J. (1805) zeigt das ›Gelübde des hl. Emmerich‹ zwischen Figuren der Apostelfürsten Petrus und Paulus und der knienden Könige Stephan und Ladislaus. Das große Tafelbild der ›Heimsuchung‹ (Maria und Elisabeth) links vom Hochaltar malte Franz Anton Maulbertsch.

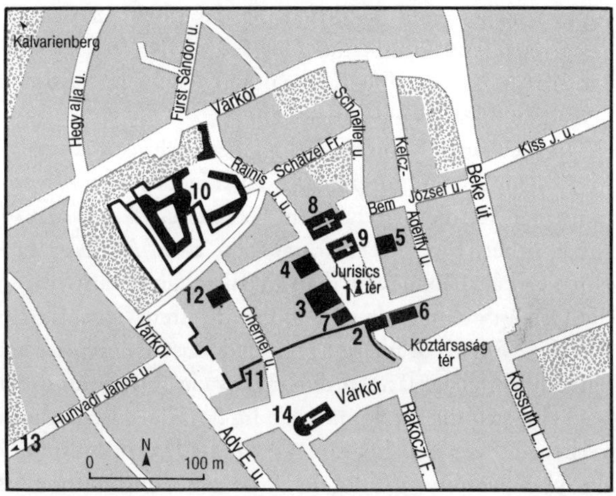

Kőszeg
1 *Jurisics tér mit Mariensäule und Brunnenhaus*
2 *Heldentor*
3 *Rathaus*
4 *Pfarramt*
5 *Apotheken-Museum ›Zum Goldenen Einhorn‹*
6 *›Arkadenhaus‹*
7 *›Generalshaus‹ (Städtisches Museum)*
8 *St. Jakobs-Kirche*
9 *St. Emmerich-Kirche*
10 *Jurisics-Burg und Museum*
11 *Zwingerturm*
12 *Chernel-Haus*
13 *Chernel-Garten (Arboretum)*
14 *Herz-Jesu-Kirche und Pestsäule*

Die Häuser der malerischen **Rájnis József utca** wurden im Mittelalter aus Verteidigungsgründen in ›Sägezahnordnung‹ stufenweise nebeneinander gesetzt. Die aus dem 14. Jh. stammende **Burg** erhielt Miklós Jurisics nach der Türkenbelagerung 1532 zum Geschenk. Von den fünf Türmen erreichen nur mehr zwei die ursprüngliche Höhe. Das gemalte Türkenzelt im Torbau ist ein beliebtes Motiv ungarischer Festungen. Nach der Eroberung durch König Matthias 1482 entstand die Fensterreihe im Renaissancestil. Dem zweigeschossigen Laubenhof verliehen die Fürsten Esterházy, seit 1695 Herren der Burg, das Barockgepräge. Heute dient die Jurisics-Burg als *Kulturzentrum* und *Museum* (Burg- und Stadtgeschichte, Weinbau).

Schöne Barockhäuser stehen in der **Chernel-Gasse**. Im *Zwingerturm* finden Kunstausstellungen statt, das *›Chernel-Haus‹* bewohnte 1809 Eugène de Beauharnais, Heerführer und Vizekönig Napoleons. Benannt ist die Gasse, ebenso wie der *Baumgarten* (Arboretum) an der Hunyadi-Straße, nach Kálmán und István Chernel, Historiker und Naturwissenschaftler im 19. Jh. Außerhalb der Altstadt erhebt sich die neugotische *Herz-Jesu-Kirche*, davor die schöne barocke *Pestsäule*. Auf den Hügeln im Norden der Stadt thront die **Kalvarienberg-Kirche** mit ihrer dreitürmigen Barockfassade.

Szombathely (Steinamanger)

Die Vorläuferstadt Savaria zählte zu den bedeutendsten Römerstädten nördlich der Alpen, und aus dieser Zeit stammen auch die wichtigsten Sehenswürdigkeiten: das Savaria-Museum, der Isis-Tempel und ein Originalstück der Römerstraße. Vergleichsweise bescheiden nimmt sich dagegen die barocke Bausubstanz aus, nicht zuletzt wegen starker Zerstörungen im Zweiten Weltkrieg. Szombathely (87000 Einwohner), heute Grenzstadt nach Österreich und Hauptstadt des Komitats Vas, zeichnet sich durch ein reges kulturelles Leben aus, besitzt eine überregional anerkannte Kunsthalle und ist alljährlich im Sommer Schauplatz der Savaria-Festspiele.

Der deutsche Name Steinamanger soll vom Awaren-Feldzug Kaiser Karls des Großen herrühren, als die durchziehenden Heerscharen neben den verwaisten römischen Ruinen nur einen aufrecht stehenden Meilenstein auf einer Wiese sahen, den ›Stein-am-Anger‹. Szombathely bedeutet ›Samstagsort‹, denn Anfang des 10. Jh. begannen die Magyaren hier einen Ort aufzubauen, in dem an Samstagen Markt abgehalten wurde. Inmitten schützender Sümpfe errichteten sie eine ihrer stärksten Grenzburgen, die im 13. Jh. in den Besitz der Bischöfe von Győr überging. Besiedelt ist die Gegend schon seit urgeschichtlicher Zeit. Aus einem Umschlagplatz an der ›Bernstein‹-Straße und der Kelten-(Boier-)Stadt Sabaria entwickelte sich die ›Colonia Claudia Savaria‹ (diesen höchsten Rang nach römischem Recht verlieh Kaiser Claudius 43 n. Chr.), die Hauptstadt der Provinz Pannonien und ein blühendes Handelszentrum. Bei der Provinzteilung unter Kaiser Trajan 107 n. Chr. blieb Savaria

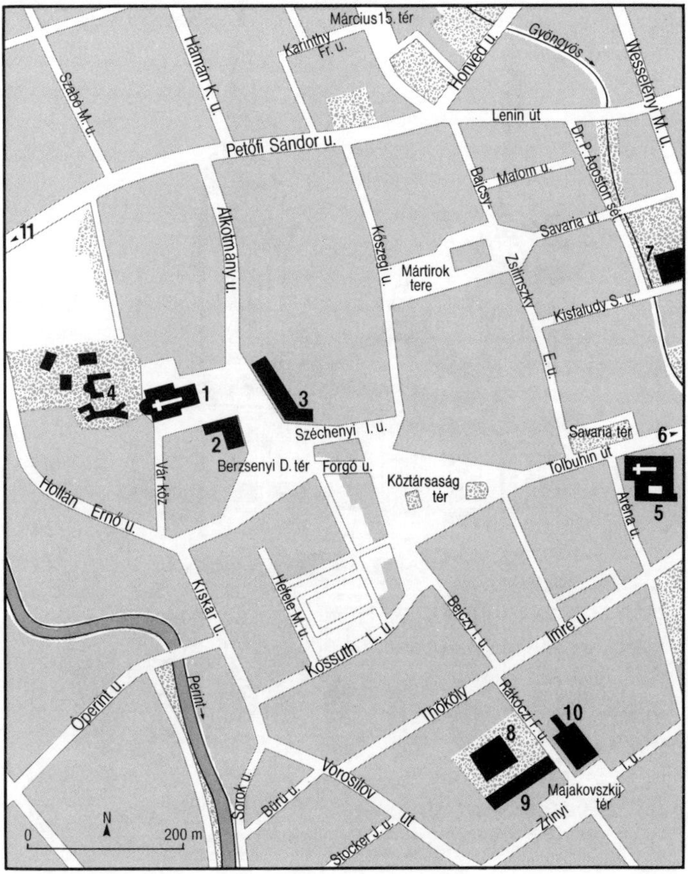

Szombathely
1 *Dom Mariä Geburt*
2 *Bischöfliches Palais*
3 *Eölbey-Haus*
4 *Ruinengarten mit Römerstraße*
5 *Franziskaner-Kirche und ehem. Kloster*
6 *St. Martin und Friedhof*
7 *Savaria-Museum*
8 *Isis-Heiligtum (Iseum)*
9 *Kunsthalle*
10 *Ehem. Synagoge (Bartók-Konzertsaal)*
11 *Freilichtmuseum des Bezirkes Vas*

Zentrum der Zivilverwaltung (Sitz des Praeses) und religiöser Mittelpunkt von Oberpannonien (Pannonia superior), wo die Zeremonien des Kaiserkults und der Kapitolinischen Trias (Jupiter, Juno und Minerva) stattfanden. Ab dem 2. Jh. verbreiteten sich orientalische Mysterienkulte. Das Christentum ist seit der Verfolgung unter Kaiser Diokletian im Jahre 303 bezeugt.

316/17 wurde in Savaria der hl. Martin geboren, der Schutzpatron der fränkischen Nation. Als Reitersoldat in Gallien teilte er – der Legende nach – am Stadttor von Amiens seinen Mantel mit einem frierenden Bettler. Von diesem Mantel (der ›cappa‹), die im Betraum der Merowinger zu Paris als Reliquie verehrt wurde, leitet sich der Begriff ›Kapelle‹ ab. Legendenumrankt ist auch die ›Martini-Gans‹: Als sich Martin bei seiner Wahl zum Bischof von Tours für unwürdig hielt, soll eine Gans sein Versteck verraten haben. Am Martini-Tag, dem 11. November, schlachtet man nach altem Brauch die Gänse.

Dom von Szombathely, Zopfstil-Fassade (um 1790) von Melchior Hefele

Entscheidend für die Entwicklung des Stadtbildes war die von Königin Maria Theresia geförderte Gründung des Bistums im Jahre 1777. János Szily, der erste Bischof, ließ als Machtdemonstration des Katholizismus in der noch immer stark protestantischen Umwelt den **Dom Mariä Geburt** und die Bischöfliche Residenz genau im Herzen der Altstadt errichten. Beide Gebäude bilden mit dem ehemaligen Domherrenhaus *(Eölbey-Haus)* eine städtebauliche Einheit, obwohl sie auf zwei verschiedenen Plätzen stehen. Als Baumeister berief der Bischof Melchior Hefele aus Wien (s. S. 223, 239), den er in Győr kennengelernt hatte. Das 1783 fertiggestellte **Bischöfliche Palais,** ein nobler Spätbarockbau mit Zopfstil-Ornamenten, entsprach Hefeles Empfinden, beim Dombau rang er offenbar mit dem vom Bauherrn geforderten Klassizismus. Der Baumeister starb 1797; vollendet wurde der Dom erst 1814. Schwere Säulen und große Fenster gliedern die starre Fassade rasterartig: die wenig vorteilhaften Spitzhelme wurden später aufgesetzt. Ein Bombenangriff im Zweiten

Weltkrieg vernichtete die Fresken nach Maulbertsch-Vorlagen und den Großteil der Ausstattung. Erhalten blieb der Hochaltar nach Entwürfen von Hefele und mit Statuen von Philipp Procop, der auch die Figuren an der Fassade schuf. Das Bischöfliche Palais kann nur mit Sondergenehmigung besucht werden (Skizzen zum Kuppelfresko des Domes und Veduten zur Geschichte Savarias von Maulbertsch, Gemälde von Dorffmeister).

Rechts vom Dom erstreckt sich der **Ruinengarten,** benannt nach Professor István Paulovics, der 1938 mit den Ausgrabungen des römischen Forums begann. Unter einem Schutzdach liegt ein großes Fußbodenmosaik (Akanthus-Ranken), eine grobe Arbeit in der Tradition der Werkstätten von Aquileia. Wie die anschließende Rundbogenapsis gehörte es zur Quirinus-Basilika, die in der ersten Hälfte des 4. Jh. teilweise über den Grundmauern des Statthalterpalastes entstand. Bischof Quirinus von Siscia (Sisak an der Save, Jugoslawien) soll 303 in Savaria einen ähnlichen Märtyrertod erlitten haben wie der hl. Florian in Lauriacum (Enns/Oberösterreich): Ertränken mit einem Mühlstein um den Hals. Hinter der Domapsis blieben Mauerreste der mittelalterlichen Rundburg der Bischöfe von Győr erhalten. Rechts davon führt ein von Bäumen gesäumter Weg zum eindrucksvollsten Teil des ganzen Ruinengartens: ein Originalstück der mit schwarzen Basaltblöcken gepflasterten **Römerstraße** (Abb. 51) zwischen Savaria und Sopianae (Pécs). Von der Zollstation, den Läden und Wirtshäusern überdauerten einige Grundmauern mit Ähren oder Fischgrätwerk (opus spicatum).

Mittelpunkt der Bürgerstadt ist der dreieckige **Köztársaság tér** (Platz der Republik), der in ansprechender Weise Gebäude unterschiedlicher Stilrichtungen vereint, vom Spätbarock bis zum Jugendstil und zur Moderne. Am Savaria tér erhebt sich die **ehemalige Franziskaner-Kirche,** überwiegend barock mit gotischen Details. Stadtauswärts begrenzt eine zweite Kirche das Blickfeld: **St. Martin** (früher im Besitz der Dominikaner), vermutlich über dem Geburtshaus des hl. Martin, einer spätantiken Friedhofskapelle und der ersten Pfarrkirche errichtet, die Salzburger Missionare im 9. Jh. weihten. Im Volksmund heißt der Stadtteil heute noch Szentmárton (St. Martin).

Das **Savaria-Museum** (Kisfaludy Sándor utca), eine der besten Provinzsammlungen Ungarns, beherbergt im Kellergeschoß das römerzeitliche Lapidarium sowie Awaren-Schmuck und romanische Skulpturen aus Ják. Im ersten Stock werden Naturraum und Geschichte vorgestellt. Die ausgezeichnete archäologische Abteilung zeigt in drei Abschnitten das ›Dorf der Jungsteinzeit‹, die ›Geburt der Stadt‹ im 13./12. Jh. v. Chr. (Bronze- und Urnenfelderzeit) bis zu keltischen Festungen und die ›Römerstadt Savaria‹.

Das **Isis-Heiligtum (Iseum)** an der Rákóczi Ferenc utca, eine der nördlichsten Kultstätten der ägyptischen Muttergöttin, wurde 188 n. Chr. gegründet, im 3. Jh. erweitert, beim Erdbeben 455 zerstört und von den Langobarden im 6. Jh. als Friedhof genutzt. Kulte orientalischer Gottheiten fanden im 2. Jh. n. Chr. in allen Teilen des römischen Weltreiches Verbreitung. Soldaten bevorzugten die Mysterien des persischen Lichtheros Mithras (s. S. 123 f.) und des Jupiter Dolichenus, einer Verbindung des römischen Göttervaters mit dem syrischen Sonnengott Baal. Das Volk suchte Zuflucht im Kult der Isis, der über Griechenland nach Rom kam, wo ihr Kaiser Caligula auf dem Marsfelde einen Tempel weihte.

Im Laufe der Zeit verschmolz Isis mit Lokalgottheiten, der griechischen Heilgöttin Hygieia, der keltischen Stammesgöttin Noreia und anderen; in pantheistischen Spekulationen nahm sie Züge einer Universalgottheit an. Geheimnisumwitterte Mysterien, prunkvolle Prozessionen und Fruchtbarkeitsriten, mancherorts mit orgiastischen Ausschweifungen, bestimmten den Isis-Kult. Das Christentum übertrug Darstellungen der Isis mit dem Horus-Knaben (Harpokrates) auf die Muttergottes. Durch Mozarts Oper ›Die Zauberflöte‹ leben Isis und ihr Bruder-Gemahl Osiris bei den Savaria-Festspielen weiter.

Seit 1958 wurde das Iseum wiederhergestellt und ergänzt. Der heilige Bezirk besteht nach orientalischem Muster aus mehreren Höfen mit Säulengängen, die als Prozessionswege dienten. Im abgesenkten Innenhof liegt das Altarpodest, dahinter das blockartige Allerheiligste mit einem viersäuligen Portikus. Die Originalteile des Relieffrieses zeigen Isis auf ihrem Hund reitend, mit einer Kultrassel (Sistrum) in der Hand – der Stern (Sothis = Sirius) markierte ursprünglich die Nilüberschwemmung und den Jahresbeginn –, weiters die Siegesgöttin Victoria mit der Inschrift »Der erhabenen heiligen Isis«, die Glücksgöttin Fortuna, den Kriegsgott Mars und den Götterheros Hercules. Osiris-Serapis, Anubis und Isis-Hygieia können kaum mehr wahrgenommen werden. Das kleine *Museum* birgt einfache Votivgaben, Reste von Wandmalereien und Bauplastiken.

Links vom Iseum steht die monumentale **Kunsthalle** (Szombathelyi képtár), schräg gegenüber die ehemalige **Synagoge** (Abb. 52), 1881 im maurisch-orientalischen Stil erbaut und heute als ›Bartók-Konzertsaal‹ genutzt. Ein *Denkmal* erinnert an die Ermordung der Szombathelyer Juden in den Nazi-Vernichtungslagern.

Das **Freilichtmuseum** bäuerlicher Kultur des Bezirkes Vas (Vasi Múzeumfalu) liegt am westlichen Stadtrand, beim Anglerteich Horgásztó, unweit vom Hotel ›Claudius‹. In den Komitaten Vas und Zala siedelten etwa seit dem 9. Jh. Slowenen (Alpenslawen), die Nachkommen der Wenden (mundartlich ›Windische‹).

Ják (St. Georgen)

Im Dorf Ják, etwa 12 km südlich von Szombathely, steht Ungarns bedeutendste **spätromanische Kirche,** gleichzeitig die eindrucksvollste der Geschlechter- oder Sippenkirchen. 1214 stiftete Márton (Martin) aus der Familie Ják (Csák?), den man wegen seines Reichtums den ›Großen‹ nannte, im Zentrum seiner Güter eine gewaltige, dreischiffige Basilika mit einer kleinen Benediktinerabtei. Der Mongolensturm unterbrach die Bauarbeiten, die Weihe zu Ehren des Ritterheiligen Georg erfolgte erst 1256. Während der Türkenkriege und der Reformation brannte ein Teil von Kirche und Kloster nieder. Bei der großangelegten Restaurierung um die Jahrhundertwende unter Leitung des Budapester Architekten Frigyes Schulek (s. Matthias-Kirche, S. 96) wurden die Turmhelme nach dem Vorbild von Zsámbék (s. S. 229) erneuert, zahlreiche Details ausgewechselt oder kopiert und das Haupt- und

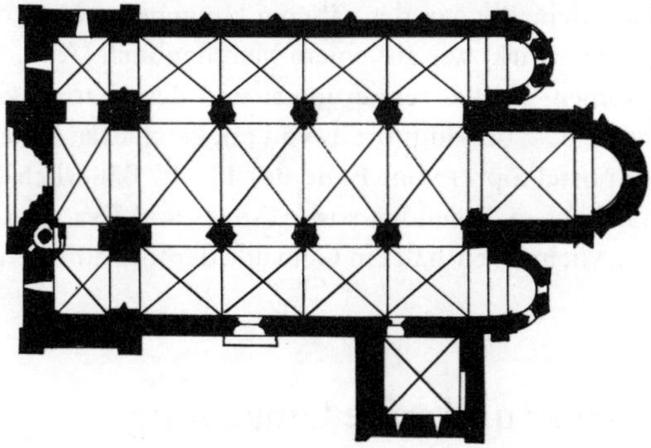

Ják, St. Georg, Grundriß

Südschiff unter Verwendung des originalen Tragwerkes überwölbt. Kreuzrippengewölbe des 13. Jh. überdauerten nur unter der Herrschaftsempore, im nördlichen Seitenschiff und im Chorquadrat. In den mauerumgürteten Kirchenbezirk führt ein Spätrenaissance-Portal (um 1660) mit dem Wappen des Abtes Folnay.

Wertvollster Teil der Basilika ist die *Westfassade* mit dem großartigen Trichterportal, der bedeutendsten Schöpfung spätromanischer Bauplastik in Ungarn (Abb. 50). In der gestuften Nischenfolge stehen Apostelstatuen mit Christus in der Mitte; die Türken schlugen die meisten Köpfe ab. Von den Plastiken überdauerten eine thronende Muttergottes (ohne Kopf) und Samson im Löwenkampf. Das Tympanonrelief kam in das Museum Szombathely. – Im *Südportal* erscheint das Lamm Gottes zwischen zwei Drachen, Sinnbildern des Bösen, an der reich geschmückten Ostseite dämonenabwehrendes Getier (Affen, Löwen). An der *Nordapsis* thront ein jugendlicher König, an der *Hauptapsis* fällt eine kopflose Statue mit hochgezogenem Bein auf, das antike ›Dornauszieher‹-Motiv. Die Bauhütte von Ják verarbeitete italienische und über Regensburg vermittelte normannische Einflüsse (u. a. gezackte Bogenlaibungen, gestufte Nischenfolge). Unmittelbar eingewirkt haben das Riesentor von St. Stephan in Wien und die Plastiken des Bamberger Domes.

Unter der Herrschaftsempore befinden sich künstlerisch wertvolle *Freskenreste,* seltene Beispiele des ›Zackenstils‹, der von Venedig ausgehenden Welle des Byzantismus der spätromanischen Malerei (Mitte 13. Jh.). Dargestellt sind der Stifter – Márton von Ják im Kreise seiner Familie, sein Tod und die Aufnahme seiner Seele in den Himmel –, eine alte Ansicht von Ják sowie Heilige und Adoranten. Das Fresko hinter dem Hochaltar zeigt den hl. Georg im Drachenkampf. Auf dem nördlichen Nebenaltar steht eine spätgotische Muttergottesstatue (15. Jh.), eine der wenigen erhaltenen mittelalterlichen Holzplastiken in Ungarn.

Die spätromanische **St. Jakobs-Kapelle** (links von der Basilika), eine zweigeschossige Vierpaßanlage, wurde als Taufkapelle, Karner oder Pfarrkirche der Dorfgemeinde genutzt, da die Basilika nur dem Ruhm ihres Gründers diente!

In **Csempeszkopács,** einem kleinen Dorf 25 km östlich von Ják, steht eine der schönsten spätromanischen Dorfkirchen Ungarns (Mitte 13. Jh.), ein Werk der Bauleute von Ják, die nicht nur Großbauten in Siebenbürgen (Karlsburg) errichteten, sondern auch Sippenkirchen für Kleinadlige in der näheren Umgebung. Der rote Ziegelbau im Schatten weitausladender Bäume wirkt wie aus einem Märchenbuch (Abb. 49)! Das prächtige *Südportal* mit ›normannischen‹ Zackenverzierungen und dem Lamm Gottes zwischen zwei Drachen dürfte der Steinmetz des Südportals von Ják geschaffen haben. In der Apsis überdauerten Freskenreste (Apostelköpfe) vom Ende des 13. Jh. Bäuerlich-barocke Wandmalereien (1658) zeigen die Göttlichen Tugenden sowie Adam und Eva. Der spätbarocke Hochaltar (Laubbandlwerk, hl. Michael) enthält ein Gemälde der hl. Familie von Stephan Dorffmeister.

Sárvár und seine Umgebung

Sárvár (16000 Einwohner) entwickelte sich seit dem 11. Jh. um die mächtige königliche Burg am Zusammenfluß von Gyöngyös (Güns) und Rába (Raab). 1535 kam die Herrschaft Sárvár samt dem riesigen Kanizsai-Vermögen durch die Heirat der 14jährigen Ursula Kanizsai an Tamás (Thomas) Nádasdy, der die alte Burg zum bedeutendsten **Burgschloß** Westungarns im Stil der Spätrenaissance ausbauen ließ. Italienische Festungsingenieure und Baumeister entwarfen die fünfeckigen Bastionen, über denen sich das ebenfalls fünfeckige Schloß erhebt. An der Planung des Torturmes beteiligte sich vielleicht der große italienische Architekt Andrea Palladio.

Unter dem Burgherrn *Tamás Nádasdy*, in Rom, Bologna und Graz humanistisch gebildet und seit 1554 Palatin, erblühte Sárvár zu einem Zentrum des Humanismus und der Reformation. 1539–41 erschienen in seiner Druckerei die ersten Bücher in ungarischer Sprache: das Neue Testament und eine lateinisch-ungarische Grammatik von János Sylvester, einem Schüler Erasmus' von Rotterdam. Die von Sárvár ausgehenden Impulse für die Entwicklung des ungarischen Geisteslebens konnten sich aber kaum im habsburgisch-katholischen Westungarn entfalten, sondern überwiegend im protestantischen Osten (s. Vizsoly, S. 358; Sárospatak, S. 359f.). Ferenc III. Nádasdy vollendete Schloß Sárvár um 1650 im Frühbarockstil. Wegen seiner Beteiligung an der ›Wesselényi-Verschwörung‹ wurde er 1671 im Wiener Rathaus hingerichtet. Sein märchenhaft anmutendes Vermögen – er galt als ›Krösus von Ungarn‹ – erbte sein Schwager Pál (Paul) Esterházy. Die Kunstsammlung, eine der reichsten in Ungarn, kam in die kaiserliche Schatzkammer in Wien. Sárvár wechselte mehrfach den Besitzer; den Markgrafen Pallavicini folgten die Fürsten von Este-Modena, die Anfang des 19. Jh. klassizistische Umbauten vornahmen. Durch die Heirat Erzherzogin Maria Theresias von Österreich-Este kam Sárvár an die Wittelsbacher. 1921 starb Ludwig III., der letzte König von Bayern, im Exil in Sárvár.

Schönster Teil des Burgschlosses ist der *Prunksaal*, geschmückt 1653 mit frühbarockem Stuck (Rollwerk, Waffen, Masken, Putten) von Andrea Bertinelli und Deckengemälden eines Meisters mit dem Signum H. R. M. (Hans Rudolf Miller?). Dargestellt sind sieben Schlachten gegen die Türken, in der Mitte die Schlacht von Sisek (1593), geführt von Ferenc

Nádasdy, dem berühmten ›Schwarzen Beg‹ (der Großvater des Auftraggebers Ferenc III. Nádasdy). Als Vorlagen dienten eine Schnittfolge über die Heldentaten des Römers Paulus Aemilius von Antonio Tempesta, einem Schüler Giorgio Vasaris (italienischer Baumeister, Maler und Kunsthistoriker des 16. Jh.), und Burgendarstellungen von Johann Siebmacher, basierend auf der Cosmographia des Abraham Ortelius. An den Seitenwänden des Prunksaales malte Stephan Dorffmeister 1769 Szenen aus dem Alten Testament in Rokoko-Kostümen, im Turmzimmer eine Allegorie der Wissenschaften und Künste. Einige Gemächer und Säle besitzen kostbare Möbel und Zopfstil-Öfen sowie Wandmalereien nach dem Roman ›Die Reisen des Telemachos‹ von François Fénelon (um 1770) im Sinne des neuen Menschenideals der Aufklärung. Das *Ferenc-Nádasdy-Museum* widmet sich der Geschichte der Burg und der Familie Nádasdy, dem Kunstgewerbe und der Volkskunde des Komitats Vas.

In **Bük** besaßen die Grafen Szapáry ein frühbarockes *Schloß*, das aus einem befestigten Burgschloß vom Ende des 16. Jh. hervorging (heute Hotel). Das *Thermalbad* Bük liegt außerhalb des Ortskerns.

In **Pápoc,** nordöstlich von Sárvár, verdient die spätromanische *St. Michaels-Kapelle* Beachtung, ein um 1220 errichteter Zentralbau mit vier Konchen, wohl die Privatkapelle des hiesigen Propstes.

Beim Dorf **Árpás** erhebt sich einsam am Ufer der Raab die doppeltürmige Ziegelkirche *St. Jakob,* Mitte des 13. Jh. vom Obergespan von Nitra als Mittelpunkt einer frühgotischen Prämonstratenser-Propstei errichtet. Zuletzt wurde die Kirche im Barockstil erneuert und ausgestattet.

Szentgotthárd, Őrség, Körmend und Zalaegerszeg

Szentgotthárd (St. Gotthard) und der burgenländische Nachbarort Mogersdorf gingen durch die Türkenschlacht vom 1. August 1664 in die Geschichte ein. Das kaiserliche Heer von 25 000 Mann unter Feldmarschall Raimund Graf Montecuccoli errang an der Raab einen entscheidenden Sieg gegen die vierfache Übermacht der Türken mit ihrem Großwesir Ahmed Köprülü an der Spitze. Die große Türkenschlacht bildet den historischen Hintergrund für das lyrische Epos ›Cornet‹ von Rainer Maria Rilke, das er ursprünglich ›1664‹ betitelte. Ein Riesengemälde der Schlacht ist in der Pfarrkirche von Szentgotthárd zu sehen. Erbaut wurde das Gotteshaus 1748 bis 1764 als **Stiftskirche** der Zisterzienser. Franz Anton Pilgram entwarf eine einschiffige Großkirche mit nur einem Fassadenturm (anstelle der sonst üblichen Doppeltürme), die zum Leitbild der spätbarocken ungarischen Dorfkirche wurde.

Raum und Ausstattung bilden eine beglückende Einheit. Im ersten Gewölbejoch verewigte Stephan Dorffmeister 1784 die Türkenschlacht, im Chor stellte er Szenen des Alten und Neuen Bundes typologisch gegenüber (Eherne Schlange, Apokalyptisches Lamm, Altarsakrament). Das Fresko im zweiten Gewölbejoch (Triumph der Kirche) und die Altarblätter malte der Zisterzienser-Bruder Matthias Gusner: auf dem Hochaltar ordenstypisch die Himmelfahrt und Krönung der Muttergottes, auf den Seitenaltären den hl. Bernhard von Clairvaux, den hl. Josef, die Jungfrau Maria als Patrona Hungariae (Marmorfiguren hll. Agnes und Apollonia) und den hl. Gotthard (allegorische Statuen von Glaube und Hoffnung). – Links von der Stifts- bzw. Pfarrkirche stand der romanisch-gotische Vorläuferbau des 1183 gegründeten und von Troisfontaines aus besiedelten Zisterzienserstifts. Nach der Zerstörung in den Kuruzzenkriegen diente die Kirchenruine zeitweilig als Kornspeicher, heute als *Theatersaal*.

Im Dreiländereck Österreich – Jugoslawien – Ungarn südlich von Szentgotthárd liegt der **Landstrich Őrség,** ein wunderschönes waldiges Hügelland, die letzten Ausläufer der Ostalpen. Der Name Őrség, deutsch ›die Wart‹ (Wache), reicht in das 10. Jh. zurück, als die Magyaren nach der Lechfeld-Schlacht an ihrer Westgrenze ein eigenartiges Wachsystem anlegten, ein Ödland mit natürlichen Hindernissen und privilegierten Grenzwächtersiedlungen an den passierbaren Stellen. In diesen verstreuten Gehöften und Weilern (szer) lebten früher nur Blutsverwandte. Charakteristische Bauernhäuser und Getreidespeicher, aus Holzbalken ohne Nägel gefügt und von einem Walmdach überkragt, können in **Szalafő** (Pityerszer 12) besichtigt werden. Hauptort der Őrség ist **Őriszentpéter** (1300 Einwohner) mit einer romanisch-gotischen Pfarrkirche. Viele Bewohner der Őrség haben auch während der Rekatholisierung ihren reformierten Glauben bewahrt; daher sieht man in manchen Orten noch urtümliche Grabpfähle und Glockenstühle mit ›Schürze‹ (weit vorkragendem Dach), z. B. in **Pankasz** und **Gödörháza.**

Mit dem gotischen Freskenzyklus der **Kirche** von **Velemér** (etwa ½ km südlich des Ortes am Waldrand, Schlüssel im Haus mit der Aufschrift ›templom kulcsa‹) besitzt die Őrség ein überregional bedeutendes Kunstdenkmal. Der Backsteinbau stammt vom Ende des 13. Jh. Die vorzüglichen Fresken malte 1377/78 Johannes von Aquila aus dem steirischen Radkersburg, ein Meister des oberitalienisch beeinflußten ›Weichen Stils‹ in geschmeidiger Linienführung und zarter Farbgebung. Gut erhalten blieben der Zug und die Anbetung der hl. Drei Könige, der hl. Nikolaus und der hl. König Ladislaus (Hellebarde) an der Nordwand des Schiffs (Abb. 58), die Schutzmantel-Muttergottes an der Westwand, des weiteren die Kreuzigung, Anna Selbdritt, das Jüngste Gericht am Triumphbogen sowie Evangelistensymbole, der Erzengel Michael, die Verkündigung und ein Selbstbildnis des Malers im Chor.

In **Körmend** (13 000 Einwohner) steht das monumentale **Schloß** der Fürsten Batthyány-Strattmann inmitten eines weitläufigen Parks. Den Kernbau bildete eine mächtige, viertürmige Burg am Ufer der Raab, die im 18. Jh. nach dem Vorbild französischer Barockschlösser umgebaut und Anfang des 19. Jh. mit einem klassizistischen Mittelrisalit versehen wurde. Die ehemalige Wagenburg beherbergt das *Rába-Museum* (Ortsgeschichte, Volkskunde). – Der Aufstieg der Familie Batthyány zu einem der führenden ungarischen Magnatengeschlechter begann in der ersten Hälfte des 16. Jh. mit den Türkenbezwingern Franz und Balthasar Batthyány. In ihrem Stammsitz Güssing im südlichen Burgenland, einem Zen-

Zalaegerszeg im 19. Jh., im Hintergrund die Doppelturm-Fassade der Pfarrkirche Maria Magdalena

trum der Reformation, wirkte um 1570 Mátyás Dévai Bíró, der ›ungarische Luther‹. Einige Generationen später erhielt Ádám Batthyány allerdings für seine Verdienste bei der Rekatholisierung den Grafentitel. Im Gegensatz zum Hause Esterházy fühlten sich die Batthyány überwiegend dem Königreich Ungarn verbunden, ja sie stellten sich zeitweise auf die Seite der Feinde Habsburgs (s. S. 154).

Die Industriestadt **Zalaegerszeg** (60000 Einwohner) besitzt im Zentrum einige bemerkenswerte Bauten im Stil des Spätbarocks: das *Rathaus, Bürgerhäuser,* die *Pfarrkirche Maria Magdalena* (Fresken und Hochaltarblatt ›Büßende Magdalena‹ von Johann Cymbal). Das *Göcsej-Museum* (Batthyány utca 2) beherbergt die ethnographische Sammlung des Landstrichs Göcsej. Im *Dorfmuseum* (Falu-múzeum) wurde um eine alte Mühle am Ufer der Zala ein ganzes Dorf aufgebaut (von der Durchzugsstraße 76 bzw. E 65 nach Westen abzweigen).

Die alte Grenzfeste **Egervár,** 10 km nördlich von Zalaegerszeg, wurde im 16. Jh. von den Grafen Nádasdy zu einem *Burgschloß* mit vier Ecktürmen umgestaltet. Die Grafen Széchenyi vollendeten die Hofarkaden im Barockstil (heute Touristenherberge). Vor der spätgotischen, barockisierten *Pfarrkirche* steht eine barocke Figurengruppe der hl. Familie.

Pápa und Ganna

Die hübsche Landstadt **Pápa** (35000 Einwohner) am Nordrand des Bakony-Waldes verbreitet noch einen Hauch einstigen Fürstenglanzes. **Schloß Esterházy** erhebt sich über den Resten einer awarisch-slawischen Burg des 8./9. Jh. und der mittelalterlichen Festung der hochadeligen Familie Garai. Die hufeisenförmige Spätbarockanlage um einen Ehrenhof erbaute Josef Großmann aus Tata, ein Schüler Jakob Fellners, um 1780. Otto Nicolai (geb. 1810 in Königsberg, gest. 1849 in Berlin) komponierte als Gast des Fürsten Esterházy im Schloß einen Teil seiner Oper ›Die lustigen Weiber von Windsor‹. Heute dienen Schloß und Stallungen als Kulturamt und Hotel.

Den Hauptplatz (Fő tér) beherrscht die **Kirche St. Stephanus Märtyrer,** deren Größe und Pracht eher einen Bischofssitz als eine Pfarrkirche vermuten läßt (Abb. 55). Franz Anton Pilgram und Jakob Fellner lieferten die Pläne, die Bauleitung oblag 1774–86 Josef Großmann. Die Doppelturm-Fassade mit den eleganten, durchbrochenen Turmhelmen zählt zu den besten Werken des ungarischen Zopfstils. Die Giebelstatue des Kirchenpatrons schuf der österreichische Bildhauer Johann Adam Messerschmidt aus Preßburg. (Das Patrozinium des Erzmärtyrers Stephanus kommt in Ungarn selten vor; die meisten Stephans-Kirchen sind dem heiligen König Stephan I. geweiht.) Franz Anton Maulbertsch malte 1782 die Fresken aus dem Leben des Kirchenpatrons: im Langhaus Predigt und Wundertaten, im Chor Verschleppung in die Synagoge, in den Gewölbezwickeln Grisaillen zum Tod der Gefährten des hl. Stephanus nach einer Gemäldereihe in der Kirche S. Stefano Rotondo in Rom. Seltenheitswert besitzt ein Zwickelbild im Chor, das die Erscheinung des hl. Stephanus vor Fürstin Sarolta zeigt, der Gemahlin Großfürst Gézas und Mutter König Stephans. Über der Orgelempore malte Maulbertsch die 24 Ältesten aus der Geheimen Offenbarung des Johannes. Der marmorne Hochaltar stammt von Carlo und Giacomo Adami. Das Altarblatt (Steinigung des hl. Stephanus) malte Hubert Maurer, die Statuen der hll. Könige Stephan und Ladislaus meißelte Philipp Prokop, beide aus Wien. Das Tabernakel ist aus russischem Malachit (Ural) gefertigt.

Den Hauptplatz (Fő tér) und die südwärts verlaufende Hauptstraße (Fő utca) säumen stattliche Bürgerhäuser des 18. und 19. Jh. Im Hause Fő utca 6 befindet sich das *Museum der Reformierten Westungarns;* Pápa war im 16. und 17. Jh. ein Zentrum der Reformation. Die schlichte Kirche aus dem Jahre 1783 steht nach den Forderungen des Toleranzpatents im Hof. Unter den Fürsten Esterházy erhielt Pápa ein ›katholisches‹ Gesicht. Die **Liebfrauen-** oder **Benediktiner-Kirche** (Fő utca 10) erbauten die Pauliner 1742 als spätbarocken Ovalraum. Nach der Auflösung des Ordens zogen 1786 Benediktiner ein. Die prächtige Rokoko-

Ausstattung stammt aus der Pauliner-Werkstatt unter Leitung von Felix Tartirek. In der Vorhalle hängt der ›Mohren-Christus‹, vermutlich eine spanische Arbeit des 17. Jh.

In **Ganna,** 12 km südlich von Pápa, ließ Fürst Nikolaus Esterházy 1808 von seinem Hofbaumeister Charles-Pierre de Moreau nach dem Vorbild des Pantheons in Rom ein *Familienmausoleum* mit der *Pfarrkirche zum hl. Kreuz* im klassizistischen Stil errichten.

Von Győr zum Balaton: Pannonhalma und Zirc

Der aus der Kleinen Tiefebene südlich von Győr aufragende Sankt Martinsberg (Szentmártonhegy) trägt Ungarns ältestes und bedeutendstes Kloster, die **Benediktiner-Erzabtei St. Martin,** meist **Pannonhalma** (›Hügel Pannoniens‹) genannt. Nach örtlicher Überlieferung soll im Jahre 316 der hl. Martin als Sohn des Kommandanten im nahen Römerkastell Savaria Sicca, dem ›Trockenen Savaria‹, geboren sein (in der Legenda Aurea wird Savaria, das heutige Szombathely, als Geburtsort genannt). Fränkische Siedler errichteten Anfang des 9. Jh. eine Martins-Kapelle, die Erzabtei ist aber eine magyarische Gründung vor mehr als tausend Jahren. 996 siedelte Großfürst Géza auf seinen Ländereien Mönche aus Italien und dem Kloster Břevnov bei Prag an, die auf dem ›heiligen Berg Pannoniens‹ (Mons Sacer Pannoniae) das Stammkloster der ungarischen Benediktiner gründeten, einen Markstein zur Christianisierung der Magyaren und der Hinwendung zur lateinischen (römischen) Kirche. 1001 besiegelte König Stephan I. die Gründungsurkunde, die das Kloster mit ausgedehnten Ländereien und den Privilegien des Mutterklosters Monte Cassino ausstattete. Als ersten Abt berief er den Römer Anastasius. Pannonhalma wurde bald Ausgangspunkt für bedeutende Tochtergründungen: Zalavár, Pécsvárad, Bakonybél (1018), das von Niederaltaich in Bayern besiedelt wurde, und Tihany (1055). König Ladislaus I. (1077–95) hielt in Pannonhalma ein Landeskonzil ab; aus seiner Zeit stammt auch ein Verzeichnis der Güter und Schätze des Klosters und der Bibliothek. Im 16. Jh. versuchten machthungrige Kirchenfürsten, sich die reichen Pfründen der Abtei anzueignen: Tamás Bakócz, der Erzbischof von Esztergom, und sogar Cesare Borgia, der Sohn Papst Alexanders VI., waren Äbte von Pannonhalma! Als stark befestigte Vorburg von Győr fiel Pannonhalma 1575 in türkische Hände und brannte ab. Dem Wiederaufbau folgte 1786 die Auflösung der Abtei durch Kaiser Joseph II. 1802, zur Zeit der Säkularisierung, setzte Kaiser-König Franz II. (I.) wieder Benediktiner ein, die noch heute hier wirken und eine der besten, staatlich anerkannten Internatschulen (Gymnasium) führen.

Schon aus der Ferne wirkt der wuchtige Klosterkomplex wie ein steinerner Wächter. Die *Westfassade* beherrscht der 55 m hohe Turm, der um 1830 errichtet wurde, gleichzeitig mit dem klassizistischen Stiftsumbau nach Plänen von Johann Packh, dem Dombaumeister von Esztergom. Kirche, Kreuzgang und Bibliothek können nur mit Führungen besichtigt werden.

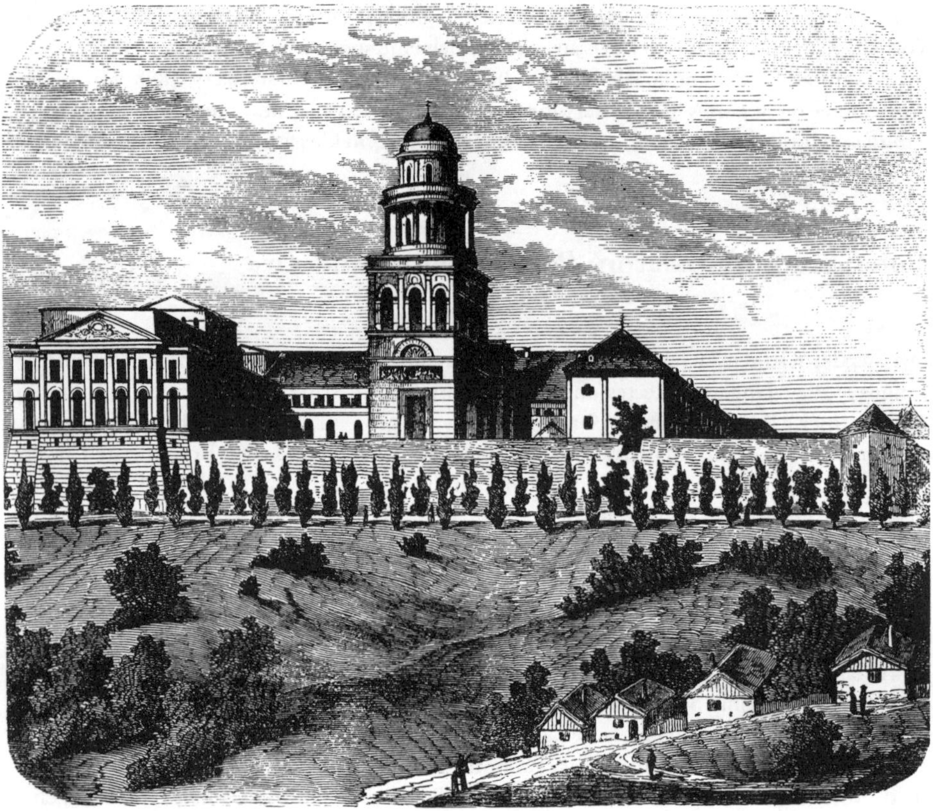

Benediktinerabtei St. Martin in Pannonhalma, klassizistischer Westturm

Die heutige, frühgotische **Stiftskirche** ist im wesentlichen der dritte Bau, den Abt Urias (Oros/Ottó) 1225 im Beisein König Andreas' II. feierlich weihte. Beim Turmbau im 19. Jh. wurde sie um ein Drittel auf sechs kreuzrippengewölbte Joche verkürzt, besticht aber noch immer durch die strenge Schönheit der Zisterzienser-Bauweise. Anfang 13. Jh. war der ungarische Benediktinerorden im asketischen Sinne der Zisterzienser reformiert worden; dies erklärt die stilistische Verwandtschaft mit Zisterzienser-Kirchen um Rom. Typisch zisterziensisch sind der geradlinige Chorschluß, die Hängekonsolen im Mittelschiff, die florale Bauplastik (Blatt- und Knospenkapitelle) und das Fehlen figürlichen Dämonenzaubers (Fabeltiere, Unholde, Hexen). Zwischen 1868–86 hat der Ödenburger Baumeister Ferenc Storno die Kirche ›stilgerecht‹ restauriert und ausgestattet.

Unter dem stark erhöhten Chor liegt die dreischiffige **Krypta** (Abb. 53), der älteste Teil der Kirche, wohl über den Grundmauern der 1001 geweihten Urkirche (die Anlage von

Krypten entspricht den Forderungen der Benediktiner; Zisterzienser bauen keine Unterkirchen). In der Krypta ruhen Kronprinzessin Stefanie (geborene Prinzessin von Belgien), die Witwe Erzherzog Rudolfs (1864–1945), mit ihrem zweiten Gemahl Elemér Graf (seit 1917 Fürst) Lónyay.

Vom südlichen Seitenschiff führt die ›Porta speciosa‹, das eigentliche Hauptportal der Mönche, in den Kreuzgang. Das schönste *spätromanische Stufenportal* Ungarns, gearbeitet in rotem und weißem Kalkstein (›Marmor‹), ist der längst zerstörten Königspforte in Esztergom nachempfunden (s. S. 188). Das Tympanon-Bild, der hl. Martin bei der legendären Mantelteilung mit dem Bettler am Stadttor von Amiens, malte Ferenc Storno der Jüngere. – Der quadratische *Kreuzgang* – wie üblich an der Südseite der Stiftskirche angeordnet – ist dem spätgotischen Ehrenhof im Palast von Visegrad (1486) stilistisch verwandt. Die Kreuzrippen ruhen auf figürlichen Konsolen, die Tugenden und Laster symbolisieren: ein Rindskopf die Demut, eine grinsende Maske die Eitelkeit, kämpfende Gestalten den Zwist, ein spitzbärtiges Antlitz den Unglauben, ein Frauengesicht die Sinnlichkeit, ein Kapuzinermönch den Neid usw. Bei der Wiederherstellung des Kreuzganges wurde das Säulenportal des mittelalterlichen Refektoriums freigelegt (dieser mit barocken Stukkaturen und Gemälden geschmückte Speisesaal ist als Teil der Klausur nicht zugänglich). – Neben dem Eingang zum Westteil der Kirche steht ein Wasserbecken aus rotem Marmor, das als einziges Stück den Brand der zweiten, hochromanischen Stiftskirche von 1137 überdauerte.

Im Vorraum zur Bibliothek befindet sich eine kleine prähistorische, römische und mittelalterliche Sammlung. Den T-förmigen Prunksaal der *Bibliothek* erbauten Franz Engel und Johann Packh um 1830 im klassizistischen Stil (Abb. 54). Der gemalte und plastische Schmuck stammt von Josef Klieber, dem Direktor der Wiener Kunstakademie: von der Decke blickt Minerva, die Göttin der Weisheit, die Grisaillen zeigen antike Wissenschaftler und Schriftsteller. Zwei Statuen erinnern an die beiden Stiftsgründer: König Stephan I. und Kaiser Franz II. (I.). Die noble Einrichtung ist aus Kirschbaumholz gearbeitet. In bester Benediktinertradition besitzt Pannonhalma eine berühmte Bibliothek, die einzige große Ordensbibliothek im Land, die an ihrem ursprünglichen Standort verblieb. Sie bewahrt etwa 300000 Bände, kostbare Handschriften und Wiegendrucke. Wertvollste Schätze sind die Gründungsurkunde von Tihany aus dem Jahre 1055, die im lateinischen Text eingestreut auch etwa 100 altungarische Wörter und Suffixe enthält (meist Orts- und Eigennamen), das älteste ungarische und zugleich finno-ugrische Sprachdenkmal, sowie die aus dem 12. Jh. stammende Abschrift der Gründungsurkunde von Pannonhalma mit dem Namen König Stephans I. Die Gemäldegalerie umfaßt Werke italienischer, niederländischer und deutscher Maler vom 16. bis 18. Jh.

Etwa 25 km südlich von Pannonhalma erhebt sich auf einem Felssporn am Nordrand des Bakony-Waldes die großartige **Burgruine Csesznek.** Um 1300 als Stammsitz des gleichnamigen Geschlechts genannt, dann im Besitz der Garai, Zápolya und Esterházy, von Türken und Kuruzzen erobert, verfiel die Burg vor etwa 150 Jahren nach einem Erdbeben und Blitzschlag.

Die Zisterzienserabtei Zirc im 19. Jh.

In **Zirc** ragen die Doppeltürme der *ehemaligen Zisterzienserabtei Nova Claravallis* auf, die König Béla III. 1182 gegründet und mit Mönchen aus dem burgundischen Kloster Clairvaux besiedelt hat. Im Mittelalter spielte die Abtei eine bedeutende Rolle bei der Entwicklung der Landwirtschaft im Bakony (die Benediktinerabtei Bakonybél verbreitete das Handwerk). Die heutige **Stiftskirche** samt der prächtigen, spätbarocken Innenausstattung stammt aus der Zeit um 1750. Das Hochaltarblatt, ordenstypisch ›Mariä Himmelfahrt‹ darstellend, und das Ovalbild der hl. Maria Magdalena auf dem ersten Seitenaltar rechts malte Franz Anton Maulbertsch. Fresken von Josef Wagenmeister verherrlichen die Jungfrau Maria als Schirmherrin der Zisterzienser, den hl. Bernhard von Clairvaux, die hl. Dreifaltigkeit und die hl. Cäcilia als Patronin der Kirchenmusik (über der Orgel). – Das kleine *Museum* links von der Kirche zeigt Volkskunst des Bakony-Gebietes. Die Stiftstrakte beherbergen ein *Landschaftsmuseum* und den eleganten, klassizistischen *Bibliothekssaal* mit kostbaren Wiegendrucken und 60000 Bänden.

Veszprém

Schon von ferne besticht die ›Stadt der Königinnen‹ und der Bischöfe durch ihre Lage auf dem markanten, 400 m langen Dolomitfelskamm am Rande des Bakony-Waldes. Kelten, Awaren und Slawen siedelten auf dem leicht zu verteidigenden Felssporn; seit dem Frühjahr 900 gehörte die Burg zum Familienbesitz der Árpáden. Großfürst Géza (972–997) schenkte den Ort seiner Frau Sarolta. König Stephan I. setzte um das Jahr 1000 seinen Neffen Besprem als ersten Gespan ein, dessen slawischer Name (er war auch polnischer Fürst) – er bedeutet etwa ›ungerade‹, im weiteren Sinne ›friedlos‹ – auf Burg und Komitat überging. Seit Ungarns erster Königin Gisela galt Veszprém als *›Stadt der Königinnen‹*. Die Krönung der jeweiligen Landesherrin gehörte zu den Vorrechten der Bischöfe von Veszprém, die seit Anfang des 14. Jh. kirchliche und weltliche Macht in ihrer Hand vereinten. Hochschule und Bibliothek der Bischöfe genossen weithin einen hervorragenden Ruf. Ab 1412 wurde das Bistum Veszprém von Kardinal Branda Castiglione (aus Castiglione Olona bei Varese) verwaltet, in dessen Gefolge sich ein bedeutender Frührenaissance-Maler befand: Masolino da Panicale, der Lehrer und Mitarbeiter Masaccios. 1552 rückten die Türken in Veszprém ein, bis zur Eroberung 1709 durch die Habsburger wechselte die Stadt achtzehnmal ihren Besitzer. Im 18. Jh. begann der Wiederaufbau im Spätbarock- und Zopfstil. Der Zweite Weltkrieg schlug tiefe Wunden in die Bausubstanz. Heute zählt Veszprém 62 000 Einwohner, ist Sitz einer Universität und Fremdenverkehrszentrum im Umkreis des Balaton.

Die Bischofsstadt auf dem *Burgberg* ist für Kraftfahrzeuge gesperrt. Besichtigungen nehmen ihren Ausgang in der Bürgerstadt um den **Szabadság tér** (Freiheitsplatz) und den **Vörös Hadsereg tér** (Platz der Roten Armee), dem das **Pósa-Haus** (Nr. 3) im Zopfstil und einige Jugendstil-Häuser besonderen Reiz verleihen. Auffallend ist der elegante Blütendekor, der sich am westeuropäischen Art Nouveau orientierte und nicht an kraftvoll-bunten ungarischen Volkskunstmotiven wie viele Jugendstil-Bauten in der Großen Tiefebene. Der im 19. Jh. erneuerte **Feuerturm** an der Nordseite des Platzes dient nunmehr als Aussichtsgalerie.

Den Eingang zur Bischofsstadt bildet das neoromanische **Burg-** oder **Heldentor** (mit einem kleinen Burg-Museum). Die mittelalterliche Grundstruktur entlang einer einzigen Hauptachse, der **Burggasse (Vár utca,** früher Tolbuhin marsall út), blieb bis heute unverändert, obwohl alle Gebäude aus dem 18. und 19. Jh. stammen. Im Südteil des schmalen Felsgrates lag einst die *Äußere Burg,* wo die Allerheiligen-Propstei, Dienstboten und Soldaten ansässig waren; heute nimmt der mächtige Komplex des **ehemaligen Piaristen-Gymnasiums** mit der klassizistischen **Kirche** den Großteil dieses Geländes ein. Bei der platzartigen Ausbuchtung der Burggasse begann früher die am besten geschützte *Innere Burg,* wo die Königin, der Bischof und zeitweilig der Obergespan residierten. Um die spätbarocke **Dreifaltigkeitssäule** (1750) stehen Figuren des hl. Martin als Bischof von Tours, des Pestheiligen Rochus und des hl. Imre (Emmerich), König Stephans einzigem Sohn. Die ehemalige **Franziskaner-** jetzt **St. Stephans-Kirche** erhielt 1909 eine neoromanische Fassade. – Prächtigstes

Gebäude auf dem Burgberg ist das **Bischöfliche Palais** (Farbabb. 10), an der Stelle der mittelalterlichen Königin-Residenz zwischen 1765 und 1776 nach Plänen von Jakob Fellner errichtet. Die U-förmige Anlage um einen Ehrenhof, die Auffahrt und der reich geschmückte Dreiecksgiebel (Putten, Vasen und Wappen des Bauherrn, Bischof Ignaz Koller) stehen noch in der Tradition hochbarocker Schlösser, allerdings schon mit Anklängen des Klassizismus. Jakob Fellner, der Hauptmeister des ungarischen Zopfstils, entwarf auch einige Domherrenhäuser und Verwaltungsgebäude. Das **Propstpalais** zwischen Gisela-Kapelle und Dom wird gegenwärtig restauriert.

Die sogenannte **Gisela-Kapelle** (Gizella-kápolna) links neben dem Bischofspalais zählt zu den bedeutendsten Kunstdenkmälern Ungarns. Im Mittelalter diente sie der Königin wie auch dem Bischof als Privatkapelle. Bei der Errichtung des Bischofspalais trug man das Obergeschoß mit dem Treppenhaus ab; Jakob Fellner blendete den neuen Eingang vor. Mitte des 18. Jh. kam auch der heutige Name auf, obwohl die Kapelle nicht unter Königin Gisela, sondern erst um 1230 erbaut wurde. Nach vorbildlicher Restaurierung ist der edle, frühgotische Raum wieder zugänglich. Kreuzrippengewölbe auf Konsolen überspannen das zweijochige Schiff und den quadratischen Chor. Die reliefierten Schlußsteine – Hand Gottes, Altarsakrament, Osterlamm in ›saftigem‹ Blattwerk – stammen zum Teil aus dem abgebrochenen Obergeschoß und weisen noch Spuren der ursprünglichen Bemalung auf. An der Nordwand blieben die *Originalfresken* des 13. Jh. nahezu unversehrt erhalten: drei Apostelpaare, ›schwebende‹, überlange Gestalten mit lebhaften Gesichtszügen und stuckierten Nimben. Die Hervorhebung von Heiligenscheinen und Ornamenten durch vergoldeten Stuck war um jene Zeit ein beliebtes Mittel zur Erzielung ›himmlischer Pracht‹ (ähnlich wie Goldmosaiken). Als Maler kommt ein italienischer oder einschlägig geschulter Wanderkünstler in der damals üblichen ›maniera greca‹ oder ›maniera bizantina‹ – der in Italien verbreiteten byzantinischen Ausdrucksweise – in Betracht. An der Wiederherstellung der ›Krypta‹ (des Kellergeschosses) wird noch gearbeitet.

Der wuchtige, neoromanische **St. Michaels-Dom** (Farbabb. 10) erhebt sich an der Stelle der vom Salzburger Erzbischof Adalwin 866 geweihten Michaels-Kirche und auf den Grundfesten des von König Stephan und Königin Gisela 1001 gestifteten ersten Domes. In der *Krypta* ruhen einige Bischöfe und Königinnen, u. a. Adelheid, die Gemahlin König Ladislaus I. (eine Tochter des deutschen Gegenkönigs Rudolf von Rheinfelden) und Busilla von Sizilien, die Gattin König Kolomans, nach örtlicher Überlieferung auch Gisela. Ungarns erste Königin kehrte aber nach dem Tode ihres Gatten Stephan I. in ihre bayerische Heimat zurück und waltete als Äbtissin in der Benediktinerinnen-Reichsabtei Niedernburg in Passau, wo sie um 1060/65 starb. Ihre Landsleute pilgerten zum Grab der ›seligen Gisela‹, obwohl ihr der Heilige Stuhl nie den Grad himmlischer Glorie zuerkannte.

Nördlich vom Dom sind die Reste der **St. Georgs-Kapelle** (Szent György kápolna) museal zugänglich. In dieser ›königlichen Kapelle‹ (Taufkirche der Urpfarre?) legte angeblich Prinz Imre das Keuschheitsgelübde ab. Als der byzantinische Kaiser 1018 eine Kopfreliquie des hl. Georg aus Ohrid in Makedonien übersandte, gewann die Kapelle als Wallfahrtsziel an Bedeutung. (Der in der Ost- und Westkirche gleichermaßen beliebte ›Drachenheilige‹

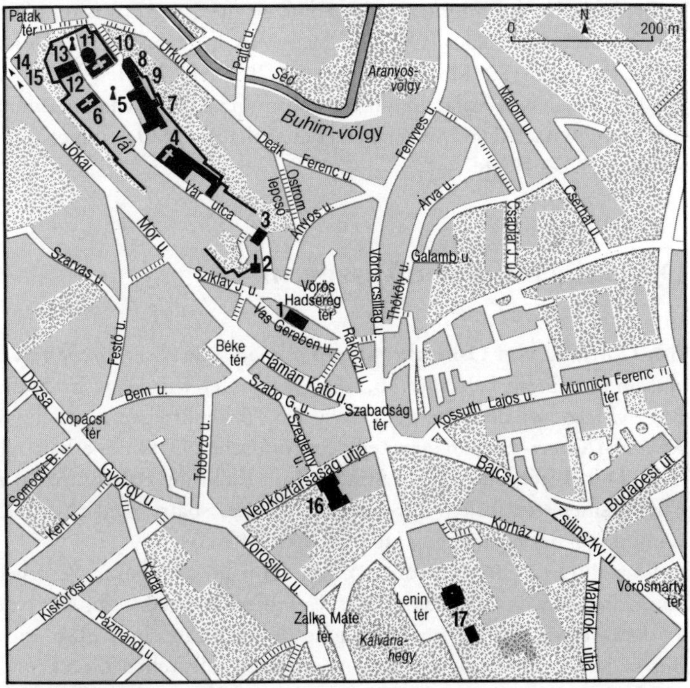

Veszprém
1 *Pósa-Haus*
2 *Feuerturm*
3 *Burg- o. Heldentor*
4 *Ehem. Piaristen-Gymnasium und -Kirche*
5 *Dreifaltigkeitssäule*
6 *Ehem. Franziskaner-Kirche (heute St. Stephan)*
7 *Bischöfliches Palais*
8 *Propstpalais*
9 *Gisela-Kapelle*
10 *St. Michaels-Dom*
11 *St. Georgs-Kapelle*
12 *Kirchenkunst-Museum*
13 *Standbilder Stephan I. und Gisela (Aussichtsbastei)*
14 *Ruinen des Dominikanerinnen-Klosters*
15 *Ruinen des Marienklosters*
16 *Stadttheater*
17 *Bakony-Museum und Laubenhaus*

ist allerdings keine historische Gestalt, sondern das Ergebnis griechischer Mythen und frühchristlicher Legenden!) Im 13. Jh. baute man die Rundkapelle in achteckiger Form um, vermutlich als Karner (Beinhaus) für die Bewohner der Burgstadt. Die letzte Veränderung veranlaßte Bischof Albert Vetési, der Vizekanzler König Matthias', um 1450 zu seiner Grabkapelle im spätgotischen Stil; seine rotmarmorne Grabplatte im Stil der Renaissance stammt aus dem Jahre 1508. – Gegenüber vom Dom befindet sich der Eingang zur *Kirchenkunst-Sammlung des Bistums Veszprém.*

Auf der *Aussichtsbastei* am nördlichen Steilabfall des Burgberges stehen überlebensgroße *Standbilder* des ersten ungarischen Herrscherpaares *Stephan I.* und *Gisela*, die anläßlich des 900. Todestages des Königs 1938 aufgestellt wurden (Abb. 56). – Am Fuße des Burgberges (Traktor utca) liegen die Ruinen des *Dominikanerinnen-Klosters St. Katharina von Siena,* in dem König Bélas IV. Tochter Margarethe aufwuchs, bis sie 1254 in das Kloster auf der Donauinsel bei Buda (Margarethen-Insel) übersiedelte. – Weiter westlich, im Tal des Séd (Sallai Imre utca), hatte Fürstin Sarolta Ende des 10. Jh. ein *Marien-Kloster* für griechische Nonnen gestiftet, in dem König Stephan und Königin Gisela vermutlich das Meßgewand anfertigen ließen, das später zum Krönungsmantel umgearbeitet wurde (s. S. 163 f.).

Das **Bakony-Museum** im Lenin-Wäldchen (südlich des Szabadság tér) plante – ebenso wie das nahe *Stadttheater* – István Medgyaszay 1908. Es beherbergt eine ausgezeichnete archäologische Sammlung seit der Steinzeit (u. a. aus Lovas und Sümeg), ›Schafkopfurnen‹, Römerfunde aus Baláca, Objekte der Awaren, byzantinische Goldplättchen und Baufragmente aus dem St. Michaels-Dom (11. Jh.), ein Marien-Fresko aus der Gisela-Kapelle (13. Jh.) sowie eine volkskundliche und militärhistorische Abteilung. – Im Park wurde ein *Laubenhaus* nach dem Muster eines Bauernhauses in Öcs aufgebaut; die Einrichtung stammt aus dem 17. bis 19. Jh.

Die Umgebung von Veszprém

Am Dorfrand von **Öskü** thront eine romanische *Rundkirche* mit pilzartigem Kuppeldach einsam auf einem Felsen (Abb. 57). Gegründet wurde sie Ende des 11. Jh. als Kapelle der Burg Újlaky, wiederhergestellt nach den Türkenkriegen. Östlich von Öskü liegt der kleine *Kékerű-(Kikeri-)See,* an dem Teile des römischen Dammes erhalten blieben.

Im Dorf **Litér** (südlich der Straße 66, in Richtung Balatonfűzfő) verdient die *Reformierte Kirche* einen Abstecher. Ihr eindrucksvolles, spätromanisches Südportal aus dem 13. Jh. stammt von der ehemaligen Heiligenkreuz-Kirche.

Várpalota (30000 Einwohner), das Zentrum der Bauxit-Verarbeitung, leitet den Namen vom *›Burgpalast‹* (Vár-palota) des Geschlechts Újlaky ab, der eine wichtige Rolle in den Türkenkriegen spielte. Im 17. Jh. ging die quadratische Anlage mit vier Ecktürmen in den Besitz der Grafen Zichy über, heute dient sie kulturellen Zwecken.

Die *Porzellan-Manufaktur* **Herend** liegt 15 km nordwestlich von Veszprém, an der Straße nach Ajka. 1839 von Móric Fischer gegründet, erlangten ihre Erzeugnisse seit der Weltausstellung 1851 in London Weltruhm. Königin Viktoria erwarb ein Service, dessen Muster noch heute zu den beliebtesten zählt (Chinoiserie, Schmetterlinge und Blumen). Auch Königin-Kaiserin Elisabeth schätzte das Herend-Porzellan. Das Museum zeigt besonders prunkvolle Stücke.

Bei **Nemesvámos,** an der Straße Veszprém – Tapolca, steht die barocke *Betyár-Csárda,* wo den Gästen heute ›Zigeunermusik‹, Gulyasparties und Hochzeitsbräuche geboten werden. – Die *römische Villa* in **Baláca** (zwischen Nemesvámos und Veszprémfajsz), einer der bedeutendsten Gutshöfe Transdanubiens (Ende 1.–4. Jh.), vermittelt einen hervorragenden Einblick in den kultivierten Lebensstil der römischen Provinz (Wandgemälde, Mosaikfußböden, Stuckgesimse, Gebrauchs- und Luxusgegenstände). Das größte Mosaik kam in das Ungarische Nationalmuseum in Budapest.

Nagyvázsony, sehr malerisch auf einem Höhenrücken im Séd-Tal gelegen, zählt zu den schönsten Dörfern des Bakony-Waldes. An der Hauptstraße liegt das *Schloß Zichy,* spätbarock und klassizistisch verändert, heute Hotel und Reitschule. Im Schloßpark finden die ›Historischen Reiterspiele von Nagyvázsony‹ statt. An der Abzweigung zum Ortskern steht die römisch-katholische *Pfarrkirche St. Stephan,* um 1480 im spätgotischen Stil erbaut, um 1740 barockisiert.

Die **Kiniszi-Burg** ist zwar vergleichsweise klein, aber eine der wenigen Festungen, die während der Kuruzzenkriege nicht von den Kaiserlichen gesprengt wurde. Den mächtigen, sechsgeschossigen Wohnturm hat König Matthias 1472 dem Türkenbezwinger Pál Kiniszi geschenkt. Sein Aufstieg vom einfachen Müllergesellen zum Heerführer begann der Legende nach, als er dem König einen Becher Wein auf einem Mühlstein servierte. Während der Einfälle protestantischer Siebenbürger Fürsten übergab König Ferdinand III. die Herrschaft Nagyvázsony 1649 dem habsburgtreuen und katholischen István Zichy (das Geschlecht aus Zich im Komitat Somogy führt seinen Stammbaum bis ins 11. Jh. zurück). Der 30 m hohe Wohnturm ist als *Burgmuseum* zugänglich. Im ersten und vierten Stock versahen die Wachen ihren Dienst, den zweiten Stock nahm der Rittersaal ein, im dritten Stock wohnte die Burgherrin mit ihren Kindern. In der *Burgkapelle* ist Pál Kiniszi beigesetzt (ursprünglich ruhte er in der St. Michaels-Kirche des Pauliner-Klosters, das heute Ruine ist). – Auf dem Hang oberhalb der Burg steht die kleine *evangelische Kirche* vom Ende des 18. Jh. Die alte Poststation dient heute als *Postmuseum,* ein typisches Laubenhaus als *›Haus der Volkskunst‹* (Bercsényi utca 21).

Sümeg und Türje

Weithin sichtbar krönt die größte Burgruine Westungarns den 270 m hohen Kalksteinkegel von **Sümeg.** An den Fuß des Burgberges schmiegt sich das gleichnamige Städtchen, dem der Veszprémer Bischof Márton Bíró von Padány, ein Mann »sprühend von Feuer und Geist«, ein großer Bauherr und beachtlicher Schriftsteller, das noble Gepräge einer Fürstenresidenz verlieh. Im Auftrag Bischof Bírós malte Franz Anton Maulbertsch in der Pfarrkirche den schönsten spätbarocken Freskenzyklus in Ungarn.

Als sich der Kirchenfürst mit dem Veszprémer Domkapitel überworfen hatte, ließ er um 1750 zunächst ein **Bischöfliches Palais** (heute Kollegium) errichten, das mit der Burgruine Sümeg einen überaus reizvollen Anblick bietet. Schon Anfang des 16. Jh. mußten die Bischöfe von Veszprém vor den Türken zeitweilig nach Sümeg ausweichen. Der von Bischof Bíró berufene (unbekannte) Baumeister band den alten Renaissance-Trakt in den spätbarokken Neubau mit seiner eleganten Fassade ein. Atlanten stützen einen Steinbalkon, über dem das Wappen des Bauherrn prangt. – Die nahe **Franziskaner-Kirche** mit dem Kloster stiftete Bischof György Graf Széchényi etwa hundert Jahre früher, um 1650. Unmittelbaren Anlaß bot die wunderbare Auffindung des Pietà-Reliefs (Schmerzhafte Muttergottes) aus der abgebrannten Burgkapelle, das er als Gnadenbild für Wallfahrer des Umlandes kopieren ließ. Fertiggestellt wurde die Kirche 1743 unter Leitung des Karmeliter-Baumeisters Martin Witwer. Aus jener Zeit stammen auch die prächtigen Schmiedeeisengitter an den beiden Passionskapellen neben dem Fassadenturm und der reichgeschnitzte Hochaltar von Franz Richter, einem Schüler Georg Raphael Donners.

Das spätbarocke **Herrenhaus** am Ende des stimmungsvollen Kirchplatzes (König Stephan-Platz = Szent István tér), das Geburts- und Sterbehaus des Dichters *Sándor Kisfaludy* (1772–1844), beherbergt heute sein *Gedenkmuseum.* Kisfaludy entstammte angeblich dem alten Geschlecht Csák aus der Zeit der Landnahme, er sammelte und bearbeitete Sagen über die Burgen der Balaton-Gegend und schrieb romantische Erzählungen und Gedichte (s. Badacsony, S. 296); sein jüngerer Bruder Károly Kisfaludy (1788–1830) war ein gefeierter Dramatiker. Die Sammlung von Steinen, Fossilien und urgeschichtlichen Objekten legte der Amateur-Geologe Lajos Kocsis an. Sümeg war schon vor etwa 6000 Jahren bewohnt (Feuersteingrube auf dem Mogyorós-domb am Südrand von Sümeg; Freilichtmuseum).

Rechts von der Franziskaner-Kirche führt ein malerischer Weg zur **Burgruine Sümeg,** einst im Besitz der Bischöfe von Veszprém, im 16. und 17. Jh. eine wichtige Grenzfeste gegen die Türken, Anfang des 18. Jh. ein Hauptstützpunkt des Fürsten Rákóczi. Nach Niederwerfung des Kuruzzen-Aufstandes ließen die Habsburger die spätgotische Ringmauer und die italienischen Renaissance-Bastionen schleifen. Der restaurierte älteste Teil der Burg, ein quadratischer Wohnturm aus dem 13. Jh., ist als *Museum zur Burggeschichte* zugänglich. Von der Burgkapelle überdauerte nur jenes spätgotische Pietà-Relief vom Anfang des 16. Jh., dessen Kopie Bischof Széchényi als Gnadenbild in der Franziskaner-Kirche aufstellen ließ. – In den Gassen um den Burgberg finden sich in manchen Häusern und Gärten noch Reste der Stadtmauer. Ein barockes Stallgebäude in der Váralja utca beherbergt ein *Museum zur Entwicklung des Pferdegeschirrs.*

Bedeutendste Sehenswürdigkeit von Sümeg ist aber der *Freskenzyklus von Franz Anton Maulbertsch* in der **Pfarrkirche Christi Himmelfahrt,** der ›unteren Kirche‹ (mit dem roten Helm) am Ende der Deák Ferenc utca. Überschwengliche Bezeichnungen als ›Sixtinische Kapelle Ungarns‹ erscheinen allerdings verfehlt. Bischof Bíró ersann das Bildprogramm, das den ganzen Innenraum und die Altäre einbezieht; daher besitzt das Schiff keine Seitenfenster, sondern nur kleine Oculi. 1938 reinigte der italienische Restaurator Mauro Pelliccioli die Fresken von Kerzenruß, Schäden aus dem Zweiten Weltkrieg erforderten eine Restaurierung 1966/69. Ein aufwendiges Beleuchtungssystem läßt die Fresken in voller Schönheit erstrahlen (Einwurf einer Forint-Münze in der Vorhalle).

Über der Orgelempore hat Bischof Bíró sich selbst verewigen lassen. Der Freskenzyklus beginnt unter der Orgelempore mit Gestalten des Alten Testaments (Adam und Eva als Akte, Moses, Aaron, Noah, Propheten, König David, Saul), setzt sich im Schiff fort mit der Heilsgeschichte und gipfelt im Chor mit Christi Verklärung und dem Triumph der Kirche. In der kleinen Heilig-Grab-Kapelle links unter der Orgelempore (Holztür, Lichtschalter rechts) ist die Opferung Isaaks durch seinen Vater Abraham als Typus (Vorbild) für den Kreuzestod Christi dargestellt: Mit skizzierenden Pinselstrichen und leuchtender Farbigkeit hielt der Künstler den leidenschaftlich erregten Höhepunkt des Geschehens fest.

Franz Anton Maulbertsch (Maulpertsch) wurde 1724 in Langenargen am Bodensee geboren, übersiedelte 1739 nach Wien, wo er 1752 das Kuppelfresko der Piaristen-Kirche malte,

52 SZOMBATHELY Synagoge und Iseum ▷

54 PANNONHALMA Benediktinerabtei, Bibliothek

◁ 53 PANNONHALMA Stiftskirche St. Martin, Krypta

56 ÖSKÜ Romanische Rundkirche

◁ 55 PÁPA Pfarrkirche St. Stephan, Zopfstil-Fassade

58 VELEMÉR Kirche, gotische Fresken

57 VESZPRÉM Burgviertel, Statuen König Stephan und Königin Gisela

59 GORSIUM-HERCULIA bei Tác, römischer Familiengrabstein

60 SÜMEG Pfarrkirche, Fresken im Chor: hl. Hieronymus

61 SZÉKESFEHÉRVÁR Zisterzienser-Kirche, Rokoko-Relief in der Sakristei

62 SZÉKESFEHÉRVÁR Ruinengarten, sog. Stephans-Sarkophag

63 SZÉKESFEHÉRVÁR Bischöfliches Palais und Reichsapfel-Brunnen

65 VÖRÖSBERÉNY Ehem. Jesuitenkirche, Gewölbefresken: Verklärung des hl. Ignatius von Loyola ▷

64 BALATONFÜRED Bootshafen mit Blick auf Tihany

66 FELSŐÖRS Romanische Kirche, Fassadendetail

67 TIHANY Benediktinerabtei, Krypta

68 HEGYMAGAS Barockes Kelterhaus am St. Georgs-Berg

69 TIHANY Stiftskirche, Kanzeldetail: hl. Hieronymus

70 KESZTHELY Schloß Festetics

71 ZALAVÁR Basilika von Moosburg, Mitte 9. Jh.

72 PÉCS Pfarrkirche St. Maria, früher Moschee

73 PÉCS
Jugendstil-
Brunnen der
Firma Zsolnay

74 MOHÁCS Schlachtfeld mit Gedenkhölzern

75 SIKLÓS Burg mit Renaissance-Basteien

76 Ziehbrunnen in der Drau-Ebene (Ormánság)

77 HOLLÓKŐ Palózen-Häuser und Kirche

seit 1770 als Professor an der Kunstakademie lehrte und 1796 starb. Den Freskenzyklus in Sümeg, sein erstes großes Gesamtwerk in Ungarn, malte er im Alter von 33 Jahren in etwa 16 Monaten 1757/58. Es blieb sein bestes Werk in Ungarn, obwohl ihm noch viele Fresken und Altarblätter von hervorragender Qualität folgten (Schloß Halbturn im Burgenland, Strahov-Bibliothek in Prag).

Maulbertsch verband niederländische und venezianische Tradition – Rubens' Schwung, Rembrandts Hell-Dunkel-Kontraste und Tiepolos Anmut – zu seiner malerischen Sprache, in der Geschehnisse und Gestalten weniger durch Licht, denn durch Farbe ›geboren‹ werden. Aus geheimnisvollem, bisweilen gespenstigem Dunkel gewinnen die Figuren allmählich an Plastizität (Kreuzigung!), diesseitiger Leuchtkraft und Lebensfreude (Hirten, Liebe zum Detail und Genre). Das Licht flutet in vielfältigen Abstufungen, manchmal das Nebensächliche betonend, das Wesentliche in den Schatten des Verborgenen zurückholend. Der Flüchtigkeit des Augenblicks, der Vergänglichkeit des Seins, wohnt die visionäre Sehnsucht nach Ewigkeit und Aufgehen in himmlischer Verzückung inne.

Im *ersten Joch* des Schiffs ist im Gewölbe die Verkündigung dargestellt, auf dem rechten Seitenaltar die Geburt Christi und die Anbetung der Hirten (Maulbertsch hat sich selbst als Hirt mit einem Käselaib verewigt), auf dem linken Seitenaltar die Beschneidung. Im *zweiten Joch* ist rechts die Anbetung der Weisen aus dem Morgenland gemalt: Ein Säulenstumpf in der Bildmitte symbolisiert den Herrschaftsanspruch des göttlichen Kindes, das zurückhaltend die Huldigung der drei Könige (Allegorie der drei Erdteile) empfängt (Farbabb. 23); zwei Knaben halten ein Schatzkästlein, im Hintergrund ist der Bethlehemische Kindermord angedeutet. Im Gewölbe leitet der Stern von Bethlehem über zur ›Finsternis der Kreuzigung‹, der erschütternden Golgatha-Szene auf dem linken Seitenaltar. Während Maria, Johannes und Maria Magdalena den Herrn betrauern, würfeln derbe Knechte um seine Kleider und begleitet der römische Soldat Longinus auf einem eigentümlich ›okkulten‹ Pferd die Darreichung des Schwammes. Der *dritte Abschnitt* des Schiffs ist der Auferstehung und Nachfolge Christi gewidmet: auf dem rechten Seitenaltar eine wundervoll ›leise‹ Auferstehung, gegenüber der Aufbruch der jungen Kirche mit dem Apostel Petrus in der Mitte; Mutter und Kind symbolisieren die Obhut der Kirche für ihre Gläubigen, einige Lesende die Verbreitung des Evangeliums, die Säule links den Tempel Salomons und die Verheißung des himmlischen Jerusalem.

Im Chorgewölbe erscheint Christus in seiner Verklärung. Das dreiteilige *Altarfresko* zeigt in der Mitte Christi Himmelfahrt mit den ›hinaufsaugenden‹ Symbolen der Göttlichen Tugenden (Glaube, Hoffnung, Liebe), auf der linken Seite Maria als Verkörperung des Neuen Bundes und der triumphierenden Kirche im Kreise von Heiligen, Päpsten und Volk, rechts die leidende und kämpfende Kirche in aller Welt, darunter die Signatur ›A. Maulbertsch pinxit‹ (er hat es gemalt) und sein Symbol, die Distel. Dem Bewegungsrausch des Läufers, der den gemalten Rahmen durchbricht, entspricht die ruhig an eine Flachsäule gelehnte Figur an der linken Seite: die dualistische Welt von Dynamik und Ruhe, Kampf und Sieg. Grisaillen an den Seitenwänden stellen die vier Kirchenväter dar (rechts Augustinus und Ambrosius, links Hieronymus, Abb. 60, und Gregorius), polychrome Fresken vier

Stadt und Burgruine Sümeg im 19. Jh.

kniende Bischöfe (Patritius, Martinus, Nikolaus, Salesius).

Etwa 15 km westlich von Sümeg liegt die ehemalige Prämonstratenser-Propstei **Türje** (heute Altersheim). Mitte des 13. Jh. stiftete Dionys, der Banus von Slawonien, eine dreischiffige Sippenkirche, die französische Baumeister in spätromanisch-frühgotischen Formen errichteten. Von Türken und Kuruzzen verheert, wurde sie von den Grafen Batthyány dem Orden zurückgegeben und barockisiert. Die Fresken und das Hochaltarblatt malte Stephan Dorffmeister 1763.

Von Budapest nach Székesfehérvár

In **Martonvásár,** etwa 30 km südwestlich von Budapest, besaßen die Grafen Brunswick ein *Schloß,* in dem Ludwig van Beethoven oft zu Gast weilte und vermutlich Teile der Mondschein-Sonate und die ›Appassionata‹ komponierte. Josefine Brunswick dürfte die ›unsterbliche Geliebte‹ gewesen sein, an die er seine erschütternden Liebesbriefe ohne Anrede und Datum schrieb. In der Krypta der Schloßkirche ruht ihre Schwester Therese, eine Freundin des Schweizer Pädagogen Johann Heinrich Pestalozzi, die 1828 den ersten ungarischen

Kindergarten gründete. 1875 wurde das Barockschloß im englischen Tudor-Stil gotisiert. Das kleine *Beethoven-Museum* ist nur sonntags geöffnet; im Sommer finden Beethoven-Konzerte statt.

Die Römerstadt **Gorsium-Herculia** liegt bei Tác (16 km von Székesfehérvár) inmitten einer zauberhaften Parkanlage. Aus einem keltischen und römischen Castrum am Schnittpunkt wichtiger Straßen entwickelte sich eine Zivilsiedlung, der Kaiser Hadrian 124 n. Chr. das Stadtrecht verlieh. Trajan bestimmte Gorsium zum Sitz der Provinzlandtage von Unterpannonien, in dem alljährlich im Frühsommer die Feiern des Kaiserkults stattfanden. In ihrer größten Blütezeit zählte Gorsium 7000 bis 8000 Einwohner. Nach der Brandschatzung Pannoniens durch Sarmaten und Germanen entstand Ende des 3. Jh. eine neue Stadt, die nach Maximianus Herculius benannt wurde, dem Mitregenten Kaiser Diokletians. Die Magyaren benutzten Anfang des 10. Jh. Steinquader aus Gorsium zur Erbauung von Székesfehérvár.

Das Zentrum der antiken Stadt markieren zwei restaurierte öffentliche Brunnen (Nymphäen), hinter denen die Tempel und Thermen des Forums lagen. Von der altchristlichen Basilika ist das Taufbecken gut erkennbar. Mitten im Grabungsfeld liegt der Keller eines großen Amtsgebäudes, der mit Wandmalereien, Stukkaturen und Bodenmosaiken geschmückt war und wohl für Festessen diente. Südlich vom Kassengebäude führt der Weg

Schloß Brunswick in Martonvásár, Ansicht im 19. Jh.

zum kleinen *Museum* (schöne Bronzestatuetten), den Resten der ›Hasenvilla‹ (Villa Leporis) aus der Zeit um 330 und zu interessanten Grabsteinen (Abb. 59).

Das klassizistische *Schloß Zichy-Hadik* in **Seregélyes** (etwa 15 km südöstlich von Székesfehérvár, Straße 62) dient heute als Hotel.

Dunaújváros (›Donau-Neustadt‹), das Zentrum der ungarischen Eisen- und Stahlindustrie 70 km südlich von Budapest (E 73), besitzt im *Intercisa-Museum* (Lenin tér 10) bedeutende Römerfunde. Ausgrabungen förderten eine bronzezeitliche Metallgießerei (um 2000 v. Chr.), eine Festung der keltischen Erawisker und das römische Grenzkastell Intercisa zutage, das 409 n. Chr. von den Hunnen zerstört wurde. Besondere Aufmerksamkeit verdienen ein Mithras- und ein Orpheus-Relief (der thrakische Sänger verzauberte Tiere mit den Klängen seiner Leier).

In **Simontornya** am Sió-Fluß (südwestlich von Sárbogárd) erhebt sich die eindrucksvolle gotische *Burg*, im 14. und 15. Jh. im Besitz der mächtigen Geschlechter Lackffy und Garai, Anfang des 16. Jh. von der Familie Buzlay im Renaissance-Stil umgebaut.

In **Dég,** 14 km weiter nordwestlich (Straße 64), besaßen die Grafen Festetics ein klassizistisches *Schloß* nach Plänen von Mihály Pollack (1810).

Székesfehérvár (Stuhlweißenburg)

Ungarns älteste und lange Zeit bedeutendste Königsstadt ist eine magyarische Gründung vor mehr als 1000 Jahren. Nach der Donauüberquerung soll Fürst Árpád erstmals in dieser Gegend sein Lager aufgeschlagen haben. Großfürst Géza (Geisa) errichtete um 970 seine Burg nicht in den römischen Ruinen von Gorsium, sondern auf einem Hügel weiter westwärts. Sein Sohn und Nachfolger, Ungarns erster König Stephan, bestimmte den Ort zu der neben Esztergom wichtigsten Königspfalz, die 1002 urkundlich erstmals unter dem lateinischen Namen ›Alba Civitas‹ (Weiße Stadt oder Burg) oder ›Alba Regia‹ erschien. Weiß bedeutet in der Tradition der Steppenvölker so viel wie ›frei‹ oder ›herrschend‹, ›Stuhl‹ bezeichnete den Königsthron. Das ›Weißenburger Recht‹ wurde allmählich auch auf andere, im Mittelalter gegründete Städte übertragen. 1018 verfügte König Stephan die Errichtung der mächtigen Basilika ›Mariä Himmelfahrt‹ als Sippenkirche und Mittelpunkt des sakralen Königtums der Árpáden. Bis zum Beginn des 16. Jh. wurden die ungarischen Könige in Stuhlweißenburg gekrönt, viele von ihnen auch bestattet.

Ausgedehnte Sümpfe verschonten die Stadt vor dem Mongoleneinfall, erst die Türken konnten sie 1543 einnehmen und bis 1688 halten. Damals verlor Stuhlweißenburg seine politische Bedeutung: Preßburg wurde das Zentrum des ungarischen Königtums und Sitz des Reichstages. Im 18. Jh. begann der Wiederaufbau zu einer einheitlichen Barockstadt. Die habsburgtreuen Bischöfe (Bistum seit 1777) hielten besonders zäh am Spätbarock und Zopfstil fest, während im protestantischen Osten der Klassizismus rasch Fuß faßte (Debre-

Székesfehérvár (Stuhlweißenburg) in türkischer Zeit (17. Jh.)

cen). Wegen ihrer vielen Kirchen wirkt Stuhlweißenburg als ›geistliche Stadt‹, als Hochburg des Katholizismus. Im Reformzeitalter leistete Stuhlweißenburg als Heimstätte der neuen Schauspielkunst und Geburtsort des ›Dichterfürsten‹ Mihály Vörösmarty (1800–1855) einen wichtigen Beitrag zur ungarischen Literatur. Die günstige Verkehrslage, etwa auf halbem Wege zwischen Budapest und dem Balaton, und die Eisenbahn nach Triest förderten den wirtschaftlichen Aufschwung. Als Hauptstadt des Komitats Fejér und Sitz wichtiger Industriezweige (Elektro, Ikarus-Autobusse) zählt Székesfehérvár heute etwa 110000 Einwohner.

Erster Rundgang: Ruinengarten – Dom – Karmeliter-Kirche

Das **Ausgrabungsgelände** der mittelalterlichen Krönungs-Basilika erstreckt sich in der Nähe des Szabadság tér, gegenüber vom Hotel ›Alba Regia‹. Am Beginn der Rundbogen-Galerie steht eines der bedeutendsten Kunstdenkmäler Ungarns: der *Marmorsarkophag*, den man lange Zeit für die Grablege König Stephans I., dann seines Vaters Géza hielt (Abb. 62). Nach neueren Forschungen soll in ihm Prinz Emmerich (Imre) bestattet worden sein, König Stephans jugendlicher Sohn, der 1031 bei der Jagd ums Leben kam. Der Stein-

Der sogenannte Stephans-Sarkophag, frühes 11. Jh., Székesfehérvár, Ruinengarten

sarg ist römisch, die byzantinisch beeinflußten Reliefs – Rosetten, Lebensbäume und ein Sechsflügler (Seraphim) – fertigte vermutlich ein venezianischer Steinmetz in der ersten Hälfte des 11. Jh. an. An der Stirnseite fliegt ein Engel (ähnlich wie die griechische Göttin Nike mit dem Siegeskranz) mit der Seele des Verstorbenen in Gestalt eines Wickelkindes zum Himmel empor.

Ungefähr in der Mitte des Ruinengartens liegt die halbkreisförmige Apsis der 1018 von König Stephan gestifteten, dreischiffigen **Basilika ›Mariä Himmelfahrt‹**. Modellzeichnungen veranschaulichen die Entwicklung von der bescheidenen Vorläuferkirche des Jahres 972 bis zu Umbauten und Erweiterungen im 15. Jh. 37 Könige, von Peter I. (1038) bis zu Ferdinand I. (1527), dem ersten Habsburger auf dem ungarischen Thron, wurden hier gekrönt, elf Herrscher beigesetzt. – Das **Lapidarium** enthält eindrucksvolle Fragmente der romanischen Basilika und ihrer gotischen Zubauten, Grabsteine und Teile der rotmarmornen Tumba König Ludwigs des Großen aus dem 14. Jh. Die unversehrt gehobenen Sarkophage König Bélas III. und seiner ersten Gemahlin Anna von Châtillon wurden in die Dom-Krypta überführt, ihre Gebeine in die Matthias-Kirche und die Grabbeigaben in das Nationalmuseum in Budapest.

Die mittelalterliche, langgestreckte Grundstruktur der Stadt blieb trotz des rasanten Wiederaufbaues im 18. Jh. erhalten. Viele Häuser bewahren ihren gotischen Mauerkern hinter spätbarocken Fassaden mit Zopfstil-Ornamenten. Malerisch gewundene Gassen, vorkragende Erker, Nischenfiguren und Arkadenhöfe, zwischen denen immer wieder Kirchtürme hervorlugen, verleihen Székesfehérvár den Reiz einer ›Stadt der schönen Durchblicke‹.

Im Herzen der barocken Bürgerstadt und zum Teil über dem Gelände der ehrwürdigsten Königskirche Ungarns erhebt sich das monumentale **Bischöfliche Palais** (Abb. 63). Was 150 Jahre Türkenherrschaft und eine Pulverexplosion nicht vermochten, schaffte ein ehrgeiziger Kirchenfürst: Bischof János Milassin ließ die beschädigte Krönungs-Basilika abreißen und die Steine 1790 bis 1801 zum Bau seines Palais verwenden. Jakob Rieder lieferte die Pläne; der Bauherr forderte anscheinend den damals schon überholten Spätbarock-Stil. Französisch-klassizierender Einfluß zeigt sich allerdings in der Dachform und dem mit Rosetten besetzten ›Scharnier‹-Fries. – Der **Reichsapfel-Brunnen** wurde anläßlich des 900. Todesjahres König Stephans 1938 aufgestellt.

Die Südseite des Szabadság tér nimmt das **Rathaus (Városi Tanács)** ein: Den älteren Teil ziert ein barockes Säulenportal mit allegorischen Steinfiguren der Klugheit und Gerechtigkeit (diese erneuert) des Eisenstädter Bildhauers Thomas Walch, der jüngere Abschnitt trägt eine Zopfstil-Fassade (1780/90). Das *Bronzedenkmal der Zehner-Husaren* schuf Pál Pátzay 1936. Auch das *Palais Zichy* am Beginn der Kossuth Lajos utca gehört heute zum Rathaus.

An der Ecke zur Jókai utca steht das **Hiemer-Haus,** eines der schönsten Altstadtgebäude (Erker auf maskenverzierten Konsolen, Laubbandwerk-Stuck, Statue des Pestpatrons St. Sebastian, Arkadenhof). Das romantisch-historistische *Haus Jokai utca 11* beherbergt Werke der Bildhauerin Erzsébet Schaár (1908–1975). Zu den ältesten Gebäuden der Stadt zählt das **Haus Zalka Máté utca 6** mit freigelegten romanisch-gotischen Teilen. Von der Liszt Ferenc utca zweigt die malerische **Treppengasse** (Lépcső utca) ab. In der **Csók István**

Székesfehérvár
1 *Ruinengarten/Ausgrabungsgelände*
2 *Bischöfl. Palais*
3 *Reichsapfel-Brunnen*
4 *Rathaus*
5 *Hiemer-Haus*
6 *Haus Jókai u. 11*
7 *Haus Zalka Máté utca 6*
8 *Treppengasse*
9 *Dom*
10 *St. Anna-Kapelle*
11 *Budenz- oder Rajniss-Haus*
12 *Komitatsrathaus*
13 *Reiterstandbild König Stephan*
14 *Karmeliter-Kirche*
15 *Ehem. ›Gasthof zum Pelikan‹*
16 *Jugendstil-Haus und Kuppelbad*
17 *Zisterzienser-Kirche*
18 *Csók-I.-Galerie*
19 *›Apotheke zum Schwarzen Adler‹*
20 *König Stephan-Museum*
21 *Vörösmarty-Theater*
22 *Hotel Velence*
23 *Griechisch-orthodoxe Serben-Kirche und Freilichtmuseum*
24 *Vörösmarty tér*

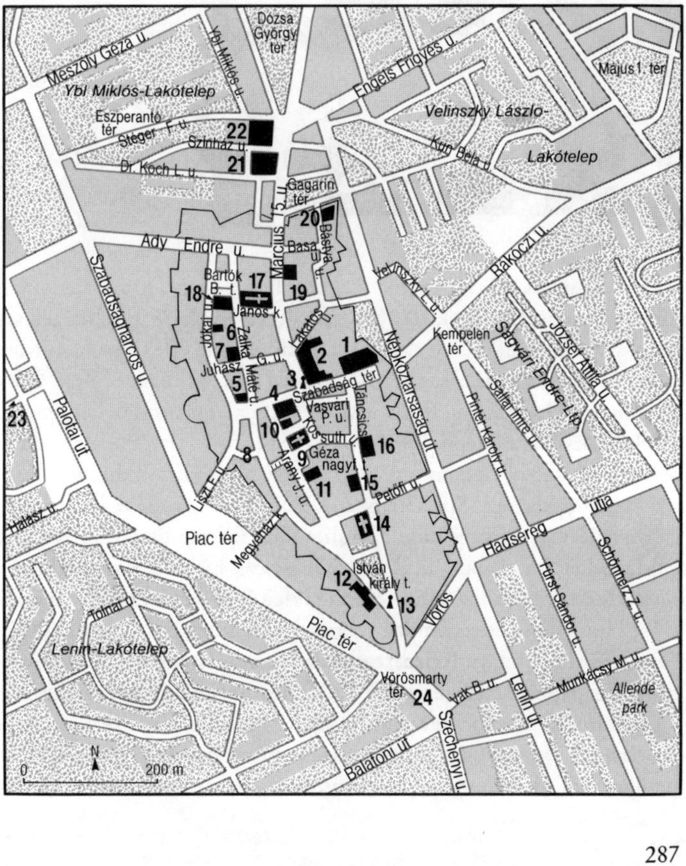

utca reihen sich frühere Domherrenhäuser; das *alte Komitatshaus* (Nr. 17) besitzt noch gotische Konsolen.

Der **Dom St. Peter und Paul** erhebt sich auf dem ältesten Teil der Stadt, an der Stelle von Großfürst Gézas Burg. Im Straßenpflaster ist der Grundriß eines kleeblattförmigen Zentralbaues nachgezogen (Grabkapelle Gézas oder Taufkapelle?). Die erste, von König Béla IV. 1235 gegründete Pfarrkirche diente zeitweilig als Moschee und behelfsmäßiges Gotteshaus der Jesuiten. 1759 wurde mit der Errichtung des wuchtigen, spätbarocken Domes unter der Leitung von Martin Grabner begonnen. Bei Restaurierungen kamen in den beiden Westtürmen gotische Fenster zum Vorschein. Johann Cymbal malte die Gewölbefresken (Leben König Stephans) und die Seitenaltarbilder. Königin Maria Theresia beauftragte 1773 den Wiener Hofarchitekten Franz Anton Hillebrandt mit der Gestaltung des Chores und des frühklassizistisch ›kühlen‹ Hochaltars: Das Gemälde von Vinzenz Fischer zeigt König Stephan vor der Muttergottes kniend.

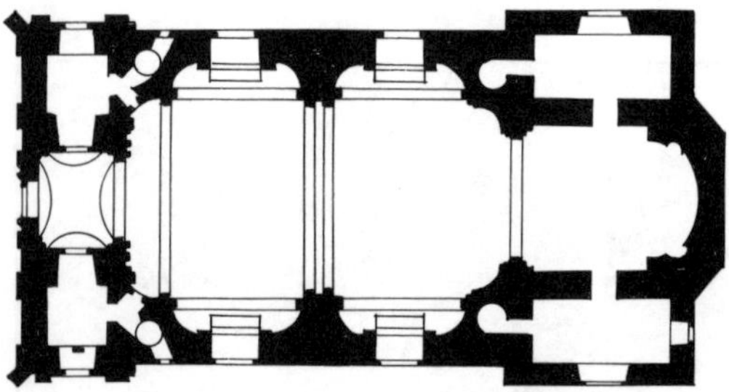

Székesfehérvár, Dom St. Peter und Paul, Grundriß

Die spätgotische **St. Anna-Kapelle** links vom Dom, das einzig vollständig erhaltene mittelalterliche Bauwerk der Stadt, stiftete um 1478 ein Bürger als Friedhofskapelle. Der edle, schlanke Bau diente den Türken als Bethaus des Paschas (Koransprüche und Lebensbaum-Motive im Inneren). Ein *Denkmal* des Bildhauers Béla Ohmann (1938) erinnert an *Domonkos (Dominikus) Kálmáncsehi,* Dompropst und bedeutender Humanist des 15. Jh.

Schönstes Gebäude in der *Arany János utca* ist das **Budenz-** oder **Rajniss-Haus** (Nr. 12, Zopfstil-Fassade), in dem um 1860 József Budenz wohnte, der Begründer der vergleichenden finno-ugrischen Sprachwissenschaft. Das *Museum* beherbergt den Nachlaß der aus Székesfehérvár stammenden Familie Ybl, Erinnerungen an den Architekten Miklós Ybl (Budapester Staatsoper) und die Sammlung Ervin Ybls: ungarische Plastik, Malerei und Graphik des 19. und 20. Jh. – Den dreieckigen **István tér** (Stephans-Platz) säumen Bürgerhäuser im klassizistischen Stil sowie das von Mihály Pollack und Johann Tegl entworfene *Komitatsrathaus.* Das **Reiterstandbild König Stephans** wurde wie der Reichsapfel-Brunnen auf dem Szabadság tér zum 900. Todesjahr (1938) aufgestellt.

Die barocke **Karmeliter-Kirche** (Ecke Petőfi/Kossuth utca) verbirgt hinter ihrer schlichten Fassade eine prächtige Rokoko-Ausstattung und herrliche Fresken von Franz Anton Maulbertsch (1768/69) zu marianischen Themen: im ersten Joch Mariä Geburt, in den

Zwickeln Abraham, Isaak, Jakob, David, im zweiten Joch Mariä Himmelfahrt, im Chor die Unbefleckte Empfängnis. Maulbertsch malte auch die Seitenaltarbilder, den Tod des hl. Joseph und die hl. Anna. Das Karmeliter-Kloster dient heute als Altersheim für Priester.

Im **ehemaligen ›Gasthof zum Pelikan‹** (Kossuth Lajos utca 15) hatte im 19. Jh. die ›Nationale Schauspielgesellschaft von Stuhlweißenburg‹ ihren Sitz. Berühmte Schauspieler, unter ihnen der Lyriker Sandor Petőfi, führten die romantischen und lustigen Stücke von Károly Kisfaludy und andere Dramen auf. An der Einmündung der Táncsics utca verdient ein zauberhaftes *Jugendstil-Haus* (Pfauen- und Blumenornamente) neben dem ›orientalischen‹ *Kuppelbad* (Árpád fürdő) Aufmerksamkeit.

Zweiter Rundgang: Zisterzienser-Kirche – König Stephan-Museum – Serben-Viertel

Die spätbarocke **Zisterzienser-(früher Jesuiten-)Kirche** in der Március 15. utca mit dem Ordenshaus und Kollegium ließen die Jesuiten zwischen 1745 und 1751 von Paul Hatzinger errichten. Nach Auflösung der ›Gesellschaft Jesu‹ zogen zunächst Pauliner ein, 1813 Zisterzienser. In der Vorhalle der Kirche öffnen sich zwei Reliquienkapellen mit Gebeinen des römischen Katakomben-Heiligen Candidus, dessen Kult die Jesuiten eifrig förderten. Die schwebend zarten Gewölbefresken und die Wandaltäre malte 1752 Caspar Franz Sambach aus Wien, ein Schüler Paul Trogers: in der Chorkuppel die hl. Dreifaltigkeit, im Schiff König Stephan vor der Muttergottes und die Verklärung des hl. Ignatius von Loyola, auf dem Hochaltar die Apotheose des hl. Johannes Nepomuk, auf den Nebenaltären die Kreuzigung und den Jesuitenmissionar Franz Xaver. Die bravourös geschnitzten Bilderrahmen, Beicht- und Betstühle stammen aus der Kunsttischlerei der Jesuiten unter Leitung von Bernhard Baumgartner; die prächtige Kanzel ist ein Werk des Bildhauers Carlo Bebo aus Óbuda. Kostbarster Kunstbesitz der Kirche ist die Einrichtung der *Sakristei* (Zugang durch die schmale János köz): meisterhafte Rokoko-Schnitzereien aus Linden- und Eichenholz, gefertigt in der Pauliner-Werkstatt unter Leitung von Johann Hyngeller – Engel, Putten, Rankenschwünge und Reliefs (Abb. 61), darunter eine sehr seltene Darstellung von Petrus und Paulus als Büßer (auf den Beichtschemeln).

Die **Csók-István-Galerie** (Bartók Béla tér 1) besitzt Werke des aus Stuhlweißenburg stammenden Malers István Csók und anderer zeitgenössischer Künstler. Zurückgekehrt zur Március 15. utca, verdient die museal zugängliche **›Apotheke zum Schwarzen Adler‹** (Fekete Sas Patika) Aufmerksamkeit, deren spätbarockes Mobiliar in der Kunsttischlerei der Jesuiten gefertigt wurde (1758); dazu kommen Ergänzungen im Empire-Stil.

Das **König Stephan-Museum** (Gagarin tér 3) bietet einen Überblick zu Geschichte, Kunst und Volkskunde des Komitats Fejér seit prähistorischer Zeit. Hervorzuheben sind Funde aus der Römerstadt Gorsium, wunderschöne Gläser und Bronzestatuetten verschiedener Götter (Venus!), Grabsteine und ein Mithras-Relief, Objekte der Awaren und frühen Magyaren sowie Bauplastik der Krönungs-Basilika und türkisches Kunsthandwerk.

In der Nähe des **Vörösmarty-Theaters** (1874) steht das **Hotel Velence,** eines der elegantesten Bauwerke Ungarns im klassizistischen Stil, erbaut als Hotel ›König von Ungarn‹ um 1830, vermutlich nach Plänen von Mihály Pollack.

Westlich der breiten Palotai út wird das malerische **Serben-Viertel** an der Rác utca saniert. Die **griechisch-orthodoxe Kirche** im Zopfstil bewahrt Fresken aus dem Leben Christi und Johannes' des Täufers sowie eine Ikonostase, die zwei serbische Künstler 1771 schnitzten. Mit der Fertigstellung des *Freilichtmuseums (Skansen)* ist auch die Öffnung der Kirche zu erwarten. – Vom alten **Marktplatz (Piac tér)** bietet sich ein hübscher Blick über die Stadtmauer auf die Altstadt mit ihren vielen Kirchtürmen. Den **Vörösmarty tér** begrenzen einige bemerkenswerte Bürgerhäuser im Stile des romantischen Historismus (Mitte 19. Jh.).

Rund um den Balaton (Plattensee)

Die große Liebe und Sehnsucht der Ungarn gilt dem Balaton (Farbabb. 15, 16), der ihnen als ›Ungarisches Meer‹ erscheint, als Inbegriff von Schönheit, Freiheit und Unendlichkeit. Mit 591 km^2 Oberfläche, 77 km Länge (Gesamtuferlänge: 200 km) und etwa 14 km maximaler Breite ist er der größte Binnensee Mitteleuropas (knapp vor dem Genfer See mit 582 km^2). Die Halbinsel Tihany schnürt ihn auf nur 1,5 km Breite ein und teilt ihn in zwei ungleich große Becken. ›Seidig‹ schmeichelndes Wasser und weiche Sandstrände, ein mildes Mikroklima mit langen, sonnigen Herbstperioden, Naturschönheiten und Kunstschätze zeichnen den Balaton als eines der beliebtesten Reise- und Urlaubsziele Europas aus. Seine geringe Wassertiefe, durchschnittlich nur 3 bis 4 m, bewirkt eine rasche Erwärmung auf etwa 25 bis 27 Grad. Aber der Balaton ist nicht nur ›sanft‹ und lieblich, sondern auch unberechenbar, bedrohlich und gefährlich: In den Sommermonaten ziehen oft plötzlich schwere Gewitter auf, gewöhnlich aus nordnordwestlicher Richtung, und Sturmböen peitschen die Wellen 2 bis 3 m hoch. Dann gilt es, unverzüglich dem zweistufiges Warnsystem (gelbes und rotes Raketensignal) Folge zu leisten, so rasch wie möglich das Ufer aufzusuchen oder zumindest die Segel einzuholen und sich auf den Boden des Bootes zu legen. Das flache, sandige Südufer eignet sich besonders für Badeferien mit Kindern, das stark gegliederte, rauhere und abwechslungsreiche Nordufer für Sportler, Wanderer und Kunstfreunde. Im Winter friert der See rasch zu; dann beginnt die ›hohe Zeit‹ der Schlittschuhläufer, der Eissegler und der Stuhlschlitten-Fahrer.

Entstanden ist der seichte Balaton erst vor etwa 20000 Jahren. Im Pliozän, dem jüngsten Abschnitt des Tertiärs (Erdneuzeit), erstreckte sich hier das Pannonische Meer, später floß die Ur-Donau hindurch. Vulkanische Tätigkeit und Erosion bewirkten den Einbruch des Seebettes und die Aufwerfung seiner Umgebung. 300 bis 400 m hohe Vulkankegel bestimmen das Landschaftsbild um Tapolca. Manchenorts findet man Kratervertiefungen, ›Steinbomben‹ (Lapilli) und Basaltorgeln aus erstarrter Lava. Schwärzlicher Basalt diente früher

Der Balaton (Plattensee) mit Blick auf Tihany, um 1890

als Baumaterial. Auf den fruchtbaren Vulkanhängen gedeihen seit römischer Zeit hochwertige Qualitätsweine. Das Balaton-Hinterland, ein bis zu 200 m hohes, reich gegliedertes Hügelland kann eigentlich schon als Südausläufer des Bakony-Waldes (Déli Bakony) gelten. Unter Naturschutz stehen die Halbinsel Tihany, der Vulkanberg von Badacsony und das Sumpfland um den Kleinen Plattensee (Kis Balaton). Von diesem Gebiet, das die im 9. Jh. hier ansässigen Slawen ›blatno‹ (Moos oder Moor) nannten, scheint der Name Balaton abgeleitet. Nach anderer Meinung soll er von den Alanen oder Awaren stammen. Den besten Überblick über Entstehung, Fauna und Flora sowie die bis in die Altsteinzeit zurückreichende Besiedlung bietet das Balaton-Museum in Keszthely (s. S. 298).

Vom Balaton und seinem Umland geht seit Urzeiten ein geheimnisvoller, fast magischer Zauber aus. Dichter, Schriftsteller und Maler haben die unvergleichlichen Lichtstimmungen, das Blau des Wassers und das Gold der Sonne, rosig schimmerndes ›Feengewölk‹ und unheimlich drohende, eisengrau-schwärzliche Gewitterszenerien, die fruchtbare, rot-violette Erde und die üppig grüne Pflanzenwelt in Wort und Bild verewigt. Der indische Dichter Rabindranath Tagore schrieb 1926 bei einem Kuraufenthalt in Balatonfüred: »...nirgends fand ich diese wunderbare Schönheit des Himmels und des Wassers bezaubernder als hier...« Mór Jókai, der bekannteste ungarische Romanschriftsteller der zweiten Hälfte des 19. Jh., pries erstmals den Winter: »Scheint die Sonne auf das lückenlose Eis des Balatons, hebt in der unabsehbaren Eisfläche vorerst ein wundersames Raunen und Brausen an, als rissen Tausend und aber Tausend Erzsaiten an einer Feenharfe...«

Das Balaton-Nordufer und seine Umgebung

Aus Richtung Budapest kommend, erwarten den Kunstfreund erste Sehenswürdigkeiten in **Vörösberény** (Ortsteil von Balatonalmádi). Die ehemalige Jesuiten-, heute **Pfarrkirche St. Ignatius** besitzt qualitätvolle spätbarocke Fresken von Franz Xaver Bucher aus Schaffhausen (um 1777), die zeitweilig Johann Cymbal zugeschrieben wurden: die Jesuiten im Kampf gegen die ›Ungläubigen‹, die Marienvision des Ordensgründers Ignatius von Loyola sowie im Chorgewölbe seine Verklärung im Beisein des hl. Franz Xaver und japanischer Ordensbrüder (Abb. 65). Am Triumphbogen ist die Gründungslegende dargestellt: Großfürst Géza stiftete um 990 ein Kloster für griechische Nonnen im Veszprém-Tal, Herzog Imre hält den Plan für den barocken Neubau. Priester, Gönner und der Bauherr Gáspár Buffleur betrachten aus gemalten Logen das Geschehen. An der Orgelempore verewigte der Künstler Kaiser Ferdinand II. und Bischof György Széchenyi, der 1626 die Schenkung der seit den Türkenkriegen verwaisten Klostergüter an die Jesuiten aus Győr erwirkt hatte.

Die **Reformierte Kirche** krönt einen Hügel etwa 200 m nördlich der Ignatius-Kirche. 1290 wurde eine romanisch-gotische Kirchenburg dem hl. Martin geweiht, Anfang des 17. Jh. von den Kalvinisten in ruinösem Zustand übernommen und um die Jahrhundertwende in ursprünglicher Form wiederhergestellt.

In **Felsőörs**, 5 km von Balatonalmádi entfernt, verdient die ehemalige **Propsteikirche St. Maria Magdalena** einen Besuch. Schon am mächtigen Westturm (Abb. 66) aus rotem Sandstein lassen sich die zwei Stilrichtungen ablesen: Romanik und Barock. Bis zur Dachzone stammt dieser Turm vom Ende des 12. Jh., als die Familie Örs die erste Sippenkirche stiftete.

Der Balaton, das ›Ungarische Meer‹, ist der größte Binnensee Mitteleuropas

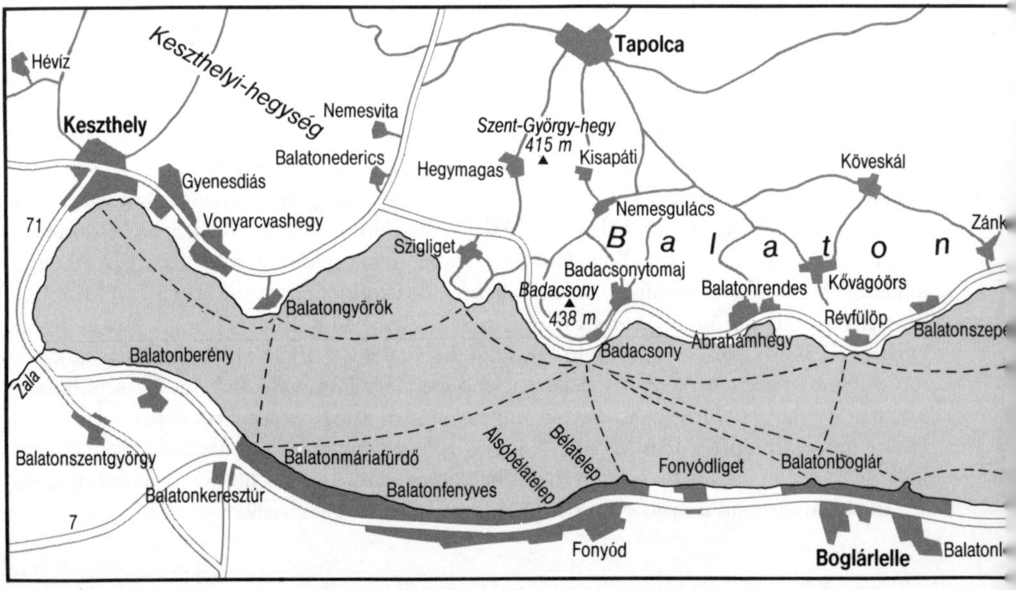

Auch das prächtige Stufenportal mit dem zur Árpáden-Zeit typischen ›Herakles-Knoten‹ zur Bannung des Bösen gehört der ältesten Bauphase an. Nach dem Mongolensturm, also Mitte des 13. Jh., vollendete die Familie Rátót das dreischiffige Langhaus, die Westempore und die Seitengalerien. Nach schweren Schäden während der Türkenkriege veranlaßte Bischof Biró von Veszprém 1736 die Wiederherstellung und Ausstattung im Stil des Spätbarocks.

Alsóörs liegt malerisch am Fuße des 200 m hohen Somlyóhegy. Sehenswert ist das originelle *›Türkenhaus‹* (Török ház), das wegen des turbanähnlichen Schornsteinaufsatzes lange Zeit als Anwesen des türkischen Steuereintreibers galt. In Wirklichkeit handelt es sich um einen spätgotischen Adelssitz vom Ende des 15. Jh., dessen Form in barocken Kelterhäusern um den Balaton weiterlebt.

In **Lovas,** etwa 1 km westlich von Alsóörs, stießen Archäologen 1951 auf eine Lehmgrube, aus der Menschen schon vor 40000 Jahren Farbstoff für Körperbemalungen gewannen. Rot, die Farbe des Blutes, mag den Jägern der Altsteinzeit als Zeichen magischer Lebenskraft nach dem Tode erschienen sein.

Balatonfüred (Bad Plattensee) ist der älteste Kurort am Balaton. Das Zentrum um den *Gyógy tér* (Kurplatz) läßt noch das noble Flair erahnen, als sich im vorigen Jahrhundert hier Künstler, Politiker und Schriftsteller trafen. Seit 1831 spielte das erste ständige Theater in ungarischer Sprache. Das *Herzsanatorium* an der Nordseite des Platzes gründete der ›Reformgraf‹ István Széchenyi; im Arkadengang, dem ›Balatoner Pantheon‹, erinnern Inschriftentafeln an berühmte Stammgäste. Im *›Kossuth-Lajos-Pavillon‹* sprudelt die Heilquelle hervor, die ursprünglich zur Behandlung von Magen- und Bronchialleiden diente. Im

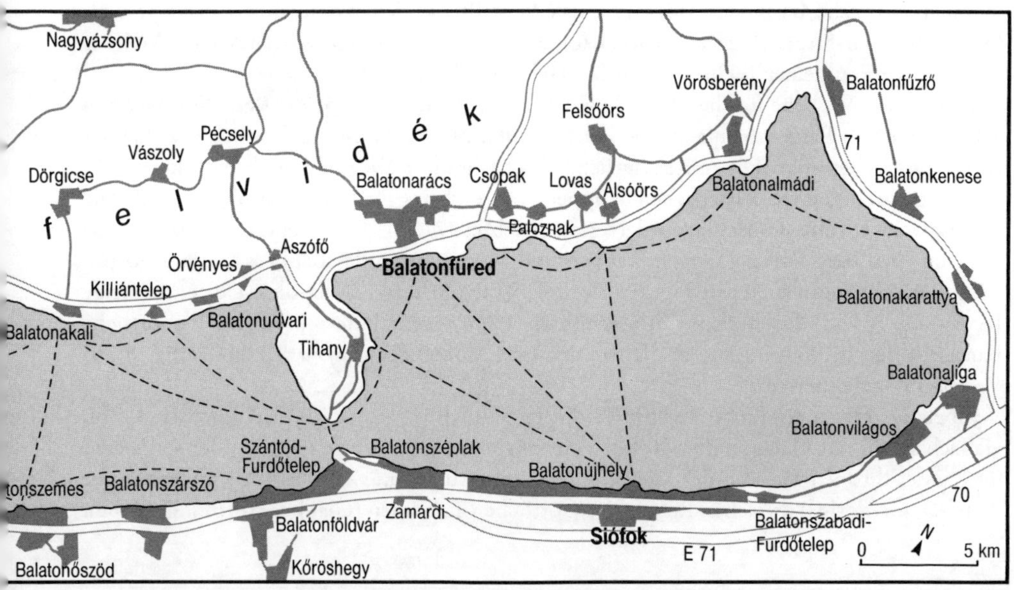

ehemaligen *Gasthof Horváth* (an der Südwestseite des Platzes) veranstaltete Zsigmond Horváth von Szentgyörgy zum Namensfest seiner Tochter Anna am 26. Juli 1825 den ›Annen-Ball‹, der noch heute als Traditionsveranstaltung weiterlebt. Vom Gyógy tér zweigt die Blaha Lujza utca ab, der frühere Korso, wo die beliebte Volksschauspielerin und -sängerin Luisa Blaha und der Romancier Mór Jókai (1825–1904) Villen besaßen. Die *Rundkirche* (Kerek templom) wurde 1846 nach Plänen von Antal Frumann aus Győr im klassizistischen Stil errichtet.

Die *Uferpromenade* ist nach dem indischen (bengalischen) Dichter und Nobelpreisträger Rabindranath Tagore benannt, der anläßlich seiner Genesung 1926 einen Lindenbaum pflanzte. Seither folgten viele prominente Gäste seinem Beispiel, so die indische Ministerpräsidentin Indira Gandhi und der italienische Dichter und Nobelpreisträger Salvatore Quasimodo. Die 1881 gegründete Werft erzeugt heute Sportboote.

Von Balatonfüred bietet sich ein schöner Blick auf die **Halbinsel Tihany,** bekrönt von den Zwillingstürmen der gleichnamigen ehemaligen Benediktinerabtei (Abb. 64). Die ganze Halbinsel – 5 km lang und 12 km^2 groß – steht wegen ihrer eigenartigen Vulkanformationen unter Naturschutz. Vor einer halben Million Jahren quollen etwa 100 heiße Quellen (Geysire) hervor, deren Sedimente noch heute das Landschaftsbild prägen. Die 230 m vom Ufer hochragenden Hügel umschließen zwei Mulden; die südliche füllt der 26 m höher als der Balaton liegende *Belső tó* (Innere See). Im Frühling verströmen Mandel- und Pfirsichblüten, im Sommer Lavendelfelder – die Sträucher wurden einst aus Südfrankreich eingeführt – einen betörenden Duft. Bewohnt ist die leicht zu verteidigende Halbinsel seit urgeschichtlicher Zeit. An der östlichen Steilseite liegt die *›Alte Burg‹* (Óvár), die mächtigste Erdschanze am Balaton aus der späten Bronzezeit (um 1000 v. Chr.), unweit davon *eisenzeitliche Hügelgräber.* Manche Hangvilla von Tihany steht auf römerzeitlichen Fundamenten. Um 1050 schlugen russische Basilianer-Mönche Einsiedlerzellen in den Basalttuff bei der *Cyprian-Quelle* (Ciprián-forrás). Sie kamen im Gefolge des aus Kiew heimgekehrten Königs Andreas I. und seiner Frau, einer Tochter Großfürst Jaroslaws des Weisen.

Trotz seiner Vorliebe für die Orthodoxie gründete Andreas I. 1055 die **Benediktinerabtei Tihany,** die von Pannonhalma aus besiedelt wurde. Nach dem Mongoleneinfall wurde das Kloster stark befestigt. Die mittelalterliche Kirche brannte am Ende der Türkenkriege ab, die Burg sprengten die kaiserlichen Truppen während des Rákóczi-Aufstandes 1702. Die **spätbarocke Kirche** (Umschlagvorderseite), errichtet 1740 bis 1754, beherrscht weithin das Umland. Auf dem Portal prangen Wappen und Monogramm des Bauherrn, Abt Ágoston Lécs, auf dem Gesims stehen Figuren der hll. Benedikt und Scholastika. Der einschiffige Innenraum wirkt durch den stark erhöhten Chor gegliederter, bewegter als manche Barockbauten in Westungarn, an denen sich der Baumeister – wohl József Tietharth aus Veszprém – orientierte.

Jubelnde ›Himmelspracht‹ vermittelt die einheitliche *Ausstattung* im Spätbarock-Stil, vielfach schon mit ›flammenden‹ Rokoko-Schnörkeln. Auf der Kanzel, einer der schönsten im Lande, thronen Figuren der vier Kirchenväter (Augustinus, Ambrosius, Hieronymus, Abb. 69, Gregorius) zwischen Reliefs der Göttlichen Tugenden (Glaube, Hoffnung, Liebe).

Der Hochaltar enthält Statuen des Ordensgründers St. Benedikt und seiner Zwillingsschwester Scholastika, der ›Mutter‹ der Benediktinerinnen, der heiligen Ungarnkönige Stephan und Ladislaus sowie ein Gemälde des hl. Bischofs Ananius von Orléans (1822). Die Seitenaltäre sind dem hl. Herz Jesu, der Jungfrau Maria (Gnadenbild von Mariazell), dem hl. Benedikt und der hl. Scholastika geweiht. Alle Holzschnitzereien – bestes Volksbarock von bestrickender Natürlichkeit und Anmut – stammen vom österreichischen Laienbruder Sebastian Stuhlhoff, der 25 Jahre im Kloster arbeitete und 1779 im Kreise der Äbte in der Krypta beigesetzt wurde. Die Deckenfresken malten Károly Lotz, Bertalan Székely und Lajos Deák-Ébner um 1890. Die Sakristei bewahrt die schönsten Schnitzwerke von Stuhlhoff, Reliefs von Mariä und Christi Himmelfahrt sowie stuckgerahmte Fresken von Ambrogio Dornetti (1786).

Stufen führen hinab in die archaische *Krypta* (Abb. 67), in die Welt des 11. Jh., in die erste, kämpferische Phase des ungarischen Staates. König Andreas I. hatte sich nicht nur der heidnischen Magyaren-Fürsten zu erwehren, sondern auch der Hoheitsansprüche des deutschen Kaisers Heinrich III. Roh behauene Rundpfeiler stützen das dreischiffige Gewölbe: Herb, streng, von eindringlicher Wucht, scheinen sie den Sieg des Christentums über das neu auflodernde Heidentum, wie auch die Festigung des jungen ungarischen Königtums in Stein zu bannen. In der Mitte der Krypta ist Andreas I. (gest. 1060) bestattet, im einzigen Königsgrab der Árpáden, das an ursprünglicher Stelle verblieb. Die Platte mit dem schlichten Abtkreuz wurde bei Restaurierungsarbeiten an anderer Stelle der Unterkirche entdeckt und zunächst für den Grabstein eines Abtes gehalten. An der Wand hängt eine Kopie der Gründungsurkunde von Tihany (s. Pannonhalma).

Das barocke **Stiftsgebäude** beherbergt im Keller ein sehenswertes *Lapidarium* mit Funden aus römischer und frühchristlicher Zeit und dem Mittelalter, u. a. aus den Abteien des Balatongebiets (Jásd, Tihany, Zirc). Seltenheitswert besitzt eine Dreikopfkonsole (Dreifaltigkeit?) aus dem Kartäuserkloster Városlőd 14./15. Jh. Im ersten Stock befindet sich das *Loránd (Roland) Eötvös-Museum,* benannt nach dem Begründer der wissenschaftlichen Geophysik und Erfinder der Eötvös-Drehwaage, dessen Namen auch die Budapester Universität trägt. – Im historischen Ortskern von Tihany wurden einige typische Fischer- und Bauernhäuser mit seitlichem Laubengang als **Freilichtmuseum** gestaltet. Der herrlichste Blick auf den See bietet sich von der Terrasse der Café-Konditorei Rege, einem früheren Wirtschaftsgebäude des Klosters.

In **Örvényes** (an der Hauptstraße 71) ist eine *Wassermühle* aus dem 18. Jh. museal zugänglich. Am östlichen Ortsrand von **Balatonudvari** liegt der denkmalgeschützte *›Herzenfriedhof‹*. Das erste steinerne Herz setzte vor etwa 200 Jahren ein junger Steinmetz seiner Braut auf das Grab, als sie in einer stürmischen Vollmondnacht im See ertrunken war. In der Romantik kamen die herzförmigen Grabsteine in Mode.

Badacsony gilt neben der Halbinsel Tihany als schönster Abschnitt des Balaton. Ursprünglich hieß nur der markante, ›sargförmige‹ Basaltberg (438 m) Badacsony, heute versteht man darunter auch das umliegende Feriengebiet. Aus Badacsony kommen weltbekannte Weine; die ersten Rebstöcke pflanzten wohl schon die Römer. Im *Atelier* des Malers

József Egry (1883–1952) in der Nähe des Bahnhofes Badacsony (Egry sétány 12) sind heute seine Bilder ausgestellt, Huldigungen an die Schönheit des Balaton zu allen Tages- und Jahreszeiten. Ein Gasthof auf halber Bergeshöhe und das *Róza-Szegedy-Literaturmuseum,* ein spätbarockes Winzerhaus, gehörten einst dem Dichter Sándor Kisfaludy (1772–1844) und seiner Gattin und ›Muse‹ Róza Szegedy (s. Sümeg, S. 264).

Die Halbinsel **Szigliget,** ursprünglich eine Insel, lädt mit ihrem romantischen Ortskern zu einem Besuch ein. Aus Badacsony kommend, sieht man im Tal zunächst den achteckigen Basaltturm der romanischen *Allerheiligen-Kirche* (13. Jh.). Im *Schloß Esterházy* (um 1800) auf dem Hauptplatz verbringen heute Mitglieder des ungarischen Schriftstellerverbandes ihre Ferien. Neben dem Kirchplatz liegt das schönste spätbarocke *Herrenhaus* der Umgebung, einst im Besitz der Familie *Tóti-Lengyel* (1782), heute Gaststätte. Die *Burgruine Szigliget,* auf einem 240 m hohen Basaltfelsen von der Abtei Pannonhalma gegründet, zeitweilig im Besitz des Königs und der Familie Tóti-Lengyel, war eine kleine, aber starke Festung, die seit dem 17. Jh. verfiel.

Typisch für das Tapolca-Becken sind ringförmig angeordnete ›Zeugenberge‹ aus vulkanisch entstandenem Basalt, deren Form an Glocken, Zuckerhüte oder gar schräg aufgerichtete Särge erinnert. Manche von ihnen tragen dichte Wälder, die meisten Wein- und Obstgärten. Schönster dieser Vulkanberge ist der **Szent György-hegy (St. Georgs-Berg)** zwischen Badacsony und Tapolca (Auffahrt südlich der Ortseinfahrt von Hegymagas über die Asphaltstraße!). Weithin sichtbar grüßen zwei reizvolle Bauwerke im Spätbarockstil: das *Kelterhaus* (Abb. 68) der Gutsherren Tóti-Lengyel und die Lengyel-Kapelle *St. Georg,* beide mit reichem Statuenschmuck. Ein herrlicher Blick bietet sich auf die Bucht von Badacsony. – Bei *Kisapáti* ragen etwa 40 m hohe Basaltsäulen auf, von den Einheimischen ›Steinsäcke‹ oder ›Steinorgel‹ genannt.

Bekannteste Sehenswürdigkeit der Kreisstadt **Tapolca** – früher ein Zentrum des Weinbaues, heute der Bauxit-Gewinnung – ist die *Teichgrotte* (Tavas Barlang), ein weitverzweigtes Labyrinth von Karststollen (Eingang Kisfaludy utca 2).

Keszthely

Am Südrand des gleichnamigen Gebirges liegt Keszthely, die größte Stadt am Balaton (23000 Einwohner). Kelten und Römer siedelten an diesem wichtigen Verkehrsknotenpunkt. Während der Völkerwanderung entwickelte sich die germanisch-awarisch-slawische ›Keszthelyer Kultur‹, im Mittelalter ein bedeutender Marktflecken und die starke Festung ›Fenékvár‹. Der eigentliche Aufschwung begann um 1740, als das kroatische Geschlecht Festetics die Herrschaft erwarb. György Graf Festetics (1755–1819), ein aufgeklärter Magnat und Mitglied der Freimaurerloge ›Wahrheit im Orient‹, förderte Wirtschaft, Wissenschaft und Kunst: Er eröffnete den Badebetrieb und die Segelschiffahrt auf dem Balaton (der Salzhandel war die Hauptquelle des Reichtums der Festetics'), gründete 1797 das Georgikon, die erste Agrarhochschule in Europa (heute Agraruniversität), und scharte führende

Schloß Festetics in Keszthely, um 1890

Reformer des ungarischen Geisteslebens in der akademischen Vereinigung ›Helikon‹ um sich; 1817 fand das erste ›Helikon-Fest‹ statt.

Zum **Schloß Festetics** inmitten eines weitläufigen Parks führt ein Prunktor mit dem fürstlichen Wappen. Tasziló Festetics wurde nach seiner Heirat mit Lady Mary Douglas-Hamilton, einer Verwandten des englischen Königshauses, in den Fürstenstand erhoben. Für seine hochadlige Gattin ließ er das Schloß, bestehend aus einem barocken Kernbau und dem klassizistischen Südflügel, zwischen 1883 und 1887 zu einem riesigen Komplex mit Mansarddach, Turm und reicheren Bauornamenten erweitern (Abb. 70). Der museal zugängliche Südflügel beginnt mit der Ahnengalerie im Stiegenhaus. Säle und Gemächer, ausgestattet mit kostbaren Empiremöbeln und Intarsienböden, vermitteln noch den Eindruck des fürstlichen Wohnsitzes, wie er 1945 von den Festetics verlassen wurde. Die berühmte *Helikon-Bibliothek,* die einzige erhaltene Bibliothek eines ungarischen Magnaten, umfaßt 52 000 Bände, wertvolle Kodizes und Raritäten. Das klassizistische Mobiliar fertigte der einheimische Tischlermeister János Kerbl um 1800 aus slowenischem Eichenholz an.

Vom Schloß führt die *Kossuth utca* (Fußgängerzone) zum Hauptplatz. Im Hause Nr. 22 – einst im Besitz des Geschlechts Pethő, der Burgherrn von Rezi, im 18. Jh. barockisiert (schöner Arkadenhof) – wurde 1830 Karl Goldmark, der Komponist der Oper ›Die Königin von Saba‹, geboren (gestorben 1915 in Wien). – Den Fő tér (Hauptplatz) beherrscht die gotische **Pfarrkirche** Patrona Hungariae (mit neugotischem Turm), im Mittelalter eine Kirchenburg der Franziskaner. Bei der Restaurierung kamen im Chor qualitätvolle Fresken vom Ende des 14. Jh. zum Vorschein, Werke eines italienisch geschulten Meisters (Marienleben, Passion, Heilige, Bischöfe, Brustbilder von Propheten, Charakterköpfe in bandartigen Rahmen). Im Chor befinden sich das Grabmal des Palatins István Lackffy, Burgherr von Simontornya und Bauherr der hochgotischen Kirche von 1397 (Wappen auf einem Schlußstein im Chorgewölbe), und das Wandgrab des Kristóf Festetics im Zopfstil (1768).

Das **Balaton-Museum,** ein schloßartiges Gebäude im Neobarockstil (Múzeum utca 2), beherbergt im ersten Stock die hervorragende Dauerausstellung ›Der Balaton und der Mensch‹ (gut deutsch beschriftet), im Erdgeschoß ein Lapidarium aus dem Römerlager Valcum (Fenékpuszta) und der romanischen Benediktinerabtei Zalavár. Wenige Schritte weiter südlich liegt der *alte Friedhof* (Szent Miklós temető) mit der Gruft der Familie Festetics. Das *Museum im Georgikon* (Georgikon utca 20) zeigt die Entwicklung der heimischen Landwirtschaft.

Die Umgebung von Keszthely

6 km nordwestlich von Keszthely liegt das bekannte Rheuma-**Heilbad Hévíz** mit dem größten natürlichen Warmwassersee Europas (47000 m^2), dessen Temperatur im Sommer etwa 34 Grad, im Winter 23 bis 26 Grad beträgt. György Graf Festetics förderte Ende des 18. Jh. die wissenschaftliche Erforschung des radioaktiven Wassers und ließ das erste Badehaus errichten. – In **Egregy,** rund 2 km nördlich von Hévíz, steht inmitten des von Weinbergen umringten Friedhofs die romanische *Kirche Maria Magdalena* (12./13. Jh.). Den starken Westturm mit steinernem Rautenhelm gliedern zwei- und dreifach gekuppelte Fenster. Das kurze Schiff schmücken volkstümliche Barockmalereien, unter denen Reste originaler Weihekreuze (Apostelkreuze) zutage kamen.

Südlich von Rezi, an der Landstraße Keszthely–Zalaszánto, liegt die **Gyöngyösi-Csárda,** ein barockes Jagdhaus, dann Dorfschenke und Treffpunkt der Betyáren, der Rebellen und ›edlen‹ Räuber vom Schlage eines Robin Hood (s. S. 366). Die **Burg Rezi,** ehedem im Besitz des Königs und der Familie Pethő, verfiel seit Ende des 16. Jh. zur Ruine. Die **Burgruine Tátika,** einst eine der wichtigsten Höhenburgen Ungarns, krönt einen 413 m hohen Basaltkegel bei Zalaszántó. Wie die meisten Festungen um den Balaton wurde sie während des Rákóczi-Freiheitskampfes von den Kaiserlichen gesprengt. Am Fuße des Berges liegen etwa hundert eisenzeitliche Hügelgräber. Beim kleinen Dorf **Kallósd** (westlich der Straße nach Zalaszentgrót) erhebt sich einsam am Waldrand die romanische Rundkirche *St. Nikolaus,* die Sippenkirche eines Kleinadligen aus dem späten 13. Jh.

In **Fenékpuszta,** 7 km südlich von Keszthely, unterhielten die Grafen Festetics ihr berühmtes Gestüt. Neben den klassizistischen Stallgebäuden wurden Teile des römischen Militärlagers *Valcum* freigelegt, die Grundmauern einer dreischiffigen Basilika vom Ende des 4. Jh. (die Apsiden wohl aus dem 6. Jh.) und eines Getreidespeichers. Der Überlieferung nach soll in Valcum der Ostgotenkönig Theoderich, der ›Dietrich von Bern‹ der Sage, geboren worden sein. An der Mündung der Zala in den Balaton lag die Schiffswerft der Festetics.

Das Sumpfland des **Kleinen Plattensees (Kis Balaton)** mit seiner vielfältigen Tier- und Pflanzenwelt – etwa 280 Vogelarten, darunter der seltene Silberreiher – steht unter Naturschutz. In der Nähe des Dorfes **Zalavár** lag im 9. Jh. die ›Moosburg‹ (Mosapurch, slawisch Blatnograd) des Slawenfürsten Pribina (Privina), der bei Thronzwistigkeiten im Großmährischen Reich um 840 aus seiner Heimat Neutra (Nitra/Slowakei) vertrieben worden war. Von den Franken mit Teilen der Pannonischen Mark belehnt, konnte er bald ein kurzlebiges, selbständiges Herzogtum begründen. Kirchenrechtlich unterstand sein Land dem Erzbistum Salzburg, das sich die Slawenmission mit dem Patriarchat Aquileia teilte (Kaiser Karl der Große legte 811 die Drau als Diözesangrenze fest). Pribina ließ 26 Kirchen erbauen; in Moosburg weihte der Salzburger Erzbischof Liupram eine dieser Kirchen dem römischen Legionär Adrianus, der Anfang des 4. Jh. in Pannonien (nach anderer Überlieferung in Nicomedia/Kleinasien) den Märtyrertod erlitten hat. Zu erreichen ist sie westlich von Zalavár (dem Schild ›Bazilika‹ folgend) zu Fuß über einen etwa 300 m langen Wiesenweg. Freigelegt wurden die Grundmauern einer dreischiffigen **Basilika** (Abb. 71) mit Narthex (Vorhalle für die Ungetauften) und geradlinigem Ostabschluß, in den drei halbkreisförmige Apsiden nach istrischem Vorbild eingeschrieben sind (die Pannonische Mark grenzte an die Karantanische Mark und die Markgrafschaft Istrien, wo dieser Kirchentyp verbreitet war). – An der westlichen Ausfahrtsstraße von Zalavár (Schild ›Cirill-Metód-Emlékoszlop‹) stehen zwei historisch interessante Denkmäler des frühen Christentums in Westungarn: die Bronzefiguren der **Slawenapostel Kyrill und Method** sowie eine **Statue König Stephans I.** Die Brüder Kyrill (eigentlich Konstantin) und Method, griechische Gelehrte aus Thessaloniki, übersetzten die Bibel ins Altslawische (Altbulgarische) und verkündeten in den Jahren 866/867 im Reich von Pribinas Nachfolger Kocel das Evangelium in dieser Sprache. Dadurch war ihrem Wirken erheblich mehr Erfolg beschieden als den Salzburger und Passauer Missionaren, die sich nur des elitären Lateins bedienten. Fürst Kocel (Kotzel, Chezil) versuchte, sich durch die Hinwendung nach Byzanz aus der Abhängigkeit von Rom und dem deutschen Kaiser zu lösen. Nach Kyrills Tod in Rom (869) kehrte Method mit Genehmigung des Papstes nach Moosburg und Mähren zurück, wurde aber vor eine bairische Synode geladen, beschimpft, mißhandelt und zwei Jahre in ein Kloster (vermutlich Ellwangen) gesperrt. Dem fränkischen Klerus gelang es, die slawische Liturgie und Kirchensprache endgültig aus Pannonien und Großmähren zu verbannen. Das unschätzbar wertvolle Werk Kyrills und Methods lebt aber, besonders bei den Serben, Russen und Bulgaren weiter. Aus der von ihnen geschaffenen sakralen Glagolica-Schrift entwickelten ihre Schüler das kyrillische Alphabet. Die ›Pannonischen Legenden‹ über das Schicksal der beiden Slawenapostel zählen zu den ersten Zeugnissen altslawischer Literatur.

Nach Kocels Tod (874) zerfiel sein Reich, um 900 drangen die Magyaren ein. König Stephan I. gründete 1019 in Pribinas Burg die Benediktinerabtei St. Adrian, die um 1440 von steirischen Raubrittern und hundert Jahre später von den Türken verwüstet wurde. König

Karl III. (Kaiser Karl VI.) siedelte um 1720 wieder Benediktiner an, die er dem Stift Göttweig in Niederösterreich unterstellte. Die neue *Abtei St. Adrian* wurde im 9 km entfernten **Zalaapáti** (Zala-Apáti) um 1775 im Spätbarockstil erbaut und mit Altarbildern von Martin Johann Schmidt, dem ›Kremser-Schmidt‹ aus Krems in der Wachau, und Fresken von Joseph Adam Mölck (beschädigt) geschmückt.

Bei **Balatonszentgyörgy** ließen die Grafen Festetics um 1820 ein originelles Jagdhaus errichten, die *›Sternburg‹* (Csillagvár, 2 km südlich des Ortes, neben einer großen Ziegelei). Keilförmig eingeschobene Zimmer sollen einen sternförmigen Grundriß vortäuschen. Eine kleine Ausstellung veranschaulicht das Leben in den Grenzburgen während der Türkenkriege. In der Ortsmitte, unweit der neoromanischen Kirche, kann ein typisches ›Sockelhaus‹ der Balaton-Gegend besichtigt werden.

Balatonkeresztúr besitzt eine der schönsten Barockkirchen Westungarns, errichtet auf kreuzförmigem Grundriß und dem *Hl. Kreuz* geweiht (kereszt heißt Kreuz). Das Bildprogramm malte um 1760 ein begabter Provinzmeister, der sich wohl an den Maulbertsch-Fresken in Sümeg orientierte. Auf dem Hochaltar ist die Gründungslegende dargestellt – Engel sollen dereinst das Kreuz Christi über den Ort getragen haben –, an den Chorwänden der Ursprung der Kirchenfeste ›Kreuzauffindung‹ und ›Kreuzerhöhung‹, zwei seltene Themen der christlichen Bildersprache. Am 3. Mai gedenkt die römisch-katholische Kirche alljährlich der Auffindung des Christus-Kreuzes zu Beginn des 4. Jh. durch Kaiserin Helena, die Mutter Kaiser Konstantins des Großen. Der 14. September erinnert an die ›Kreuzerhöhung‹, als der byzantinische Kaiser Heraklius nach Zerstörung Jerusalems durch die Perser im Jahre 627 das wiedergefundene Kreuz in die erneuerte Grabeskirche bringen ließ. Aus gemalten Oratorien betrachten das Stifterpaar, Kristóf Graf Festetics und seine Gemahlin sowie der Pfarrer und ein Franziskaner das Geschehen in dem bühnenartig gestalteten Chor. Der Seitenaltar zeigt die Eherne Schlange des Alten Bundes als Typus (Vorbild) zur Heilserfüllung im Kreuz Christi.

Das Balaton-Südufer und sein Hinterland (Komitat Somogy)

Am südöstlichen, überwiegend flachen Ufer des Balaton verschmolzen die früheren Dörfer zu einem durchgehenden Ferien- und Erholungsgebiet. Bekanntester Badeort ist **Siófok,** der seinen 15 km langen Sandstrand der Mündung des Sió-Flusses verdankt, den schon die Römer kanalisierten. Mitte des 19. Jh. begann durch den Eisenbahnanschluß und den Ausbau des Hafens der wirtschaftliche Aufschwung, um die Jahrhundertwende kam Siófok als Badeort in Mode, besonders beim Budapester Bürgertum. Einzig nennenswerte Sehenswürdigkeit ist das kleine *Gedenkmuseum* für *Emmerich Kálmán* (1882–1953), den Komponisten der ›Csardasfürstin‹, der ›Gräfin Mariza‹ und anderer Operetten, in seinem Geburtshaus Kálmán-Imre-sétány 5 (nahe der Eisenbahn). – **Ságvár,** 9 km südlich von Siófok, entstand an der Stelle des römischen Kastells Tricciana. Auf dem *Likas-Hügel* legten Archäologen Spuren einer 17000 Jahre alten Jägersiedlung frei.

Balatonföldvár ist das Zentrum des Segelsports. Földvár bedeutet ›Erdburg‹, nämlich die Reste keltischer Erdschanzen. In der gotischen Pfarr- und früher Franziskaner-Kirche von **Kőröshegy,** 3 km weiter südlich, finden im Sommer Orgel- und Kirchenkonzerte statt. *Schloß Széchenyi* wurde um 1780 im Zopfstil erbaut. Die Wallfahrtskirche in **Andocs,** hervorgegangen aus der gotischen Liebfrauenkirche der Franziskaner, zeichnen schöne Barockaltäre aus. In der Barockkirche von **Tab** malte Stefan Dorffmeister die Fresken. *Schloß Zichy* in **Zala** ist als Gedenkmuseum des Historienmalers Mihály Zichy (1827–1906) zugänglich, der lange Zeit als Hofmaler der russischen Zaren wirkte.

Im Hinterland des Balaton erstreckten sich früher Heiden und Sumpfwiesen von ›östlichem‹ Steppengepräge. Heute gilt *Somogy* als Heimat alter Volksbräuche und bekannter Holzschnitzer, Abkömmlinge einstiger Schaf- und Schweinehirten. Hauptstadt von Somogy ist seit dem 18. Jh. **Kaposvár,** im Mittelalter eine starke Festung und ein wichtiger Marktflecken, heute Eisenbahnknotenpunkt und Industriezentrum (Textilien, Nahrungsmittel), wegen der vielen Parks als ›Stadt der Blumen‹ gerühmt (75 000 Einwohner).

Am Beginn der hübschen Fußgängerzone (Május 1. utca) steht das barocke *Dorottya-Haus,* der imaginäre Schauplatz des heiteren Epos ›Dorottya‹ (Dorothea) von Mihály Csokonai Vitéz (1773–1805) aus Debrecen. Das *Komitatshaus* (Nr. 10) im klassizistischen Stil beherbergt das *Museum des Bezirks Somogy.* Bekanntester Sohn der Stadt ist der impressionistische Maler *József Rippl-Rónai* (1861–1927), nach dem das örtliche *Museum* mit seiner reichen volkskundlichen Sammlung benannt ist. Auf dem Rákóczi tér (Nähe Bahnhof) steht das große *Jugendstil-Theater.*

Szenna, ein verträumtes Dorf 8 km südwestlich von Kaposvár, verdient wegen seines *Freilichtmuseums* und der *Reformierten Kirche* (1785) einen Besuch. Die Ausstattung der Kirche, ein wertvolles Beispiel des Bauernbarocks, fertigte laut Inschrift an der Kassettendecke der Kunsttischler János Nagyvati an.

Nördlich von Pécs

Szekszárd, die Hauptstadt des Komitats Tolna, liegt inmitten eines berühmten Weinbaugebietes, früher auch der Seidenraupenzucht. Bedeutendstes Baudenkmal ist das **Komitatsrathaus** (heute Kreisamt), ein Meisterwerk im klassizistischen Stil nach Plänen von Mihály Pollack (1830). Im Hof wurden Reste der von König Béla I. gestifteten Benediktinerabtei freigelegt, in der er 1063 seine letzte Ruhestätte fand. Das **Ádám-Balogh-Museum** (Mártírok tere 26) zeigt prähistorische und römische Fundstücke – Szekszárd entwickelte sich aus der Raststation Alisca – sowie Trachten aus Sárköz, dem ›Moorwinkel‹ um die Ortschaft Decs. Der *Gemencer Wald* an der Donau ist als Jagdgebiet und Wildreservat bekannt.

In einem malerischen Seitental östlich von Bonyhád (über Börzsöny) verbirgt sich das ehemalige orthodoxe **Kloster Grábóc,** das vor den Türken geflüchtete serbische Mönche aus dem Kloster Dragovic in Dalmatien 1580 gründeten. Ihre Vorfahren mußten nach der Schlacht auf dem Amselfeld (1389) Südserbien verlassen. Die restaurierte spätbarocke Klosterkirche (1763) besitzt eine wertvolle Ikonostase und großflächige Ikonen in Zopfstil-Rahmen (Farbabb. 25).

Im Gebiet von **Mecseknádasd** und **Ófalu,** wie auch in anderen Teilen des Komitats Baranya, siedelten im 18. Jh. viele Deutsche (›Schwaben‹), bevorzugt als Handwerker, Förster, Landwirte und Weinbauern. Beide Orte pflegen alte Traditionen im ›Heimatmuseum‹ der Deutschen Nationalität.

Nördlich von Pécs erstreckt sich der **Mecsek,** ein aus Meeressedimenten aufgebautes Schollengebirge, dessen Oberfläche eine dicke Kalksteinschicht bedeckt. In seinen Höhlen hausten schon vor 60000 Jahren altsteinzeitliche Jäger. Die *Tropfsteinhöhle* von *Abaliget* wird für Heilzwecke genutzt. An den Südhängen des Mecsek gedeihen außer Obst und Wein auch mediterrane Pflanzen, wie Feigen und Edelkastanien. Höchster Gipfel ist der *Zengő* mit 680 m. An seinem Fuße liegt das mittelalterliche Burgkloster **Pécsvárad,** heute Museum, Hotel und Restaurant und alljährlich im Herbst Schauplatz des berühmten ›Mädchenmarktes‹, eines Volksfestes mit farbenprächtigen Trachten aus der ganzen Baranya (Umschlagklappe hinten, Farbabb. 22). Die von König Stephan I. 1015 gegründete und von Pannonhalma besiedelte, reiche Benediktinerabtei unterhielt die erste medizinische Lehranstalt

Bauernmarkt in Südungarn (Komitat Baranya)

Ungarns. Beim Heranrücken der Türken steckten die Mönche die Gebäude selbst in Brand, um 1730 ließ sie der Erzbischof von Köln, der neue Gutsherr, im Barockstil erneuern. Von der ursprünglich zweigeschossigen romanischen *Stiftskirche* überdauerte das von einem wuchtigen Mittelpfeiler gestützte Erdgeschoß. Hohen künstlerischen Rang verraten die byzantinisch beeinflußten Freskenreste. Neben dem Burgkloster bildet die spätbarocke *Pfarrkirche Mariä Himmelfahrt* den Abschluß einer alten Kastanienallee.

Bei **Mánfa,** nördlich von Pécs (nahe der Straße nach Kaposvár), steht einsam am Waldesrand eine der am schönsten gelegenen ungarischen Landkirchen: die *Pfarrkirche Mariä Heimsuchung,* im 13. Jh. im romanischen Stil begonnen (Turm mit Biforien), im 14. und 15. Jh. gotisiert und erweitert.

Pécs (Fünfkirchen)

Sehr zu Recht genießt Pécs den Ruf als eine der schönsten und interessantesten Städte Ungarns. Ihr außergewöhnlicher Reiz beruht auf der malerischen Lage am Südabhang der 535 m hohen *Misina,* dem fast mediterranen Klima und südländisch heiteren Flair sowie dem abwechslungsreichen Stadtbild und regen kulturellen Leben. Pécs besitzt nicht nur die meisten türkischen Baudenkmäler Ungarns, sondern auch freskengeschmückte Grabkammern aus der Spätantike, wie sie außerhalb Italiens nur selten vorkommen, eine einzigartige Sammlung der weltbekannten Zsolnay-Keramik und Gemälde ihres berühmtesten Sohnes Victor Vasarely, dem ›Vater‹ der Op-Art. Ein buntes Völkergemisch – neben Ungarn viele Slawen (Serben, Kroaten, Bosniaken, Slowaken) und Deutsche (›Schwaben‹), Griechen, Juden und Türken – prägten die Eigenart der Stadt. Ihren Namen verdankt sie den ›fünf Kirchen‹ (lateinisch Quinque Ecclesiae oder Quinque Basilicae), den frühchristlichen Grabkapellen aus dem 4. Jh., über denen im 9. Jh. eine Kirche und schließlich der Dom entstand.

Besiedelt ist das Stadtgebiet freilich schon viel länger, seit der Jungsteinzeit vor 6000 Jahren. Die ersten namentlich bekannten Bewohner waren illyrische Pannonier, denen im 4. Jh. v. Chr. Kelten folgten. 107 v. Chr. gründeten die Römer die Siedlung Sopianae, die sich am Schnittpunkt wichtiger Handelswege vom Balkan zur Donau bald zu einer wohlhabenden Stadt entwickelte und 293 Sitz der Zivilverwaltung der pannonischen Teilprovinz Valeria wurde. Anfang des 9. Jh. gehörte das Gebiet zum Lehen des Slawenfürsten Pribina, kirchenrechtlich zum Erzbistum Salzburg. Im 10. Jh. vermischten sich die landnehmenden Magyaren mit der awarisch-slawischen Bevölkerung. 1009 stiftete König Stephan das Bistum Pécs; im Hochmittelalter erwuchs durch italienische, französische und deutsche Händler und Handwerker eine ›opulentissima civitas‹, eine sehr reiche Stadt. 1367 gründete König Ludwig der Große die erste ungarische Universität – und eine der ältesten Europas – ganz gezielt als Bindeglied zu Kroatien, Dalmatien und Italien.

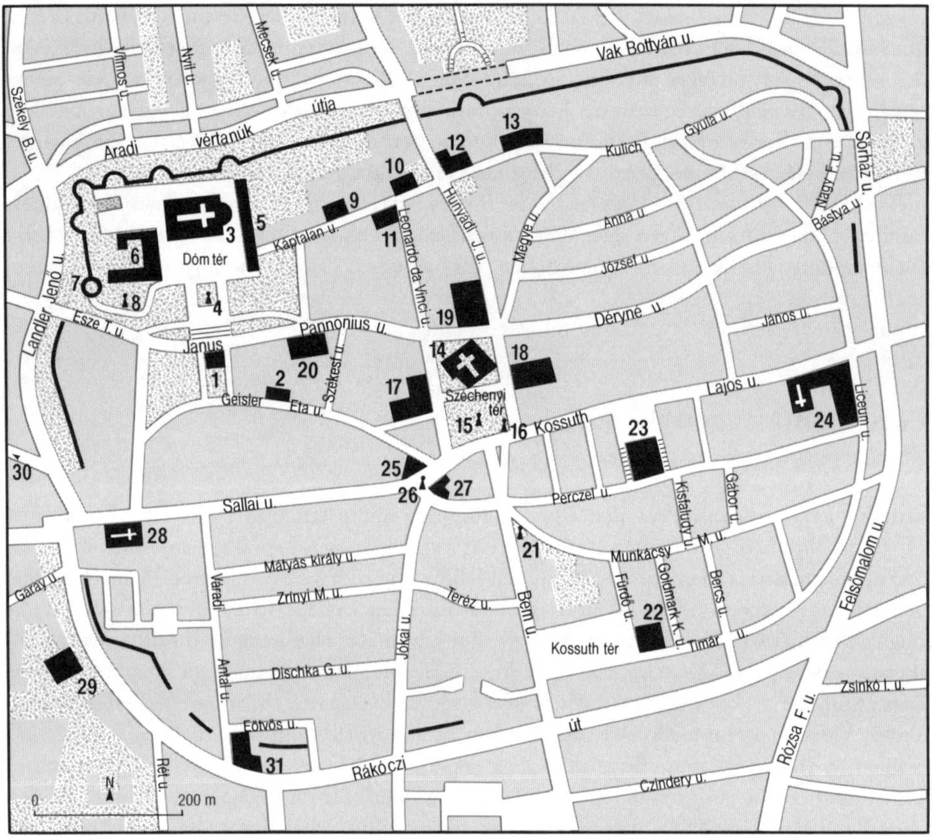

Pécs 1 ›Altchristliches Mausoleum‹ (Katakomben) 2 Grabkammern (Geisler Eta utca 8, 14) 3 Dom 4 Denkmal Ignác Szepessy 5 Archiv des Domstifts 6 Bischöfliches Palais 7 Barbakane 8 Statue Janus Pannonius 9 Káptalan utca 4, Béla Uitz-Museum 10 Zsolnay-Museum 11 Vasarely-Museum 12 Ehem. Priesterseminar 13 Ehem. Komitatsrathaus (Museumsverwaltung) 14 Innerstädtische Pfarrkirche St. Maria/Kassim Ghazi Pascha-Moschee 15 Dreifaltigkeitssäule 16 Reiterstandbild János Hunyadi 17 Ehem. Jesuitenkolleg (Gymnasium) 18 Hotel Nádor 19 Janus-Pannonius-Museum (Archäologische Abteilung) 20 Csontváry-Museum 21 Jugendstil-Brunnen (Zsolnay-Brunnen) 22 Synagoge 23 Pécser Nationaltheater 24 Ehem. Pauliner-Kirche 25 Mohrenapotheke 26 Zsolnay-Brunnen 27 Gasthaus ›Zum Elefanten‹ 28 Franziskaner-Kloster 29 Hassan-Jakowali-Pascha-Moschee 30 Idris-Baba-Türbe 31 Volkskunde-Museum

Seit 1543 herrschten fast 150 Jahre lang die Türken über Pécs, das als Sitz des Sandschakbegs, des Militärgouverneurs, eine bedeutende Stellung im Osmanischen Weltreich einnahm. Die Türken pflegten auch den seit römischer Zeit bekannten und bis heute wichtigen Wein- und Obstanbau. Nach dieser Blütezeit litt Pécs schwer unter der christlichen Wiedereroberung 1686, den Kuruzzenkriegen und einer großen Pestepidemie. Im 18. Jh. führten die Bürger einen erbitterten Kampf gegen ihren Feudalherrn, den Bischof, bis Königin Maria Theresia in ihrem Todesjahr 1780 den Status einer königlichen Freistadt verlieh. Daher konnte sich der Barockstil nur schwächer entfalten als in anderen Bischofsstädten. Im 19. Jh. leitete die Entdeckung reicher Steinkohlelager (später auch Uranerz) im Mecsek-Gebirge einen gewaltigen wirtschaftlichen Aufschwung und die Industrialisierung ein. Manche der weitbekannten Betriebe – Keramik- und Lederfabriken, Brauereien, Mühlen, Champagner-Kellereien, Orgelbau – bestehen heute noch, allerdings unter anderen Namen. Mit etwa 180000 Einwohnern ist Pécs heute die größte Stadt Transdanubiens und die fünftgrößte in Ungarn, Zentrum des Komitats Baranya und Sitz einer Universität.

Rundgang 1: Domviertel, Zsolnay- und Vasarely-Museum

Einzigartig in Ungarn sind die frühchristlichen Katakomben eines großen Gräberfeldes aus dem 3. und 4. Jh. unter dem Domplatz. Auf dem Szent István tér, der südlichen Verlängerung des Domplatzes, wurden die Grundmauern einer Gedächtniskirche (Basilica memorialis) konserviert. Daneben befindet sich der Zugang zum unterirdischen **›Altchristlichen Mausoleum‹** (Ókeresztény mauzóleum), bestehend aus einem Vorraum und einer annähernd rechteckigen, tonnengewölbten Grabkammer (cubiculum). Ihre kostbaren Wandmalereien aus der zweiten Hälfte des 4. Jh. zeigen Adam und Eva am Baum der Versuchung, den Propheten Daniel in der Löwengrube, der als Typus (Vorbild) für die Auferstehung Christi aus dem Felsengrab gilt, und das Christus-Monogramm. Katakomben-Malereien kommen zwar auch in Niš, Sofia und Thessaloniki vor, sind aber dort noch wenig erforscht und kaum zugänglich.

Weitere *Grabkammern* in den Höfen der *Häuser Geisler Eta utca 8* und *14* können außerhalb der üblichen Museumszeiten durch Glaswände betrachtet werden (u. a. Reste eines gemalten Paradieszaunes). Die übrigen Grabanlagen um den Dom, teilweise ebenfalls mit reichem Freskenschmuck, können nicht oder nur zeitweise besichtigt werden: die *Cella trichora,* eine Dreinischen-Anlage nahe der Westfassade des Domes, die *Grabkammer Nr. 11* und die *Cella septichora,* eine ungewöhnliche Kapelle mit sieben Konchen, unter dem Pfarramt (Domplatz, rechts). Hier wurde offenbar ein Märtyrer verehrt, zu dessen Grab die Gläubigen bis zur Errichtung der Peterskirche bzw. des Domes pilgerten.

Der **Domplatz,** einer der schönsten Plätze in Ungarn, erhielt seine großzügige Weite erst in der zweiten Hälfte des 19. Jh., als durch den Abriß des inneren Hofes der Bischofsburg die 70 m lange Südfassade des Domes und die vier markanten Türme freigesetzt wurden. Der **Dom** ist im wesentlichen neoromanisch, 1896 zur Millenniumsfeier vom Wiener Architek-

Pécs, Dom und Bischofspalast im 19. Jh.

ten Friedrich von Schmidt vollendet. Begeistert stufte man den kostspieligen Neubau »in die erste Reihe der Kirchen von ganz Europa« ein, und der damalige Bischof *Ignác Szepessy* ließ sich durch ein *Denkmal* von György Kiss verewigen.

Die Geschichte des Domes spannt sich über einen Zeitraum von mehr als elfhundert Jahren: 836 weihte der Salzburger Erzbischof Liupram auf dem frühchristlichen Gräberfeld eine Kirche zu Ehren des Apostels Petrus, an deren Stelle König Stephan 1009 den ersten Dom gründete. Nach dem Vorbild des Bamberger Domes hatte das gewaltige Bauwerk vier Ecktürme, brannte aber kurz nach der Krönung König Salomons 1064 ab. Den zweiten, lombardisch beeinflußten Dombau leitete um 1200 vermutlich ein Meister aus Dalmatien. Nach Zerstörungen und Bränden kam es schließlich ab 1882 zur Wiederherstellung im neoromanischen Stil. Aus dem 11./12. Jh. überdauerten die Grundstruktur – eine dreischiffige Pfeilerbasilika mit leicht erhöhtem Chor, drei Ostapsiden und vier Türmen – und Teile der fünfschiffigen Krypta (eine der ältesten Unterkirchen) sowie einige vorzügliche Plastiken im Lapidarium.

An der Ausschmückung des neoromanischen Domes wirkten namhafte Bildhauer und Maler des Historismus: Die Apostelstatuen an der Südfassade schuf Károly Antal, das Muttergottes-Relief im Kreise ungarischer Heiliger am Südportal György Kiss, die Reliefs an den Abgängen zur Krypta und den Ziborienaltar kopierte György Zala nach Originalplastiken im Lapidarium, die Fresken malten Bertalan Székely und Károly Lotz. In der Corpus-Christi-Kapelle an der Südwestseite befindet sich ein bedeutendes Kunstdenkmal der Renaissance: eine rotmarmorne *Sakramentsnische* mit Engelreliefs und Grotesken, 1506 im Auftrag Bischof György Szathmárys gefertigt und später zu einem Altar umgestaltet. – Das **Lapidarium** an der Ostseite des Domes bewahrt die kostbaren romanischen Bauplastiken: Schöpfungs- und Samsongeschichte, Leben Jesu, Apostelfiguren von den Chorschranken, das aus römischen Grabsteinen gemeißelte Westportal, außerdem gotische Grabsteine und Plastiken (14. Jh.), Renaissance-Skulpturen aus der Sommerresidenz Bischof Szathmárys im Vorort Tettye (während der Türkenzeit ein Derwischkloster = Tekke).

Die Ostseite des Domplatzes begrenzt ein elegantes Zopfstil-Gebäude, das **Archiv des Domstifts,** die Westseite nimmt das **Bischöfliche Palais** ein. Einige Säle schmücken Brüsseler Gobelins, ein Geschenk Königin Maria Theresias an ihren Günstling, Bischof György Klimó; dieser hat 1770 die erste öffentliche Bibliothek in Ungarn eröffnet, den Grundstock der heutigen Universitätsbibliothek (Leonardo da Vinci utca 3).

Entlang der Südfront des Bischofspalastes und des Zwingergartens führt eine Promenade zur mächtigen **Barbakane** (Rundbastei), die als einziger Teil der Stadtmauer um 1500 erhalten blieb. Die *Bronzestatue* des **Janus Pannonius** (eigentlich Johannes Czezmiczei, 1434–1472) von Miklós Borsos wurde 1972 anläßlich des 500. Todestages aufgestellt. Der hervorragende Humanist, Lyriker und Bischof von Pécs (seit 1459) kam als Sohn eines kroatischen Zimmermannes zur Welt, war aber der Neffe des Erzbischofs János Vitéz von Esztergom, studierte in Italien und gehörte zum engsten Bekanntenkreis König Matthias'. Später in eine Verschwörung gegen den König verwickelt, starb er in der Verbannung. Im Reformzeitalter des vorigen Jahrhunderts pries man ihn als »ersten ungarischen Dichter«. In

Türkisch inspirierte Vase der Keramikmanufaktur Zsolnay in Pécs

Anspielung an eines seiner schönsten lateinischen Gedichte blüht neben dem Denkmal ein Mandelbaum.

Östlich vom Domplatz verläuft die stimmungsvolle, von früheren Domherren-Palästen gesäumte **Káptalan utca (Domherrengasse).** Im *Haus Nr. 4* (Renaissance, barock verändert) werden Werke von *Béla Uitz* (1887–1972) gezeigt, einem führenden Maler der revolutionären ungarischen Kunst. Das **Propsthaus Nr. 2,** angeblich das älteste Wohnhaus der Stadt (barockes Marienrelief, gotische Sitznischen), beherbergt die Kunstgewerbe-Abteilung des städtischen Janus-Pannonius-Museums. Im Erdgeschoß sind Werke des Bildhauers *Amerigo Tot* ausgestellt (Imre Tóth, geb. 1909 in Csurgó, seit 1933 in Rom ansässig), im ersten Stock Gefäße und Kleinplastiken der etwa 9000 Objekte umfassenden **Zsolnay-Sammlung.** Während der national-ungarischen Bewegung im 19. Jh. bevorzugte man türkische Formen und Ornamente, um die Jahrhundertwende Jugendstil-Motive, u. a. die Nachahmung von Tiffany- und Gallé-Gläsern. Weltberühmt wurde die 1868 gegründete Keramikfabrik durch die Herstellung reich verzierter, frostsicherer Pyrogranit-Platten für ungarische Jugendstil-Bauten, besonders von Ödön Lechner. Die mannshohen Löwen und Vasen im Garten konnten von der bombastischen Familiengruft der Zsolnay nach dem Krieg sichergestellt werden.

Gegenüber vom Zsolnay-Museum befindet sich der Eingang zum **Vasarely-Museum.** Victor Vasarely, der weltberühmte Wegbereiter und Hauptmeister der optischen Täuschung (Op-Art), wurde 1908 in diesem ehemaligen Domherrenhaus als Győző Vásárhelyi geboren und lebt sein 1930 in Frankreich. Seiner Heimatstadt hat er eine umfangreiche Sammlung von Gemälden und Graphiken geschenkt, dazu noch Werke seiner Frau Claire und seines Sohnes Yvaral (Jean-Pierre Vasarely). Über Jahrzehnte experimentierte er mit der Darstellbarkeit von Raum, Zeit und Bewegung. Farben, Linien und ›aufgeblähte‹ Flächen erwecken durch den unterschiedlichen Standort des Betrachters eine eigenartige Raumillusion.

Tempera-Studie von Victor Vasarely: Vega-Arl, 1968

In der *Kulich-Gyula-Gasse* verdienen zwei Barockgebäude Aufmerksamkeit: das *ehemalige Priesterseminar* (Wappen Bischof Zsigmond Perényis, Statue des Apostels Paulus) und das *frühere Komitatsrathaus*, heute *Museumsverwaltung* (Atlanten-Portal).

Rundgang 2: Széchenyi tér und seine Umgebung, türkische Baudenkmäler

Mittelpunkt der annähernd quadratischen Stadtanlage ist seit dem Mittelalter der **Széchenyi tér,** der alte Marktplatz der Bürgerstadt. Im erhöhten Nordteil erhebt sich die **Innerstädtische Pfarrkirche St. Maria,** früher die **Kassim Ghazi Pascha Dschami** (eine von ehemals 17 Moscheen der Stadt!), heute das größte türkische Baudenkmal Ungarns (Abb. 72). Halbmond und Kreuz glänzen auf der Kuppel nunmehr friedlich vereint. 1585 ließ Kassim Pascha, der ruhmreiche Heerführer und Militärgouverneur mit dem Ehrentitel Ghazi, der Sieger, die Moschee aus Steinen der romanischen Bartholomäus-Kirche errichten. Neben dem üblichen Minarett ragte noch ein Siegesturm als Zeichen der neuen Religion, des Islam, in den Himmel. Im 18. Jh. verwandelten die Jesuiten die Moschee in eine Kirche, 1939 wurde sie von barocken Umbauten befreit. Auf diese Weise kamen die Stalaktit-(Tropfstein-) Gewölbe unter dem achteckigen Kuppeltambour und die Gebetsnische (Mihrab) in Richtung Mekka zum Vorschein. Um die Moschee wanden sich einst die Gäßchen des großen Basars, in dem das vielgerühmte Saffianleder bosnischer Gerber feilgeboten wurde.

Seit dem Abzug der Türken wurde der Platz grundlegend verändert. An der Stelle des Reinigungsbrunnens steht nunmehr die aus barocken Originalteilen zusammengesetzte *Dreifaltigkeitssäule.* Das *Reiterstandbild* des Türkenbezwingers *János Hunyadi* schuf Pál Pátzay 1956. An der Westseite des Platzes überdauerte das *barocke Jesuitenkolleg* (Gymnasium); die Ostseite nimmt das traditionsreiche *Hotel Nádor* im Jugendstil ein.

Nördlich der Kirche (Széchenyi tér 12) befindet sich die *Archäologische Abteilung* des **Städtischen Janus-Pannonius-Museums** mit bedeutenden Funden aus der Baranya von der Altsteinzeit (Jäger im Mecsek-Gebirge vor 60000 Jahren) bis zur Landnahme. Besondere Aufmerksamkeit verdienen Exponate einer 6000 Jahre alten neolithischen Siedlung auf dem Makár-Hügel am Stadtrand, Statuetten von Muttergottheiten (z. B. von Zengővárkony), Objekte der Illyrer, Pannonier, Kelten, Römer, Hunnen, Ostgoten und Awaren sowie frühchristliche Wandmalereien.

Das **Csontváry-Museum** (Janos Pannonius utca 11) zeigt Monumentalgemälde und Graphiken von *Tivadar Csontváry Kosztka* (1853–1919), einem visionär-symbolhaften Wegbereiter der Moderne zu Themen aus Ungarn, Italien und dem Vorderen Orient (Baalbek).

An der südlichen Einschnürung des Széchenyi-Platzes (vor der St. Sebastians-Kirche) errichtete die Keramikfabrik Zsolnay 1912 zum Gedenken an den Firmengründer *Vilmos Zsolnay* einen **Jugendstil-Brunnen** (Abb. 73). Sein Schöpfer, Andor Pilch, ließ sich von einem Trinkbecher des sogenannten Attila-Schatzes (dem berühmten altbulgarischen Goldschatz von Nagyszentmiklós, 9. Jh., im Kunsthistorischen Museum Wien) und von Stierköpfen altorientalischer Goldschmiedearbeiten inspirieren. Besonderen Reiz verleiht dem

Brunnen die grünlich schillernde Eosin-Glasur, ein Markenzeichen der Firma Zsolnay. – Die **Synagoge** auf dem Kossuth tér, 1865 unter Mitwirkung von Frigyes Feszl erbaut, dem Architekten der Pester Redoute, dient der (heute kleinen) jüdischen Gemeinde als Bethaus. Die Orgel stammt aus der Pécser Firma Angster.

Vom Széchenyi tér zweigt die **Kossuth Lajos utca** ab, im Mittelalter die Haupt- oder Königsstraße, die am besten die Blütezeit der Stadt zur Gründerzeit widerspiegelt. Den *Szinház tér* beherrscht das prunkvolle **Pécser Nationaltheater,** 1893 nach Plänen von Antal (Anton) Lang und Antal Steinhardt begonnen (gegenwärtig in Restaurierung). Neben der Pflege des traditionellen Musik- und Sprechtheaters genießt die Bühne als ›Hochburg‹ des modernen Balletts internationalen Ruf. Am Ende der Kossuth Lajos utca ragt die barocke Doppelturm-Fassade der ehemaligen *Pauliner-*, später *Lyzeumskirche* empor.

Westlich vom Széchenyi-Platz liegt ein stimmungsvolles Stadtviertel mit schmalen Gassen und Plätzen, das kleinstädtische Pendant zur großbürgerlichen Kossuth utca. Am Beginn der Geisler Eta utca verdient die **Mohren-Apotheke** mit ihrer zauberhaften Einrichtung aus der Keramikfabrik Zsolnay einen Besuch. Am kleinen *Jókai tér,* dem früheren Fischmarkt, stiftete die *Firma Zsolnay* anläßlich ihres hundertjährigen Bestehens 1968 einen **Brunnen** mit Miniaturdarstellungen der fünf Kirchen, denen die Stadt ihren Namen verdankt. Im rechten Gebäudeteil (Kaffeehaus) des **Gasthauses ›Zum Elefanten‹** wurde in der Raummitte ein Bündelpfeiler aus dem 13. Jh. verbaut. Das Westende der malerischen *Sallai-utca* (Fußgängerzone) bildet das **Franziskaner-Kloster,** während der Türkenzeit Moschee, Medrese (geistliche Hochschule) und Hamam (Dampfbad).

Bedeutendstes türkisches Kunstdenkmal von Pécs ist die **Moschee des Hassan Jakowali Pascha** (Rákóczi út) aus der zweiten Hälfte des 16. Jh., dem ein Kloster (Tekke) der Tanzenden Derwische angeschlossen war (Derwisch, abgeleitet vom persischen Wort für ›Türabsucher‹ oder ›Bettler‹, bezeichnet Mitglieder islamischer Bruderschaften, im weiteren Sinne Mystiker, Wanderasketen und Prediger). Stammsitz des Ordens war das Mevlana-Tekke in der anatolischen Stadt Konya. Als erster ›Mevlana‹ (Ordensscheich) dieser ehrwürdigsten alttürkischen Bruderschaft wirkte Celal-eddin Rumi (Dschelal ed-Din Rumi), der tiefsinnigste mystische Dichter persischer Sprache. Er stammte aus Balch im Ostiran/heute Afghanistan und floh vor den Mongolen im 13. Jh. an den Hof der Rum-Seldschuken in Konya.

Die Hassan-Jakowali-Pascha-Dschami (benannt nach ihrem Stifter, dem aus Bosnien stammenden Würdenträger) vertritt den Typ der türkischen Moschee: Auf einem quadratischen Gebetssaal erhebt sich eine Flachkuppel, getragen von einem achtseitigen Tambour. Das Minarett diente – wie überall in der islamischen Welt – dem Muezzin täglich fünfmal zum Gebetsruf. (Das arabische Wort manara oder minar, der »Ort, wo Feuer [Licht] brennt«, bezeichnete ursprünglich Leucht- und Signaltürme, die Karawanen und Glaubensstreitern den Weg wiesen sowie das »innere Feuer« und den Sieg der neuen Lehre verkündeten.) Fenster- und Türlaibungen des Gebetssaales schwingen in ›Eselsrücken‹-Bögen (steilen Kielbögen) aus. Muqarnas (›Tropfsteine‹) aus Stuck oder Stein und sparsame gemalte Ornamente bilden den einzigen Schmuck. Arabische Schriftzüge zitieren Koransuren und nennen die Namen Allahs, seines Propheten Mohammad und dessen Nachfolger (der vier »rechtge-

Die Königsstraße von Pécs, um 1900 (heute Kossuth Lajos utca)

leiteten« Kalifen) sowie von Hussein und Hassan, den Enkeln und einzigen männlichen Nachkommen Mohammeds. Die Ausstattung besteht wie üblich aus der Gebetsnische (Mihrab) in Richtung Mekka, einer Kanzel (Minbar) – diese ist aus Rosenholz geschnitzt – und einem umzäunten Podest für die Frauen.

Das *Museum* in den Klostergebäuden zeigt die Osmanen nicht nur als Eroberer eines Weltreichs, sondern auch als Schöpfer einer hochrangigen und feinsinnigen Kultur. Viele Exponate stellte die türkische Regierung zur Verfügung (Keramiken aus Iznik und Kütahya, Gebetsteppiche, Miniaturmalereien, Musikinstrumente usw.).

In einer kleinen Gartenanlage an der Nyár utca im Westen der Stadt erinnert eine achteckige **Türbe** (Grabkapelle) von 1591 an Idris Baba (›Vater‹), den das Volk als Wunderarzt und Heiligen verehrte.

Das **Volkskunde-Museum** (Néprajzi Múzeum) in der Rákóczi út 15 bietet einen Überblick zur Geschichte und Kultur der ungarischen, kroatischen, serbischen und deutschsprachigen Volksgruppen des Komitats Baranya und des Landstrichs Ormánság (s. S. 314).

Südlich von Pécs (Komitat Baranya)

Mit dem Namen *Mohács* verbindet sich die größte Katastrophe der ungarischen Geschichte, die den Türken den Weg nach Mitteleuropa öffnete. Das Schlachtfeld, wo am 26. August 1526 das ungarische Heer eine vernichtende Niederlage erlitt (s. S. 34), liegt etwa 6 km südlich der Stadt. Anläßlich der 450-Jahrfeier wurde eine nationale *Gedenkstätte* (Történelmi Emlékpark) eingeweiht. An die 15000 Gefallenen erinnern etwa 120 symbolische Holzpfähle, die Formen altungarischer Grabhölzer mit türkisch-asiatischen Motiven verbinden (Abb. 74). In der zweiten Schlacht von Mohács besiegte Karl von Lothringen am 12. August 1687 die Türken.

Die kleine Stadt **Mohács** (Mohatsch) am Westufer der Donau entwickelte sich an der Stelle einer römischen Straßenstation zwischen Mursa (Osijek/Jugoslawien) und Aquincum (Óbuda). Nach Vertreibung der Türken besiedelten Südslawen (griechisch-orthodoxe Serben, katholische Schokatzen und Kroaten, Bosniaken) und deutschsprachige Familien (›Schwaben‹) die entvölkerte Gegend. Durch die Dampfschiffahrt gewann Mohács im vorigen Jahrhundert an Bedeutung. Keine Brücke, nur eine Fähre führt hinüber zur Mohácsi sziget, einer der größten Donauinseln, und weiter in die Tiefebene. Den zentralen **Széchenyi tér** beherrschen die **Votivkirche,** eingeweiht 1926 anläßlich des 400. Jahrestages der Schlacht, und das **Rathaus** im späten, ›orientalischen‹ Jugendstil. Das kleine **Dorottya-Kanizsai-Museum** nahe der Donau (Szerb utca) erinnert an die Schlacht von 1526 und an Dorottya Kanizsai, die Gemahlin des Fürsten Imre Perényi, die die Toten bestatten ließ. Die **griechisch-orthodoxe Kirche** der Serben bewahrt einige schöne, alte Ikonen.

Im Februar ist Mohács alljährlich Schauplatz des berühmten *Busójárás,* des Faschingsumzuges. Maskierte Busó-Läufer vertreiben mit Schellen, Rasseln und Feuer alle bösen Geister, den Winter und die Türken. Über den Busó-Brauch und die Lebensweise der slawischen

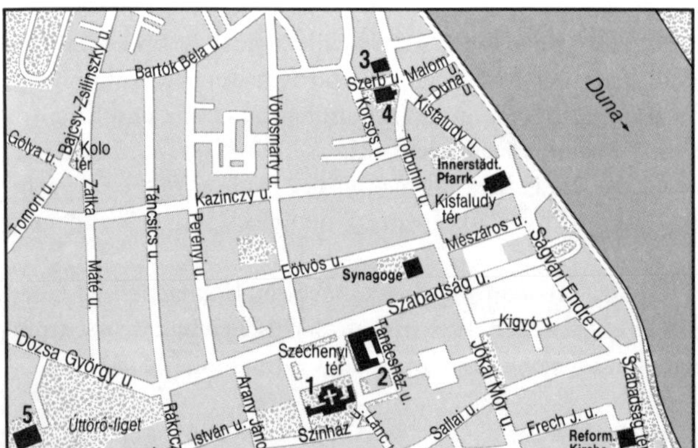

Mohács
1 Votivkirche
2 Rathaus
3 Dorottya-Kanizsai-Museum
4 Griechisch-orthodoxe Serben-Kirche
5 Ethnographisches Museum

Alte Volksbräuche um Mohács: der Regenmacher (dodola)

Bevölkerung gibt das **Ethnographische Museum** einen guten Überblick (im ersten Stock des Kossuth-Kinos, ›Pionier-Wäldchen‹ westlich des Széchenyi tér). Auffällig ist das Fortwirken alter Schamanen- und Zauberbräuche (›Regenmacher‹ = dodola) und spätantiken Formengutes (Bauerntruhen, gearbeitet wie römische Sarkophage). Im Park stehen Plastiken von Imre Varga, Erzsébet Schaár, Miklós Borsos u. a.

Die mächtige **Burg Siklós** (Abb. 75), die besterhaltene der ständig bewohnten Festungen des Landes, thront über der gleichnamigen Kleinstadt (Museum und Hotel). Nach Aussterben des Geschlechts der Siklósi übergab König Sigismund die Burg der Familie Garai, die ihn im Jahre 1400 fünf Monate lang hier gefangenhielt. 1515 kam Siklós an den Palatin Imre Perényi, der die italienischen Renaissance-Bastionen aufführen ließ. Rund 150 Jahre im Besitz der Türken, dann der Kuruzzen, gaben die Grafen Batthyány ab 1728 der Burg das heutige Aussehen eines unregelmäßigen Vierecks (Pelikan-Wappen der Batthyány an der Barbakane). Am Südflügel springt ein prächtiger Erker aus spätgotischen Originalteilen vor.

Die *Burgkapelle* zählt zu den schönsten gotischen Räumen Ungarns; das Netzrippengewölbe des Chores (Ende 15. Jh.) gleicht jenem in der Reformierten Kirche in Nyírbátor (s. S. 393). Die Fresken im Schiff (König Ladislaus und Ludwig von Toulouse, Schmerzensmann,

Die Batthyány-Burg Siklós, um 1890

Agnus Dei) stammen wohl aus der Anjou-Zeit im 14. Jh., wurden aber um 1500 übermalt. Einzig die Darstellung des biblischen Dulders Hiob mit vier Begleitern, vielleicht im Auftrag des Burgherrn Hiob Garai gemalt, überdauerte im Originalzustand aus der zweiten Hälfte des 15. Jh. Fürst Perényi ließ einige Renaissance-Reliefs anfertigen. – Das *Burgmuseum* führt in romanische und gotische Gewölbesäle, in den Adels- und Fronbauernkerker sowie in das Lapidarium im mittelalterlichen Rittersaal; der heute ›Rittersaal‹ genannte Raum ist barock.

Nördlich von Siklós erstrecken sich die 400 m hohen *Villányi-Berge,* ein bekanntes Weingebiet. An den Südhängen liegt die **Wallfahrtskirche Máriagyűd.** Der Name soll vom Kumanenführer Gyödö (Eudu) stammen. An der Stelle einer Marien-Erscheinung gründeten die Benediktiner von Pécsvárad Anfang des 11. Jh. eine Kapelle, 1148 stiftete König Géza II. die erste Kirche. Nach dem Abzug der Türken erbauten die Franziskaner die heutige Kirche im Stile des Spätbarocks mit zwei Türmen an der Südseite des Schiffs.

Durch den freundlichen Kurort Harkány erreicht man den Landstrich **Ormánság,** eine sumpfige Ebene nördlich der Drau (Dráva), durchsetzt von ›rüsselartigen‹ Landrücken, Eichengehölzen und Weiden mit Ziehbrunnen (Abb. 76) sowie Weilern und Straßendörfern mit vielen Storchennestern. Etwa 40 Gemeinden gehören zu diesem interessanten, ethnographisch geschlossenen Gebiet. Charakteristisch ist die weiße Tracht – auch das Trauerkleid ist weiß – und die Frauenhaube. Wegen der häufigen Hochwassergefahr baute man früher bewegliche, auf Balken ruhende Häuser aus Korbgeflecht mit Lehmbewurf, die mit Ochsengespannen an einen sicheren Ort gezogen werden konnten. Im *Dorfmuseum* von *Sellye* wird ein solches ›Schwellenhaus‹ gezeigt. Die *Reformierten Kirchen* in *Kórós, Adorjás, Kovácshida, Drávaiványi* und *Vajszló* besitzen eine wertvolle Ausstattung: holzgeschnitzte und mit volkstümlichen Motiven und Symbolen bemalte Kassettendecken, Emporen, Priesterstühle, Kanzeln, Abendmahltische, zumeist vom Ende des 18./Anfang 19. Jh.

Fährt man von Pécs in Richtung Südwesten, zur Grenzstadt Barcs, so empfiehlt sich ein Abstecher zur römisch-katholischen *Kirche* in **Cserkút** (Schlüssel schräg gegenüber im Haus Alkotmány utca 15). Im Inneren wurden spätromanische und frühgotische Fresken freigelegt (13. Jh. bzw. um 1335).

Die kleine Stadt **Szigetvár,** etwa 30 km westlich von Pécs, ging als Heldenfestung in die ungarische Geschichte ein. Anfang August 1566 belagerte Sultan Süleiman II. der Prächtige, der schon 1529 Wien erobern wollte, auf seinem siebenten Ungarn-Feldzug die von Sümpfen geschützte, mächtige Ziegelburg (Szigetvár heißt ›Inselburg‹). 33 Tage lang konnte der Burghauptmann Miklós Zrínyi (kroatisch: Niklas Zrinyi) mit etwa 3000 Mann die Festung gegen 100000 Türken verteidigen. Drei Tage vor der Erstürmung starb der Sultan hochbetagt; sein Tod wurde aber verheimlicht, um die Kampfkraft des Heeres nicht zu schwächen. Zrínyi fiel mit seiner ganzen Besatzung, die Türken verloren etwa 25000 Mann. Sein Kopf wurde auf einer Stange vor dem Zelt des toten Sultans aufgespießt und dann dem kaiserlichen Feldherrn Graf Salm zugesandt, der mit seinen Truppen vor Győr stand.

Niklas Zrinyi aus dem alten kroatischen Geschlecht der Grafen von Brebir erhielt schon mit 21 Jahren nach der ersten Türkenbelagerung Wiens (1529) von Kaiser Karl V. eine hohe Auszeichnung. Seit 1542 Banus von Kroatien, Dalmatien und Slawonien, kämpfte er für die Habsburger gegen den ›nationalen‹ König János Zápolya und zwölf Jahre gegen die Osma-

Serbisches Bauernpaar aus Mohács

Szigetvár während der Türkenbelagerung 1566

TH
Solimanis Zelt
Thürckenleger
Thürcken auff geworffner berg
Wachtthürn
T. Schancz
Inner marck
Der for flecken.
Thürcken erste Schancz
Müllin
Moß
Prun
Wach Thurn

nen. Etwa hundert Jahre nach dem Fall von Szigetvár besang sein Urenkel, der Heerführer und Dichter Nikolaus Zrínyi der Jüngere die Taten seines Ahnen in dem ältesten ungarischen Epos ›Die Belagerung von Sziget‹. Auch er verteidigte jahrelang die südungarischen Grenzburgen, 1664 versuchte er vergeblich, die von Türken instandgesetzte Burg Sziget zurückzuerobern; dies gelang erst 1688 dem Markgrafen von Baden. Niklas Zrinyi dem Älteren setzte auch Theodor Körner mit seinem Trauerspiel ›Zrinyi‹ ein literarisches Denkmal, des weiteren Mihály Vörösmarty.

Die restaurierte **Szigetvár** (auch **›Zrínyi-vár**) beherbergt ein interessantes *Museum* über die Türkenkriege und das türkische Kunstgewerbe. Die Moschee wurde 1566 angeblich in drei Wochen errichtet. Auf dem Zrínyi tér im Stadtzentrum steht die zweite Moschee (Ali Pascha-Dschami von 1569), heute die barocke **Pfarrkirche St. Rochus.** Das Kuppelfresko ›Zrínyis Ausfall‹ und das Hochaltarbild des Pestpatrons St. Rochus malte Stephan Dorffmeister 1789.

Der Feldherr und Dichter Niklas Zrinyi (Miklós Zrínyi) der Jüngere im Kampf gegen die Türken 1664

Nordungarn

Börzsöny-Gebirge und Cserhát-Hügelland

Nördlich des Donauknies erheben sich die erloschenen Vulkankuppen des **Börzsöny-Gebirges;** höchster Gipfel ist der *Csóványos* mit 918 m. Buchen- und Eschenwälder, durchsetzt mit Eichen und Kastanien, kristallklare Bäche, Einsamkeit und Stille kennzeichnen dieses Paradies für Naturfreunde und Jäger. Der Name des Komitats leitet sich von der **Burgruine Nógrád** ab, der ›Neuen Burg‹, die einst dem König, dem Bischof von Vác und den Fürsten Báthory gehörte. Nógrád und manche andere Ortsnamen slawischen Ursprungs bekunden den starken slowakischen Bevölkerungsstock in diesem Gebiet. Einzig nennenswertes Kunstdenkmal ist die romanische ›Bergmannskirche‹ *St. Stephan* in **Nagybörzsöny** nahe des Grenzflusses Ipoly.

Nordöstlich des Donauknies erstreckt sich das anmutige **Cserhát-Hügelland,** das Adlige einst als Sommerfrische schätzten. So trifft man manchmal auf Herrenhäuser, wie das spätbarocke *Schloß Huszár* in **Keszeg** oder das reizvolle, wenn auch halb verfallene *Schlößchen Zichy-Vay* in **Mohora** (südlich von Balassagyarmat), mit hölzernen Zwiebeltürmen nach slowakischer Art. Am Ortsrand von **Nógrádsáp** erhebt sich inmitten des Friedhofs die eindrucksvolle *Wehrkirche Mariä Himmelfahrt.* Die gotischen Fresken aus dem 15. Jh. zeigen die Leidensgeschichte Christi, die Schutzmantel-Muttergottes und die Legende der hl. Apollonia, die als Patronin gegen Zahnleiden eine Zange hält.

Balassagyarmat, die kleine Grenzstadt am Ipoly (22000 Einwohner), verrät noch heute ihre frühere Bedeutung als Komitatszentrum. Der Name kommt vom Geschlecht Balassa von Gyarmat, dem Bálint Balassa (Balassi) entstammte, Ungarns erster Lyriker, der 1595 bei der Belagerung von Esztergom fiel. Im klassizistischen **Komitatshaus** (Köztársaság tér 6) wirkten im vorigen Jahrhundert zwei namhafte Dichter als Beamte: Imre Madách, der Schöpfer der ›Tragödie des Menschen‹ (s. S. 168), und Kálmán Mikszáth, der seine Romane und Erzählungen den Palózen widmete, einer in Oberungarn (Felföld) verbreiteten Volksgruppe. Einblick in ihre kulturelle Eigenart gibt das **Palózen-Museum** im *Palózen-Wäldchen* (Palóc liget).

Nach wie vor gibt die Herkunft der Palózen den Forschern Rätsel auf. Einige halten sie für Abkömmlinge der Kabaren (Chasaren), die sich schon in Südrußland den Magyaren anschlossen und nach der Landnahme mit der slawischen Urbevölkerung verschmolzen, oder für Kumanen (Komanen), ein Turkvolk vom Kaspischen Meer, das vor den Mongolen bis in die Ungarische Tiefebene floh (s. S. 366). Die russische Geschichtsschreibung nennt

Trachten der Palózen-Volksgruppe

sie Polowzer, gegen die Fürst Igor von Nowgorod im 12. Jh. zu Felde zog. Alexander Borodin setzte ihnen mit den Polowetzer-Tänzen in seiner Oper ›Fürst Igor‹ ein bleibendes Denkmal. In Oberungarn entwickelten sich die Palózen von Schafzüchtern zu geschickten Töpfern, Schnitzern und Kupferschmieden, die gerne Bleieinlagen als typischen Dekor verwendeten. Gemeinsam ist den Palózen noch heute ein eigenartiger Dialekt, die Tracht und der Hausbau, während in manchen Bräuchen slowakischer Einfluß anklingt, zum Beispiel beim ›Winteraustreiben‹.

Schönstes Palózen-Dorf ist **Hollókő** (Rabenstein), dessen Ortskern um die Kirche aus dem 17. Jh. sich trotz vieler Feuersbrünste und touristischer Erschließung kaum verändert hat (Abb. 77). Charakteristisch sind die an den Hang gebauten und unterkellerten Häuser mit abgeschopftem Walmdach und geschnitzten Holzlauben. Am Ortsrand thront auf schroffen Felsen die mächtige *Burgruine Hollókő,* deren Anfänge in das 13. Jh. zurückreichen. 1442 verhandelte hier der tschechische Hussiten-Führer Giskra mit den Ungarn. Mitte 16. Jh. fiel die Burg in türkische Hände, im Rákóczi-Aufstand wurde sie zerstört.

Das Landstädtchen **Szécsény** (7000 Einwohner) kann auf eine stolze Vergangenheit zurückblicken. Schon die ersten Magyaren errichteten hier eine Grenzfeste, die im 16. Jh. Zentrum eines türkischen Militärbezirks (Sandschak) wurde. In der gotischen, aber in der Barockzeit veränderten *Franziskaner-Kirche* wurde Ferenc II. Rákóczi 1705 vom Reichstag zum regierenden Fürsten gewählt. Das mächtige *Barockschloß* der Grafen Forgách über den Resten der mittelalterlichen Burg dient heute als *Museum für Ortsgeschichte und Jagd.*

Die alte Grubenstadt **Salgótarján** leitet ihren Namen von der Burg Saló und dem Magyarenstamm Tarján ab; in den letzten Jahren entwickelte sich ein wichtiges Industriezentrum (Kohle, Stahl, Maschinen, Glas) mit 50000 Einwohnern.

Schloß Szirák, eine eindrucksvolle Barockanlage der Grafen Teleki-Degenfeld, wird heute als Hotel genutzt. Im Festsaal malte Jeremias Wolff aus Augsburg im Jahre 1709 mythologische Grisaillebilder nach Stichen zu den ›Metamorphosen‹ des altrömischen Dichters Ovid.

Schloß Teleki-Degenfeld in Szirák im 19. Jh.

Von Budapest nach Eger: Gödöllő, Gyöngyös und Mátra-Gebirge

Am östlichen Stadtrand von Budapest liegen einige Schlösser, die zwar baugeschichtlich interessant, aber nicht zu besichtigen sind: In **Pécel** besaßen die Grafen Ráday ein typisches *Barockschloß* (heute Krankenhaus), die Herrschaft **Fót** gehörte den Grafen Károlyi. Das *Schloß* gestaltete Mihály Pollack um 1830 im klassizistischen Stil, Miklós Ybl veränderte es um 1855 in romantischen Formen. Ybl entwarf auch die neoromanische *Pfarrkirche St. Stephan,* die mit dem Pfarrhaus und der Schule ein ansprechendes Bauensemble bildet.

Weitaus berühmtestes Schloß ist aber **Gödöllő** inmitten der gleichnamigen Kleinstadt (30000 Einwohner), die noch heute einen Hauch ›königlichen‹ Flairs verbreitet. Viele Jahre hindurch hielt sich Kaiserin und Königin Elisabeth bevorzugt in Gödöllő auf. An der Einfahrtsstraße von Budapest liegt linker Hand der *Elisabeth-Park* (Erzsébet park), wo vor kurzem wieder ihr *Denkmal* aufgestellt wurde. Diese Statue aus dem Jahre 1901 (drei Jahre nach ihrer Ermordung am Genfer See im 61. Lebensjahr) zeigt »Elisabeth, die geliebte Königin« als jugendlich-heitere Spaziergängerin mit Blumenstrauß und Sonnenschirm. Es scheint ihre glücklichsten Lebensjahre einzufangen – nicht die Züge der alternden, rätselhaften Frau, die nach dem Selbstmord ihres einzigen Sohnes, Kronprinz Rudolf (1889), rastlos durch Europa reiste. Die Ungarn bewahrten ihrer ›Märchenkönigin‹ – die übrigens fließend Ungarisch sprach – bis über den Tod hinaus Verehrung, ja Liebe. Schon bald nach ihrer Heirat mit Kaiser Franz Joseph I. im Alter von kaum 17 Jahren galt die gebürtige Herzogin ›Sissi‹ in Bayern (aus der Pfalzgrafen-Linie der Wittelsbacher) als ›Rebellin‹ am Habsburger-Hof – und diesen Freiheitsdrang schätzten die Ungarn besonders. Elisabeth hatte erheblichen Anteil am Zustandekommen des Ausgleichs Österreich-Ungarn. Im Krönungsjahr 1867 stellte die ungarische Nation dem Königspaar Schloß Gödöllő mit seinem ausgedehnten Jagdgebiet als Sommerresidenz zur Verfügung, die es bis 1918 blieb.

Im ersten Augenblick wirkt **Schloß Gödöllő** wenig einladend: Jahrzehntelang als Altersheim vernachlässigt, ist die Fassade im typischen ›Kaiser- oder Schönbrunner-Gelb‹ (die Farbe der Habsburger) abgeblättert, der Park verwildert. Trotz dieser Tristesse geht noch immer ein eigenartiger Zauber von diesem Ort aus. Bleibt zu hoffen, daß ihm die gegenwärtige Restaurierung den alten Glanz zurückzugeben vermag. Erbaut wurde Schloß Gödöllő ab 1744 im Auftrag des Fürsten Antal Grassalkovich (aus reichem kroatischem Geschlecht) nach Plänen von Andreas Mayerhoffer, der hier einen eigenen Schloßtyp schuf: eine U-förmige Anlage um einen Ehrenhof mit stark vorspringendem Mittelrisalit und bekrönender Kuppel (s. S. 63). Bald nach der Fertigstellung im Jahre 1751 weilte Königin Maria Theresia zu Gast. Aus dieser Zeit blieben allegorische Figuren, Putten, Vasen, der Balkon mit dem Rokoko-Gitter sowie Stuck und Öfen in einigen Gemächern erhalten. Nach 1867 nahm Miklós Ybl einige Veränderungen im Stile des Neobarocks vor. Die *Schloßkapelle zum hl. Johannes Nepomuk* dient heute als Pfarrkirche.

Schloß Aszód inmitten der gleichnamigen Ortschaft ließen die Barone Podmaniczky (Wappen) um 1730 nach Plänen von Giovanni Battista Carlone errichten; 1770 wurden die

Spätgotische Sitznische, Chor der Liebfrauen-Kirche in Mátraverebély

Seitenflügel aufgestockt. Die Fresken im Festsaal malten Johann Lukas Kracker und Joseph Zach (1776), die damals in Eger wirkten.

Schloß Grassalkovich in **Hatvan** (heute Krankenhaus) zählt zu den besterhaltenen Barockschlössern Ungarns im ›Grassalkovich-Typ‹. Andreas Mayerhoffer entwarf vermutlich auch die *Pfarrkirche;* die barocke Ausstattung wurde aus dem Dom von Pécs überführt.

Wählt man von Hatvan den Umweg nordwärts durch das Zagyva-Tal, so erwarten den Besucher eher bescheidene Sehenswürdigkeiten. In **Pásztó** wurden die Grundmauern einer von König Béla III. 1190 gegründeten *Zisterzienser-Abtei* freigelegt, die vermutlich aus einem Kloster der Benediktiner oder griechisch-orthodoxer Mönche hervorging. Die barocke *Pfarrkirche St. Laurentius* bewahrt noch gotische Details. Eindrucksvoller ist die romanisch-gotische *Liebfrauen-Kirche* in **Mátraverebély** (um 1380), einst ein beliebtes Wallfahrtsziel. Beachtliche Steinmetzkunst verrät die jüngere der beiden gotischen Sitznischen im Chor (15. Jh.) und die Grabplatte des Siebenbürger Vizewojwoden Péter Verebi (gest. 1403) im nördlichen Seitenschiff. Das spätbarocke, mit Fresken geschmückte *Schloß Keglevich* in **Pétervására** dient heute als Schule.

Die freundliche Kleinstadt **Gyöngyös,** das ›Tor zum Mátra-Gebirge‹ (38 000 Einwohner), gelangte dank ihrer günstigen Verkehrslage am Weg nach Oberungarn, durch Tuchwebereien und Weinhandel schon im Mittelalter zu Wohlstand. Die Nordseite des Hauptplatzes begrenzt die barocke *Bartholomäus-Kirche* (der Apostel gilt als Patron der Winzer). Nahe der Durchzugsstraße nach Mátrafüred steht die ehemalige *Franziskaner-Kirche,* die um 1400 von den Fürsten Báthory gestiftet und Anfang des 18. Jh. nach Plänen von G. B. Carlone barockisiert wurde. Die Barockstatuen schuf der österreichische Bildhauer Josef Hebenstreit. *Schloß Orczy* (vormals Grassalkovich) beherbergt das Mátra-Museum (Volkskunst, Weinbau).

Eine sehenswerte Kirche besitzt die Ortschaft **Gyöngyöspata,** 12 km westlich von Gyöngyös. Auf dem Dorfhügel entstand schon um das Jahr 1000 die **Liebfrauen-Kirche** als Burgkapelle und Mutterpfarre eines weitreichenden Kirchensprengels. Der heutige spätgotische Bau des 15. Jh. bewahrt beträchtliche romanische Mauerteile sowie gotische Wandmalereien (Marientod, ungläubiger Thomas, Schmerzensmann). Wertvollster Kunstbesitz ist aber der außergewöhnliche Hochaltar: die ›Wurzel Jesse‹, der Stammbaum Christi, als prächtiges Schnitzwerk im Frühbarockstil gestaltet (um 1650).

Eger (Erlau)

Ungarns schönste Barockstadt (65 000 Einwohner; Farbabb. 28) wird umrahmt von sanft geschwungenen Weinhügeln am Eger-Flüßchen, das sich zwischen Mátra- und Bükk-Gebirge dahinwindet. Fürstlichen Glanz verliehen ihr die Bischöfe im 18. Jh. Namhafte Baumeister, Bildhauer und Maler aus Österreich und Böhmen machten das ›Erlauer Barock‹ weithin bekannt und wirkten auch in Städten und Schlössern der Umgebung: Dientzenhofer, Carlone, Fellner, Gerl, Kracker, Sigrist und andere.

Eger ist eine Gründung König Stephans am Beginn des 11. Jh. Als Tor zu den Bergschätzen Oberungarns gelangte die Bischofsresidenz rasch zu Blüte und Macht, 1241 fiel sie dem Mongolensturm zum Opfer. Ende des 13. Jh. entstand eine befestigte Bischofsstadt auf dem Burgberg, am Eger-Bach entwickelte sich die Bürgerstadt. In den Hussiten-Kriegen spielte die Burg Eger erneut eine wichtige Rolle, nach der Schlacht von Mohács verriegelte sie den Vorstoß der Türken nach Norden. 1552 konnte der Burghauptmann István Dobó die Festung mit nur 2000 Mann und den legendären ›kämpfenden Frauen‹ gegen ein riesiges Türkenheer von etwa 100 000 Mann verteidigen. Bei der zweiten Belagerung im Jahre 1596

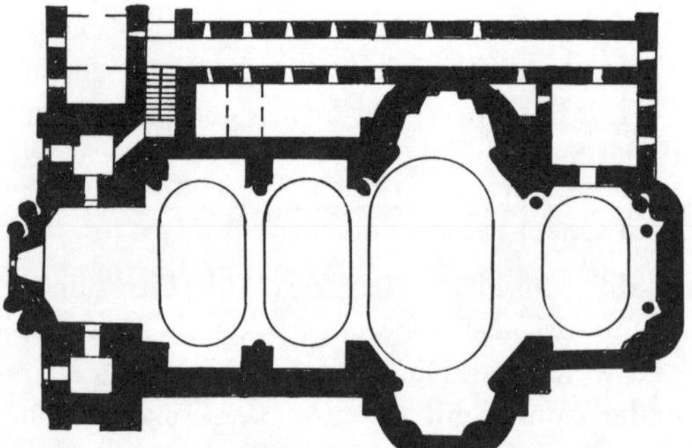

Eger, St. Antonius, Grundriß

Eger
1 *St. Antonius*
2 *Denkmal I. Dobó*
3 *Denkmal der Verteidiger der südung. Grenzfestungen*
4 *Minarett*
5 *Ehem. Kloster der Barmherz. Brüder*
6 *Komitatshaus*
7 *Großes Propstpalais*
8 *Franziskaner-Kirche*
9 *Ehem. griech.-kath. Priesterseminar*
10 *Ehem. Juridisches Kollegium*
11 *Kleines Propstpalais*
12 *Ehem. Erzbischöfliches Lyzeum*
13 *Dom*
14 *Erzbischöfl. Palais*
15 *Jesuiten-Pharmazie*
16 *Gewerkschaftshaus*
17 *›Carlone‹-Haus*
18 *St. Bernhard*
19 *Ehem. Jesuiten-Gymn.*
20 *Spitalkirche St. Anna*
21 *Serben-Kirche*
22 *Burg*

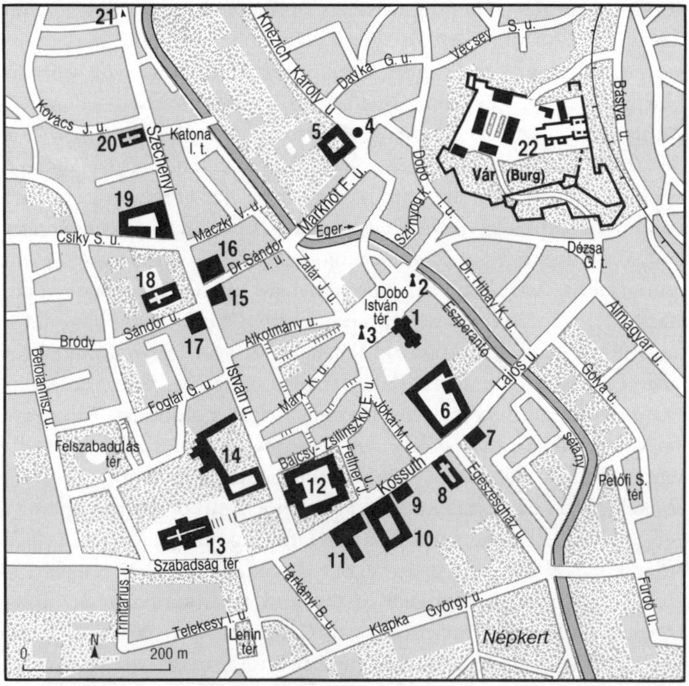

ergab sich die Besatzung nach 14 Tagen. Bis 1687 blieben die Türken Herren der Stadt. Die Heldenfestung ließ Kaiser Leopold I. 1702 im Rákóczi-Freiheitskampf sprengen.

Den Mittelpunkt der Stadt bildet der **Dobó István tér,** ein sehr schöner Platz, dessen harmonischen Gesamteindruck nur ein modernes Kaufhaus leicht trübt. Das *Denkmal des Burghauptmannes István Dobó* steht der Burg zugekehrt, die *Figurengruppe* von Zsigmond Kisfaludi Strobl an der gegenüberliegenden Seite ehrt die *Verteidiger der südungarischen Grenzfestungen.*

An der Südseite des Platzes erhebt sich beherrschend die **Kirche St. Antonius** mit dem ehemaligen *Ordenshaus der Minoriten,* eine der großartigsten Barockanlagen Ungarns. Schon im 13. Jh. ließen sich die ›Minderbrüder‹ (fratres minores) oder Franziskaner in Eger nieder, während der Türken-Herrschaft verfiel ihr Kloster. Die heutige Pfarrkirche plante um 1745 Kilian Ignaz Dientzenhofer aus der bedeutenden fränkisch-böhmischen Baumeisterfamilie. Wie sein Vater Christoph und sein Onkel Johann Dientzenhofer orientierte er sich an italienischen Barock-Architekten, vor allem an Guarini in Turin und Borromini in Rom. Errichtet wurde die Minoriten-Kirche allerdings erst 1758 bis 1773, also nach Dientzenhofers Tod (er starb 1751 in Prag).

Die elegante, vorgewölbte *Fassade* mit monumentalen Säulenpaaren erinnert an die Wiener Piaristen-Kirche, die Dientzenhofer nach Entwürfen seines Lehrmeisters Johann Lukas von Hildebrandt vollendet hat. Das *Innere* weicht allerdings vom komplizierten Grundriß des Wiener Vorbildes ab. Der vierteilige Raum schwingt im dritten Joch querschiffartig aus, wo er von einer Ovalkuppel überspannt wird, sonst von böhmischen Kappengewölben. Martin Raindl aus Preßburg malte um 1770 die Fresken aus dem Leben des hl. Antonius von Padua: Tod und Verklärung, Fischpredigt, Antonius mit dem Jesus-Kind, das ›Eselswunder‹ (im Chor) – ein Maulesel sinkt beim Anblick der Hostie in die Knie. Die Gewölbezwikkel füllen Bilder der vier Kardinaltugenden, der Kirchenväter, der Evangelisten und Szenen aus der Antonius-Hymne. (Neben dem Ordensgründer Franz von Assisi ist Antonius von Padua der begnadetste Mystiker und beliebteste Franziskaner-Heilige. Er stammte aus portugiesischem Adel, trat in Coimbra in den Orden ein, predigte in Nordafrika und Italien und starb 1231 im Alter von 36 Jahren bei Padua. Sein Grabmal in der Basilika ›Il Santo‹ ist Ziel unzähliger Wallfahrer.) Das Hochaltarblatt von Johann Lukas Kracker zeigt die Marien-Vision des Kirchenpatrons, das Altarblatt neben der Kanzel die hl. Anna.

An der Knézich Károly utca erhebt sich das berühmte **Minarett** von Eger, einst Teil der am weitesten nördlich gelegenen Moschee (Abb. 78). Diese 1664 vom türkischen Weltreisenden Evliya Çelebi erwähnte Kethuda-Moschee wurde gesprengt. Aus dem 14-eckigen Sockel wächst der schlanke Schaft 35 m hoch empor, Konsolen und ein Kranz tropfsteinartiger Gebilde (Stalaktiten) stützen den Umgang für den Muezzin (Gebetsrufer); der nadelspitz zulaufende Steinhelm wurde bei der Restaurierung 1897 erneuert. – Die Ecke zur Markhót utca nimmt das **ehemalige Kloster und Krankenhaus der Barmherzigen Brüder** ein, errichtet 1726 nach Entwürfen von Giovanni Battista Carlone. Kirche und Speisesaal mit reichem Bilderschmuck werden gegenwärtig restauriert.

Nahezu alle Gassen der Altstadt werden von bemerkenswerten Häusern und Palästen des Klerus und der Bürgerschaft gesäumt, zumeist im Stile des Spätbarocks. Jenseits des Eger-Baches windet sich die malerische Dobó István utca entlang, nach Westen verlaufen die Alkotmány utca und die Marx Károly utca. Vornehmste ›Barockstraße‹ ist die **Kossuth Lajos utca,** wo früher die hohe Geistlichkeit wohnte. Zunächst verdient das monumentale **Rathaus des Komitats Heves** Aufmerksamkeit (Nr. 9), das 1748 unter der Leitung von Matthias Franz Gerl begonnen und im 19. Jh. erweitert wurde. Das Portal ziert ein Schmiedeeisen-Gitter im Rokokostil mit vergoldeten Holzfiguren (Glaube, Hoffnung, Gerechtigkeit). Meisterwerke stellen auch die beiden Gitter im Torweg dar, geschaffen um 1760 von Henrik Fazola, einem aus Würzburg eingewanderten Kunstschmied: Das ›Wappentor‹ zeigt das Emblem von Heves – Storch, Schlange und Rebe –, das ›Traubentor‹ spielt auf die Bedeutung des Weinbaues an (Abb. 80). Fazola hinterließ zahlreiche Arbeiten in Eger, so auch im Volksgarten (Népkert), dem früheren Park des Erzbischofs. Das **Große Propstpalais** (heute städtische Bibliothek) an der gegenüberliegenden Straßenecke errichtete Jakob Fellner ab 1774.

Die doppeltürmige **Franziskaner-Kirche** mit dem anschließenden Kloster plante um 1736 Giovanni Battista Carlone aus der berühmten Künstlerfamilie Carlone – Maler, Bildhauer, Stukkateure und Baumeister –, die aus Como nach Bayern und Österreich einwanderte. Das Portal und die Immaculata-Statue schuf Giovanni Adami, die Figuren auf dem

Rokoko-Gitter am Komitatshaus in Eger

graziösen Hochaltar der Bildhauer Anton Steinhauser. Das Hochaltarblatt von Paul Kronawetter (1761) zeigt die ›Unbefleckte Empfängnis‹ (Maria Immaculata). Insgesamt besticht das Innere durch die einheitliche, qualitätvolle Ausstattung im Stile des Spätbarocks, angereichert mit Rokoko-Zieraten. Carlone lieferte auch die Entwürfe für das ehemalige **griechisch-katholische Priesterseminar** (Nr. 8; Gnadenstatue vom Typ der ›Glocken-Madonna‹). Dem früheren **Juridischen Kollegium** (Nr. 6, Justitia-Statue) folgt das elegante **Kleine Propstpalais** (Nr. 4), das 1758 entweder nach Plänen von Franz Anton Pilgram oder von Matthias Franz Gerl aus Wien errichtet wurde. Das Balkongitter verrät wiederum die Meisterhand Henrik Fazolas, die Fresken im Festsaal malten Johann Lukas Huetter und Johann Lukas Kracker (1774).

Größtes und bedeutendstes öffentliches Gebäude im ungarischen Zopfstil ist das ehemalige **Erzbischöfliche Lyzeum,** heute die Pädagogische Hochschule Ho Chi Min. Bischof Károly Esterházy wollte die 1755 gegründete theologische und philosophische Fakultät zu einer Universität erweitern. Als Baumeister für dieses ehrgeizige Vorhaben berief er 1763 Jakob Fellner, den Hofarchitekten seiner Familie. Dieser veränderte die Planentwürfe von Franz Anton Pilgram und Josef Gerl, insbesondere die Anordnung der wichtigsten Räume – Bibliothekssaal, Aula und Kapelle –, und drückte der eleganten Fassade mit stark vorspringendem Mittelrisalit seinen Stempel auf. Nach Fellners Tod (1780) vollendete sein Schüler József Grossmann die monumentale Anlage um einen quadratischen Hof; die Innenausstattung dauerte bis 1795. Mittlerweile lehnte aber die Aufklärung eine katholische Universität ab und so diente das prunkvolle Gebäude weiterhin seiner ursprünglichen Widmung als Hochschule.

Zu besichtigen sind der Bibliothekssaal und die Sternwarte, zeitweise auch der Festsaal. Den *Bibliothekssaal* im ersten Stock des Südflügels schmückt ein thematisch seltenes Dekkenfresko von Johann Lukas Kracker aus Böhmen (1778/79), ein Riesengemälde mit 132 Personen (Farbabb. 30, Abb. 82). Dargestellt ist das Konzil von Trient, das 1545 bis 1563 tagte und sich vor allem mit dem Protestantismus auseinandersetzte. In der Mitte predigt ein Jesuit, links sitzen vier Kardinäle, des weiteren gruppieren sich Geistliche und Gesandte der europäischen Fürstenhöfe. In den Ecken hielt der Künstler die vier Konzilsbeschlüsse fest: Priesterweihe, kirchliche Zensur, Letzte Ölung und Reliquienverehrung, in welcher er sich selbst als lanzentragender Leibgardist verewigte. Die Scheinarchitektur – das Konzil ›spielt‹ in einer spätgotischen Halle – fügte Joseph Zach laut Signatur 1782 hinzu: Trotz nur etwa 80 cm Gewölbehöhe erreichte der Maler eine bravouröse optische Täuschung. – Die Eichenholz-Schränke fertigte der Kunsttischler Thomas Lotter nach Entwürfen von Jakob Fellner an. Ausgestellt sind einige kostbare Handschriften, u. a. das gotische Missale von László Miskolczi (1394) und ein flämisches Stundenbuch (15. Jh.). Die Hausbibliothek befindet sich heute in der Kapelle, in der Franz Anton Maulbertsch 1793 sein letztes Fresko in Ungarn malte, das ›Himmelreich‹, dem allerdings die sonst typische ›schwebende‹ Zartheit des Meisters fehlt (nur mit Genehmigung zugänglich).

Der *Fest- und Prüfungssaal* (Aula) im ersten Stock des Mittelrisalits (über dem Haupteingang) ist bei Konzerten zugänglich. Die Fresken von Franz Sigrist (1781) zeigen die vier Fakultäten der Universität, die Bischof Esterházy erträumte: die Jurisprudenz, Philosophie, Medizin und Theologie. Die *Sternwarte* im Ostflügel lohnt den Aufstieg wegen der Aussicht; das oberste Geschoß beherbergt eine astronomische Sammlung. Mit neun Stockwerken und 53 m Höhe zählt sie zu den ersten Hochhäusern Europas (die Sternwarte im Stift Kremsmünster in Oberösterreich ist etwa 20 Jahre älter).

Den Szabadság tér beherrscht der mächtige **Dom St. Johannes Evangelist,** dessen ungewöhnliche Lage am Rande der Altstadt sich aus der Türkenherrschaft erklärt: Nach Zerstörung der Kathedrale auf dem Burgberg nutzte man die mittelalterliche Michaelis-Kirche an dieser Stelle als Bischofskirche. Nach dem Abzug der Türken, besonders seit der Erhebung von Eger zum Erzbistum benötigte die Stadt einen neuen Dom, der aber erst 1831 bis 1839 im klassizistischen Stil errichtet wurde. József Hild plante den Neubau, dem er trotz seiner peripheren Lage Größe und Prunk erzbischöflicher Macht verlieh. Als Verbindung zwischen Alt- und Neustadt besitzt der Dom zwei Fassaden: Hild drehte den Altarraum von der üblichen Ostlage nach Westen, wo von den Seitenschiffen nach mittelalterlicher Art zwei Glockentürme emporsteigen. Die dem Stadtzentrum zugewandte *Hauptfassade* (Abb. 79) im Osten wirkt dagegen wie eine Theaterkulisse mit monumentalen Statuen: über dem sechsteiligen Säulenportikus die drei Göttlichen Tugenden (Glaube, Hoffnung, Liebe), neben dem Eingang die Apostelfürsten Petrus und Paulus, an der Freitreppe die heiligen Ungarnkönige Stephan und Ladislaus. Die Skulpturen, wie auch die künstlerisch wertvolleren Reliefs an der Eingangsfront stammen von Marco Casagrande: die Schmerzhafte Muttergottes (Pietà), der Jesusknabe im Tempel und Jesus bei der Vertreibung der Händler.

Im ›kühl‹ eleganten Inneren, einer Verbindung von Längs- und Zentralraum, erheben sich über dem Mittelschiff drei Kuppeln, über den beiden Nebenschiffen Tonnengewölbe. Skulpturen und Reliefs (Altes Testament, Leben Jesu, Evangelisten, Kirchenväter) schufen

79 EGER Dom, Ostfassade

◁ 78 EGER Türkisches Minarett

80 EGER Rokoko-Gitter am Komitatshaus

81 EGER Burg, gotischer Arkadengang

82 EGER Lyzeum, Deckenfresko in der Bibliothek

83 EGER St. Bernhard-Kirche, Hochaltar-Detail

84 SZALONNA Romanische Kirche und Glockenturm

85 BÉLAPÁTFALVA Zisterzienser-Kirche

86 TORNASZENTANDRÁS Romanische Dorfkirche, Zwillingschor

87 PÁCIN Burgschloß

88 SÁROSPATAK Burgschloß, Arkadenstiege mit Lorántffy-Loggia

90 Gänseherde in der Bugac-Pußta

◁ 89 AGGTELEK Tropfsteinhöhle

91 Einödhof in der Großen Tiefebene

92 BAJA Hauptplatz mit Rathaus

93 HAJÓS ›Kellerdorf‹ (Kelterhäuser)

94 KECSKEMÉT ›Bunter Palast‹

95 KECSKEMÉT Rathaus, national-ungarischer Jugendstil

97 SZEGED Franziskaner-Kirche, Hochaltar ▷

96 KISKUNFÉLEGYHÁZA Rathaus

KÉSZÜLT
1713
ÚJÍTVA
AUXILIATRIX

98 GYULA Burg aus dem 15. Jh.

100 DEBRECEN Große Reformierte Kirche und Kossuth-Denkmal ▷

99 ›Neunbogen-Brücke‹ in der Hortobágy-Pußta

KOSSUTH

102 NYÍRBÁTOR Reformierte Kirche mit Glockenturm
◁ 101 NYÍRBÁTOR Minoriten-Kirche, Passionsaltar
103 TÁKOS Reformierte Kirche

GABRIEL PERNYESY DE
OSZTHOPANY PATRONVS
DEALBATU EST
HOC S.S. TEMPLU
ANNO DOMINI
Pastore Steph: Szentkiralyi

Der klassizistische Dom von Eger: Ostfassade, Mittelkuppel und Westtürme

Marco Casagrande und seine Schüler. Das Hochaltarblatt ›Martyrium des hl. Johannes Evangelist‹ (im Ölkessel) malte der Wiener Biedermeier-Künstler Josef Danhauser (1834). Aus der barocken Vorläuferkirche des Domes überdauerte nur ein Gemälde der heiligen Könige Stephan und Ladislaus von Johann Lukas Kracker (1773).

Vor dem Lyzeum beginnt die **Széchenyi utca,** eine lange Straße mit vielen Baudenkmälern, die der mittelalterlichen Hauptachse in Richtung Oberungarn folgt. Das spätbarocke **Erzbischöfliche Palais** (Széchenyi utca 1–3) wurde nach einem Brand 1846 in heutiger Form wiederhergestellt; sehenswert ist das Treppenhaus (Teil einer Weingroßhandlung). Im Hause Nr. 10 wohnte der bischöfliche Präfekt Franz Rottenstein. Die **ehemalige Jesuiten-Pharmazie** (Nr. 14) ist als *Apotheken-Museum* mit originaler Einrichtung im Zopfstil zu besichtigen. Das klassizistische Gebäude Nr. 16 (ehemals Kasino und Tanzsaal, heute *Gewerkschaftshaus*) entwarf der Erlauer Baumeister Ferenc Povolny 1815. Besonders reizvoll wirkt das barocke Eckhaus (Marienstatue) an der schmalen Bródy Sándor utca, das Giovanni Battista Carlone plante und bewohnte.

Die platzartige Ausbuchtung der Széchenyi utca beherrscht die ehemalige Jesuiten-Kirche im Stile des Spätbarocks, die 1773 als **Pfarrkirche St. Bernhard** in den Besitz der Zisterzienser überging. Brände vernichteten zwar Teile der Ausstattung, erhalten blieben aber zwei bemerkenswerte *Altäre:* der Annen-Altar mit dem Gemälde ›Unterricht Mariae‹ von Johann Lukas Kracker und der Hochaltar (1770) mit qualitätvollen Plastiken von Johann Anton Krauß, der im Prämonstratenser-Kloster Jasov (heute Slowakei) den gesamten Skulpturen-

◁ 104 CSARODA Reformierte Kirche, Innenraum

schmuck schuf und eine Werkstatt unterhielt. Die Theatralik der Figuren vor dem bühnenartig hochgerafften Vorhang entspricht dem propagandistischen Geist der Jesuiten. Dargestellt ist eine Typologie zum Erlösungswerk in seltener Abfolge: Das Menschen-, Tier- und Räucheropfer des Alten Bundes ist als Urbild (Typus) zu Christi Opfertod und seiner Erneuerung im Altarsakrament (Antitypus) zu verstehen. ›Vollzieher‹ des Meßopfers ist der Jesuiten-Heilige Franz von Borgia vor seinem Hausaltar kniend in der Mittelnische (Abb. 83). Er entstammte altspanischem Adel und wirkte als dritter Ordensgeneral der Jesuiten in Rom, wo er 1572 starb. Seitlich erscheinen Priester des Alten Testaments: Melchisedek und Aaron, der Bruder Moses'. Im Aufsatz nimmt die Kreuzigung Christi die Mitte ein, links ist die Opferung Isaaks durch seinen Vater Abraham zu sehen (der Ziegenbock unterhalb dieser Szene symbolisiert das altjüdische Opfer), rechts Moses, auf die Eherne Schlange weisend, die wiederum als Typus des Kreuzes gilt.

Die Nordseite des Kirchplatzes begrenzt die reizvoll geschwungene Giebelfassade des **ehemaligen Jesuiten-Gymnasiums** mit Statuen der Jungfrau Maria zwischen den Jesuiten-Heiligen Ignatius von Loyola und Aloysius von Gonzaga-Mantua (1754). Im Theatersaal wurden einstmals jesuitische Schuldramen aufgeführt.

Weiter nordwärts, etwa bei der barocken **Spitalskirche St. Anna,** geht die noble Bausubstanz der Széchenyi utca in kleinstädtisch bescheidene Häuser über. Den Abschluß bildet weithin sichtbar die **orthodoxe Kirche der Serben** im Stil des Spätbarocks (Szerb oder Rác templom). Das Pfarrhaus am Ende der Széchenyi utca (1760) soll nach der Restaurierung das griechisch-orthodoxe Kirchenmuseum aufnehmen. Eine gedeckte Stiege führt hinauf zum stimmungsvollen Friedhof und zur Kirche, die an der Stelle eines zur Moschee verwandelten Gotteshauses 1784 unter Leitung von János Povolny entstand. Die Innenausstattung aus der Mitte des 18. Jh. – Bilderwand, Ikonen, liturgische Geräte – zählt zu den wertvollsten ihrer Art in Ungarn.

Die Burg von Eger

Der malerische Aufstieg über altes Kopfsteinpflaster beginnt am kleinen Dózsa György tér. Von der unregelmäßig angelegten mittelalterlichen Burgstadt überdauerten nur Ruinen, die seit 1925 liebevoll restauriert werden. Für Fremde lohnt der Besuch wegen der prächtigen Aussicht und des Burgmuseums. Zunächst führt der Weg entlang der italienischen Renaissance-Basteien, die Fürst Péter Perényi ab 1542 unter Leitung von Giovanni Spazio (de Specia Casa) aufführen ließ, dem Architekten des Prager Belvederes. Vorbei an der ›Türkischen Bastei‹ und der Gergely-(Gregor-)Bastei kommt man zum viereckigen, gotischen Torturm mit dem Wappen des Bischofs Ippolito d'Este.

Der Burghof öffnet sich durch das *Varkoch-Tor,* in dem 1952 ein Relief von István Tar und Gyula Illés anläßlich des 400. Jahrestages der ersten Türkenbelagerung angebracht wurde. Der linke Gebäudetrakt beherbergt ein Lapidarium und eine Gemäldegalerie. Bedeutendster Teil ist der **Bischofspalast (Püspöki vár)** an der Nordseite, den Bischof Johann Bekesloer aus Schlesien unter Einbeziehung älterer Gebäude um 1470 im spätgotischen Stil errichten ließ. Später diente er als Sitz des Burghauptmannes, als Kerker und Getreidespeicher. Den schönen, mit Kreuzrippen eingewölbten Arkadengang zieren kunstvoll reliefierte Schlußsteine (Abb. 81). Der ›Heldensaal‹ (Hősök terme) erinnert an den 40-tägigen heroischen Widerstand, den Burghauptmann István Dobó 1552 mit der Besatzung und ihren Frauen leistete. Die Grabplatte István Dobós, 1572 von einem Bildhauer mit dem Signum ›Ferenc fia‹ gefertigt, wurde im 19. Jh. aus der Familiengruft in Oberungarn überführt. Das *Burgmuseum* im ersten Stock zeigt die ›Geschichte der Burg‹ von der Árpádenzeit bis in das 18. Jh., Fragmente und Modelle des romanisch-gotischen Domes, Wohnkultur und Tafelbilder, religiöse Kunstwerke (u. a. eine bemalte Holzdecke aus der Reformierten Kirche von Noszvaj), Fundstücke aus der Türkenzeit, Waffen und Rüstungen.

Östlich (rechts) vom Bischofpalast erhob sich einst die gewaltige *Kathedrale St. Johannes Evangelist,* eine romanische Basilika, die im 15. Jh. zur größten Hallenkirche Mitteleuropas ausgebaut werden sollte, aber nie vollendet wurde und bei der Belagerung 1552 abbrannte. Die Statue des hl. Königs Stephan schuf Marco Casagrande (erste Hälfte 19. Jh.). Hinter dem Chor der Domruine führt ein gotischer Treppenturm in den Wehrgang und schließlich hinauf zur *Schönen Bastei,* von der sich nochmals ein prächtiger Rundblick bietet. Im Hof der südöstlichen *Ohrenbastei* ist der Schriftsteller Géza Gárdonyi (1863–1922) beigesetzt, dessen berühmter Roman ›Die Sterne von Eger‹ den Heldenkampf von 1552 schildert.

Die Umgebung von Eger: Noszvaj, Mezőkövesd und Feldebrő

An den Südhängen des Bükk-Gebirges gedeihen vorzügliche Rebsorten, aus denen ein weltberühmter Wein gekeltert wird: das dunkelrote ›Erlauer Stierblut‹ (Egri Bikavér), von dem die Mär umgeht, die Winzer hätten ihm dereinst Stierblut beigemengt. Die bekannteste Weißweinsorte heißt ›Erlauer Mägdelein‹ (Egri Leányka).

Die lieblichen Weinberge um Eger schätzten Bischöfe und Landadlige als Sommerresidenz. **Schloß de la Motte in Noszvaj** (12 km nordöstlich von Eger, an der Pfarrkirche in Noszvaj abzweigen) ist nach dem französischen Emigranten Oberst Antoine de la Motte benannt, der 1782 durch seine Heirat mit Baronin Anna Vécsey Besitzer wurde. Erbauen ließ die spätbarocke Anlage Baron Sámuel Szepessy 1775 durch den Erlauer Baumeister János Povolny, vielleicht unter Mitwirkung von Jakob Fellner. Steinerne Einhörner, die Wappentiere der Szepessy, flankieren das Parktor. Treppenhaus und Gemächer schmücken Wandgemälde von Johann Lukas Kracker: humoristisch stilisierte römische Götter nach Stichen von E. A. Petitot (Diana, Venus, Minerva, Jupiter usw.) in Scheinnischen mit klassizistischem Dekor, die Josef Zach hinzufügte. An der Decke ist die Kopie des Apollo-Aurora-Freskos von Guido Reni zu sehen, im Festsaal Bacchus beim Weinlesefest. Die ›Römische Stube‹ zieren Kaisermedaillons, den Damensalon exotische Vögel und Pflanzen, gemalt von Anton Lieb aus Eger. Einlegearbeiten, Möbel und Öfen im Rokoko- und Zopfstil bilden die noble Ausstattung.

An der Grenze zwischen Oberland und Tiefebene wohnt im Städtchen **Mezőkövesd** (23000 Einwohner) sowie in den Dörfern Szentistván und Tard die Matyó-Volksgruppe, Verwandte der Palózen. Stolz leiten sie ihren Namen von König Matthias (Mátyás) ab, der ihnen im 15. Jh. den Rang einer Landstadt zuerkannte. Sie blieben katholisch, lebten als Ackerbauern und Viehzüchter eingezwängt zwischen großen Latifundien und mußten sich daher vier bis sechs Monate im Jahr als Landarbeiter verdingen. Um 1850 entwickelte sich ihre alte Volkskunst zu außerordentlichem Farbenreichtum – Matyó-Stickereien zählen neben den Erzeugnissen aus Kalocsa zu den besten in Ungarn. Vorherrschend sind rote Blumenmuster auf schwarzem Grund. Rot gilt als Farbe des Sommers und der Lebenskraft, Schwarz als Sinnbild der Erde, Goldfäden symbolisieren Sonne und Himmel. Blau kommt selten vor, weil es Kummer bedeutet. Die schönsten Stickereien sind im **Matyó-Museum** auf dem Béke tér ausgestellt (Kulturhaus, Eingang rechts vom Kino!): Festtrachten, ein Hochzeitszug und das ›gemachte Bett‹. Dieses prächtig bestickte Bettzeug wurde aber kaum benutzt – man schlief auf dem ›Liegebett‹, einer Bank, auf dem Boden, am Ofen oder im Stall. István Takacs, ein heimischer Künstler, hat die Volkstrachten der Umgebung 1932 in großflächigen Wandgemälden im gotischen Chor (heute Marien-Kapelle) der *Pfarrkirche St. Ladislaus* festgehalten. Südlich der Hauptstraße wurden einige strohgedeckte Bauernhäuser saniert, von denen das ›Kis Jankó Bori Emlékház‹ museal zugänglich ist.

Südwestlich von Eger, im Tarna-Tal, blieb ein seltenes Kunstdenkmal der byzantinisch beeinflußten Frühromanik erhalten: die Krypta der Pfarrkirche in **Feldebrő** mit ihren kostbaren Fresken. Der Name des Dorfes erinnert an die hochadlige Familie Debrői, die beim Putschversuch gegen König Albrecht von Habsburg (1437–1439) in Ungnade fiel und ihre Ländereien verlor. Auch oberirdisch birgt die heutige **Pfarrkirche St. Martin** fast tausend Jahre altes Mauerwerk in sich. Von dieser Urkirche auf dem Grundriß eines griechischen Kreuzes lassen sich noch die weitausladenden Seitenkonchen erkennen. Gestiftet hat dieses erste Gotteshaus der Gegenkönig Aba Sámuel nach König Stephans Tod (1038), scheinbar als Zeichen seiner Hinwendung nach Byzanz. Nach Aba Sámuels frühem Tod (1044) im Kampf gegen die ›westliche Partei‹ König Peters I. ließen ihn seine Anhänger in der Krypta unmittelbar unter dem Hochaltar beisetzen, wohl zur Verewigung seines Herrschaftsanspruches »von Gottes Gnaden«. Aber das Grabmal geriet in Vergessenheit, die Kirche verfiel und wurde von den Mongolen zerstört. Ende des 13. Jh. entstand aus den Steinen der Urkirche ein Neubau im spätromanischen Stil – diesmal in Form eines lateinischen Kreuzes –, der mehrmals verändert wurde, zuletzt um 1750 im Barockstil. Von einem Umbau um 1500 kündet das spätgotische Stabportal an der Südseite.

Die nahezu unversehrt erhaltene **Krypta** wurde 1925 freigelegt, die Restaurierung der Wandmalereien folgte 1962. Hau- und Bruchsteine verleihen dem Raum archaische Wucht; fünf massige Bündelpfeiler unterteilen ihn in zwei quergelegte Schiffe. Die Tonnengewölbe schmückte einstmals ein umfangreicher Freskenzyklus aus der zweiten Hälfte des 12. Jh. – vielleicht das Werk eines griechischen Malers –, von dem wenige, aber sehr eindrucksvolle Teile gerettet werden konnten: in der Apsis Christus Pantokrator (Allherrscher) mit den Evangelisten-Symbolen, in den Schiffen Apostel-Medaillons (Paulus!), des weiteren Pro-

Burgruine Sirok im Tarna-Tal, Ansicht im 19. Jh.

pheten, Abraham und die Kreuzigung. Lebhafter Gesichtsausdruck und scharfe Konturen bestimmen vor allem die Opferszene von Kain (Garbe) und Abel (Lamm), das Sinnbild des Urzwistes zwischen seßhaften Ackerbauern und Hirtennomaden. In manchen Details – beispielsweise das über die Opferhand geworfene Gewand – wirkt die Mosaikkunst Ravennas aus der Zeit Kaiser Justinians im 6. Jh. fort! Manche Ornamente scheinen von arabischen (kufischen) Schriftzeichen abgeleitet, ein allgemeiner Zug der byzantinisch durchsetzten Romanik, der auf arabische Bauleute in Griechenland zurückgeht.

Die *Kirche* in **Tarnaszentmária** (etwa 9 km nördlich von Feldebrő) erinnert im Mauerwerk an die Urkirche von Feldebrő um 1040. Der ungewöhnliche Chor mit eingeschriebenem Trikonchos (Dreinischen-Anlage) folgt armenischen Beispielen (s. Karcsa, S. 363; Kiszombor, S. 383).

Weiter nördlich im Tarna-Tal erhebt sich auf einem fast 300 m hohen Bergkamm die großartige **Burgruine Sirok,** die im 11. Jh. der Aba-Sippe gehörte, Ende des 16. Jh. in türkische Hände fiel, ihre strategische Bedeutung verlor und allmählich verfiel.

Bükk-Gebirge und Aggtelek-Karst

Naturschönheiten und Kunstschätze zeichnen das Gebiet zwischen Eger und der Slowakei aus. Wenige Kilometer nördlich der lieblichen Weinberge beginnt die Waldeinsamkeit am Belkő-Berg bei **Bélapátfalva,** wo die einzige **Abteikirche** der Zisterzienser in Ungarn erhalten blieb (Abb. 85). Diese rauhe Einöde entsprach dem Ideal des Reformordens – nur ein Steinbruch stört heute den Gesamteindruck der großartigen Kirche im spätromanischen Stil. Gegründet wurde die Zisterze 1232 von Bischof Kilit II. von Eger, die ersten Mönche kamen aus dem Kloster Pilis bei Esztergom. Nach dem Mongolensturm wurden Kirche und Kloster in frühgotischen Formen vollendet. Von der während der Reformation gesprengten Gesamtanlage wurde nur mehr die Kirche vom Priesterseminar in Eger um 1730 wiederhergestellt und ausgestattet.

Nach Entfernung der Putzschicht kommt die Schönheit der exakt behauenen Steinquadern wieder voll zur Geltung. Als Steinmetzen und Hilfsarbeiter arbeiteten stets ›fratres barbati‹, die ›bärtigen (Laien-)Brüder‹, deren Leben scharf getrennt von den Mönchen verlief. Nur ein Tor war allen gemeinsam: die Todespforte im nördlichen Querhausarm der Kirche, wo der Leichnam zum Friedhof geschafft wurde. Alle Niederlassungen des Zisterzienser-Ordens, von Irland bis Italien und Osteuropa, wurden nach einem verbindlichen Bauschema errichtet, da sich der Tagesablauf der Mönche und Konversen überall gleich abspielte. Türme galten als überflüssig – nur Dachreiter waren erlaubt –, denn die Kirche diente nur der Klostergemeinde. 1134 verbot das Generalkapitel des Ordens nach den Schriften ihres geistigen ›Vaters‹ Bernhard von Clairvaux alle figürlichen Schmuckformen an Glasfenstern, Portalen, Kapitellen und Kreuzgängen, also jeglichen »Hexenzauber und Teufelsspuk«, der vom Streben nach Vollkommenheit ablenkte.

Die Westfassade wird vom prächtigen Trichterportal mit zarten Knospenkapitellen und der frühgotischen Fensterrose beherrscht. Auch das Innere vermittelt die asketische Gesin-

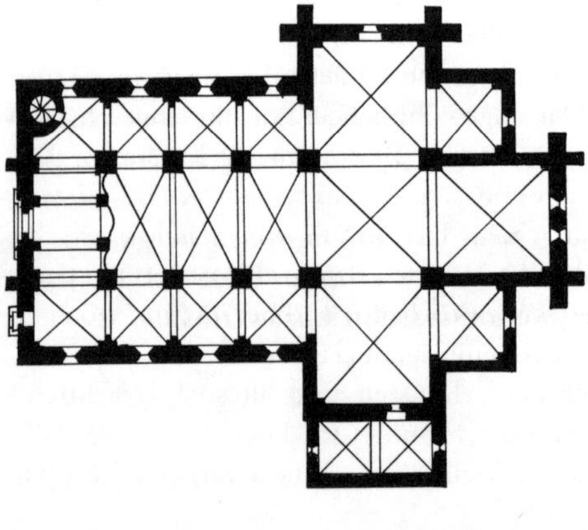

Bélapátfalva, ehemalige Abteikirche der Zisterzienser, Grundriß

nung und strenge Schönheit der Zisterzienser-Bauweise. Der Grundriß – eine dreischiffige, vierjochige Basilika mit weit ausladendem Querhaus und drei geradlinig schließenden Chören – entspricht dem Christus-Kreuz. Mächtige Vierkantpfeiler unterteilen die Schiffe, Lisenen (flache Wandvorlagen) und ordenstypische Hängekonsolen reichen bis ins Kreuzgewölbe, das um 1730 eingezogen wurde. Fensterluken bilden den Lichtgaden unter dem Dach. An den südlichen Querhausarm schloß sich eine kleine Sakristei an. Die Bücherzelle (Armarium) konnte vom Kreuzgang her betreten werden, der wie üblich an der Südseite der Kirche lag. Erhalten blieben nur Grundmauern.

Zentrum des Erholungsgebietes am westlichen Bükk-Gebirge ist die Ortschaft **Szilvásvárad** an der Mündung des wildromantischen Szalajka-Tales. Das ehemalige *Schloß Pallavicini* dient heute als Erholungsheim. Die *Reformierte Rundkirche* unterhalb des Schloßhügels wurde um 1840 im klassizistischen Stil errichtet, vermutlich nach Plänen von József Hild. Turnierreiter und Pferdefreunde suchen das von den Markgrafen Pallavicini gegründete *Lipizzaner-Gestüt,* die *Rennbahn* und das *Pferdemuseum* auf (beheimatet sind die weißen Pferde in Lipica im istrischen Karst).

Eine schmale, kurvenreiche Straße führt durch den **Bükk-Nationalpark** nach Miskolc. Höchster Gipfel des aus Kalk- und Sandstein aufgebauten und reich bewaldeten Gebirges ist der *Istállós kő* (958 m). Bei *Jávorkút* liegt eines der schönsten Nadelwald-Gebiete Ungarns. Bisher wurden etwa *300 Höhlen* entdeckt, einige davon mit Tropfsteinen, andere mit Spuren des ›Bükker Urmenschen‹ (Szeleta-Höhle bei Miskolc) sowie Werkzeuge, Feuerstellen und Knochen von Höhlenbärenjägern vor 30000 Jahren (s. S. 353f.).

Nordwestlich von Szilvásvárad erstreckt sich das Kohle- und Hüttenrevier um Ózd. Die romanisch-gotische Dorfkirche **Szentsimon** (St. Simon) am Westrand von Ózd bewahrt Freskenreste aus dem 14. Jh., wohl das Werk eines oberitalienisch beeinflußten Wanderkünstlers, sowie eine bemalte Holzdecke (1650), die älteste ihrer Art an ursprünglicher Stelle.

An der ungarischen Nordgrenze liegt der **Aggtelek-Nationalpark,** ein etwa 600 m hohes Karstgebiet – Ausläufer des Slowakischen Erzgebirges – mit weitverzweigten Höhlen, einer seltsamen Tier- und Pflanzenwelt und vielen Fossilien. Im Durchschnitt verlaufen die Höhlengänge in einer Tiefe von 450 m, die Temperatur beträgt um 10 Grad Celsius. Die **Baradla-Höhle** zählt zu den schönsten und größten Tropfsteinhöhlen Europas: 22 km lang, davon 7 km auf tschechoslowakischem Staatsgebiet (Abb. 89). Beim Haupteingang in *Aggtelek* beginnen einstündige Führungen (auch zwei-, fünf- und mehrstündige Rundgänge werden angeboten), die eine ›Märchenwelt‹ an Stalaktiten und Stalagmiten erschließen, gleichzeitig Jahrmillionen Erdgeschichte. Manche Kammern tragen Rauchspuren von Höhlenmenschen der Altsteinzeit. Der größte Saal, die ›Friedens-(Béke-)Höhle‹, wurde als Konzertsaal eingerichtet. Nebeneingänge befinden sich beim *Roten See* (Vörös tó) und bei *Jósvafő,* wo einige Höhlengänge zur Behandlung von Asthma und Bronchitis genutzt werden.

Szalonna im Bódva-Tal lädt ein mit einer der schönsten und ältesten Dorfkirchen Ungarns (Abb. 84), gestiftet Ende des 11. Jh. von der Familie Örs. Diese *Rundkirche,* der heutige Chor, wurde im frühen 13. Jh. um das gleichfalls romanische Schiff erweitert. Der

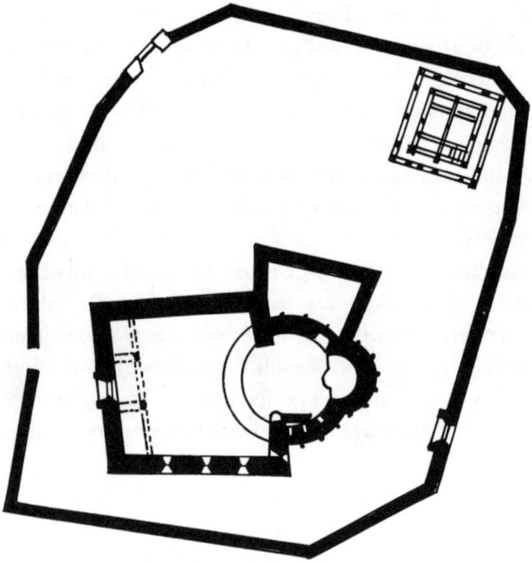

Szalonna, ehemalige Wehrkirche St. Margareta, jetzt reformierte Kirche, und hölzerner Glockenturm (rechts oben); die Kirchhofmauer folgt dem früheren Befestigungsring

Glockenstuhl weist auf die Übernahme durch die Reformierten im 16. Jh. hin. Bei der Restaurierung kamen naive spätromanische Fresken (um 1250) zum Vorschein, Szenen aus der Legende der hl. Margareta von Antiochien, der ursprünglichen Kirchenpatronin: der heidnische Stadtpräfekt begehrt Margareta zur Frau, sie wird ihm gefesselt vorgeführt, dann ausgepeitscht und schließlich enthauptet. Margareta galt in ganz Europa als eine der beliebtesten Nothelferinnen, besonders der Gebärenden. Mit dem hl. Georg und dem Erzengel Michael zählt sie zu den ›Drachenheiligen‹, deren Kirchen auf vorchristliche Kultstätten weisen und die Überwindung des Heidentums (symbolisiert durch den Drachen) bekunden. Altarstein und Weihekreuze im Chor stammen noch vom Ende des 11. Jh., die qualitätvollen gotischen Fresken in der Laibung des Triumphbogens – Propheten-Medaillons, Lamm

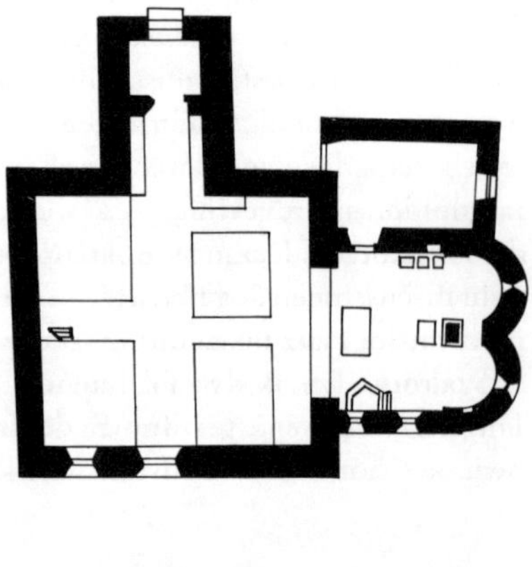

Tornaszentandrás, Pfarrkirche St. Andreas mit dem einzigen romanischen Zwillingschor Ungarns, Grundriß

Gottes – malte laut Inschrift András Szepesi mit seinen Gehilfen im Jahre 1426. – Im Grubenort **Rudabánya** (Silber, Kupfer), südwestlich von Szalonna, stifteten reiche Gewerken die gotische *St. Nikolaus-Kirche* (heute reformiert).

Auch im Hügelland östlich des Bódva-Tales überdauerten einige Dorfkirchen aus der Árpádenzeit, die dank ihrer abgeschiedenen Lage von den Türken verschont blieben. Leider vernichtete die Reformation wertvolle Fresken und Altäre. Die *Pfarrkirche St. Andreas* in **Tornaszentandrás** (in Komjáti von der Straße 27 nach Süden, in Richtung Tornabarakony abzweigen) aus der Zeit König Andreas' II. besitzt den einzigen romanischen Zwillingschor im Lande (Abb. 86). Der Baumeister kam vielleicht im Gefolge der Königin Gertrud aus dem Geschlecht Andechs-Meranien von Südtirol oder Bayern nach Ungarn. – Östlich von Szalonna führt ein malerisches Flußtal vorbei am Rakaca-See nach **Rakacaszend,** wo die kleine romanische *Kirche* aus dem 11. bis 13. Jh. weithin sichtbar über dem Ort thront (heute reformiert).

Auf der Fahrt in Richtung Miskolc empfiehlt sich ein kurzer Halt in der Industriestadt **Edelény.** Das monumentale *Barockschloß,* eines der größten in Ungarn, ließ Oberst François J. L'Huillier – der aus dem Elsaß stammende Burghauptmann von Eger – um 1730 nach Plänen von Giovanni Battista Carlone errichten. 1820 erwarben es die Herzöge von Sachsen-Coburg-Gotha (keine Innenbesichtigung). – Die *Reformierte Kirche* in **Boldva** (etwa 10 km nördlich von Miskolc), einstmals im Besitz der Benediktiner, stellt das einzige Beispiel einer romanischen Kirche mit zwei Osttürmen in Ungarn dar, wohl unter süddeutschem Einfluß.

Miskolc und seine Umgebung

Ungarns zweitgrößte Stadt (220000 Einwohner) und das nach Budapest wichtigste Zentrum der Schwerindustrie wirkt auf den ersten Blick enttäuschend: Große Teile der Altstadt bedürfen noch der Restaurierung. Einladend wirkt dagegen die Umgebung im Bükk-Gebirge, dessen Höhlen zu den ältesten Fundstätten menschlichen Lebens zählen. Vor 2500 Jahren siedelten Skythen um Miskolc. Namengebend war das Magyaren-Geschlecht Miskolc aus dem Stamme Bors (Komitat Borsod). Die günstige Verkehrslage auf dem Weg nach Oberungarn bewirkte die Entwicklung eines blühenden Marktfleckens, den die Türken 1544 in Brand steckten. Wohlstand brachte auch der Weinhandel; serbische und griechische Kaufleute trugen erheblich zum wirtschaftlichen Aufschwung bei. Anfang des 18. Jh. schlug Fürst Rákóczi zeitweilig sein Hauptquartier in Miskolc auf. 1770 ging im nahen Ómassa die erste Eisenschmelze in Betrieb.

Schönster Platz im Zentrum ist der **Szabadság tér** am Fuße des Kleinen Avas (Kis Avas). Das barocke Eckhaus Szabadság tér/Papszer utca beherbergt das **Otto-Herman-Museum,** eine der bedeutendsten Provinzsammlungen (derzeit in Restaurierung). Otto Herman, Naturkundler und Polyhistor, hat mit der Entdeckung des ›Bükker Urmenschen‹ in der

Szeleta-Höhle bei Lillafüred die Erforschung der prähistorischen Vergangenheit im Bükk-Gebirge eingeleitet.

Am Abhang des Kleinen Avas ragt das Wahrzeichen des alten Miskolc auf – der hölzerne Glockenturm der **Reformierten Kirche** (um 1560). Die gotische, dreischiffige Hallenkirche (um 1470) wurde bei der Übernahme durch die Calvinisten verändert. Das Chorgestühl, eine italienische Einlegearbeit, stammt vermutlich aus der Burgkapelle Diósgyőr. Auf dem stimmungsvollen Friedhof wird seit dem 11. Jh. bestattet. – Wahrzeichen des modernen Miskolc ist der Aussichts- und Fernsehturm auf dem 230 m hohen *Avas,* dem Hausberg der Stadt. Kelterhäuser und Stollen erinnern an die einst berühmte Weinkultur.

Hauptstraße von Miskolc ist seit dem Mittelalter die **Széchenyi István utca.** Das traditionsreiche **Nationaltheater,** 1819 als erstes ungarisches Theatergebäude in Steinbauweise ausgeführt, wurde nach einem Brand 1857 in klassizistischer Form erneuert. Barockkirchen

Miskolc 1 Otto-Herman-Museum 2 Reformierte Kirche am Avas 3 Aussichtsturm (Avas) 4 Nationaltheater 5 Minoriten-Kirche 6 Unterstädtische Pfarrkirche 7 Griechisch-orthodoxe Kirche 8 Reformierte ›Hahnen-Kirche‹ 9 Burg Diósgyőr 10 Miskolc-Tapolca

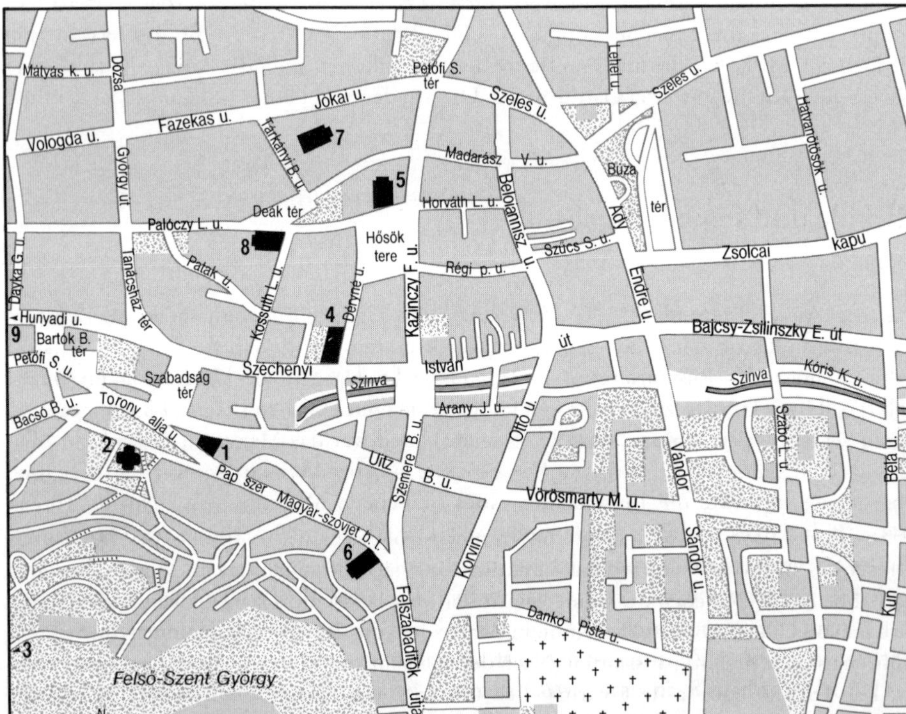

Miskolc, Glockenturm der Reformierten Kirche am Avas

künden von der Bedeutung der Stadt im 18. Jh., so die ehemalige **Minoriten-Kirche** (Hősök tere) und die **Unterstädtische Pfarrkirche** (Magyar-Szovjet Barátság tére), beide um 1730 nach Plänen von Giovanni Battista Carlone errichtet. Schönstes Gotteshaus ist die **griechisch-orthodoxe Kirche** im Zopfstil (1785) nördlich des Deák tér. Die Bilderwand wurde aus griechischen Ikonen zusammengesetzt, die Fassung schnitzte der serbische Künstler Niklas Jankovich. Zarin Katharina II. von Rußland schenkte den Orthodoxen bei ihrer Durchreise eine Kopie der Schwarzen Muttergottes von Kasan. Gleichfalls im Zopfstil errichtet wurde die reformierte ›Hahnen-Kirche‹ an der Ecke Deák tér/Kossuth utca.

In der Vorstadt **Diósgyőr** erhebt sich am Fuße des Bükk-Gebirges das gewaltige viertürmige Burgschloß (Burgmuseum). Ende des 9. Jh. legten die landnehmenden Magyaren an der Stelle einer urzeitlichen Erdschanze ein ringförmiges Bollwerk an, die erste Holzburg scheint im 11. Jh. urkundlich als ›Castrum Geuru‹ auf. 1271 erbaute der Banus Ernye von Ákos die erste Steinburg. König Ludwig der Große ließ Mitte des 14. Jh. das heutige Burgschloß mit vier quadratischen Ecktürmen nach süditalienischem Muster errichten (Farbabb. 29). 1424 schenkte König Sigismund das Jagdschloß seiner zweiten Gemahlin, Barbara von Cilli, als Brautgabe. Königin Beatrix ließ die ›Burg der Königinnen‹ im Stile der Frührenaissance prächtig ausstatten. Nach der Schlacht von Mohács wechselten die Besitzer oft. Die Familie Balassa de Gyarmat ließ um 1540 das Rondell und weitere italienische Renaissance-Basteien aufführen. Während der Türkenherrschaft setzte der Verfall ein; 1678 sprengten kaiserliche Truppen die Anlage. Im Rondell sind Bauplastiken und Kleinfunde

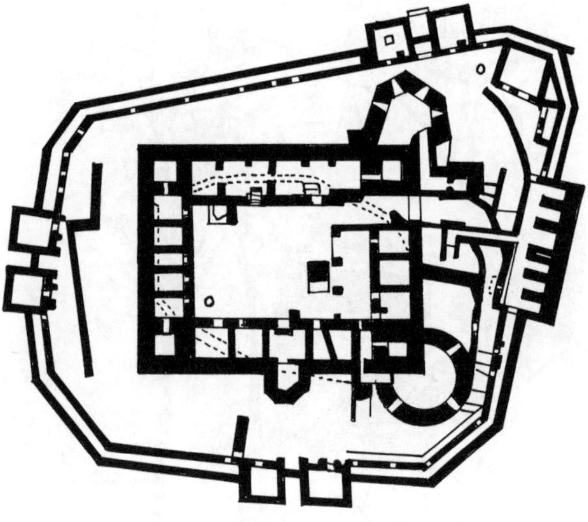

Miskolc, Burg Diósgyőr, Grundriß

hölzerne *Glockenstuhl* weist auf die Übernahme durch die Reformierten im 16. Jh. hin. Bei der Restaurierung kamen naive spätromanische Fresken (um 1250) zum Vorschein, Szenen aus der Legende der hl. Margareta von Antiochien, der ursprünglichen Kirchenpatronin: der

Die radioaktiven *Thermalquellen* im Kurort **Miskolc-Tapolca** werden zur Behandlung von Magen-, Darm-, Rheuma- und Nervenleiden genutzt. Das *Kurhaus* stammt aus der Gründerzeit; besonderer Beliebtheit erfreut sich das *Höhlenbad.* – **Lillafüred,** das ›Tor zum Bükk-Gebirge‹ und ein beliebter Luftkurort, steht heute vor allem den Gewerkschaften als Erholungsgebiet zur Verfügung.

Vorbei am schloßartigen ›Palasthotel‹ und dem Hámor-See schlängelt sich die enge Straße nach **Ómassa,** wo der Kunstschmied Henrik Fazola (s. Eger, S. 326) 1770 den ersten Hochofen in Betrieb nahm. Sein Sohn Friedrich (Frigyes) baute im nahen Weiler **Újmassa** die neue **Eisenhütte,** heute ein bedeutendes Industriedenkmal mit einem metallurgischen Museum.

Tokajer-Weingebiet und Zempléner Berge

Seit der französische ›Sonnenkönig‹ Ludwig XIV. den Tokajer als »König der Weine, Wein der Könige« pries, erlangte der edle Tropfen Weltruhm. Gekrönte Häupter, Päpste, Politiker und Künstler schätzten ihn: Friedrich der Große, die Medici, Voltaire, Franz Schubert und viele andere. In Goethes Drama ›Faust‹ verlangt Siebel in Auerbachs Keller »ein Glas vom echten Süßen«, worauf Mephisto antwortet: »Euch soll sogleich Tokayer fließen.« Zar Peter der Große unterhielt in Tokaj eine ›Weinaufkaufs-Kommission‹. Händler-›Dynastien‹, vor allem Juden, Polen und Schotten, vertrieben den Tokajer in alle Länder Europas. Versuche zur Verpflanzung von Rebstöcken auf die Krim und ins Elsaß erbrachten dagegen ein völlig verändertes Bouquet.

Echter Tokajer gedeiht nur an den Hängen des 512 m hohen **Tokajer Berges (Tokaji hegy),** einem erloschenen Vulkankegel, und in 28 Nachbargemeinden. Die Weinkulturen reichen bis ins 11. Jh. zurück; die ersten Reben stammen aus der Toskana. Bis ins Spätmittelalter glaubte man, die unvergleichliche Süße stamme von Gold im Boden. In Wirklichkeit schaffen die Lavaböden und das außerordentlich sonnige Klima mit langen Herbstperioden die wichtigsten Voraussetzungen. Mitte des 17. Jh. wurde dann eher zufällig der ›feurige‹ Aszú geboren, der Ausbruchwein (Auslese). Aus Furcht vor marodierenden Türken verschob man damals die Lese in den November. Um diese Zeit schrumpfen unter Einwirkung eines Edelfäulnis-Pilzes die Trauben zu dünnschaligen Rosinen, aus denen eine Essenz mit sehr hohem Zuckergehalt gewonnen wird. Zu einer Grundeinheit an Wein – seit dem 17. Jh. das ›Göncer-Faß‹ mit 135 l – wird Essenz aus mehr oder weniger vielen Bütten Rosinen gemischt. Drei- bis sechsbüttige Ausbruchweine kommen am häufigsten vor. Auch diese Mischung gärt sehr langsam, bleibt drei bis vier Jahre in den Fässern und wird erst dann in die typischen ½-Liter-Flaschen gefüllt. ›Geschwister‹ des Aszú sind der süße und der trockene Szamorodni.

Am schönsten sind die Tokajer Berge (Tokaj hegyalja) und die romantischen Auen an Bodrog und Theiß im zarten Frühlingsgrün und bunten Herbstlaub. Das Städtchen **Tokaj** (6000 Einwohner) hat zwar in den letzten Jahren einiges von seinem Zauber eingebüßt, gehört aber samt einem Besuch des historischen *Rákóczi-Kellers* zum ›Pflichtprogramm‹ aller Reisegruppen. An der Bethlen Gábor utca und in ihrer Parallel-Straße reihen sich einige Gebäude im Spätbarock- bzw. Zopfstil: die ehemalige *griechisch-orthodoxe Kirche,* das *Tokaj-Museum,* das *Rathaus,* die *große Synagoge* (in Restaurierung). Das *Barockschloß* der Fürsten Rákóczi, später der Grafen Dessewffy, im Südteil des Ortes (Münnich F. út 19) dient heute als Schule und Gericht. Von der *Tokajer Burg,* gegründet von König Stephan an der Bodrog-Mündung und im 15. Jh. im Besitz der Hunyadi, überdauerten nur spärliche Reste.

Die Umgebung von Tokaj zählt zu den ältesten Niederlassungen der landnehmenden Magyaren: In **Rakamaz** wurden Fürstengräber entdeckt, am westlichen Dorfrand von **Szabolcs** an der Theiß erinnert eine mächtige Erdschanze an den Stammesfürsten Szabolcs.

Nordwärts gegen die Zempléner Berge kommt man über **Mád** (Synagoge im Zopfstil, heute Bibliothek) in die bekannte Weinbaugemeinde **Tállya.** Die *Pfarrkirche St. Ladislaus* (Szent László) an der südlichen Ortseinfahrt verdient einen Besuch wegen ihrer prächtigen Ausstattung im Stil des Spätbarocks, gestiftet vom Fürsten Trautson (Schlüssel im Pfarrhaus). Wertvollster Kunstbesitz ist das Gemälde auf dem linken Seitenaltar: ›Die Weinkelter des hl. Wendelin‹ von Franz Anton Maulbertsch. St. Wendel(in), ein Waldeinsiedler in den Vogesen im 7. Jh., wird als Beschützer der Landleute, von Flur und Vieh verehrt. Seinen Kult haben vermutlich Siedler von Rhein (Mainz), Saar und Mosel in Ungarn verbreitet. – Im Dorf **Monok,** etwa 8 km entfernt, wurde das *Geburtshaus* des Revolutionsführers *Lajos Kossuth* (1802–1894) als nationaler Gedenkschrein eingerichtet.

Das Städtchen **Szerencs** (12 000 Einwohner) spielte im Freiheitskampf der Siebenbürger Fürsten gegen die Habsburger zeitweise eine wichtige Rolle. Die *Rákóczi-Burg* ging aus einer während der Reformation aufgelösten Benediktiner-Abtei hervor, die inmitten einer morastigen Senke lag (Hotel, Museum). Weiter nördlich erhebt sich die *Reformierte Kirche*, ein spätgotischer Wehrbau, in der 1605 István Bocskai zum Landesfürsten ausgerufen wurde. Sein Nachfolger Zsigmond Rákóczi ist in der rotmarmornen Tumba beigesetzt, einer bedeutenden Bildhauerarbeit im Stile der Spätrenaissance (1618).

Im breiten *Hernád-Tal* ragt die mächtige **Burgruine Boldogkőváralja** auf, die verschiedenen Adelsfamilien gehörte (Zápolya, Rákóczi, Thököly) und 1702 von den kaiserlichen Truppen gesprengt wurde. Bedeutendstes Kunstdenkmal des Tales ist die romanische *Kirche der Reformierten* in **Vizsoly** (Schlüssel im Pfarrhaus). Die älteste Kirche – den heutigen dreiteiligen Chor: halbrunde Apsis, Chorquadrat, kurzes Schiff mit Eingang an der Südseite – erbauten wohl deutsche Siedler im späten 12 Jh. nach sächsisch-schlesischem Muster. Im 13. Jh. kam das hohe, von Kreuzrippen überwölbte Langhaus mit dem wehrhaften Westturm hinzu. 1570 zogen Calvinisten ein, deren puritanischer Gesinnung der streng wirkende Raum durchaus entsprach. Aber sie entfernten wie üblich Altäre und Fresken, von denen Teile freigelegt werden konnten. Die ältesten Wandmalereien stammen aus dem 12. und 13. Jh., die jüngsten gehören der Spätgotik an (15. Jh.): im Chor die Geburt Christi (die Muttergottes liegend in byzantinischer Manier) und die hl. Drei Könige, über dem Triumphbogen Fragmente der Himmelfahrt, des weiteren die Kreuzigung, ›Christus im Elend‹ (Schmerzensmann), die Schutzmantel-Muttergottes, die hll. Georg und Christopho-

Hauptplatz und Piaristen-Kirche in Sátoraljaújhely, um 1890

rus. 1590 wurde in der damals noch bestehenden Sakristei die ›Bibel von Vizsoly‹ gedruckt, die erste vollständige Übersetzung der Heiligen Schrift in ungarischer Sprache von Pfarrer Gáspár Károli (1540 erschien in Sárvár nur das Neue Testament).

An der Grenze zur Slowakei erreichen die dicht bewaldeten Bergkuppen Höhen von fast 900 m. Von **Gönc,** dem Ort der Faßbinder, die seit Jahrhunderten das ›Göncer-Faß‹ für den Tokajer herstellen, führt eine landschaftlich schöne Strecke nach Osten. Auf dem *Friedhof* des ehemaligen Grubenortes **Telkibánya** überdauerten einige geschnitzte Grabhölzer. Weithin sichtbar krönt die gewaltige **Burgruine Füzér** einen schroffen Basaltkegel. Im 11. Jh. gehörte das Bollwerk der Aba-Sippe, die spätere Steinburg den Fürsten Perényi und Báthory, dann den Grafen Nádasdy. Nach der Niederlage bei Mohács (1526) wurden hier die Krönungsinsignien vor den Türken versteckt. 1676 sprengten die Kaiserlichen die Burg. Bei Regenwetter ist der Aufstieg gefährlich.

Széphalom (›Schönhügel‹) ging als Geburtsort des Sprachreformers und Dichters Ferenc Kazinczy (1759–1831) in die Literaturgeschichte ein. Sein Mausoleum im neoklassizistischen Stil plante Miklós Ybl (1863). Verwaltungszentrum des Zempléner Gebietes ist die Grenzstadt **Sátoraljaújhely** (22000 Einwohner), dem Charakter nach ein großes Straßendorf. Ihre Geschichte ist eng mit Sárospatak verknüpft. Der Name ›unterer‹ oder ›neuer Zeltplatz‹ spielt entweder auf die zeltförmigen Vulkankegel der Umgebung an oder auf die landnehmenden Magyaren, die 896 nach der Überquerung der Karpaten hier angeblich erstmals ihre Zelte aufschlugen. Aufmerksamkeit verdient die ehemalige *Piaristen-Kirche* im Barockstil, hervorgegangen aus einem gotischen Vorläuferbau des Paulinerordens. Altäre und Skulpturen schufen überwiegend Meister aus Oberungarn (erste Hälfte 18. Jh.). Fürst Rákóczi stiftete 1674 die Grabkapelle an der Südseite.

Sárospatak und seine Umgebung

Die reizvolle Kleinstadt (16000 Einwohner) am Ufer des Bodrog lädt mit ihrem großartigen Burgschloß der Fürsten Rákóczi, der gotischen Pfarrkirche und manchen anderen Sehenswürdigkeiten zum Besuch ein. Entstehung und Geschichte von Patak – so hieß der Ort ursprünglich – sind eng mit dem Königshaus der Árpáden und dem Freiheitskampf gegen die Habsburger im 17. Jh. verknüpft. Die erste Burg, das ›Castrum de Saturhigy‹ (Burg vom Zeltberg), beschreiben mittelalterliche Chroniken allerdings 10 km entfernt, oberhalb der Nachbarstadt Sátoraljaújhely (s. oben). Patak entwickelte sich nach dem Mongolensturm zu einer königlichen Freistadt mit italienischen, französischen und wallonischen Händlern und Handwerkern. Ende des 14. Jh. schenkte König Sigismund Burg und Stadt Patak samt ausgedehnten Ländereien der Familie Pálóczi, nach deren Aussterben bei Mohács (1526) trat Fürst Péter Perényi das Erbe an. Er ließ die Stadtmauer und das Burgschloß im Stile der Renaissance erbauen und gründete eine protestantische Schule, aus der das berühmte Refor-

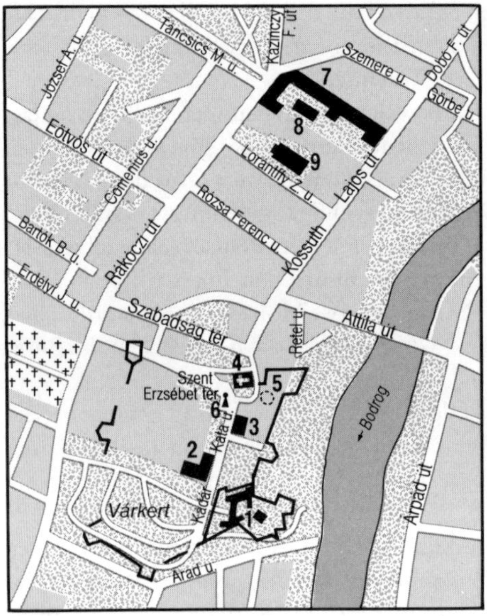

Sárospatak
1 Burgschloß und Rákóczi-Museum
2 Ehem. Trinitarier-Kloster (Borostyán-Hotel)
3 Ehem. Jesuiten-Kloster (Kirchenkunst-Sammlung)
4 Pfarrkirche ›Zur Unbefleckten Empfängnis‹
5 Rundkapelle
6 Denkmal hl. Elisabeth
7 Ehem. Reformiertes Kollegium (Gymnasium und Bibliothek)
8 Museum der Reformierten
9 Reformierte Kirche

mierte Kollegium hervorging. 1573 wurde der ›Held von Eger‹, István Dobó, Herr von Sárospatak, dann eine Seitenlinie seines Geschlechts, die Lorántffy. 1616 kamen die Besitzungen als Mitgift der Zsuzsanna (Susanna) Lorántffy an den Siebenbürger Fürsten György I. Rákóczi (1630–1648). Sárospatak erlebte eine Hochblüte als Fürstenresidenz und Zentrum humanistischer Bildung. Nach dem Tode der Fürstin Susanna Lorántffy (1660) schwand der Glanz allmählich: Ihr Enkel Ferenc I. Rákóczi trat zum katholischen Glauben über und weilte nicht gern in dieser Hochburg des Calvinismus.

Sárospatak rückte immer mehr in das Zentrum der Kuruzzen-Bewegung. Zwischen den Flüssen Hernád, Bodrog und Theiß flammten zunächst vereinzelt, dann immer massierter die Freiheitskämpfe gegen die Habsburger auf. »Heiliges Land« nannte Sándor Petőfi, der Revolutionslyriker von 1848, dieses Gebiet später. Im Burgschloß fanden die entscheidenden Zusammenkünfte der Magnaten-(Wesselényi-)Verschwörung statt. 1670 nahm Graf Starhemberg, der damalige Burghauptmann von Tokaj, die Anführer gefangen.

Ihre Hinrichtung löste einen jahrzehntelangen Kleinkrieg der Aufständischen aus (s. S. 39). Ende des 17. Jh. schlug der ›große Fürst‹ Ferenc II. Rákóczi in Sárospatak sein Hauptquartier auf. 1708 versammelte er in den Ruinen des Burgschlosses einen ungarischen Landtag mit der erneuten Forderung nach Unabhängigkeit. Im Oktober 1710 trat er von Sárospatak aus den Weg ins türkische Exil an.

Das **Burgschloß** an der Südostecke der Stadtmauer besteht aus zwei Teilen: dem markanten ›Roten Turm‹ und dem trapezförmigen Renaissance-Schloß. Alle nachfolgenden Besitzer der Fürsten Rákóczi – die Fürsten Trautson, Bretzenheim und Windischgrätz (bis 1945)

– nahmen zwar Renovierungen und Umbauten vor, veränderten aber nie die Grundstruktur, so daß es als bedeutendstes ungarisches Schloß im Stile der Renaissance erhalten blieb. Um den Schloßpark überdauerten eindrucksvolle Teile der Stadt- und Burgmauer. Schönster Teil des Lorántffy-Flügels an der Südseite ist der runde Konsolenerker mit einem Schwäne- und Greifen-Fries. Der Zugang in den Hof führt durch den Westflügel.

Der *›Rote Turm‹*, ein sechsgeschossiger Wohnturm mit vier Ecktürmen, leitet seinen Namen vom einstmals roten Verputz oder einem Pyramidendach mit roten Schindeln ab, das seit dem Beschuß durch kaiserliche Truppen (1701) fehlt. Den ersten Bergfried ließen die Brüder Pálóczi Ende des 15. Jh. aufführen, Fürst Péter Perényi veränderte ihn um 1540 unter Leitung von Mailänder Baumeistern im Renaissancestil und Fürstin Lorántffy ließ ihn um 1650 für Geschützstellungen aufstocken. Das Portal im Erdgeschoß ziert eine wappentragende Engelsfigur. Die gegenwärtige Restaurierung läßt Veränderungen im Inneren erwarten. Im dritten Geschoß (jetzt Kapelle) befinden sich die rotmarmorne Grabplatte der letzten Pálóczi-Brüder sowie Kirchenschätze und Bauplastiken. Die Renaissance-Details im darüberliegenden ›Großen Palast‹ schufen Steinmetzen aus dem Tessin.

Der Verbindungstrakt zum Perényi-Flügel, die *Arkadenstiege* mit der *Lorántffy-Loggia* (Abb. 88), zählt zu den elegantesten Beispielen der Spätrenaissance in Ungarn (1645). Die eigenartig geformten Basen und Kapitelle, wie auch die Kopfkonsolen an Fenstern und Erkern der übrigen Gebäudeteile, fertigten Meister aus Siebenbürgen an.

Das *Rákóczi-Museum*, ein vielbesuchtes National-›Heiligtum‹, erläutert die Geschichte des ruhmreichen Geschlechts und der Kuruzzen-Kriege, zeigt aber auch Wohnkultur von der Renaissance-Zeit bis zum Biedermeier. Besondere Aufmerksamkeit verdienen ein prächtiger Renaissance-Kamin, Möbel mit Einlegearbeiten aus Halbedelsteinen und die ›Habaner-Keramik‹, deren bunte Blumenmuster unter Bleiglasuren das ungarische Töpferhandwerk bis heute beeinflussen. Benannt sind diese volkstümlichen Erzeugnisse der Weißhafnerei nach den Habanern oder ›Hutterischen Brüdern‹, einer 1529 von Jakob Hutter

Sárospatak, Roter Turm und Renaissance-Trakt des Rákóczi-Schlosses

gegründeten Wiedertäufersekte in Norditalien, Deutschland und Mähren, deren Anhängern Fürst György I. Rákóczi im 17. Jh. auf seinen Gütern Exil gewährte.

Schönstes Gemach ist das ›*Sub-rosa-Zimmer*‹ im nordöstlichen Runderker des Perényi-Traktes. Der Name kommt von einer Stuckrose im Gewölbe. Unter dieser Rose (sub rosa) und den sechs Lanzen, dem Zeichen der Verschwiegenheit (six lances = silence), trafen sich die Anführer der Magnaten- oder Wesselényi-Verschwörung. Die Gewölbekappen füllen Wandmalereien im Stile der Renaissance: Musikanten, Vögel, Ranken, Masken, Allegorien von Tugenden, Reiterszenen und Wappen, aus denen sich die Stellung der Fürsten Rákóczi in der europäischen Politik im 17. Jh. ablesen läßt. Neben den Emblemen der Lorántffy und Rákóczi erscheinen auch die Wappen von Ungarn und Böhmen. Zsigmond Rákóczi heiratete Henriette von der Pfalz, die Tochter des böhmischen ›Winterkönigs‹ Friedrich V., dessen Niederlage am Weißen Berge (1620) gegen die Katholische Liga unter Tilly allerdings den Traum von einem protestantischen Königreich Böhmen beendete. Ferenc II. Rákóczi war durch seine Vermählung mit Amalia von Hessen-Rheinfels mit dem französischen Königshaus verwandt.

Vom Schloßgarten nimmt die hübsche **Kádár Kata utca** ihren Ausgang. Das aufgelassene *Trinitarier-Kloster* aus dem 17. Jh. beherbergt das Borostyán-Hotel, das Kirchenschiff den Speisesaal. Im ehemaligen **Jesuiten-Kloster** befindet sich das römisch-katholische Pfarrhaus mit der Kirchenkunst-Sammlung des bei Ungarn verbliebenen Teils des Bistums Kaschau (Kassa/Košice). – An der Nordseite der **Pfarrkirche ›Zur Unbefleckten Empfängnis‹** verlief einst die Stadtmauer. Trotz einiger Feuersbrünste und Umbauten bewahrte sie im wesentlichen ihr eindrucksvolles, gotisches Erscheinungsbild. Die Vorläuferkirche aus dem 14. Jh. wurde um 1482 zur dreischiffigen, lichtdurchfluteten Halle umgestaltet. Das Gewölbe mußte im 18. Jh. erneuert werden, der Westturm um 1800. Bei der Restaurierung kamen interessante Grabsteine vom 15. bis 17. Jh. zum Vorschein. Die Nebenaltäre mit Rokoko-Zieraten stammen aus dem Trinitarier-Kloster, der barocke Hochaltar mit einem Bild der ›Unbefleckten Empfängnis‹ (Immaculata) wurde aus der aufgelassenen Karmeliter-Kirche in Buda überführt.

Auf dem *Szent Erzsébet tér* (St. Elisabeth-Platz) wurden die Grundmauern einer Rundkapelle aus dem 11. Jh. aufgedeckt. Vermutlich handelt es sich um die Kapelle der königlichen Pfalz (oder eine Taufkirche?), die dem Vorbild der Pfalzkapelle in Aachen folgt (Archetypus ist die Grabesrotunde in Jerusalem). – Das moderne **Bronzedenkmal** von Imre Varga erinnert an die **hl. Elisabeth,** die der Überlieferung nach im Jahre 1207 als Tochter König Andreas II. in Patak geboren wurde; als Vierjährige kam sie auf die Wartburg bei Eisenach. Dargestellt ist der Abschied von ihrem Gemahl Landgraf Ludwig von Thüringen, der sich dem fünften Kreuzzug anschließt. Nach seinem Tod im Heiligen Land vom Fürstenhof verstoßen, widmete sich Elisabeth als Tertiarin des Franziskaner-Ordens den Armen und Kranken. Viele Wunderlegenden schildern ihre Mildtätigkeit. 1231 starb sie im Altar von 24 Jahren, kurze Zeit später wurde sie auf Betreiben der Landgrafen von Thüringen und des Deutschen Ritterordens heiliggesprochen. Ihr Grabmal in der Elisabeth-Kirche zu Marburg an der Lahn gedieh zu einem vielbesuchten (und einträglichen) Pilgerziel.

Die romanische Kirche in Karcsa

Das **Reformierte Kollegium** (Rákóczi út, heute Gymnasium) ging aus der von Fürst Perényi an der Stelle des Franziskaner- und Klarissen-Klosters gegründeten Schule hervor. Fürstin Susanna Lorántffy verwendete während ihres langen Witwenstandes riesige Geldsummen zum Ausbau des Kollegiums, an dem die Söhne des calvinistischen Adels studierten. 1650 berief sie Johann Amos Comenius (tschechisch: Komensky) als Professor, den führenden Pädagogen seiner Zeit und letzten Bischof der Böhmischen Brüder (der tschechischen Nationalkirche). Vier Jahre wirkte er in Sárospatak und verfaßte hier eines seiner bahnbrechenden Bücher über die Methoden des Anschauungsunterrichts (›Orbis pictus‹). Ein Barockgebäude im Hof beherbergt das *Museum der Reformierten* (Kunstgewerbe, wissenschaftliche Sammlung, im besonderen Erinnerungsstücke an Comenius). Das monumentale Kollegiumsgebäude wurde zwischen 1806 und 1814 im klassizistischen Stil errichtet; den eleganten Bibliothekssaal entwarf Mihály Pollack.

Bedeutendstes Kunstdenkmal in der Nähe von Sárospatak ist die **Reformierte Kirche** in **Karcsa,** eine der originellsten Schöpfungen der Romanik in Ungarn. Ende des 11. Jh. stiftete ein mächtiger Fürst eine Sippenkirche, die heutige Chorapsis, für die vielleicht die Pfalzkapelle in Sárospatak als Vorbild diente. Im Inneren läßt sich eine ehemalige Sechspaßanlage erkennen, die wohl auf einen Baumeister aus Byzanz oder dem Kaukasus zurückgeht. Gerade die armenische Architektur zeichnet sich durch einen außergewöhnlichen Formenreichtum an Zentralbauten aus. Armenischer und georgischer Einfluß wirkten von der Moldau (Rumänien) vereinzelt auch in die Nachbarländer. Von den sechs Konchen blieben allerdings nur drei bestehen, die übrigen wurden um 1200 bei der Anbindung des Langhauses abgebrochen. Damals gehörten die Ländereien um Karcsa den Kreuzrittern des hl. Stephan aus Esztergom, die eine aufwendige, dreischiffige Kirche planten. Aber der Mongolensturm unterbrach das ehrgeizige Projekt, um 1275 schloß der damalige Palatin Roland die Bauarbeiten behelfsmäßig ab: die Kirche blieb einschiffig und ohne Turm. Um so großartiger wirken das Westportal mit Stufengiebel, Blendarkaden und Würfelfries sowie das Südtor. Baumeister und Steimetzen kamen aus Dalmatien (Roland hat König Béla IX. während des Mongolensturms nach Trogir begleitet). Im Inneren verdient ein Pfeiler unter der Herrschaftsempore Aufmerksamkeit: dargestellt sind Drachen und Männer, die eine Frau (die Kirche?) verfolgen.

Märchen und Sagen rankten sich bald um die geheimnisvolle Anlage. Besonders die exakt behauenen Quadermauern hielt man für ein Werk der Feen, die angeblich auch die sieben Burgen von Siebenbürgen aufgetürmt hatten. Man glaubte, der Fürst der Finsternis (die Mongolen) habe die Feenkönigin bedrängt. In der Eile konnte sie nur einen Teil ihres Palastes hinterlassen, dann verschwand sie für immer.

In **Pácin,** etwa 4 km weiter nordöstlich, steht nahe der Straße das eindrucksvolle **Burgschloß** im Stile der Spätrenaissance (Abb. 87). Den Kern der Anlage bildet eine mittelalterliche Burg, die um 1580 bis 1630 von den Adelsfamilien Mágóchy und Alaghy zur heutigen Form mit polygonalen Ecktürmen und Pflanzenornamenten in Kratzputz-Technik (Sgraffito) umgestaltet wurde. Die Grafen Sennyei nahmen erneute Veränderungen vor, die man bei der Restaurierung wieder weitgehend entfernte. Das sehenswerte *Museum* bietet Wohnkultur der Renaissance- und Barockzeit sowie Volkskunst aus dem Bodrog-Gebiet.

Die Große Ungarische Tiefebene

Von der Donau bis zur östlichen Landesgrenze erstreckt sich über etwa die Hälfte des Staatsgebietes die Große Ungarische Tiefebene, das ›**Tiefland**‹ **(Alföld)** oder eigentliche Niederungarn zum Unterschied von Felföld, dem bergigen ›Oberland‹, das heute zum großen Teil zur Tschechoslowakei gehört. Ebene soweit das Auge reicht, ein ›Meer‹ aus Erde, Sand und Gras, wo sich die Grenzen zwischen Himmel und Erde in der Ferne verlieren oder flirrende Hitze Luftspiegelungen an den Horizont zaubert, die hierzulande ›Delibab‹ heißen. Ein eigenartiger Reiz geht von dieser unendlichen Weite mit ihren herrlichen Lichtstimmungen aus, die der Fremde oft mit ›Pußta‹ und romantischen Klischees gleichsetzt und verbindet. **Puszta** heißt aber ›bloß‹, ›nackt‹, im weiteren Sinne Einöde oder Heide, war aber nie die vorherrschende Landschaftsform der Tiefebene. Echte Pußta, also fast baumloses Öd- und Weideland, überlebte nur in zwei Naturschutzgebieten: die Hortobágy-Pußta bei Debrecen und die Bugac-Pußta unweit von Kecskemét.

Die Tiefebene zählt zu den ältesten Kulturlandschaften Europas, wo sich schon vor 6000 Jahren Ackerbauern von der Balkan-Halbinsel niederließen. Im Mittelalter war sie dicht besiedelt, versteppte aber durch die Entvölkerung nach dem Mongolen-Einfall, viel mehr noch während der 150jährigen Türkenherrschaft zur Trockenweide, wo Wanderhirten ihr rauhes, kärgliches Leben führten. Viele Bewohner wurden verschleppt oder ermordet oder sie flohen vor der Willkür türkischer Militärs, vor Fronarbeit und zwangsweiser Islamisierung, aber auch vor Marodeuren im Dreißigjährigen Krieg (1618–1648) in die wenigen großen Marktflecken. Zu blühenden Städten gediehen die sogenannten **Khas-Städte** – Kecskemét, Cegléd und Nagykőrös –, die unmittelbar dem Sultan unterstanden, seinen Schutz genossen und von Zivilbeamten verwaltet wurden. Viehzucht und Handwerk brachten den Bürgern Wohlstand. Im 19. Jh. begann man, das Ödland wieder zu kultivieren. Heute erstrecken sich schier endlose Getreideäcker, Wein- und Obstplantagen, dazwischen liegen die typischen **Einzelgehöfte,** die sich aus Notunterkünften und Hütten (szállás, tanya) der Hirten entwickelten, sowie die Ställe, Lagerräume und Verwaltungsgebäude großer Produktions-Genossenschaften.

Eine Besonderheit der Tiefebene bildet auch ihre Bevölkerung: Immer wieder fanden hier Reiternomaden aus Südrußland eine neue Heimat. 1238 siedelte König Béla IV. etwa 40000 Kumanen und Jazygen zum Schutz gegen die Mongolen (Tataren) an. Die turkstämmigen

Kumanen (die ›Polowzer‹ oder Polowetzer im altrussischen Igor-Lied) aus der Kuma-Steppe am Kaspischen Meer waren selbst vor der ›Goldenen Horde‹ bis in die Tiefebene geflohen: Noch heute heißt das Donau-Theiß-Zwischenland Kiskunság = Kleinkumanien, ein Landstrich östlich der Theiß Nagykunság = Großkumanien. Ortsnamen mit der Silbe ›kun‹ weisen auf kumanische Besiedlung. Weiter nördlich, im Dreieck Mátra-Gebirge, Theiß und Budapest, ließen sich die iranischen **Jazygen** nieder, ein Zweig der Alanen. Auch sie mußten ihre angestammten Gebiete im Nordkaukasus verlassen; ein Teil von ihnen verblieb in der Moldau (Rumänien), wo der Stadtname von Jaşi an sie erinnert. Kumanen und Jazygen erhielten von den ungarischen Königen das Recht auf Selbstverwaltung, mußten aber Waffendienst leisten und sich zum Christentum bekehren. Während der Türkenherrschaft flohen viele von ihnen nach Norden und so verkaufte Kaiser Leopold I. ihre verwaisten Dörfer dem Deutschen Ritterorden; die Heimkehrer erwarben jedoch 1745 von Königin Maria Theresia für die riesige Summe von 50000 Goldflorint ihre alten Rechte als freie Bauern zurück.

Obwohl Jazygen und Kumanen längst ungarisch sprachen, bewahrten sie weiterhin ihre Stammesorganisation in sogenannten ›Stühlen‹ unter der Oberhoheit eines ›Kapitäns‹. Erst 1876 wurde der Jazygen-Kumanen-Bezirk der Komitats-Ordnung unterstellt. Nach Vertreibung der Türken besiedelten verschiedene Nationalitäten die entvölkerten Teile der Tiefebene: Serben, Slowaken, Rumänen, Deutsche und Juden. Im Osten hatten sich seit Beginn des 17. Jh. die Haiducken etabliert, eine Art Militärkaste (s. S. 387ff.).

In den endlosen Weiten der Tiefebene mit ihren harten Lebensbedingungen herrschten eigene Gesetze: Hier fehlte die Vorherrschaft des katholischen Klerus' und Adels, eben die ›Latinität‹ des Westens, die in der Römerzeit wurzelt. Auf diesem Boden blieb der ›Atem der Steppe‹ lebendig, der Freiheitsdrang der Reiterkrieger – die meisten Rebellen und Revolutionäre stammen aus der Tiefebene oder sie feierten hier ihre größten Erfolge: In Cegléd formierte sich 1524 der Bauernaufstand unter György Dózsa, 1848 rief Lajos Kossuth zum Freiheitskampf gegen die Habsburger auf. Im 17. und Anfang des 18. Jh. scharten die Siebenbürger Fürsten die Aufständischen – Kuruzzen und Haiducken – um sich. Der Revolutionslyriker Sándor Petőfi stammt ans Kleinkumanien, sein Freund, der Dichter János Arany, wirkte in Nagykőrös als Lehrer. Aus der Pußta kam auch Háry János, ein ›Bruder‹ des Lügenbarons Münchhausen, dessen phantastische Abenteuer im napoleonischen Krieg Sándor Petőfi (›János Vitéz‹ = Held Johannes) und János Garay literarisch verarbeiteten. Zoltán Kodály, selbst ein Sohn der Tiefebene, hat diesen liebenswürdigen Aufschneider in seinem von Volksliedern durchwobenen Singspiel ›Háry János‹ verewigt.

Das Volk verherrlichte in Romanzen und Liedern die Betyáren, die ›edlen‹ Räuber und Rächer sozialer Mißstände, die gleich Robin Hood die Reichen ausraubten und die Beute mit den Armen teilten. Von den Panduren (Fußsoldaten) der Adelskomitate angeblich verraten, flüchteten sie in die Wälder und die Tiefebene. In Wirklichkeit waren sie meistens Bauernburschen, die sich dem Militärdienst und den Übergriffen der Gutsherrn entziehen wollten, bis sie schließlich im Gefängnis oder am Galgen landeten – wie der legendäre Räuberhauptmann Sándor Rózsa.

Gehöft in der Großen Tiefebene (Alföld)

Hauptpersonen aller Pußta-Romanzen sind der stolze Betyár, die fesche Csárda-Wirtin (in manch schauriger Geschichte endet sie allerdings mit durchschnittener Kehle!) und der ›Ein-Stiel-Zigeuner‹, also ein Fiedler. Eine klassische Zigeuner-Kapelle besteht dagegen aus Primgeige, zweiter und dritter Geige, Baßgeige, Klarinette (oder Flöte) und Zimbal (Hackbrett). Seit ihrer Ankunft in Ungarn am Ende des 14. Jh. spielten die Zigeuner in solchen ›Banden‹ auf – sie wurden die Musiker des Volkes und Interpreten seiner Lieder. Schon Béla Bartók stellte fest: »Die Zigeunermusiker sind nur Vermittler des ungarischen Volksliedes.« Auch der berühmte Csárdás entwickelte sich aus altungarischen Bauerntänzen. Die eigentliche Zigeunermusik in der Zigeunersprache, dem Romani, wird nicht öffentlich gesungen und gespielt.

Kecskemét

Das ›Herz‹ des Donau-Theiß-Zwischenlandes, eine der interessantesten Städte Ungarns, besitzt besonders prächtige Bauwerke im ungarischen Jugendstil. Sehr eindrucksvoll läßt sich im Stadtbild die Entwicklung von einem ringförmig angelegten Marktflecken zu einer typischen Stadt der Tiefebene ablesen, zwar mit weltstädtischem ›Anflug‹ – aber ohne Protz, mit gestalterischem Feingefühl, das die Stadtväter bis in den Gegenwart walten ließen. Am Stadtrand liegen dörfliche Wohnbezirke mit kleinen Gärten, innerhalb der Ringstraße folgen kleinstädtische Viertel, die in den großstädtischen Kern münden. Alle Verkehrsadern bündeln sich auf dem riesigen Hauptplatz, dem ›Nabel der Welt‹ – einer Welt weit verstreuter Einzelgehöfte, endloser Felder und Obstplantagen, die den ›Barackpálinka‹ liefern, den weltberühmten Marillen-(Aprikosen-)Schnaps. Dieser Hauptplatz kündet nicht nur vom Reichtum und Stolz seiner Bürger, sondern auch von Weltoffenheit und Toleranz: In seltener Eintracht gruppieren sich hier die Gotteshäuser von fünf Konfessionen – der Katholiken, Reformierten, Evangelischen, Orthodoxen und Juden.

So ›jugendlich frisch‹ sich Kecskemét auch darbietet: Die Stadt entwickelte sich auf uraltem, seit der Jungsteinzeit besiedeltem Boden. Ende des 9. Jh. ließen sich die ersten Magyaren nieder, von Bulgaren stammt vermutlich der Stadtname, der ›Ziegenlauf‹ oder gar ›Ziegenverderbnis‹ bedeutet. Ein aufgerichteter Ziegenbock erscheint im Stadtwappen und auf den Brandzeichen, mit denen Herden und Holzgeräte gekennzeichnet wurden. 1368 wurde Kecskemét erstmals als Marktflecken erwähnt, der unter den Türken zu einer wohlhabenden ›Khas‹-Stadt im Schutze des Sultans gedieh. Rinderzucht und Handwerk – vor allem die Herstellung bestickter Fellmäntel und Stiefel – brachten Bürgern und Zünften Wohlstand ein. Nach dem Abzug der Türken kehrten die adligen Großgrundbesitzer zurück, ein Grundablösevertrag ermöglichte aber seit dem 19. Jh. eine demokratische Stadtverwaltung und intensive landwirtschaftliche Produktion. Heute zählt Kecskemét etwa 105 000 Einwohner, ist Hauptstadt des Komitats Bács-Kiskun und ein Schulzentrum mit regem kulturellem Leben.

Der parkartig begrünte und von monumentalen Gebäuden gesäumte Hauptplatz entstand aus der Verschmelzung von zwei Plätzen. Den Kossuth tér beherrscht das **Rathaus** (Abb. 95), ein Hauptwerk des frühen ungarischen Jugendstils, errichtet 1893 bis 1896 nach Plänen von Ödön Lechner unter Mitwirkung von Gyula Pártos. Gotisierende und maurisch-orientalische Zierelemente lockern den mächtigen Baukörper auf, den Fassadenschmuck bilden Majolika-Platten mit ungarischen Volkskunst-Ornamenten aus der Keramikfabrik Zsolnay in Pécs. Im Sitzungssaal malte Bertalan Székely historische Wandbilder: ›Árpáds Bluteid‹, die Besiegelung des Blutvertrages zwischen den sieben landnehmenden Magyaren-Fürsten, und die Krönung des Königspaares Franz Joseph I. und Elisabeth 1867 in der Matthias-Kirche von Buda.

Ein *Gedenkstein* vor dem Rathaus mit der Inschrift »Hier brach das Herz des größten Sohnes von Kecskemét« erinnert an den Dramatiker József Katona (1791–1830), der an dieser Stelle einem Herzanfall erlag. Sein *Geburtshaus* in der Bánk Bán utca ist nach seinem Hauptwerk benannt, der historischen Tragödie ›Bánk Bán‹, die Ferenc Erkel vertont hat (s. S. 29). Das **József Katona Theater (Színház)** auf dem Platz links vom Rathaus planten die namhaften Theaterarchitekten Fellner und Helmer aus Wien im Stile des Neobarocks zum Millennium der Landnahme 1896. An der Fassade stehen Figuren der Dramatiker József Katona und Károly Kisfaludy. Nach durchgreifender Renovierung erstrahlt das

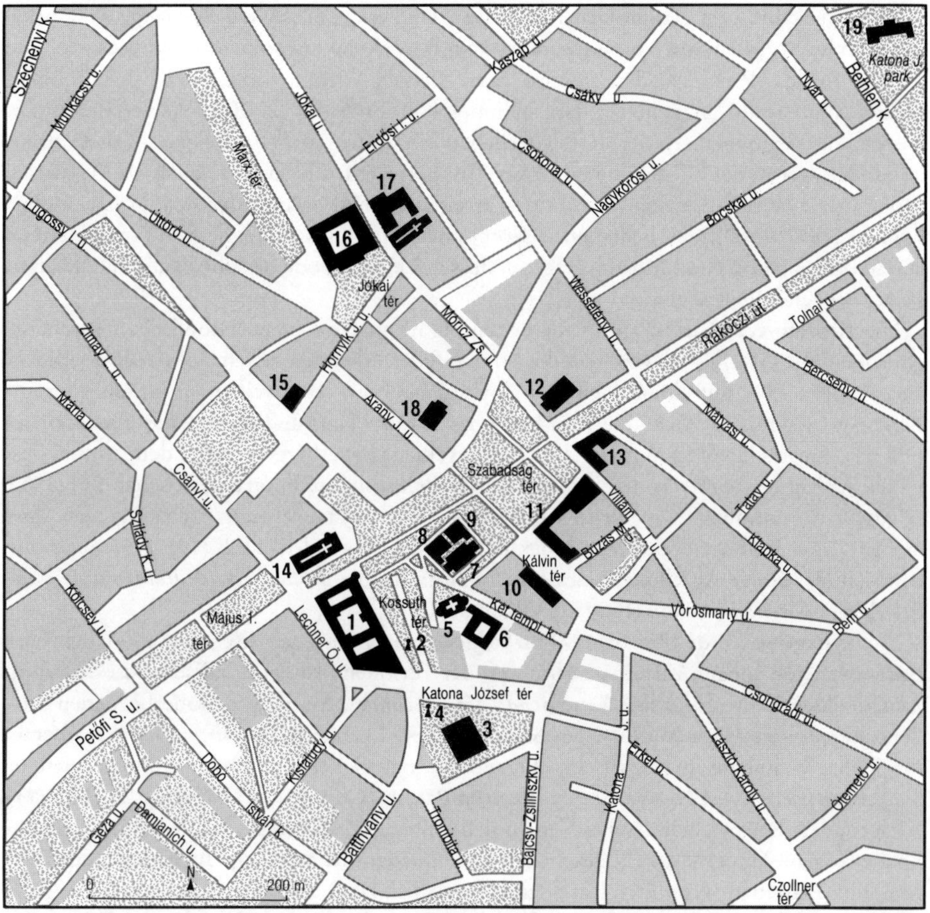

Kecskemét 1 Rathaus 2 Gedenkstein József Katona 3 József Katona-Theater 4 Dreifaltigkeitssäule 5 Ehem. Franziskaner-Kirche St. Nikolaus 6 Franziskaner-Kloster 7 Reformierte Kirche 8 Touristenamt 9 Café Szabadság (Liberté) 10 Altes Kollegium der Reformierten 11 Neues Kollegium/Bibliothek der Reformierten und Ráday-Kirchenmuseum 12 Ehem. Synagoge 13 ›Bunter Palast‹ und Kecskeméter-Galerie 14 Große Kirche (röm.-kath.) 15 Griechisch-orthodoxe Kirche der Serben 16 Piaristen-Gymnasium 17 Kirche und Konvent der Piaristen 18 Evangelische Kirche 19 Katona József-Museum

Theatergebäude, eines der schönsten im Lande, wieder in märchenhaft anmutender Pracht. Die barocke **Dreifaltigkeitssäule** auf dem Theaterplatz stifteten die Bürger zum Dank für das Versiegen der Pestseuche im Jahre 1742; die Statuen schuf der Ödenburger Bildhauer Leopold Anton Conti.

Zurückgekehrt zum Hauptplatz *(Kossuth tér)* verdient zunächst die ehemalige **Franziskaner-Kirche St. Nikolaus** Aufmerksamkeit, ein Barockbau mit romanisch-gotischem Mauerkern. In das ›Paradies‹, den atriumartigen kleinen Vorhof, führen prächtige Rokoko-Gitter. Altäre und Kanzel im Zopfstil stammen vom Ende des 18. Jh. Links von der Kirche wurden die Grundmauern der mittelalterlichen *Michaels-Kapelle* freigelegt. – Das **Franziskaner-Kloster** in der hübschen Fußgänger-Passage (Két templom köz) dient als Musikpädagogisches Institut, das den Namen des zweiten großen Sohnes der Stadt trägt: Zoltán Kodály (1882–1967), der bedeutende Komponist (›Psalmus hungaricus‹, ›Tänze aus Galánta‹, ›Háry János‹) und Musikpädagoge, dessen Lehrmethode der ›musikalischen Muttersprache‹ in aller Welt angewandt wird.

Die **Reformierte Kirche** (Református templom) ging aus einer katholischen Kirche im gotischen Stil (14. Jh.) hervor, wie die Strebepfeiler erkennen lassen. Um 1680 wurde sie barockisiert, 1790 mit einem Helm im Zopfstil bekrönt. An zwei Seiten umschließen die Kirche eingeschossige Gebäude vom Ende des vorigen Jahrhunderts, die das *Touristenamt* und das elegante *Café Szabadság* (Liberté = Freiheit) beherbergen. – Auf dem stimmungsvollen *Kálvin tér* blieb das *Alte Kollegium der Reformierten* im klassizistischen Stil (1830) erhalten, das monumentale **Neue Kollegium** auf dem Hauptplatz (Szabadság tér) ahmt Siebenbürger Holzarchitektur im blockhaft-strengen Jugendstil nach (1911). Heute befinden sich hier einige Abteilungen des *Kodály-Instituts,* die *Bibliothek der Reformierten* und das *Ráday-Kirchenmuseum* (Eingang Villám utca).

Die **Synagoge** wurde 1864 bis 1871 im Stile des maurisch-romantischen Historismus nach Entwürfen von Johann Zitterbart errichtet; der Turmhelm ist einer indischen Lotoskuppel nachgebildet (heute *Haus der Wissenschaft und Technik*). An der gegenüberliegenden Straßenecke entwarf Géza Márkus, ein Schüler Ödön Lechners, im Jahre 1902 ein überaus originelles Wohnhaus im ungarischen Jugendstil, angereichert mit schwingenden Linien des westeuropäischen Art Nouveau: den **›Bunten Palast‹** (Cifra Palota; Farbabb. 26, Abb. 94). Abgerundete Formen beherrschen den an sich klobigen Baukörper – wellig in die Dachzone hochgezogene Mauern, im Erdgeschoß Rustikaquader, die an riesige Butterlaibe erinnern. Majolika-Platten in versenkten Kartuschen fügen sich zu Ornamenten zusammen, die großflächigen Stickereivorlagen gleichen. Ihre Farbenpracht wiederholt sich zum Teil in den glasierten Dachziegeln, den Rahmen der Dachluken und den lustigen, wie Zinnsoldaten aufgereihten Kaminen. Heute ist im ›Bunten Palast‹ die *Kecskemetér Bildergalerie* zu sehen, die sich bevorzugt der ungarischen Malerei des 19. Jh. widmet.

Kehrt man zum Rathaus zurück, so bildet die sogenannte **Große Kirche** der Katholiken das Pendant zur Synagoge am gegenüberliegenden Ende des Platzes. Gáspár Oswald, ein vielbeschäftigter Baumeister aus dem Piaristen-Orden, hat die Kirche 1774 im Zopfstil begonnen; fertiggestellt war sie erst 1806. Das Hochaltarbild ›Christi Himmelfahrt‹ und die Seitenaltarblätter malte Josef Falconer.

Vorbei am *Hotel Arany Homok* (›Goldener Sand‹) gelangt man zum zentralen Busbahnhof auf dem *Széchenyi tér.* Die Ecke zum Fußgänger-›Basar‹ nimmt die griechisch-orthodoxe **Kirche der Serben** ein, errichtet um 1830 im späten Zopfstil. Die zwei anschließenden

Jugendstil-Häuser verbinden in gelungener Weise schwingende Linien des französischen Art Nouveau mit ungarisch-volkstümlichen Blumenmustern. Den *Jókai tér* beherrscht das monumentale *Piaristen-Gymnasium,* die ›Schule der Frömmigkeit‹ (schola piae), im klassizistischen Stil. **Kirche** und **Konvent der Piaristen** stiftete István Graf Koháry um 1724. Andreas Mayerhoffer lieferte die Entwürfe für die Barockkirche. Die Figuren an der harmonischen Einturm-Fassade schuf der Ödenburger Bildhauer Leopold Anton Conti. Reich geschnitzte Barockaltäre aus Oberungarn verleihen dem einschiffigen Raum festliche Pracht. – Die **Evangelische Kirche** (Arany János út) entwarf Miklós Ybl um 1860 in neoromanischen Formen. Sándor Petőfi besuchte einige Jahre die evangelische Schule.

Kecskemét besitzt viele Museen; bedeutendste Sammlung ist das städtische **Katona József-Museum** (Katona József-Park) mit einer reichhaltigen ortsgeschichtlichen, volkskundlichen und archäologischen Abteilung (u. a. ein byzantinisches Trinkglas mit Goldbemalung, 4. Jh.).

Jazygien (Jászság) und das mittlere Theiß-Gebiet

Zentrum der historischen Landschaft Jazygien (Jászság; s. S. 366) ist **Jászberény,** ein freundliches Städtchen am Zagyva-Fluß mit 31000 Einwohnern. Bei der Ortseinfahrt grüßt zunächst der **Turm** der **Pfarrkirche Patrona Hungariae,** einer der schönsten Barocktürme im Lande, errichtet 1759 nach Entwürfen von Andreas Mayerhoffer. Ein *Denkmal* auf dem *Hauptplatz* ehrt die im Ersten Weltkrieg gefallenen jazygo-kumanischen Husaren. Im klassizistischen *Stammeshaus der Jazygen* (Lehel tér 15) befindet sich heute das Gericht.

Das kleine **Jazygen-Museum** in der anschließenden Seitengasse (Táncsics Mihály utca) bewahrt den bedeutendsten Kunstschatz von Jazygien: das sagenumwobene *›Lehel-Horn‹,* das die Stadt im Wappen führt. Dieses reich geschnitzte Elfenbein-Horn byzantinischer Herkunft aus dem 8. Jh. fand wohl bei Zirkusspielen Verwendung und kam auf unbekanntem Weg nach Ungarn. Die Sage verknüpfte es mit den Magyaren-Fürsten Lehel (Lél) und Bulcsú, die nach der Schlacht auf dem Lechfelde (955) hingerichtet wurden. Lehel soll sich die Gnade erbeten haben, noch einmal in sein Horn stoßen zu dürfen, erschlug damit den deutschen Kaiser Konrad und sprach: »Du wirst mir ins Jenseits vorauseilen, um mir dort zu dienen.« Dies entbehrt jeder historischen Grundlage, sondern entspringt vielmehr dem Wunsch, die tiefe Schmach nach der verheerenden Niederlage vor Augsburg zu ›mildern‹. Das Horn befand sich wohl nie in Lehels Händen, und Kaiser Konrad regierte wesentlich früher, von 911 bis 918! Das Museum bietet außerdem einen Überblick zur Lebensweise der iranischen Jazygen, im besonderen ihre kunstvollen Kürschnerarbeiten – weiße Fellmäntel und -jacken, bestickt mit grüner Seide.

Eine bemerkenswerte *Provinzsammlung* besitzt auch die Ortschaft **Tápiószele** an der Straße nach Cegléd, die im *Herrenhaus der Familie Blaskovich* (Múzeum utca 13) unterge-

Das ›Lehel-Horn‹, byzantinische Elfenbeinschnitzerei (8. Jh.) im Jazygen-Museum von Jászberény

bracht ist. Gezeigt werden Wohnkultur des Kleinadels sowie archäologisches Material seit der Jungsteinzeit.

An der Mündung der Zagyva in die ›blonde‹ Theiß liegt **Szolnok,** eine der größten Städte der Tiefebene (85000 Einwohner), des weiteren Industriezentrum und Eisenbahnknotenpunkt, mit eindrucksvollen Straßenzügen des 19. Jh., aber ohne nenneswerte Einzelbauwerke – zu oft wurde sie erobert und zerstört, zuletzt im Zweiten Weltkrieg. Im Mittelalter erlebte Szolnok eine Blütezeit als Umschlagplatz für Salz und Holz aus Siebenbürgen, 1552 wurde die Festung erobert und Sitz eines türkischen Sandschakbegs (Militärgouverneur). An der Stelle der alten Burg nahe der Zagyva-Brücke ließ sich zu Beginn dieses Jahrhunderts eine Künstlerkolonie nieder, die heute noch besteht und eine *Gemäldesammlung* ihres bekanntesten Meisters zeigt: *Ferenc Chiovini.* Bilder heimischer Maler sind auch im *János-Damjanich-Museum* (Kossuth tér) ausgestellt, das außerdem eine archäologische und volkskundliche Abteilung umfaßt.

Nagykőrös zählte während der Türkenzeit zu den ›Khas‹-Städten. Die *Reformierte Kirche* auf dem Szabadság tér besitzt eine Schatzkammer mit ungarischen Goldschmiedearbeiten und anderen Kostbarkeiten. Das *Arany-János-Museum* (Ceglédi út 19) erinnert an den Dichter János Arany (1817–1882), der nach dem Scheitern der Revolution von 1848 neun Jahre als Lehrer in Nagykőrös wirkte. Sein ehemaliges Wohnhaus (Arany János utca 28) im klassizistischen Stil dient heute als Schule.

Südlich von Kecskemét: Kleinkumanien (Kiskunság)

Im Flachland zwischen Donau und Theiß genießt eine Fläche von etwa 30000 ha Naturschutz als **Nationalpark Kiskunság.** Seine sechs charakteristischen Landschaftsformen umfassen die *Apaj-Pußta* auf den Kalk-Alkali-Böden um *Kiskunlacháza* (Straße 51), die *Sandhügel* bei *Fülöpháza,* die *alkalischen Seen* bei *Fülöpszállás-Szabadszállás* und den *Kolon-See* bei *Izsák* (Straße 52), weiter den stillgelegten *Theiß-Arm* bei *Lakitelek-Tőserdő* sowie als größten und schönsten Teil die **Bugac-Pußta** südwestlich von Kecskemét. Verglichen mit der Hortobágy-Pußta bei Debrecen ist die Bugac-Pußta trockener und kleiner, blieb aber vom Durchzugsverkehr verschont und wirkt daher ursprünglicher und romantischer. Weideland wechselt mit Eichen- und Erlenwald, uralten Wacholderbüschen, Akazienbäumen (Robinien), Moorsenken und Sanddünen, auf denen der ›feurige‹ Sandwein (Homoki) wächst. Kutschenwagen bringen die Besucher zur Csárda (Wirtshaus, Schenke), zum Hirtenmuseum und Gestüt mit Reitvorführung sowie zu Herden und Stallungen der typischen Pußta-Tiere: Zackelschafe (Racka) mit langen, gedrehten Hörnern, Halbblutpferde, Wollschweine (Mangalica) und Graurinder. Die kraushaarigen Fettschweine stammen aus Serbien, die grauweißen Rinder mit starkem Körperbau und mächtigen Gabelhörnern brachten vermutlich die Kumanen im 13. Jh. in die Tiefebene. Bis zum 14. Jh. wurden auch in Ungarn die kleinen, rötlich-braunen mitteleuropäischen Rinder gezüchtet. Einödhöfe laden heute als gemütliche Touristenherbergen zum Urlaub ein.

Am toten Theiß-Arm bei Lakitelek-Tőserdő (Farbabb. 17) östlich von Kecskemét gedeiht eine vielfältige Vogel- und Pflanzenwelt, besonders weiße Lotosblumen und Seerosen. Stimmungsvolles Fischermilieu vermittelt das Städtchen **Csongrád** (23000 Einwohner), wo an der Körös-Mündung in die Theiß eine Reihe schilfgedeckter Häuschen (tanya) unter Denkmalschutz steht. Über die ganze Tiefebene verstreut entspringen heiße Quellen, die zur Erholung und Heilbehandlung in Kurorten genutzt werden.

Am Weg nach Szeged empfiehlt sich ein Abstecher zum **Nationalen Gedenkpark** (Emlékpark) bei **Ópusztaszer,** 11 km östlich von Kistelek. Nach der Ende des 12. Jh. vom sogenannten Anonymus verfaßten ›Gesta Hungarorum‹ hielten die Magyaren im Jahre 896 in der ›Alten Einöde‹ (Ópuszta) beim Weiler ›Szeri‹ die erste gesetzgebende Versammlung ab, in der Fürst Árpád das eroberte Land samt seinen Bewohnern an die sieben Magyarenstämme verteilte. 1945 fand auf diesem historischen Boden die ›zweite Landverteilung‹ statt, die Aufteilung des Großgrundbesitzes an drei Millionen Kleinbauern und Pächter. Zum Millennium der Landnahme stiftete die Stadt Szeged 1896 ein *Árpád-Denkmal,* einen kleinen Tempel im neoklassizistischen Stil. Unweit davon wurden die Grundmauern eines spätromanischen Männerklosters vom Anfang des 13. Jh. freigelegt und einige künstlerisch wertvolle Statuen aufgestellt.

Im *Freilichtmuseum* gruppieren sich typische Gebäude der Tiefebene: Einödhöfe, eine Fischerhütte (tanya) aus Csongrád, das Haus eines Zwiebelzüchters aus Makó bei Szeged, eine Windmühle aus Szentes, ein Provinzbahnhof, eine Schmiede, ein Rathaus u. a. Die von

Zackelschafe in der Bugac-Pußta

István Novák entworfene *Rundhalle* enthält ein phantasievolles Panoramagemälde des Einzugs der Magyaren nach Entwürfen von Árpád Feszty (gest. 1914). Festlichkeiten finden am 20. August jeden Jahres statt, dem Tag der Verfassung, verbunden mit dem Kirchweihfest des hl. Königs Stephan.

Als Zentrum von Kleinkumanien gilt **Kiskunfélegyháza,** eine freundliche Landstadt mit 36000 Einwohnern. Besonderen Reiz verleihen ihr – wie fast allen Siedlungen der Jazygen und Kumanen – Häuserzeilen mit kleinen Gärten, Blumen- und Rasenstreifen sowie schattige Alleen. Der eigentümliche Ortsname, die ›Kleinkumanische Halbkirche‹, erinnert vielleicht an die gewaltsame Christianisierung im 14. Jh. Das **Museum von Kleinkumanien** (Kiskun Múzeum, Vörös Hadsereg utja 9) befindet sich im ehemaligen Haus des Kumanen-›Kapitäns‹, einem Zopfstilgebäude vom Ende des 18. Jh. Im Hoftrakt ist das Kerker-Museum der Hauptmannschaft eingerichtet, im zweiten Hof steht eine schöne, betriebsfähige Windmühle von 1860. Das monumentale **Rathaus** (Farbabb. 31, Abb. 96) an der Ecke zur Kossuth Lajos utca, eines der originellsten Werke des ungarischen Jugendstils, wurde 1911 nach Entwürfen von József Vass erbaut. Prachtvoll wirken die bunten Pyrogranit-Platten aus der Keramikfabrik Zsolnay in Pécs, deren Blumenornamente den Spitzenmustern von Halas gleichen. Als Vorlagen dienten – wie bei vielen Bauwerken Ödön Lechners und seines Kreises – die Bücher des Volkskundlers József Huszka, der aus Kiskunfélegyháza stammte, über die ungarisch-turanische Ornamentik. Im ›**Schwanenhaus**‹ an der gegenüberliegenden Straßenseite betrieb Sándor Petőfis Vater – der »gute alte Gastwirt«, wie er ihn zärtlich nannte – ein Wirtshaus und eine Schlachtbank.

Geboren wurde Ungarns gefeierter Revolutionslyriker *Sándor Petőfi* (1823–1849) im Städtchen **Kiskőrös** im Herzen von Kleinkumanien. Seine Mutter war Slowakin – 1718 wurden evangelische Slowaken hier angesiedelt –, sein Vater ein serbischer Gastwirt und Metzger namens Petrovics. Petőfis *Geburtshaus* in der Ortsmitte ist eine vielbesuchte Gedenkstätte.

Im nahen Städtchen **Kiskunhalas** überlebte eine alte *Windmühle*, die letzte von einstmals 90 Windmühlen der Region. Sie steht im Wohnviertel an der Kölcsey utca, nahe der nördlichen Einfahrtsstraße 53 (beim Km-Schild 55 nach Osten abzweigen). Das *Janós-Thorma-Museum* (Köztársaság út 2) ist nach dem einheimischen Maler János Thorma benannt, einem Gründungsmitglied der Schule von Nagybánya (s. S. 83). Die reiche archäologische Sammlung enthält u. a. Funde der Sarmaten, Awaren und frühen Magyaren, die Volkskunde-Abteilung Beispiele der Halaser Klöppelspitzen. Kunstvoll gearbeitete Spitzen zeigt auch das *›Spitzenhaus‹* (Csipkeház, Kossuth utca 39).

Windmühlen in Kleinkumanien (Kiskunság)

Kalocsa und Baja

Wahrzeichen der südwestlichen Tiefebene ist der tausendjährige Dom von Kalocsa: Schon von ferne grüßen seine Zwillingstürme, heute freilich in barocker Gestalt (s. Abb. S. 2). König Stephan gründete 1009 das Erzbistum für das Gebiet östlich der Donau; seither nimmt der Erzbischof von Kalocsa nach dem Primas von Ungarn in Esztergom (Gran) den zweiten Rang in der katholischen Kirchenhierarchie des Landes ein. So empfängt Kalocsa den Besucher mit einem ›Hauch‹ fürstlichen Glanzes inmitten einer ländlichen Umgebung. Das extrem sonnige Klima der südlichen Tiefebene eignet sich am besten zum Anbau des ›roten Goldes‹ – des weltberühmten Gewürzpaprika von Kalocsa –, der neben den Sorten aus Szeged einen bedeutenden Exportartikel darstellt (Farbabb. 19, 20). Nicht zuletzt verdankt das Landstädtchen mit 20000 Einwohnern seinen Ruhm der überaus farbenprächtigen Volkskunst.

Den romanisch-gotischen **Dom** steckten während der Religionskriege die Haiducken in Brand. 1735 bis 1754 wurde der Neubau im Barockstil aufgeführt, vermutlich nach Entwürfen von Andreas Mayerhoffer. Die harmonische Westfassade schmücken barocke Statuen der Apostelfürsten Petrus und Paulus sowie eine 1870 erneuerte Figur der Jungfrau Maria; das Relief über dem Eingang zeigt sie im Kreise ungarischer Heiliger. Den einschiffigen Innenraum zieren bravourös gearbeitete Rokoko-Stukkaturen – im Chor der Triumph der Kirche, im Schiff die vier Kirchenväter –, das Werk eines italienischen Künstlers um 1770. Spätbarocke Altäre, Chor- und Betstühle mit Einlegearbeiten und die Kanzel (um 1750) vollenden den festlichen Gesamteindruck. Aus der Zeit der Romantik (erste Hälfte 19. Jh.) stammen das Hochaltarblatt ›Mariae Himmelfahrt‹ des Wiener Biedermeier-Malers Leopold Kupelwieser und die Statuen der heiligen Árpáden-Könige Stephan und Ladislaus von Miklós Izsó. Auf den Reliefs ist König Stephan bei der Domgründung mit dem ersten Erzbischof von Kalocsa zu sehen, dem Benediktiner-Abt Astrik, der ihm die Königskrone aus Rom brachte, des weiteren König Ladislaus I. als Verteidiger des Glaubens. Vom alten Dom überdauerten das Grabmal eines im Jahre 1203 verstorbenen Erzbischofs und der gotische Grabstein eines Domherrn (1433). Die Orgel fertigte die namhafte Orgelfabrik Angster in Pécs an.

Das **Erzbischöfliche Palais** erhebt sich auf den Grundmauern der mittelalterlichen Bischofsburg. 1760 wurde mit der Errichtung des neuen Palais im Stil des Spätbarocks nach Entwürfen von Gáspár Oswald aus dem Piaristen-Orden begonnen. Die Fresken malte Franz Anton Maulbertsch. In der *Bibliothek* und der *Kunstsammlung* werden Bauteile und Grabbeigaben aus dem romanischen Dom des 13. Jh. verwahrt, des weiteren kostbare Handschriften, Wiegendrucke und Raritäten (Besichtigung gegen Voranmeldung oder mit Gruppenführung).

Einer der Erzbischöfe von Kalosca, Pál Tomori, ging als Freiheitsheld in die ungarische Geschichte ein. Er verteidigte die südlichen Grenzburgen gegen die Türken und fiel 1526 bei Mohács. Das Erbe der einstigen Feinde lebt aber weiter: Manche Familiennamen um

Kalocsa sind türkischen Ursprungs, und die Türken brachten den Paprika ins Land, der wie kein anderes Gewürz der ungarischen Küche ihre spezifische Geschmacksnote verleiht. Das **Paprika-Museum** in einer alten Mühle (Marx tér) macht den Besucher mit der Geschichte und Gewinnung, den verschiedenen Sorten und dem Vertrieb des Gewürzpaprika vertraut. Die ersten Paprikasamen kamen Ende des 15. Jh. durch die Spanier aus Mittelamerika nach Europa, italienische Händler verbreiteten ihn im Osmanischen Weltreich, bulgarische Gärtner während der Türkenherrschaft in Südungarn. Anfänglich war der Gebrauch des pikantscharfen Gewürzes den ›Djauren‹ (Christen) verboten. Nach dem Abzug der Türken baute man Paprika vor allem als Ersatz für den teuren Pfeffer an.

Paprikaschoten und Blumen bilden die Grundmotive der berühmten *Volkskunst von Kalocsa.* Stickende und malende Frauen (pingáló asszonyok) vererbten ihre Muster von Generation zu Generation und schmückten damit Hauswände, Möbel und Öfen, Ostereier, Tischdecken, Bettzeug, Trachten und Hauben, oft umrahmt von Spitzen. Ausgestellt sind die schönsten Exemplare im **Viski-Károly-Museum** (István Király utca 25), das sich der Volkskunst und Wohnkultur von Kalocsa und der Landschaft Sárköz widmet. Sehenswert ist auch das **Haus der Volkskunst** (Népművészeti ház, Tompa Mihály utca), ein typisches Bauerngehöft mit reicher Innenausstattung, Stickerei-Sammlung und Verkaufsraum.

Kalocsa, Wohnstube mit bemaltem Ofen im ›Haus der Volkskunst‹

Im Westen der Tiefebene wohnen seit dem frühen 18. Jh. viele ›Schwaben‹. Zentrum ihres Weinbaugebietes ist das Dorf **Hajós;** als beste Sorte gilt der preisgekrönte Cabernet-Wein. Auf einem Lößrücken an der Straße 54 wuchsen Zeilen von *Kelterhäusern* mit 20 bis 50 m langen Stollen zu einem ›Kellerdorf‹ (Hajós pincefalu; Abb. 93) heran, einem der größten in Europa. Auch das Dorf **Nemesnádudvar** (nördlich von Baja, Straße 51) besitzt eine typische ›Kellerstraße‹.

Die Donaustadt **Baja** (40000 Einwohner) gedieh schon im Mittelalter zu einem wichtigen Umschlagplatz für Getreide und Vieh. Nach dem Abzug der Türken besiedelten Serben, Kroaten, Deutsche und Juden den entvölkerten Marktflecken; königliche Privilegien begünstigten den raschen Aufschwung zu einer der reichsten Städte der Tiefebene. Von dieser wirtschaftlichen Blüte im 18. und 19. Jh. kündet noch heute der weiträumige **Hauptplatz** (Béke tér = Friedensplatz), der sich gegen Westen zu einem Donauarm (›Sugovica‹) hin öffnet (Abb. 92). Das von Fürst Antal Grassalkovich errichtete **Rathaus** wurde im Stile der Neorenaissance verändert. Nach 1920 wurde Baja zum Verwaltungs- und Kulturzentrum der nördlichen Bácska (Batschka) bestimmt, seine Donauauen und -inseln erfreuen sich als Erholungsgebiet steigender Beliebtheit.

Schönstes Gotteshaus ist die griechisch-orthodoxe **Kirche der Serben** (Szabadság út) im Stile des Spätbarocks mit einer Ikonostase aus der Erbauungszeit (um 1790). Das klassizistische Eckhaus Béke tér – Szabadság út beherbergt das städtische **István-Türr-Museum** mit einer archäologischen Sammlung (u. a. Funde der Sarmaten), einer volkskundlichen Abteilung und einer Galerie moderner ungarischer Malerei. Benannt ist das Museum nach István Türr, dem bekanntesten Sohn der Stadt, der als Adjutant Garibaldis für die Einigung Italiens kämpfte und sich als Ingenieur am Bau der Kanäle von Panama und Korinth sowie an der Erneuerung von Wasserwegen durch die Tiefebene beteiligte. An der Ecke zur Bartók Béla utca erhebt sich die barocke **Franziskaner-Kirche,** auf dem Tóth Kálmán tér die **St. Peter- und Paul-Kirche** im Stile des Spätbarocks. Besondere Beachtung verdient die **ehemalige Synagoge** (Munkácsy utca 7) im klassizistischen Stil (1845), heute ein eleganter Bibliotheksaal.

Szeged (Szegedin)

Schicksalsstrom der Stadt ist die ›doppelgesichtige‹ Theiß (Tisza) – die segenbringende und zerstörerische –, die hier noch den Maros aufnimmt. 1879 vernichtete ein Hochwasser fast die ganze Innenstadt; 60000 Menschen wurden damals obdachlos. In einem beispielhaften Wiederaufbau mit internationaler Hilfe erstand in knapp einem Jahrzehnt eine ›Reißbrettstadt‹ im Stile des Historismus mit zweit breiten Ringboulevards und großzügigen Radialstraßen, Plätzen und Grünanlagen. Der äußere Ring trägt die Namen der Hauptstädte jener Staaten, die zum Wiederaufbau von Szeged Geldmittel zur Verfügung stellten: Rom, Brüs-

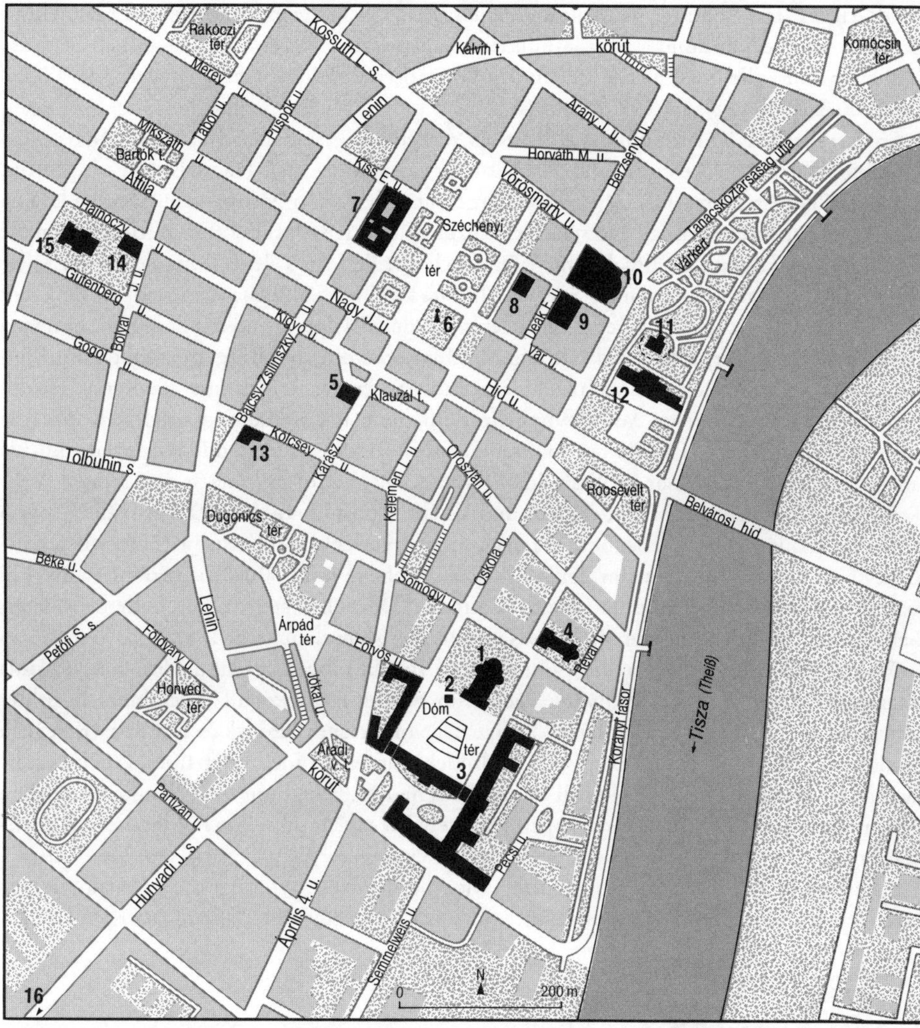

Szeged 1 Votivkirche 2 St. Demetrius-Turm 3 Arkadengänge – Nationale Ruhmeshalle 4 Griechisch-orthodoxe (serbische) St. Nikolaus-Kirche 5 Kárász-Haus 6 Denkmal István Széchenyi 7 Rathaus 8 Hotel Theiß (Tisza) 9 Freiheitskino 10 Nationaltheater 11 Burggarten/Lapidarium 12 Kulturpalast/Móra-Ferenc-Museum 13 Palais Reök (›Iris-Haus‹) 14 Alte Synagoge 15 Neue Synagoge 16 Franziskaner-Kirche

sel, Berlin, Paris, London, Moskau und Wien (Bécs). Von der Bedeutung und Finanzkraft Szegeds um die Jahrhundertwende künden des weiteren interessante Jugendstil-Gebäude und die prunkvolle Neue Synagoge. In den Vorstädten überlebten einige malerische Winkel des alten Szeged.

Spätestens die Römer nutzten die Theiß als Verkehrsweg, vor allem für das auf Nebenflüssen aus Siebenbürgen eingeschiffte Salz. Bulgaren nahmen rege Handelsbeziehungen mit Ost- und Südosteuropa auf, führten das Christentum und den Weinbau ein. Der Stadtname ist magyarischen Ursprungs und scheint sich auf den Bogen (das ›Eck‹) zu beziehen, den die Theiß im alten Stadtkern beschreibt. König Béla IV. ließ nach dem Mongolensturm Mitte des 13. Jh. die erste Burg erbauen. Szeged erblühte zu einer wohlhabenden Stadt als Zentrum des Salzhandels, des Schiffbaues, Seildrehens und der Fertigung von Schilfmatten, in denen das ›weiße Gold‹ verpackt wurde. König Matthias schenkte den Bürgern ausgedehnte Weidegründe, so daß auch die Viehzucht zunahm. Nach der 150jährigen Türkenherrschaft begann im 18. Jh. ein neuer Aufschwung, im 19. Jh. entstand die Lebensmittel-Industrie (die weltberühmte Salami, Paprika). Um 1900 verschmolz das neuerstandene Szeged mit den angrenzenden Dörfern zur größten Stadt Südungarns, verlor aber nach dem Ersten Weltkrieg seine Bedeutung als Handelsstadt und Verkehrsknotenpunkt. 1920 wurde die Universität von Klausenburg (Siebenbürgen) nach Szeged verlegt. Heute ist die Stadt wirtschaftliches und kulturelles Zentrum der südlichen Tiefebene mit 180000 Einwohnern. Im Juli und August finden die Szegeder Festspiele auf dem Domplatz statt: Oper, Ballett, Konzert, Schauspiel – traditionell Imre Madáchs ›Tragödie des Menschen‹ (s. S. 168).

Wahrzeichen von Szeged ist die monumentale **Votivkirche** (Fogadalmi templom) auf dem Domplatz, deren Bau die Stadtväter nach dem Hochwasser von 1879 gelobten. Errichtet wurde sie aber erst 1913 bis 1929 nach Entwürfen von Frigyes Schulek (s. Matthias-Kirche in Budapest, S. 96) und Ernő Foerk. Als Vorbilder dienten Dome in der Lombardei und die Kirche S. Marco in Venedig – nach bauästhetischen Gesichtspunkten gelang aber nur ein umstrittenes Werk. Zur eindrucksvollen Kulisse wird die Domfassade mit ihren 91 m hochragenden Doppeltürmen und der etwa 55 m hohen Kuppel allerdings bei den Freilichtspielen, besonders in künstlicher Beleuchtung. Mosaikbilder der zwölf Apostel, Marmorstatuen und eine drei Meter hohe Figur der Muttergottes als Schirmherrin Ungarns (Patrona Hunga-

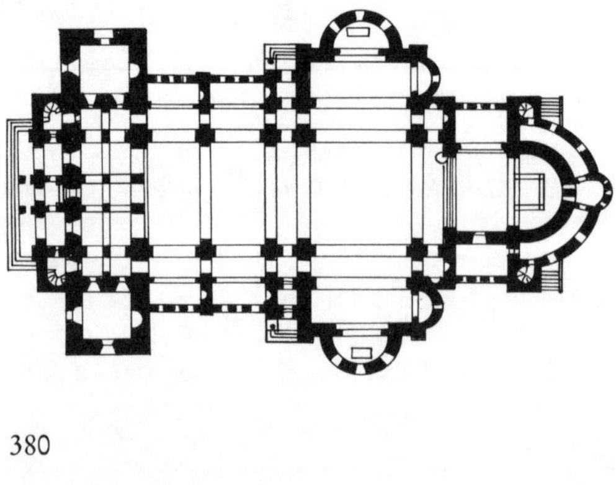

Szeged, Votivkirche, Grundriß

riae) bilden den Außenschmuck. Im Altarraum schuf Ferenc Márton Mosaikbilder der ›Szegediner Madonna‹ und der hl. Dreifaltigkeit. Bedeutendstes Kunstwerk ist das bei der Pariser Weltausstellung im Jahre 1900 ausgezeichnete Kruzifix von János Fadrusz an einem Seitenaltar. Einen hervorragenden Ruf weit über die Landesgrenzen hinaus genießt die Riesenorgel mit mehr als 9000 Pfeifen und fünf Manualen aus der Firma Angster in Pécs.

Vor der Votivkirche erhebt sich das älteste erhaltene Bauwerk von Szeged, der **St. Demetrius-Turm** (Szent Dömötör torony). Der quadratische Unterbau stammt noch von der romanischen Demetrius-Kirche des 12. Jh., der achteckige Aufsatz aus dem 13. Jh. Beim Abbruch des alten Domes fiel seine Barockhülle ab. Das Agnus-Dei-Relief (Lamm Gottes) im Tympanon des neuen Portals wurde aus der romanischen Kirche im nahegelegenen Dorf Dorozsma überführt.

Der **Domplatz** erhielt sein heutiges Aussehen erst um 1930 nach Entwürfen von Béla Rerrich. In den umlaufenden *Arkadengängen* reihen sich in der Art einer *nationalen Ruhmeshalle* Porträtbüsten bedeutender Ungarn; den Grundstock dieser Sammlung bildete der Nachlaß des Bildhauers Alajos Stróbl. Die Reliefs an den Fassaden fertigte Béla Ohmann an. Seit 1931 finden auf dem Domplatz Freilichtspiele statt; mehr als 6000 Zuschauer finden hier Platz.

Hinter der Apsis der Votivkirche steht die **griechisch-orthodoxe St. Nikolaus-Kirche** der Serben im Stile des Spätbarocks (1773). Den Rahmen der Ikonostase schnitzte der serbische Künstler Jovan Popovich aus Birnenholz. Der intime **Klauzál tér** und die Kárász utca vermitteln noch den Eindruck des alten Szeged vor dem Wiederaufbau. Vom Balkon des klassizistischen **Kárász-Hauses** (Klauzál tér 5) hielt Lajos Kossuth am 12. Juli 1849 seine letzte öffentliche Rede vor der Reise ins Exil.

Schönster Platz ist der **Széchenyi tér,** der in wesentlich größerer Ausdehnung die Stelle des alten Marktplatzes einnimmt. *Statuengruppen* und *Denkmäler* beziehen sich vornehmlich auf die schicksalhafte Verknüpfung der Stadt mit der Theiß; die Statue des ›Reformgrafen‹ *István Széchenyi* von Alajos Stróbl erinnert an seine Verdienste bei der Flußregulierung. Das neobarocke **Rathaus,** errichtet 1883 nach Plänen von Ödön Lechner und Gyula Pártos, weist erste Anklänge des national-ungarischen Jugendstils auf, allerdings noch ohne die typischen Majolika-Zierate. Der hohe Turm scheint von italienischen Vorbildern der Gotik beeinflußt, mit denen eine Stadt symbolisch ›gefürstet‹ wird. Vom traditionsreichen ›Hotel Theiß‹ (Tisza Szálló) an der gegenüberliegenden Platzseite kommt man zum *Freiheitskino* (Szabadság mozi) im Jugendstil und weiter zum **Nationaltheater,** einem prunkvollen Gebäude im Stile des Historismus nach Entwürfen der Theaterarchitekten Fellner und Helmer aus Wien (1896).

An der **Uferpromenade** laden Fischlokale ein, wo die im ganzen Lande geschätzte Szegeder Fischsuppe serviert wird. Vom Fischreichtum schwärmte schon 1433 der burgundische Ritter Bertrandon de la Brocquière in seinem Reisetagebuch: »In der Theiß habe ich so viele große Fische gesehen, wie in keinem anderen Fluß.« Im **Burggarten** (Várkert) bewahrt das *Lapidarium* u. a. Reste der Burg aus dem 13. Jh. Nahe der Innerstädtischen Brücke (Belvárosi híd) liegt der neoklassizistische **Kulturpalast,** der das *Ferenc-Móra-Museum* und die

Nationaltheater von Szeged, errichtet Ende 19. Jh. von den Wiener Theaterarchitekten Fellner und Helmer

städtische Bibliothek beherbergt (gegenwärtig in Restaurierung). Die bedeutende Sammlung enthält u. a. archäologische Funde der Hunnen, Awaren und frühen Magyaren, des weiteren Volkskunst und eine Galerie ungarischer Maler des 20. Jh.

Szeged bietet interessierten Besuchern eine Fülle von Jugendstil-Gebäuden in verschiedensten Entwicklungsstufen: Barockisierende Frühformen (Rathaus) wechseln mit Nachahmungen bäuerlicher Holzarchitektur und ungarischen Volkskunst-Ornamenten, blockhaft-strengen Varianten der Wiener Sezession und elegant schwingenden Linien des französischen Jugendstils. Schönstes Beispiel der Art Nouveau ist das **Palais Reök,** das **›Iris-Haus‹** (Ecke Lenin körút 56). Der aus Szeged stammende Architekt Ede Magyar folgte offenbar den Wünschen des Bauherrn, des Wasseringenieurs Reök: Stilisierte Wasserlilien (Iris) ›wuchern‹ an der Fassade und ziehen sich bis in die Schmiedeeisen-Balkone, die Dacherker und das Treppenhaus hinein.

Zwischen der Inneren und Äußeren Ringstraße (in der Hajnóczy utca, Gutenberg utca) stehen die beiden jüdischen Bethäuser: die **Alte Synagoge** im klassizistischen Stil (1843) und die **Neue Synagoge,** ein mächtiger Kuppelbau im maurisch-orientalischen Jugendstil 1900 bis 1903 nach Entwürfen von Lipót Baumhorn. Bis zur Vollendung der Votivkirche auf dem Domplatz war sie das größte Gebäude von Szeged und Ausdruck der Finanzkraft der 5000 Seelen starken jüdischen Gemeinde. Eine Gedenktafel in der Vorhalle nennt die Namen der mehr als 4000 in Auschwitz ermordeten Szegeder Juden. Geradezu überwältigend ist die Pracht des Inneren: Die herrliche Glaskuppel wirkt als Himmelsgewölbe, die Säulen der Kuppeltrommel symbolisieren die 24 Stunden des Tages, blau-weiß-goldene Pflanzenornamente, Sterne und Sonnenstrahlen den Glauben und das All (Farbabb. 24). Diese kosmische

Symbolik ersann der Szegediner Oberrabbiner Immanuel Löw, gestützt auf die heiligen Schriften. Für die kostbare Ausstattung der Tora-Bühne wurden Marmor und Akazienholz aus den biblischen Ländern eingeführt.

Im südlichen Stadtteil *Alsóváros* (Unterstadt) überlebte ein Teil des alten Szeged. Bedeutendstes Baudenkmal ist die ehemalige **Franziskaner-Kirche,** heute die Pfarrkirche ›Maria Schnee‹, auf dem Mátyás király tér. An der Stelle einer romanischen Kirche und des Johanniter-Hospitals errichteten die Franziskaner unter Leitung ihres Baumeisters Bruder Johann von 1490 bis 1503 die spätgotische Kirche. Der barocke Turmhelm und die Innenausstattung kamen um 1720 hinzu. Hohe Verehrung genießt die ›Schwarze Muttergottes‹ in der Vorhalle, eine Nachbildung des Gnadenbildes von Tschenstochau in Polen, das auf wunderbare Weise in der Theiß angeschwemmt wurde. In der einschiffigen Halle besticht das Netz- und Sternrippengewölbe, das enge stilistische Beziehungen zur St. Georgs-Kirche in Nyírbátor und Stiftungen König Matthias' in Siebenbürgen aufweist. Den chorfüllenden Hochaltar (Abb. 97) und die Kanzel schnitzte der Franziskaner-Bruder Antal Graff (1714); das Gemälde der ›Szegeder Madonna‹ im Strahlenkranz malte ein unbekannter Meister nach einer Vision des Apostels Johannes in der Geheimen Offenbarung (Apokalypse). Die Seitenaltäre schuf der rheinische Kunsttischler Josef Aisenhut (1775), die meisten Altarblätter malte Joseph Hautzinger aus Wien.

Die Gassen südlich der Franziskaner-Kirche bewahrten weitgehend den dörflichen Charakter dieses Stadtteils. Die sogenannten *›Sonnenstrahl-Häuser‹* ziert ein geschnitztes ›Auge Gottes‹ im Giebel; diese volkstümlichen Darstellungen wurzeln im vorchristlichen Sonnenkult. Der Vorort *Szentmihálytelek* ist das Zentrum des Paprika-Anbaues (Museum: Vörös Hadsereg útja 42).

In **Kiskundorozsma,** einer früheren Kumanen-Siedlung nordwestlich von Szeged, steht eine *Windmühle* von 1821. Östlich der Straße nach Budapest liegt das *Vogelreservat* am *Weißen See* (Fehér tó).

Von Szeged nach Debrecen

Aus der ›Zwiebelstadt‹ *Makó,* südöstlich von Szeged, stammte Josef Pulitzer (1847–1911), der in den USA den Pulitzer-Preis für Journalisten und Schriftsteller stiftete. Kunsthistorische Bedeutung kommt der **Rundkirche** im nahe gelegenen Dorf **Kiszombor** zu, erbaut im 11. Jh. wohl als Sippenkirche eines mächtigen Feudalherrn. Die Sechspaß-Anlage im Inneren scheint wie die Kirche von Karcsa von der armenischen Baukunst beeinflußt (s. S. 363). Bei der Restaurierung wurde die Rundkirche von der neoromanischen Pfarrkirche abgetrennt und die ursprüngliche Raumwirkung wiederhergestellt. Freigelegte Wandmalereien aus dem 14. Jh. zeigen die hl. Elisabeth, das Schweißtuch der Veronika, die hl. Anna Selbdritt, Apostel u. a.

Die Kreishauptstadt **Hódmezővásárhely** (55000 Einwohner) entwickelte sich auf uraltem Siedlungsboden. Wertvollstes Fundstück aus der Jungsteinzeit ist die ›Venus von Kökénydomb‹, die Tonstatuette einer Muttergöttin aus dem 3. Jt. v. Chr., im **Janós-Tornyai-Museum** (Szántó Kovács János utca). Des weiteren besitzt das Museum eine Sammlung des heimischen Malers János Tornyai (1869–1936), einem Mitbegründer der ›Tiefland-(Alföld-) Schule‹. Diese ortsansässige Künstlerkolonie vereint Maler, Töpfer und Bildhauer. Schräg gegenüber vom Museum steht die spätbarocke **Kirche der Serben,** das schönste Gotteshaus der Stadt. Ende des 19. Jh. formierten sich im ›Sturmeck‹ zwischen Hódmezővásárhely und Békéscsaba Bauernaufstände und Streiks der bei der Theiß-Regulierung beschäftigten Erdarbeiter.

Békéscsaba (76000 Einwohner) ist das Zentrum der ungarischen Slowaken. 1718 siedelte Baron Harruckern, der damalige Gutsherr und Gespan, in dem von Türken zerstörten Marktflecken viele Slowaken an, dazu Rumänen und Serben sowie Deutsche aus dem Rheinland. 1950 wurde die Komitatsverwaltung von Gyula nahe der rumänischen Grenze weiter landeinwärts verlegt, nach Békéscsaba. Die **Evangelische Kirche** vom Anfang des 19. Jh. ist die größte ihrer Art in Ungarn. Das **Munkácsy-Mihály-Museum** (Széchenyi utca) besitzt einige Gemälde dieses bedeutendsten ungarischen Malers des 19. Jh., der in jungen Jahren in

Gyula während der Türkenbelagerung 1566

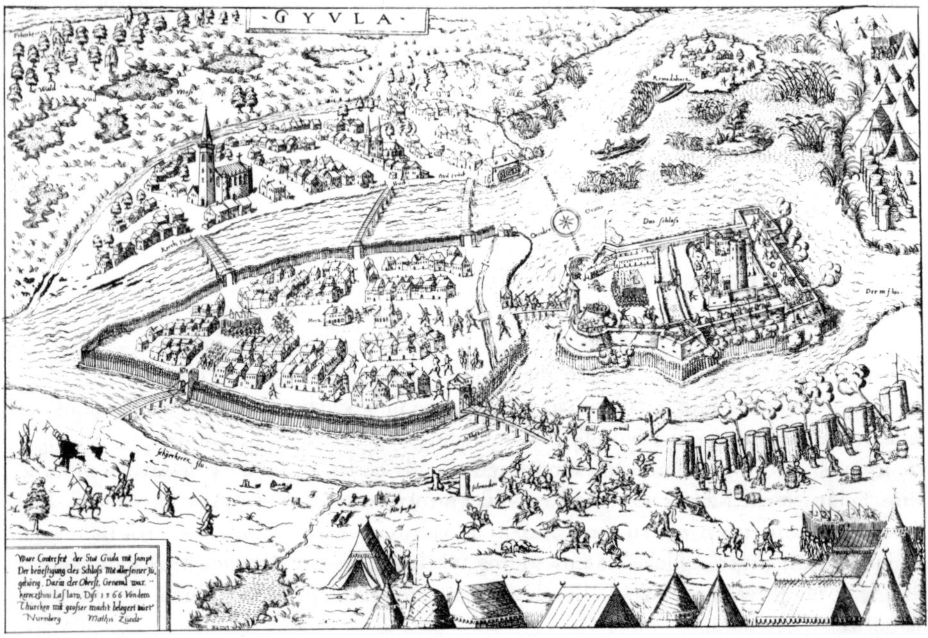

Ferenc Erkel (1810–1893), der Schöpfer der ungarischen Nationaloper und Komponist der Nationalhymne

Békéscsaba als Tischlerlehrling lebte. Sein Standbild vor dem Museum schuf Miklós Borsos. Das *Slowakische Traditionshaus* befindet sich in der Garai utca 21.

Schönste Stadt im südöstlichen Tiefland ist **Gyula** (40000 Einwohner), eine durchgrünte, gemütliche Kurstadt abseits der großen Touristenströme. Nahe der Kurzone erhebt sich die mächtige **Burg** aus dem 15. Jh., die einzige in Ziegelbauweise erhaltene der Tiefebene (Abb. 98). 1482 schenkte sie König Matthias seinem unehelichen Sohn János Hunyadi, dessen Witwe Beatrix (aus dem kroatischen Geschlecht Frangepan) brachte sie als Hochzeitsgut in die Ehe mit Markgraf Georg von Brandenburg. 1566 fiel Gyula in türkische Hände, 1720 wurde Johann Georg Harruckern (Harruker), ein geadelter Heereslieferant aus Niederösterreich, Herr der Burg samt den angrenzenden Ländereien. Heute dient die Festung musealen Zwecken und als Schauplatz von Freilichtspielen. In den trockengelegten Sümpfen der Weißen Körös erstreckt sich der *Kurpark*. **Schloß Harruckern,** ein Barockbau mit hoher Mittelkuppel, wurde um 1745 errichtet und später durch die Grafen Wenckheim und Almássy verändert (heute Kinderheim).

Im ›**Dürer-Saal**‹ neben der Brücke zum Burg- und Kurbezirk finden in stetem Wechsel Ausstellungen moderner Künstler statt. Der Kossuth utca folgend, kommt man zum kleinen Park vor der orthodoxen Serben-Kirche (1825). Eine *Büste* von András Kocsis (1905) zeigt *Albrecht Dürer,* dessen Vater aus Gyula stammte. Die *Gedenktafel* am Eckhaus Dürer Albrecht utca/Apor Vilmos tér besagt, daß im Mittelalter hier das Haus der Familie Ajtóssy aus dem benachbarten Ajtósfalva stand. Der Goldschmied Antal Ajtóssy wanderte in jungen Jahren in die Niederlande aus und kam 1455 nach Nürnberg, wo er seinen Namen in ›Türer‹ wandelte (ajtó heißt ›Tür‹). Sein Sohn war der große Renaissance-Maler Albrecht Dürer, der eine geöffnete Tür im Siegel führte.

Berühmtester Sohn der Stadt ist *Ferenc Erkel* (1810–1893), der Komponist der ungarischen Nationalhymne und Schöpfer der Nationaloper sowie Direktor der Königlichen Oper (Staatsoper) und der Musikakademie in Budapest. Seine historischen Opern ›Bánk Bán‹, ›Báthory Mária‹ und ›Hunyadi László‹ nehmen einen festen Platz im Repertoire ungarischer Bühnen ein. Erkels Geburtshaus im klassizistischen Stil (Apor Vilmos tér 7) ist als *Gedenkmuseum* eingerichtet. Sein Sohn László Erkel unterrichtete als Musiklehrer in Preßburg Ungarns bedeutendsten Komponisten Béla Bartók.

Am **Erkel tér,** dem schönsten Platz von Gyula, lädt im klassizistischen Eckhaus (1801) die reizvolle ›**Hundertjährige Konditorei**‹ (**Százéves cukrászda**) ein. Seit ihrer Gründung im Jahre 1840 hat sich nur wenig verändert: Die Gäste genießen Kaffee, Torten und Eis noch immer in Biedermeier-Salons unter originalen Wandmalereien im klassizistisch-frühromantischen Stil. Auch die Umgebung verbreitet anmutige Kleinstadt-Stimmung des vorigen Jahrhunderts: der *Petőfi tér* mit der **Reformierten Kirche** und der *Szabadság tér,* auf dem sich zwischen alten Bäumen die katholische **Pfarrkirche** (Belvárosi templom) im Spätbarockstil erhebt. Das Hochaltarblatt von Hubert Maurer stellt das Kirchweihfest ›Mariä Himmelfahrt‹ dar. An den Patronatsherrn Franz Baron Harruker erinnert das klassizistische Wandgrab im Chor, ein Werk des Wiener Bildhauers Martin Schmidt (1777).

Von Szolnok nach Debrecen: Hortobágy-Pußta und Hajdúság

Östlich der Theiß erstreckt sich **Großkumanien** (Nagykunság), ein Landstrich mit typischen Großdörfern der Tiefebene, die in den letzten Jahren den Weg der Industrialisierung beschritten haben. Kulturzentrum ist das Städtchen **Mezőtúr** (22000 Einwohner), bekannt für seine volkstümlichen Keramik-Töpfe und -krüge mit roten, grünen und weißen Mustern auf ockergelbem Grund. In der *ehemaligen Synagoge* (Damjanich utca) befindet sich das *Töpferei-Museum.* In **Szarvas** verdient das größte Arboretum Ungarns Aufmerksamkeit, ein *Baumgarten* mit seltenen Pflanzen von 85 ha Fläche, den Graf Bolz und seine Gemahlin Anna Batthyány um 1830 angelegt haben. In **Karcag** geben das Kumanen-Museum (Kálvin utca) und das Traditionshaus (Jókai utca) Einblick in die kulturelle Eigenart dieser Volksgruppe (s. S. 366).

Der **Nationalpark Hortobágy** nimmt eine Fläche von 52000 ha ein, ist aber nur in einem kleinen Teilabschnitt beim Dorf Hortobágy zugänglich. Das tischebene Land liegt nur etwa 90 m über dem Meeresspiegel, einzig die Kette von Sandhügeln im Osten ist höher. Ab und zu tauchen in der Ferne Erdkuppen auf, vermutlich Gräber von Stammesführern aus der Völkerwanderungszeit, die im Volksmund ›Kumanen-Hügel‹ heißen. Kerngebiet des Nationalparks ist die *Hortobágy-Pußta,* einst das Weideland der Bürger von Debrecen. Verglichen mit der Bugac-Pußta bei Kecskemét ist sie feuchter und heute von Kanälen durchzogen.

Beim Dorf **Hortobágy** überspannt die ›**Neunbogen-Brücke**‹ (Abb. 99) den Hauptkanal, die schönste und längste Steinbrücke Ungarns, errichtet um 1830 nach Entwürfen des Debrecener Baumeisters Ferenc Povolny. In der einst romantischen **Hortobágy-Csárda** mit ihrem typischen Laubengang (um 1780) schrieb Sándor Petőfi sein Gedicht ›Die Hortobágyer Wirtin‹. Der urwüchsige ›Brückenmarkt‹ ist allerdings heute touristisch verfremdet. Das **Hirtenmuseum** mit der alten Scheune zeigt Landschaft und kulturelle Eigenart der Pußta. Manchmal ziehen noch Hirten mit Schafen (Farbabb. 18) oder Rindern durch die Pußta – aber die einstigen Riesenherden fehlen. Auf dem *Staatsgut ›Hortobágy‹* wird die bei der Pariser Weltausstellung als Idealpferd ausgezeichnete Nónius-Rasse gezüchtet. In der Rangordnung der Hirten genoß der Pferdehirt (csikós) das höchste Ansehen, ihm folgte der Rinderhirt (gulyás), mit einigem Abstand der Schäfer (juhász) und schließlich der wenig geachtete Schweinehirt. Unerläßliche Gefährten aller Hirten waren ihre Hunde: die großen Rassen Komondor und Kuvasz oder die kleinen, flinken Puli und Pumi.

›Neunbogen-Brücke‹ und Csárda (Schenke) in der Hortobágy-Pußta

Mit Führungen können Teile der Pußta, einige Sümpfe und Fischteiche besichtigt werden. Allein rund 240 Vogelarten kommen hier vor, im Frühling und Herbst kehren viele Zugvögel ein. Größter Steppenvogel ist die Trappe, der ›ungarische Strauß‹; heute sollen noch etwa 3500 Trappen in der Tiefebene leben, die meisten im Landstrich *Sárrét,* wo sich auch das *Trappen-Reservat* von *Bogáros* befindet (in Richtung Ecsegfalva – Dévaványa). Als bevorzugte Nahrungsquelle und Nistplätze dienen Rapsfelder.

Zwischen dem Hortobágy-Fluß und den Sandhügeln im Nordosten liegt das *›Hajdúság‹* genannte Land der einst kriegerischen **Haiducken.** Im Gegensatz zu Jazygen und Kumanen stellen sie keine eigene Volksgruppe dar, sondern infolge der Türkenkriege brotlos gewordene Hirten, Kleinbauern und Viehtreiber, meistens südslawischer Herkunft (Viehtreiber bildeten wegen des weitreichenden Viehhandels einen eigenen Berufsstand). Sie schlossen

Haiducke mit Flügelhelm und Fahne

sich zu Freischaren zusammen und stellten den Großteil der Besatzung in südungarischen Grenzburgen; aus ihren Reihen rekrutierte zu Beginn des 17. Jh. der Siebenbürger Fürst István Bocskai seine Truppen. Auf diese Weise wurden die Haiducken zu Trägern des nationalen und religiösen Widerstandes und gefeierte Volkshelden, sowohl gegen die Türken als auch gegen die Habsburger. Nach seinem Sieg siedelte Fürst Bocskai auf seinem *Gut Szoboszló* etwa 10000 Haiducken an; seinem Beispiel folgten andere Siebenbürger Magnaten und gründeten privilegierte Haiducken-Dörfer. Diese waren von Steuern und Fronarbeit befreit, aber zum Waffendienst verpflichtet. Bis 1876 bewahrten sie ähnlich wie die Jazygen und Kumanen ihre militärische Organisation und weitgehende Selbständigkeit.

Aus dem Gut Szoboszló entwickelte sich das Städtchen **Hajdúszoboszló** (25000 Einwohner), heute bekannt für sein ausgezeichnetes *Thermalbad.* Auf dem Kálvin tér blieb ein 20 m langes Stück *Festungsmauer* erhalten. Das *Bocskai-Museum* widmet sich der Ortsgeschichte und Volkskunde. In **Hajdúböszörmény,** einer typisch ringförmig angelegten Haiducken-Stadt (30000 Einwohner), befindet sich das *Haiducken-Museum* im ehemaligen Haus des Hauptmannes (Kossuth utca). Auf dem Bocskai tér schuf Barnabás Holló um die Jahrhundertwende eine Statue des Fürsten István Bocskai, der Bildhauer István Kiss die Figurengruppe tanzender Haiducken. In **Hajdúdorog** siedelte Fürst Bocskai 1605 griechisch-katholische Haiducken an, deren spätbarocke *Kirche* neben dem Festungswall heute Sitz des Bischofs ist (vormals Nyíregyháza).

Debrecen (Debrezin)

Schon im Stadtbild wird Debrecen seinem Ruf als Hochburg des Calvinismus gerecht – pathetisch ›Calvinistisches Rom‹ oder ›Ungarisches Genf‹ genannt. Während der Religionskriege wurde die Stadt zum stärksten Bollwerk der Reformation: 1540 bekannte sich die Bürgerschaft geschlossen zu den Lehren Calvins, Andersgläubigen war die Ansiedlung verboten. Durch hohe Geldleistungen konnten sich die selbstbewußten, mit dem lateinischen Wort ›civis‹ bezeichneten Bürger weitgehende Autonomie sichern – von den Türken, dem Kaiser und den Siebenbürger Fürsten. Kein Wunder also, daß Debrecen auch als Synonym des nationalen Widerstandes und der Unabhängigkeitsbewegung gilt. Ausdruck dieser Geisteshaltung ist der Stil des Klassizismus, dessen klare, schlichte Linien am deutlichsten die Abkehr vom ›Jubel-Barock‹ im katholisch dominierten, habsburgtreuen West- und Nordungarn ausdrückt. Zweimal tagte in Debrecen die ungarische Regierung: 1849 und 1944.

Auf uraltem Siedlungsboden entwickelte sich bereits im Mittelalter ein bedeutender Marktflecken, der 1361 urkundlich als ›civitas‹ aufscheint. Der Name leitet sich von Debrezun ab, einem Magyaren-Fürsten aus der Zeit der Landnahme. Viehzucht auf den Weidegründen der Hortobágy-Pußta, Handel und Handwerk sowie zu Beginn des 19. Jh. Heereslieferungen in den napoleonischen Kriegen brachten der Stadt Wohlstand ein. Die Bürger blieben aber ihrer bäuerlichen Lebensweise verbunden, und so vermerkte Ende des 18. Jh. ein englischer Reisender: »Vielleicht ist dies das größte Dorf in ganz Europa.« Und tatsächlich beginnen unmittelbar neben dem verhältnismäßig kleinen Stadtkern mit monumentalen öffentlichen Gebäuden Seitengassen von dörflichem Charakter: ebenerdige, bescheidene Wohnhäuser hinter breiten Hoftoren. Industrialisierung und schwere Schäden im Zweiten Weltkrieg erforderten die Anlage großer Neubauviertel – heute ist Debrecen mit 210000 Einwohnern die drittgrößte Stadt Ungarns (nach Budapest und Miskolc), Hauptstadt des Komitats Hajdú-Bihar, wirtschaftliches und kulturelles Zentrum des Gebietes östlich der Theiß.

Mittelpunkt und Wahrzeichen der Stadt ist die **Große Kirche der Reformierten** (Reformatus nagytemplom), errichtet an der Stelle der gotischen Kirche St. Andreas von 1805 bis 1819 nach Entwürfen von Mihály Péchy und József Thalherr. Dieser nahm wesentliche Veränderungen vor, besonders durch das Weglassen der Kuppel. Die Doppelturm-Fassade – gegliedert durch ionische Pilaster und Dreiecksgiebel – wirkt zwar trutzig, aber durch die typische Breite der Tiefebene behäbig ›gemildert‹ (Abb. 100). Im völlig schmucklosen Inneren herrscht puritanische Strenge. Am 14. April 1849 verkündete hier der Reichstag die Entthronung der Habsburger und die Berufung Lajos Kossuths zum Reichsverweser; sein Armstuhl genießt nahezu kultische Verehrung.

Vor der Kirche nimmt das *Denkmal* von *Lajos Kossuth* im Kreise führender ›48-er Revolutionäre‹ Bezug auf dieses Ereignis. An der Rückseite der Kirche (Kálvin tér) erinnert die *Bronzestatue* des Siebenbürger Fürsten *István Bocskai* von Barnabás Holló (1906) an den

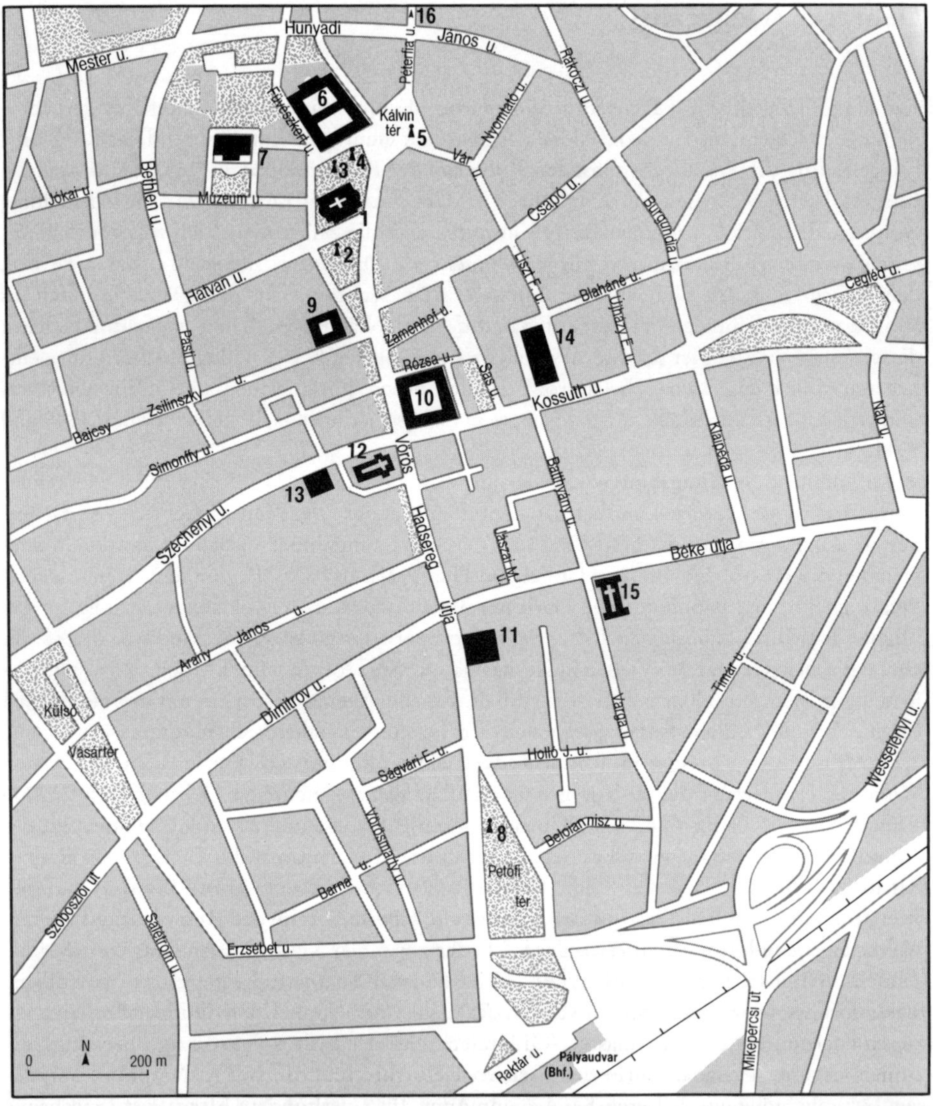

Debrecen 1 Große Reformierte Kirche 2 Denkmal Lajos Kossuth 3 Denkmal István Bocskai 4 Gedenksäule für die Galeerensklaven 5 Denkmal Vitéz Mihály Csokonai 6 Reformiertes Kollegium 7 Déri-Museum 8 Denkmal Sándor Petőfi 9 Hotel ›Arany Bika‹ 10 Rathaus 11 Altes Komitatshaus 12 Kleine Reformierte Kirche 13 Gasthof zur Alten Post 14 Csokonai-Theater 15 St. Anna-Kirche 16 Universität

300. Jahrestag des Friedensvertrages von Wien, der den Protestanten Religionsfreiheit zusicherte. Eine *Gedenksäule* ehrt jene 40 Geistlichen, die sich 1675 der Zwangsbekehrung zum katholischen Glauben widersetzten und als Galeerensklaven verkauft wurden. Das *Denkmal* des in Debrecen geborenen Dichters *Vitéz Mihály Csokonai* (1773–1805), den seine Zeitgenossen den »ungarischen Rousseau« nannten, schuf der Bildhauer Miklós Izsó (1867).

Das **Reformierte Kollegium** an der Nordseite des Kálvin tér löste 1568 die Lateinschule der Dominikaner ab und wurde im 18. Jh. zur bedeutendsten calvinistischen Hochschule Ungarns erweitert. Das monumentale Gebäude im klassizistischen Stil erstand ab 1802 nach Entwürfen des Militäringenieurs Mihály Péchy. Im Oratorium (Betsaal) tagten 1849 und 1944 die provisorischen Landesversammlungen. Das Kollegium beherbergt ein Gymnasium und die theologische Fakultät der Calvinisten (die Studienzweige Philosophie und Rechtswissenschaft wurden der Lajos Kossuth-Universität eingegliedert), die ›Große Bibliothek‹ mit wertvollen Handschriften und Wiegendrucken und das sehenswerte *Kirchenkunst-Museum*.

Das **Déri-Museum** auf dem gleichnamigen Platz gründete Frigyes Déri, ein in Baja geborener Wiener Seidenfabrikant. Seine Kunstsammlung wurde 1920 mit dem städtischen Museum vereint. Die vier *Bronzefiguren* vor dem Museum – Verkörperungen der Archäologie, Geschichte, Kunst und Volkskunde – brachten dem Debrecener Bildhauer Ferenc Medgyessy (1881–1958) bei der Pariser Weltausstellung 1937 den Grand Prix ein. Medgyessy zählt zu den führenden ungarischen Bildhauern dieses Jahrhunderts; einige seiner Plastiken sind im klassizistischen *Wohnhaus Péterfia utca 28* ausgestellt. Auch die *Statue* des Dichters *Sándor Petőfi* auf dem *Bahnhofplatz* stammt von seiner Hand. – Die archäologische Abteilung des Déri-Museums besitzt außer hiesigen Bodenfunden griechische, römische, ägyptische und ostasiatische Exponate, des weiteren italienische Kleinplastiken und Gemälde sowie ungarische Volkskunst und Malerei des 19. und 20. Jh., u. a. von Viktor Madarász, Bertalan Székely (›Zrínyis Ausfall‹) und Mihály Munkácsy (›Christus vor Pilatus‹ = Ecce Homo).

Zurückgekehrt zur Großen Kirche, öffnet sich die platzartig ausgebuchtete **Vörös Hadsereg útja,** die Hauptachse der Stadt. Im traditionsreichen **Hotel ›Arany Bika‹** (›Goldener Stier‹), einem Jugendstil-Gebäude nach Plänen von Alfréd Hajós, tafelten bis zum Zweiten Weltkrieg reiche Großgrundbesitzer bei Zigeunermusik. Das **Rathaus** an der gegenüberliegenden Straßenseite (Nr. 20), errichtet um 1842 nach Entwürfen von Ferenc Povolny im klassizistischen Stil, trägt als Stadtwappen das Osterlamm. Das **Alte Komitatshaus** (Nr. 54) zieren dagegen ungarische Majolika-Ornamente. An der Ecke zur Széchenyi utca ragt der zinnenbekrönte Fassaden-Turm der **Kleinen Reformierten Kirche** (Kistemplom) auf, die seit 1720 die Stelle einer älteren Kirche einnimmt. Im **Gasthof zur Alten Post** (Széchenyi utca 6) übernachtete König Karl XII. von Schweden bei seiner Rückkehr aus der Türkei, wohin er nach seiner Niederlage bei Poltawa (1709) gegen Zar Peter I. von Rußland geflüchtet war.

In der **Kossuth utca** reihen sich bemerkenswerte Gebäude aus dem 19. und frühen 20. Jh. Die Ecke zur Hauptstraße beherrscht ein Jugendstil-Haus mit reichem Statuenschmuck.

Das **Csokonai-Theater** (Kossuth utca 10) zählt zu den schönsten Bauwerken Ungarns im Stile des romantischen Historismus (1861). In der Béke útja steht die **St. Anna-Kirche,** das einzige nennenswerte Gebäude im Barockstil, vollendet 1746 nach Plänen von Giovanni Battista Carlone. Sie stammt aus jener Zeit, als Kaiser Leopold I. durch die Erhebung Debrecens zur königlichen Freistadt (1715) die Ansiedlung katholischer Bürger erzwingen wollte.

Im ›*Großen Wald*‹ (Nagyerdő), dem ausgedehnten Erholungs- und Kurgelände am Stadtrand, liegt die **Universität.** Das monumentale Hauptgebäude am Egyetem tér wurde um 1930 in späthistoristischen Formen errichtet. Imre Varga schuf das *Bronzedenkmal* des Physikers *István Hatvani,* der im 18. Jh. am Kollegium lehrte und der Zauberei beschuldigt wurde.

Das Theiß-Knie

Die Nordostspitze der Tiefebene wird in einem weiten Bogen von der Theiß umgeben. Im Westen erstreckt sich der Landstrich *Nyírség,* der seinen Namen von der Birke ableitet, der vorherrschenden Baumart neben Eichen, Eschen und Ulmen. Wind und Stürme haben in diesem einstigen Sumpf- und Steppengebiet Sandhügel aufgetürmt, die trotz ihrer geringen Aufwerfung von höchstens 190 m von den Einheimischen stolz als ›Berge‹ bezeichnet werden. Reste des Moorlandes überlebten nur im Urmoor von Bátorliget südöstlich von Nyírbátor. Die Nyírség blieb weitgehend von den Türken verschont, wodurch die mittelalterliche Siedlungsstruktur kleiner Dörfer und Weiler überdauerte, die in anderen Teilen der Tiefebene ausgelöscht wurde. Das landwirtschaftlich intensiv genutzte Gebiet liefert hochwertiges Obst, vor allem Äpfel und Pflaumen.

Mit Abstand größte Stadt und gleichzeitig Komitatszentrum von Szabolcs-Szatmár ist **Nyíregyháza** (110000 Einwohner). Das *Jósa-András-Museum* (Benczúr Gyula tér 21) besitzt eine bedeutende archäologische Sammlung, besonders aus der Bronze- und Landnahme-Zeit, des weiteren eine Volkskunde-Abteilung und Bilder des berühmtesten Sohnes der Stadt, des Historienmalers Gyula Benczúr (1844–1920). Das ehemalige griechisch-katholische *Bischofspalais* (Bethlen utca/Vörösmarty tér) bewahrt eine *Kirchenkunst-Sammlung.* Ignác Alpár, ein namhafter Architekt des ausgehenden 19. Jh., entwarf einige öffentliche Gebäude im Stile des eklektischen Historismus: das *Theater* (Bessenyei tér), das *Komitatshaus* und das *Hotel Krone* (Korona Szálló). Die im 18. Jh. vom Gutsherrn Graf Károlyi angesiedelten Slowaken errichteten 1784 die *evangelische Kirche* (Felszabadulás tér). Im Norden der Stadt liegt am ›Salzsee‹ (Sóstó) das *Dorfmuseum des Komitats Szabolcs-Szatmár.* Die Bauernhäuser jener Gegend bestehen aus mächtigen Eichenbalken mit Reisiggeflechten und Lehmbewurf, die den häufigen Überschwemmungen standhalten konnten.

Der Nordosten Ungarns ist touristisch verhältnismäßig wenig erschlossen, bietet aber gerade dem Kunstfreund viel Sehenswertes, besonders in der kleinen Stadt **Nyírbátor**

(15000 Einwohner). Seit dem Spätmittelalter residierte hier die Familie Báthory (Báthori), die in der ungarischen Geschichte eine bedeutende Rolle spielte und lange Zeit den Vajda (Woiwoden), später den Fürsten von Siebenbürgen stellte. In den Religionskriegen wurde Nyírbátor verwüstet und büßte seinen früheren Rang ein. István Báthory, der Feldherr König Matthias' in der Schlacht von Kenyérmező (1479) gegen die Türken, stiftete aus seiner Kriegsbeute zwei große Kirchen: in seiner Burg die St. Georgs-Kirche (heute Reformierte Kirche) als Begräbnisstätte seines Geschlechts, wie auch der verwandten Familie Bethlen, im Dorf die Minoriten-Kirche mit dem Ordenshaus.

Die Bauarbeiten zur **St. Georgs-Kirche** auf dem Burghügel, eines der edelsten Beispiele der Spätgotik in Ungarn, begannen 1484. Beim Tod ihres Stifters (1493) war sie anscheinend noch nicht fertiggestellt, denn er wurde – vermutlich provisorisch – in der Minoriten-Kirche beigesetzt. Als die Báthory Ende des 16. Jh. zum calvinistischen Glauben übertraten, gelangte die Kirche in den Besitz der Reformierten. Diese errichteten 1640 den prächtigen **Glockenturm** (Abb. 102), den ältesten und schönsten seiner Art auf ungarischem Boden, in dem die gotisierende Holzbaukunst der Karpaten weiterlebt (s. S. 84).

An der Westseite der Kirche ragt ein unvollendeter Fassadenturm auf. Über dem gotischen Stabportal prangt das Báthory-Wappen, ebenso im Renaissance-Portal an der Südseite. Überwältigend wirkt das feinmaschige Netzrippengewölbe der einschiffigen Halle, das stilistisch den spätgotischen Bauwerken unter dem Patronat König Matthias' nahesteht (Visegrád: Ehrenhof, Pannonhalma: Kreuzgang, Szeged: Franziskaner-Kirche). Auch die künstlerische Reife der Ausstattungs-Details im Frührenaissance-Stil (um 1511) läßt auf Beziehungen zu Steinmetzen des Königshofes schließen. Fein gearbeitete Engelsköpfe, Muscheln und Grotesken zieren die Sakraments-Nische, das Oratorium und die dreiteilige Patronats-Sitznische im Chor sowie einige Portalrahmen. Bei der Renovierung wurden die Gebeine István Báthorys aus der Minoriten-Kirche in die Gruft überführt; sein Wappengrabstein nimmt die Stelle des Altartisches ein. Unter der Renaissance-Tumba aus rotem Marmor ruht sein 1605 verstorbener Namensvetter, der Psalmendichter István Báthory. Das Chorgestühl befindet sich nunmehr im Ungarischen Nationalmuseum in Budapest. Vor der Kirche erinnert ein *Denkmal* von István Kiss an den Lyriker *Sebestyén Tinódy Lantos,* der im 16. Jh. am Hofe der Báthory lebte.

Das ehemalige **Minoriten-Kloster** stiftete István Báthory ebenfalls um 1480. Strebepfeiler, Maßwerkfenster und das Kielbogenportal lassen den spätgotischen Ursprung der **Kirche** erkennen, die Westfassade und das einschiffige Innere wurden um 1720 mit Unterstützung der Grafen Károlyi barockisiert. Aus der Zeit um 1730 stammt auch die außerordentlich reiche Ausstattung im Stile des Spätbarocks. Die Statuen schnitzte Johannes Strecius aus Leutschau in der Zips (Slowakei) mit seinen Gehilfen. Zwischen gewundenen Säulen, üppigen Akanthus-Ranken und Laubbandwerk-Zieraten stehen Figuren bekannter Heiliger: im Hochaltar mit seinen seitlichen Opfergang-Portalen die Apostelfürsten Petrus und Paulus, Johannes der Täufer und der Apostel Andreas, des weiteren Franziskus, Antonius von Padua, Klara und Elisabeth als Vertreter des Minoriten-(Franziskaner-)Ordens, als Bekrönung der Erzengel Michael. Der Wandaltar im langgestreckten Mönchschor umschließt ein

Gnadenbild der Muttergottes und eine ›Rosalien-Nische‹, die Darstellung der Pestpatronin Rosalia von Palermo in ihrer Grotte auf dem Monte Pellegrino liegend. Der linke Seitenaltar zeigt die hl. Anna, der jugendlichen Maria das Lesen lehrend (›Unterricht Mariä‹) zwischen dem Apostel Andreas und dem Pestpatron Sebastian. Der rechte Seitenaltar ist der Schmerzhaften Muttergottes geweiht (Pietà); die Kanzel trägt Figuren der vier Evangelisten und eine Statue Christi als Erlöser der Welt.

Seltenheitswert besitzt der *Passionsaltar*, gestiftet von János Krucsay und geschnitzt 1731 von einem Meister aus Eperjes (Prešov, Slowakei). Im dreigeschossigen Aufbau wirkt noch der Geist spätgotischer Schnitzaltäre aus Oberungarn nach, inhaltlich dienten volkstümliche Passionsspiele der Barockzeit als Vorbild. Puppenartig steife Figuren führen im Uhrzeigersinn den Leidensweg Christi vor Augen (Abb. 101), beginnend mit der Ölberg-Szene links unten und endend mit Christus im Grabe; ganz oben schwebt der Auferstandene.

Das Minoriten-Kloster beherbergt das interessante *Báthory-Museum*, das sich der Geschichte des berühmten Geschlechts und der Haiducken sowie der Volkskunde des Umlandes widmet. Wertvolle Kunstschätze stellen die aus dem Renaissance-Schloß der Báthory gehobenen Bauteile sowie das Chorgestühl dar.

Östlich von Mátészalka erstreckt sich die Landschaft *Szatmár*, die heute in rumänisches Staatsgebiet hineinragt (Satu Mare). Vom Mittelalter bis zum Zweiten Weltkrieg lebten hier viele Deutsche (›Szatmárer Schwaben‹) und Juden. Seit dem 18. Jh. blühte der Chassidismus, eine strenggläubige und mystische Richtung des Judentums, das namhafte Gelehrte und volkstümliche ›Wunderrabbis‹ hervorbrachte. Hauptort des einstigen Komitats Bereg, das zum großen Teil zur UdSSR gehört, ist das Städtchen **Vásárosnamény.** Malerische Auen an den Flüssen Theiß, Szamos und Túr, alte Dorfkirchen mit mächtigen Glockenstühlen, romantische Wassermühlen, schilf- und strohgedeckte Bauernhäuser verleihen dem äußersten Nordosten Ungarns besonderen Reiz.

Die gotische *Kirche der Reformierten* im Dorf **Csenger** (nahe der rumänischen Grenze) mit ihrem zinnenbekrönten, achteckigen Ziegelturm war im Jahre 1570 Schauplatz einer Synode unter dem Vorsitz des Debrecener Bischofs Péter Melius Juhász. Damals entschied sich die Mehrheit der ungarischen Protestanten für den Calvinismus, also gegen die Lehren Luthers und Zwinglis. Beim Dorf **Túristvándi** blieb eine der schönsten *Wassermühlen* Ungarns mit drei oberschlächtigen Mühlrädern vom Ende des 18. Jh. erhalten. Im nahe gelegenen Dorf **Szatmárcseke** wohnte Ferenc Kölcsey (1790–1838), der Dichter der ungarischen Nationalhymne, in seinem *Herrenhaus* (heute Kulturhaus). Sehenswert ist vor allem der urtümliche *Friedhof,* auf dem sich bootförmige Grabhölzer reihen. Sie erinnern an jene Zeiten, als man die Leichen bei Überschwemmungen in Kähnen zum Friedhof schaffen mußte. Der geistige Hintergrund reicht aber in die Frühzeit der Magyaren im Ural zurück, wo sich Fischer in ihren Booten bestatten ließen oder man den Toten Kähne für die ›Jenseits-Reise‹ auf die Gräber stellte. In **Tiszacsécse,** etwa 15 km weiter östlich, steht das *Haus* des Romanciers *Zsigmond Móricz* (1879–1942) unter Denkmalschutz; die *Statue* des Dichters schuf Imre Varga.

Die reformierte Kirche von Csaroda im 19. Jh.

Im Dorf **Csaroda** lädt eine der schönsten romanischen Dorfkirchen Ungarns zum Besuch ein (Schlüssel im Pfarrhaus; Abb. 104). Gestiftet wurde sie Mitte des 13. Jh. von einem mächtigen Gutsherrn, wie die Herrschaftsempore im Westteil des Schiffs vermuten läßt. Die Abfolge von Chorquadrat, Schiff und Westturm entspricht dem damals üblichen Dreierrhythmus für einschiffige Dorfkirchen. Den gotisierenden hölzernen Turmhelm mit Galerie fügten die Reformierten im 17. Jh. hinzu. Bei der Restaurierung wurden gotische Fresken aus dem 14. Jh. freigelegt: Apostel, Kirchenväter, Heilige, ›Christus im Elend‹ (Schmerzensmann). Die Calvinisten hatten diese figürlichen Wandmalereien übertüncht und sie 1642 durch Ornamente im volkstümlichen Barockstil (›Bauernbarock‹) ersetzt. Farbenprächtige Holzschnitzereien vollenden die kostbare Ausstattung.

Im 2 km entfernten Dorf **Tákos** gilt es gleichfalls, die *Reformierte Kirche* (Abb. 103) zu besuchen (Schlüssel: Vor der Kirche dreimal hupen!). Der einschiffige Fachwerkbau (›Wellerwand‹ aus Balken, Korbgeflecht mit Lehmbewurf und Verputz) wurde 1766 am Dorfanger errichtet und vom Kunsttischler Ferenc Asztalos Sándor mit einer Kassettendecke versehen. Die Ausstattung stellt ein wertvolles Beispiel der Volkskunst dar. Der freistehende, mächtige Glockenturm ist eine spätere Zufügung.

Im kleinen Dorf **Zsurk,** nur 2 km vom Grenzort Záhony entfernt, bewahrt die *Reformierte Kirche* einen eleganten, hölzernen Glockenturm mit breitem Untergeschoß und Galeriehelm aus dem 18. Jh. In **Tuzsér** besaßen die Grafen Lónyay (Lónyai) ein *Barockschloß,* das allerdings der Restaurierung bedarf.

Erläuterung der Fachbegriffe

Akanthus Blattornament (Distelart) der Antike, stark stilisiert wiederbelebt im romanischen Kapitell, in Renaissance und Barock; nach 1700 allmählich durchsetzt mit Bandwerk zu ›Laubbandlwerk‹

Apsis (Konche), Apside meist halbrunder, überwölbter Raum im Osten einer Kirche, grob Altarraum

Ban, Banus vom südslawischen Ban = ›Herr‹ (latinisiert: Banus); Befehlshaber der südungarischen Grenzmarken (Banate), entspricht dem Markgrafen, besonders für Kroatien und Slawonien

Banat im Mittelalter südliche Grenzmarken Ungarns; seit 1718 wird der Name auf das Banat Temesvár übertragen, die Landschaft zwischen Donau, Theiß, Maros und den Südkarpaten

Bandelwerk (Bandlwerk) Ornament der Barockzeit, Schlingwerk aus Bändern, entwickelt Ende des 17. Jh. in Frankreich aus älteren Schmuckformen, leitet um 1740 zum Rokoko über

Basilika (griech.: Königshalle) in der Antike öffentliches Gebäude für Rechtssprechung und Handel. Frühchristlicher Kirchenbau, meistens drei-, seltener fünfschiffig, aber immer mit überhöhtem Mittelschiff, das eine eigene Fensterzone (Lichtgaden) besitzt

Benediktiner Kurzbezeichnung für den vom hl. Benedikt von Nursia (um 480–547) gegründeten Mönchsorden, dessen ›Regula‹ bis ins 12. Jh. für die abendländischen Mönchsgemeinden verbindlich bleibt. Stammkloster ist Monte Cassino in Campanien (seit 529). Benedikts Zwillingsschwester Scholastika gründet den weiblichen Ordenszweig, die Benediktinerinnen

Bettelorden im 13. Jh. entstandene Form des Mönchtums, die das Armutsideal nicht nur für den einzelnen Mönch, sondern im Gegensatz zu den ›Besitzorden‹ für das ganze Kloster vorschreibt. Verbindung von Mönchsideal mit Seelsorge, Prediger- und Beichtamt, im besonderen Franziskaner und Dominikaner

Betyár ungar.: Wegelagerer, ›edler‹ Räuber, Rebell

Calvinismus reformatorisches Christentum, geprägt durch die Persönlichkeit und Lehre Johann Calvins (geb. 1509 in Noyon/Picardie, gest. 1564 in Genf), den Systematiker unter den Reformatoren. Gewachsen auf städtischem Boden und geprägt von kapitalistischem Denken, unterscheidet sich vom Luthertum durch den Glauben an die Prädestination (Vorherbestimmung zur Seligkeit oder Verdammnis) und die Form des Abendmahls

Csárda ungar.: Heideschenke, Wirtshaus

Csárdás (Tschardasch) ungarischer Nationaltanz, oft von Zigeunern gespielt, aber keine Zigeunermusik

Csikós (Tschikosch) Pferdehirt

Dominikaner 1215 vom Spanier Domingo (Dominikus) von Guzman in Toulouse gegründeter Priester- und Bettelorden zur Bekämpfung der ›Irrlehren‹, mit der Inquisition betraut. Name von lat. Domini canes – (Wach)hunde des Herrn –, die das Volk (die ›Lämmer‹) vor den Ketzern (den ›reißenden Wölfen‹) schützen. Anlage großer Prediger-(Saal-)kirchen in den Städten

Empore tribünen- oder galerieartige Anlage frühchristlicher (orientalischer) Herkunft zur Vergrößerung eines Kirchenraumes oder für eine bestimmte Teilnehmergruppe (Frauen, Höflinge, Nonnen, Sänger, Kinder); protestantische Kirchen bevorzugen die auf Freistützen gestellte, meist in Holz errichtete Empore

Franziskaner Mitglieder der vom hl. Franz von Assisi Anfang des 13. Jh. gegründeten drei Orden auf der Grundlage des Armutsgebots, für Seelsorge und Mission: die Minoriten (Minderbrüder), die Klarissen (Franziskanerinnen), benannt nach der hl. Klara von Assisi, die Tertiaren (›Dritte Orden‹) für Männer und Frauen, die in Familie oder Beruf weiterleben

Gespan (ungar.: ispán) seit dem 11. Jh. Gutsverwalter, höchster Beamter eines Komitats

Grisaille (französ.) Malverfahren in mehreren Abtönnungen einer einzigen Farbe, meist grau in grau, besonders zur Nachahmung plastischer Werke

Groteske (ital.: grottesco) Ornament aus dünnem Rankenwerk, durchsetzt mit Figuren (Menschen, Tieren), Früchten, Blumen, Waffen, Vasen, Bauteilen; wiederentdeckt während der Renaissance in unterirdischen Räumen (›Grotten‹) der römischen Antike

Gulyás (Gulasch) Rinderhirt, des weiteren die ›Suppe des Rinderhirten‹, ungarische Spezialität

Haiducken, Heiducken von ungar. hajdú = Söldner, Büttel. Südslawische Räuberbanden, während der Türkenkriege Freischaren und Besatzung südungarischer Grenzburgen; im 17. Jh. und 18. Jh. Truppen im ungarischen Freiheitskampf gegen die Habsburger, als Nationalhelden gefeiert. In privilegierten Dörfern als ›Wehrkaste‹ angesiedelt. Bezeichnung für Gerichtsdiener und Lakaien ungarischer Magnaten

Honvéd (ungar.) ›Vaterlands-Verteidiger‹, 1848 befristet angeworbene Freiwillige, später Landwehr, seit 1919 Bezeichnung der ungarischen Streitkräfte

Husaren von ung. húsz = zwanzig; unter König Matthias in der zweiten Hälfte des 15. Jh. schwer gepanzerte, später leichte Reiterei, bewaffnet mit dem charakteristischen Säbel. Seit Ende des 17. Jh. stellten verschiedene europäische Staaten Husaren-Regimenter auf. Malerische Uniform, hervorgegangen aus der ungarischen Nationaltracht (Verschnürungen)

Kapitell Kopfteil einer Stütze (Säule, Pfeiler, Pilaster)

Kathedrale (griech.) Hauptkirche eines (Erz-) Bischofs, gleichbedeutend mit Dom und Münster

Komitat ungarische Gespan-(Graf-)schaft, heute Verwaltungsbezirk (von lat.: comes = Begleiter im kaiserlichen Gefolge)

Konche griech.-lat.: ›Muschel‹, Halbkuppel, halbkreisförmige Apsis oder Nische, Grundriß in Form eines Kleeblattes

Kuruzzen, Kuruzen militante Vertreter der ungarischen Unabhängigkeitsbewegung, besonders Aufständische gegen die Habsburger im 17. und 18. Jh.

Lapidarium lat.: lapis = Stein; Sammlung von Steindenkmälern

Loggia (ital.) Laube, galerieartig angeordneter Bogengang oder Säulenhalle eines Bauwerks; auch eigenes Bauwerk

Magnaten Angehörige des hohen Adels in Ungarn und Polen

Minoriten s. Franziskaner

Palatin ungarischer Vizekönig. Der ›comes palatinus‹ entsprach dem Pfalzgrafen der Ottonen, seine wachsenden Befugnisse machten ihn allmählich zum Stellvertreter des Königs

Pauliner einziger, in Ungarn gegründeter Mönchsorden. Um 1250 vereinte der Domherr Özséb von Esztergom (Eusebius von Gran) die im Pilis-Gebirge lebenden Einsiedler zu einer Kongregation mit eigenen Regeln auf der Basis der strengen Vorschriften der Augustiner-Eremiten.

Während der Türkenkriege Vernichtung der meisten Klöster, Ende des 17. Jh. neue Blüte, 1786 Aufhebung des Ordens durch Kaiser Joseph II.

Pentatonik (griech.) System der fünfstufigen Tonleiter, in der Volks- und Kunstmusik Mittel- und Ostasiens, durch Beziehung mit Turkstämmen typisch für die ungarische Musik

Pfalz von lat. palatium = Palast. Im Mittelalter Bezeichnung für die verstreuten Königshöfe und -burgen, in denen der König abwechselnd wohnte und regierte

Piaristen Schulorden, gegründet 1597 von Joseph von Calasanza in Rom/Trastevere, Werk der ›Frommen Schule‹

Portikus (lat.) von Säulen oder Pfeilern getragener Vorbau an der Hauptfront eines Gebäudes; nach dem Vorbild der klassischen Antike seit der Renaissance vielfach üblich

Prämonstratenser 1120 in Prémontré (Burgund) vom hl. Norbert von Xanten gegründeter Priesterorden – ohne Laienbrüder –, der sich besonders der Seelsorge in den Ostgebieten widmete

Pußta, Puszta ungar.: Heide, Einöde, baumloses Weideland

Reformierte, Reformierte Kirchen ursprünglich in Frankreich als Gegensatz zu ›katholisch‹ verwendet. Zweig der Reformation: die »durch das Wort Gottes reformierte (erneuerte) Kirche«, die sich direkt oder indirekt von den Lehren Calvins herleitet. Verbreitet in der Schweiz, in Frankreich (Hugenotten), in England und Schottland (Puritaner), Holland, Nordamerika (Presbyterianer), in Teilen Deutschlands, in Ungarn besonders unter den Magyaren (›Kernungarn‹), während Deutsche und Slawen den Lehren Luthers folgten

Risalit (ital.: risalto) über die ganze Höhe eines Gebäudes vorspringender Bauteil, oft in der Dachzone betont

Tanya ungar.: Fischerhütte, Einödhof

Woiwode, Wojewode in slawischen Sprachen ›Heerführer‹, später auch hohe Beamte; Statthalter Siebenbürgens

Zisterzienser Reformorden auf Grundlage der Regel des hl. Benedikt, gegründet 1098 in Cîteaux (Burgund), wesentlich gefördert und geprägt vom hl. Bernhard von Clairvaux. Klöster in unwirtlichen Einöden ganz Europas, vorbildliche Bodenbewirtschaftung und daher bald großer Reichtum, Verzicht auf Wissenschaftspflege der Benediktiner, aber strenge Askese und Kontemplation, harte Arbeit (der Laienbrüder), die ihre Klöster und Kirchen nach verbindlichem Bauschema errichten

Zopf, Zopfstil Ornamentform: Blattzopf, Lorbeergirlande; Haarmode der Männer. Stilrichtung etwa von 1760 bis 1780, die spätbarocke Baukörper mit klassizistischen Schmuckformen verbindet (›klassizierender Spätbarock‹); Synonym für Steifheit, konservative Gesinnung (im Gegensatz zur Aufklärung)

Literaturhinweise

Andritsch, Johann (Hrsg.): Ungarische Geisteswelt, Baden-Baden 1960

Balassa, Iván-Ortutay Gyula: Ungarische Volkskunde, München 1982

Balogh, Jolán: Die Anfänge der Renaissance in Ungarn, Graz 1975

Basch-Ritter, Renate: Österreich–Ungarn in Wort und Bild, Graz 1989

Bogyay, Thomas von: Grundzüge der Geschichte Ungarns, Darmstadt 1967

Csanád, Bálint: Die Archäologie der Steppe, Wien–Köln 1989

Dercsényi, Dezső: Kunstdenkmäler und Denkmalpflege in Ungarn, Budapest 1984

Éri, István (Hrsg.): Ungarische Nationalgalerie, Gotik 1350–1450, Budapest 1980

Fasching, Herbert: Begegnung mit Ungarn, Innsbruck–Wien 1986

Fitz, Jenő: Das Jahrhundert der Pannonier, Budapest 1984

Gall, Franz: Österreichische Wappenkunde, Graz 1977

Genthon, István: Türkische Baudenkmäler in Ungarn, Budapest 1976

Granasztói, Pál: Schöne ungarische Städte, Budapest 1978

Hanák, Péter (Hrsg.): Die Geschichte Ungarns, Essen 1988

Hekler, Anton: Ungarische Kunstgeschichte, Berlin 1937

Huszka, József: Ungarische Ornamentik, Budapest 1930

Kampis, Antal: Kunst in Ungarn, Budapest 1966

Kapocsy, György: Die ungarische Puszta, Budapest 1987

Kövary, Georg: Ein Ungar kommt selten allein, Wien 1983

László Gyula: Steppenvölker und Germanen, Wien–München 1970

Die österreichisch-ungarische Monarchie in Wort und Bild, Wien 1886ff.

Póczy, Klára und Zsidi, Paula: Neue Ausgrabungen im römischen Budapest, Budapest 1986

Rácz, Endre und Tüskés, Tibor: Pannonien, Städte und Landschaften in Südwestungarn, Budapest 1988

Reden, Alexander Sixtus von: Österreich–Ungarn, Salzburg 1987

Rohonyi, Katalin und Marót, Miklós: Spaziergänge in Budapest, 1974

Sebestyén, Tibor: Der Balaton, Budapest 1980

Silagi, Denis: Ungarn – Geschichte und Gegenwart, Hannover 1964

Stipsicz, Karl: Ungarn – Landschaft und Kultur im Herzen Europas, München 1986

Szabadi, Judit: Jugendstil in Ungarn, Budapest 1979

Szabó, M.: Auf den Spuren der Kelten in Ungarn, Budapest 1971

Szirmai, Kristina: Bronzestatuetten aus Aquincum, Budapest 1982

Valter, Ilona: Romanische Sakralbauten Westpannoniens, Wien–Eisenstadt 1985

Voit, Pál: Der Barock in Ungarn, Budapest 1971

Die Wappen des Adels in Ungarn, J. Siebmachers großes Wappenbuch, Band 33, Neustadt an der Aisch 1982

Abbildungsnachweis

Alle **Farb- und Schwarzweiß-Abbildungen** (mit Ausnahme der unten einzeln aufgeführten) sind von Peter Keilhauer, Salzburg

Fridmar Damm, Köln Farbabb. 1
Wolfgang Fritz, Köln Farbabb. 4, 5, 7
IFA-Bilderteam, München Farabb. 2, 3, 15
János Kalmár, Wien Umschlagklappe vorn
Heinz-Josef Schmitz, Hürth Abb. 4, 29, 30
Ulrich-Jürgen Schönlein, Lindau Farbabb. 16, 27
Werner Stuhler, Hergensweiler Umschlagvorderseite, Abb. 27, 99
Transglobe Agency, Hamburg Farbabb. 6

Abbildungen im Text

Album des Balaton, Erinnerung an Füred und seine Umgebung, Pest 1855 Abb. Seite 282
Aquincum Polgárvárosa, Budapest o.J. Abb. S. 123
Árpád-kori emlékek Borsodban, o.J. Abb. S. 352
Budapest Anno ..., Ansichten der Jahrhundertwende, György Klösz Abb. S. 110, 147, 171
Budapest for guides, Szálkáné Gyapay Márta, Elizabeth Szász, Budapest 1986 Abb. S. 54
Budapesti Üdvözlet, Kollin Ferenc, 1983 Abb. S. 158
Dezső Dercsényi, The church of Ják, Budapest 1979 Abb. S. 56
Esztergom, Főszékesegyház, Cséfalvay Pál, 1986 Abb. S. 188
Nándor Kalicz, Götter aus Ton, Das Neolithikum und die Kupferzeit in Ungarn, Budapest 1970 Abb. S. 16
Peter Keilhauer, Salzburg Abb. S. 20, 224
Lébény, Szent Jakob templom, Dereséniyi Dezső, Budapest 1956 Abb. S. 220
Magyarország Képekben, Honismertető Album, Nagy Miklós, 2 Bände, Pest 1870 Abb. S. 63, 111, 161, 163, 164, 191, 236, 253, 256, 321, 363, 384, 395
Nagycenk, Széchenyi kastély, Budapest 1987 Abb. S. 238
Ormánság, Festett famennyezetű református templomok, 1986 Abb. S. 87
Die österreichisch-ungarische Monarchie in Wort und Bild, Wien 1886ff. Abb. S. 10, 11, 15, 31, 33, 40, 42, 45, 46, 52 u., 53, 60, 81, 86, 101, 108, 121, 145, 146, 151, 153, 170, 187, 230, 242, 246, 258, 283, 286, 291, 297, 302, 306, 313, 314, 315, 318, 320, 323, 327, 345, 349, 355, 358, 361, 367, 374, 375, 382, 387, 388
Pest-budai város képek 1800–1870 Abb. S. 119, 156
Werner Stuhler, Hergensweiler Abb. S. 377
Miklós Szabó, Auf den Spuren der Kelten in Ungarn, Budapest 1971 Abb. S. 18, 200
Szeged Fogadalmi templom, Hadik András, 1985 Abb. S. 380
Székesfehérvár, Székesegyház, Dobrovits Dorottya, 1982 Abb. S. 288
Tóth János, A Jászság élete és a Lehel kürtje, Jászberény 1986 Abb. S. 372
Urbium praecipuarum mundi theatrum quintum, Köln 1597/98 Abb. S. 36/37, 184/85, 285, 316/17
Vakolatdíszek a Balaton-felvidéken, Budapest 1987 Abb. S. 62
Visegrád Albuma, Reprint 1986 Abb. S. 182
© VG Bild-Kunst, Bonn, 1990 Abb. S. 308

Karten und Pläne: Christian Heße, Köln und DuMont Buchverlag, Köln

Praktische Reiseinformationen

Praktische Reiseinformationen

Reisevorbereitungen

Auskünfte und Hilfen

Bundesrepublik Deutschland
Nationalvertretung des Ungarischen Fremdenverkehrsamtes
6000 Frankfurt am Main
Berliner Straße 72
∅ 069–20929

Ungarisches Reisebüro IBUSZ
2000 Hamburg
Großer Burstah 53
∅ 040–373078

5000 Köln 1
Mauritiussteinweg 114–116
∅ 0221–2064510

6000 Frankfurt/M.
Baseler Straße 46/48
∅ 069–252018

7000 Stuttgart
Kronprinzstraße 6
∅ 0711–296232/3

8000 München 2
Dachauer Straße 5
∅ 089–557217

Republik Österreich
Offizielles Reisebüro IBUSZ
A-1010 Wien 1
Kärntner Straße 26
∅ 0222–51555

A-5020 Salzburg
Pfeiffergasse 5/Papagenoplatz
∅ 0662–842297

Schweiz
Offizielles Reisebüro IBUSZ
CH-8002 Zürich
Freigutstraße 5
∅ 01–2011760

Botschaften und Konsulate

Bundesrepublik Deutschland
Botschaft der Ungarischen Republik
5300 Bonn 2 (Plittersdorf)
Turmstraße 30
∅ 0228–376794

Westberlin
Botschaft der Ungarischen Republik
1000 Berlin 38
Reifträgerweg 29
∅ 030–8036063

Republik Österreich
Botschaft der Ungarischen Republik
A-1010 Wien 1
Bankgasse 4/6
✆ 0222–5332631

Schweiz
Botschaft der Ungarischen Republik
CH-3006 Bern
Muristraße 31
✆ 031–448572

Konsulat der Ungarischen Republik
CH-3007 Bern
Eigerplatz 5
✆ 031–451356

Reisevorschriften

Die ungarischen Reisevorschriften entsprechen der allgemeinen internationalen Praxis und werden von den Behörden generell entgegenkommend und ›ungarisch‹-höflich angewendet.

Einreise- und Aufenthaltsbestimmungen
Zur Einreise nach Ungarn genügen für österreichische, deutsche und schwedische Staatsangehörige gültige Reisedokumente. Bürger anderer westeuropäischer Staaten benötigen noch ein Visum (Sichtvermerk).

Jeder Reisende hat seine Wohnanschrift in Ungarn innerhalb von 48 Stunden nach Grenzübertritt der Polizei oder dem örtlichen Rat durch seinen Quartiergeber (Privatpersonen, Hotels oder Camping) mitzuteilen und auf der Ausreisekarte bestätigen zu lassen. Formulare sind in Postämtern oder Tabakwarenläden erhältlich.

Alle Ausländer haben während ihres Ungarnaufenthaltes stets die Reisedokumente (Reisepaß und Ausreisekarte) mit sich zu führen und befugten Behörden auf Verlangen vorzuweisen.

Ein etwaiger Verlust von Reisedokumenten, ganz oder teilweise, ist sofort (zu jeder Tageszeit) bei dem für den Wohnort zuständigen Polizeiamt zu melden. Mit der dort ausgestellten polizeilichen Bestätigung ist ein neuer Reisepaß bei der Botschaft des Heimatlandes in Ungarn zu beantragen.

Devisenbestimmungen
Die ungarische Währung heißt ›Forint‹ (›Ft‹), ist im internationalen Vergleich erfreulich stabil, das einzig gültige inländische Zahlungsmittel und wird von der Regierung auf den freien (konvertiblen) Länder-Handel vorbereitet.

Noch dürfen ausländische Staatsbürger nach/aus Ungarn nur maximal 100 Forint in Noten und/oder Münzen, ausländische Zahlungsmittel aber unbeschränkt ein-/ausführen. Zahlungsmittel aus sozialistischen Staaten müssen bei der Einreise dem ungarischen Zoll angegeben und die darüber ausgestellte Einfuhrbescheinigung muß bis zur Ausreise sorgfältig aufbewahrt werden.

Ungarn verlangt von seinen Besuchern aus westlichen Ländern keinen Zwangsumtausch. Jeder Geldwechsel ist nur in den amtlich zugelassenen Einrichtungen (Ungarische Nationalbank, Filialen der Landessparkasse OTP, Reise- und Fremdenverkehrsbüros, Rezeptionen von Hotels und Campingplätzen) zum offiziell festgesetzten, einheitlichen Tageskurs erlaubt. Ausländisches Geld darf nur in den besonders gekennzeichneten ›Intourist‹-Geschäften in Zahlung gegeben werden. Der Schwarzhandel mit Westgeld bietet nur uninteressant geringe Kursdifferenzen und wird polizeilich kaum überwacht.

Unverbrauchte Forint-Beträge aus ordentlichen, durch Belege nachweisbaren Wechselgeschäften können vor der Ausreise aus Ungarn bis 50% der Wechselsumme, maximal bis zum Gegenwert von 100 US-Dollar an den Wechselstellen der Straßengrenzübergänge, im Flughafen Budapest Ferihegy und dem Budapester Ost- und Nordbahnhof gegen konvertible Währung zurückgetauscht werden.

Von Postsparbüchern der BRD und Österreichs sind Abhebungen bei mehr als 1000 Postämtern mit der Tafel ›Postsparkasse, Deutsche Bundespost‹ möglich. Zum jeweils gültigen

Wechselkurs werden Forint im Höchstwert von 1000 DM/7000 öS pro Tag und 2000 DM/14000 öS innerhalb von 30 Tagen ausgezahlt.

Auf Euro- und Reiseschecks der Banken westlicher Staaten leisten die amtlich zugelassenen Wechselstellen Forint-Auszahlungen zum offiziellen Tageskurs bis zum Höchstwert von 10000 Forint pro Scheck; mit vielen amerikanischen und westeuropäischen Kreditkarten können Forint-Rechnungen von Geschäften, Reisebüros, Hotels, größeren Restaurants und Transportunternehmen zum offiziellen Kurs beglichen werden.

Verlorene Reiseschecks sind umgehend von der *Ungarischen Nationalbank* sperren zu lassen.
Magyar Nemzeti Bank, Központi Devizapéntár
Szabadság tér 8
1054 Budapest, ✆ 532600 und 123223
Mo–fr 8.30–12.30 Uhr

Zollbestimmungen

Ungarns Zollbestimmungen entsprechen der internationalen Praxis und werden schon seit einigen Jahren gegenüber Ausländern stichprobenweise und sehr großzügig angewandt. Allgemein wird nur eine mündliche Erklärung des Reisegutes verlangt. Auf dem Internationalen Flughafen Budapest und an der internationalen Schiffsstation Budapest vereinfacht das aus Westeuropa übernommene Korridorsystem Rot/Grün (zollpflichtige/zollfreie Einreise) die Abfertigung.

Zollfrei einführbar sind

- je nach Jahreszeit, Reiseziel und -dauer alle persönlichen Gebrauchsgegenstände wie Kleidung, Wäsche, Schmuck, Foto-, Film- und Videoapparate, tragbare Radio- und Fernsehgeräte, Sportgeräte und -boote, Zelte und Campingausstattung (für teure Einfuhrstücke wird die Ausstellung einer zollamtlichen Einfuhrbestätigung empfohlen),
- Lebensmittel für drei Tage,
- zwei Liter Wein, ein Liter Spirituosen und 250 Zigaretten von Personen über 16 Jahren,
- Geschenke mit ungarischem Binnenhandelswert bis 10000 Forint bei der ersten Einreise pro Kalenderjahr, Geschenke bis zu 500 Forint Inlandswert bei jeder folgenden Einreise,
- eigene Personenkraftwagen zur persönlichen Benutzung für jährlich maximal sechs Monate und späteren Wiederausfuhr
- Hunde und Katzen mit einem gültigen tierärztlichen Attest und Einreise-Untersuchung durch ungarische Tierärzte,
- Jagdwaffen und Munition nur mit einem Begleitausweis des für den Heimatwohnsitz zuständigen ungarischen Konsulats,

Zollpflichtig mit 30 % vom ungarischen Binnenhandelswert einführbar sind Geschenke an ungarische Staatsbürger von 10000 bis 25000 Forint Inlandswert. Einfuhren über 25000 Forint Inlandswert bedürfen der Genehmigung der Ungarischen Nationalbank. Der Zollbetrag muß aus dem ordentlichen Umtausch konvertibler Währung in Forint stammen.

Warenmengen oberhalb dieser Höchstmengen werden vorübergehend vom Zollamt eingelagert und können bei der Ausreise wieder ausgeführt werden.

Beschlagnahmt und vernichtet werden können alle Presseerzeugnisse und Publikationen, Bild- und Tonträger (Filme, Video- und Tonbänder, Schallplatten) die Haß gegen den ungarischen und/oder befreundete Staaten, irgendein/e Volk, Nationalität, Konfession, Rasse erregen, und pornographische Artikel, als Angriffswaffen benutzbare Gegenstände, reiner Alkohol und Rauschgift.

Mündlich anmelde- und zollamtlich für 30 Tage erlaubnispflichtig sind PKW-CB-Radios mit maximal 0,5 Watt Sendeleistung im Frequenzbereich 26,965–27,405 MHz.

Ohne Genehmigung ausführbar sind

- alle selbst eingeführten Gebrauchsgegenstände,
- Lebensmittel im Werte von maximal 100 Forint für den alsbaldigen Verbrauch (außer Kaffee und Kakao),
- in Ungarn erhaltene oder gekaufte Waren im Wert bis maximal 3000 Forint,

– Waren, die in Intertourist-, Konsumtourist- und Utastourist-Geschäften gegen konvertible Währung gekauft wurden bei Vorlage der Rechnung,
– Kraftstoffe in eingebauten Tanks.

Genehmigungspflichtig ausführbar sind Waren wie Grundnahrungsmittel, Medikamente, Wohnungstextilien, Heimwerkermaschinen usw. Detaillierte Auskünfte erteilt der
Informationsdienst des Zoll- und Finanzamtes
1051 Budapest
Szent István tér 11/B, nahe der Basilika
✆ 326943
Mo–fr 8–16 Uhr.
Genehmigungen erteilt die
Ungarische Nationalbank
1054 Budapest
Szabadszág tér 8
Mo–fr 8.30–16 Uhr.

Verboten ist die Ausfuhr von Gold, Platin, Silber und daraus gefertigten Gegenständen, Briefmarken und geschützten Kunstgegenständen. Zur Ausfuhr ungeschützter Kunstgegenstände werden Fachgutachten und eine besondere Ausfuhrgenehmigung benötigt.

Reisewege nach Ungarn

Mit dem Flugzeug

Budapest-Ferihegy, Ungarns einziger Personenverkehrsflughafen, ist vom *Terminal II* durch 40 Routen der staatlichen ungarischen Luftfahrtgesellschaft Malév und vom *Terminal I* durch Strecken von etwa 20 ausländischen Partnerunternehmen, darunter auch Austrian Airlines, Lufthansa und Swissair mit 30 Ländern der Welt direkt verbunden. In der Urlaubssaison bieten mehrere Veranstalter zahlreiche Charterflüge und Reisepakete u. a. ab Köln/Bonn, Düsseldorf und Hamburg an. Privatflugzeuge dürfen mit einer 48 Stunden vorher einzuholenden Landeerlaubnis und gültigen Visa der Insassen landen.

Telefonische Flugverkehrs-Auskünfte geben für
Ausländische Linien/Terminal I ✆ 572122
Malév-Abflüge vom Terminal II ✆ 577831
Malév-Ankünfte am Terminal II ✆ 578406
Flüge des Tages am Terminal II ✆ 577155
Zentrale für Terminale I und II ✆ 579123.

Flughafenbusse der Firma Volán verkehren täglich von 5 bis 23 Uhr zur halben und vollen Stunde mit 30–40 Minuten Fahrzeit von Budapests Internationalem Autobusterminal Engels tér, Einsteigstelle Nr. 6, zum Fahrpreis von 20 Forint zum Terminal I und 30 Forint zum Terminal II.

Stadtbusse der Linie 93 (schwarz) verbinden die Endstation der Kőbánya-Kispest der Metrolinie 3 mit dem Terminal I, die der Linie 93 (rot) mit dem Terminal II (Fahrscheine im Vorverkauf lösen).

Ungarns *Fluglinie Malév* unterhält zahlreiche Auslandsvertretungen und in Budapest die Büros
Apáczai Csere János utca 19
✆ 181998
Mo–fr 8–17 Uhr, sa 8–14 Uhr,
für Platzreservierung ✆ 184333;
Dorottya utca 2
Mo–fr 7.30–17.30 Uhr;
Krisztina körút 41–43
Mo–fr 8–17 Uhr.

Malév gibt zweimal jährlich Flugpläne heraus, bietet eine Reihe interessanter Preisnachlässe und nach 19 Städten reine Nichtraucherflüge.

Mit der Bahn

Ungarn (Budapest) ist durch mehr als 30 direkte Expreßzüge oder Kurswagen mit vielen europäischen Großstädten verbunden; zwischen Budapest und Wien verkehren täglich vier Zugpaare. Visumpflichtige Bahnreisende müssen vor der Abfahrt ein ungarisches Visum einholen, weil von den Bahngrenzstellen keine Visa erteilt werden.

Touristen aus marktwirtschaftlichen Ländern haben Fahrkarten für die Rück- oder Weiterreise aus Ungarn mit konvertiblen Zahlungsmitteln zu lösen; auf den Strecken der Ungarischen Staatsbahnen MÁV gelten für sie die Tarife des sogenannten internationalen CIV-Abkommens mit folgenden Ermäßigungen:

- unterschiedlich für Kinder, bis 4 Jahren frei;
- 25% für Gruppen mit mehr als sechs Personen;
- 50% für Studenten und Hochschüler, bis zum 26. Lebensjahr auch mit Interrail-Ausweis;
- 25–50% mit Eurotrain-BIJ-Tickets (bis 26 Jahre)
- 33% für Senioren mit RES (Rail-Europe-Senior)-Ausweis.

Die Zentrale MÁV-Information Budapest gibt Auskünfte zu Zugankünften und -abfahrten im Inlandverkehr unter ✆ 227860 und 429150, im Auslandverkehr unter ✆ 224052 täglich 6–21 Uhr.

Mit dem Schiff

Auf dem 282 km langen Donau-Abschnitt zwischen *Wien-Reichsbrücke/Mexikoplatz* und *Budapest Internationale Schiffsstation Belgrád-rakpart* – mit dem berühmten ›Donauknie‹ – verkehren in der Reisesaison mehrere schnelle Schiffe.

Zwei ungarische Tragflügelboote bieten zum Preis von 92 DM/630 öS für einen Weg und 153 DM/1050 öS für Hin- und Rückfahrt von Anfang April bis Ende September täglich je eine viereinhalbstündige Hin- und Rückfahrt und von Anfang Juni bis Mitte September ein weiteres Hin-/Rückfahrtpaar.

Das Wiener Luftkissenboot ›Donaupfeil‹ bietet zum Preis von 114 DM/790 öS für einen Weg und 174 DM/1200 öS für Hin- und Rückfahrt von Ende April bis zur dritten September-Woche täglich außer Mittwoch je eine fast fünfstündige Hin- und Rückfahrt, danach bis Ende Oktober nur noch am Montag, Mittwoch und Samstag. Kinder zwischen 6 und 15 Jahren erhalten 50% Ermäßigung.

Zuständig für Auskünfte und Kartenverkauf sind *in Wien* (Vorwahl vom Ausland 0043222)

Generalvertretung Mahart
A-1010 Wien 1
Karlsplatz 2/8
✆ 653844

IBUSZ Reisen
A-1010 Wien 1
Kärntner Straße 26
✆ 515550

DDSG-Reisedienst
A-1010 Wien 1
Handelskai 265
✆ 266536

in Budapest
Mahart, Internationaler Schiffshafen
H-1056 Budapest
Belgrád rakpart
✆ 181953

IBUSZ
H-1075 Budapest
Tanács körút 3/C
✆ 423140

Auf der internationalen Wasserstraße Donau ist eine Reise nach Ungarn mit privaten Wasserfahrzeugen, gültigen Reisepapieren und Visa für alle Insassen möglich. Zur Einreiseabfertigung ist im Norden die Grenzkontrollstelle Komárom auf der rechten Flußseite knapp nach der Brücke Komárom (Stromkilometer 1767,8) und im Süden die Grenzkontrollstelle Mohács an der Schiffsstation auf der rechten Flußseite (Stromkilometer 1446,8) Tag und Nacht besetzt. An diesen Plätzen und am Steg des Hotels Esztergom kann getankt werden.

Mit dem Autobus

Zu wenig bekannt ist die bequeme Reisemöglichkeit mit regelmäßig nach/von Budapest verkehrenden internationalen Autobusdiensten, unter anderen auf zehn Routen nach Jugoslawien, nach

Venedig, München und mehreren österreichischen Städten (Graz, Klagenfurt, Salzburg, Semmering, Wien und Wiener Neustadt) und sogar nach Helsinki.

Unverbindliches Fahrpreisbeispiel der Strecke *Wien – Budapest:*

Einfache Fahrt	270 öS/ 720 Ft,
Hin- und Rückfahrt	390 öS/1150 Ft.

Zuständig für *Auskünfte und Kartenverkauf* sind *in Österreich*

– Österreichische Bundesbahnen
A-1030 Wien 3
Landstraßer Hauptstraße 1b
∅ 565 043 05

Reisebüro Blaguss Reisen
A-1040 Wien 4
Wiedner Hauptstraße 15
∅ 651 681

Österreichisches Verkehrsbüro
A-1010 Wien 1
Opernring 5
∅ 579 636

Heribert Matzer Reisebüro
A-8020 Graz
Lendplatz 38
∅ 914 032

in der Bundesrepublik Deutschland
Deutsche Touring GmbH
8000 München 2
Arnulfstraße 3
∅ 591 824/5

Ungarn- und Osteuropareisen
8000 München 2
Altheimer Eck 1
∅ 265 020

Mit dem Auto

Für die Einreise privater Kraftfahrzeuge nach Ungarn gelten die verschiedenen internationalen Zulassungs- und Zollabkommen. Danach dürfen PKW mit ausländischem Kennzeichen bis maximal sechs Monate im Lande steuerfrei genutzt werden. Jede nur gelegentliche Überlassung an einheimische Staatsbürger kann als Zollvergehen verfolgt werden. Kraftfahrzeuge aus der BRD, Österreich und der Schweiz benötigen keinen besonderen Haftpflicht-Versicherungsnachweis (Grüne Karte).

Alle Grenzübergangsstellen zwischen Österreich und Ungarn sind durchgehend geöffnet. Erforderliche Visa werden je nach Verkehrsaufkommen zügig erteilt. Zugleich sind der Geldwechsel und der Kauf von Tankgutscheinen für Dieselkraftstoff möglich.

Mit dem Auto durch Ungarn

Straßenzustands-Auskünfte

∅ 227 052, 227 643
Útinform
1077 Budapest VII.
Dob utca 75–81.

Autokarten

Eine gute Landkarte *›Mit dem Auto in Ungarn‹* mit Angaben über den Autoverkehr in Ungarn und aktuellen Informationen über den Pannendienst, Autoreparaturwerkstätten, Tankstellen für bleifreies Benzin und vielen weiteren Hinweisen gibt alljährlich das Ungarische Fremdenverkehrsamt OIH in großer Auflage heraus.

Der *›Magyarország Autóatlasza‹* (Autoatlas von Ungarn) des Budapester Cartographia-Verlages zum Preis von etwa 100 Forint mit sehr gutem Kartenteil, bedingt brauchbaren Herbergslisten und einer vorbildlichen Plansammlung aller Städte sowie touristisch interessanten Orte ist fast unverzichtbar für Autofahrer und andere Reisende.

Kraftstoffversorgung

Die Kraftstoffversorgung ist in Ungarn ähnlich unproblematisch wie in Westeuropa und gegenüber den meisten Nachbarländern preisgünstiger.

Tankstellen sind in genügender Zahl nahe den Grenzübergängen und an den Hauptrouten, meist abseits von Wohngebieten außerhalb der Ortschaften alle 30 bis 40 km eingerichtet. Erhältlich sind 86-Oktan-Normalbenzin, 92-Oktan-Superbenzin, 98-Oktan-Extrabenzin und Dieselöl. Bleifreies 95-Oktan-Benzin (ungarisch ›ólommentes‹, englisch ›unleaded‹) wird an den Hauptverkehrsstraßen nur etwa alle 100 km und in Budapest an neun Stationen angeboten. Dieselöl wird nur bargeldlos gegen besondere Bons abgegeben; sie sind in den IBUSZ-Büros der Grenzübergänge, Hotels und Bahnhöfe zu kaufen. Unverbrauchte Bons werden nicht zurückgenommen, der erwartete Verbrauch sollte sorgfältig berechnet werden.

Agip-, BP- und Shell-Tankstellen in verkehrsreicher Lage sind ständig, kleinere ungarische AFOR-Stationen abseits der Hauptrouten werktags von 6/7 Uhr bis 19/20 Uhr und sonntags von 6/7 Uhr bis 13/15 Uhr geöffnet.

Notrufstationen und Notrufmelder

Notrufstationen sind allgemein täglich von 8 bis 18 Uhr besetzt, in der Zeit vom 1. 6 bis 15. 9. auch fr, sa und so von 0 bis 24 Uhr.

Notrufmelder bestehen an den Autobahnen
M1 Budapest – Tatabánya bei Kilometer 36, 63 und 83
M3 Budapest – Gyöngyös bei Kilometer 27, 51 und 75
M7 Budapest – Siófok zwischen Kilometer 6 bis 108 alle zwei Kilometer,
im Donauknie in Szentendre, Belső körút
✆ 26/11 999

Pannenhilfen

Pannenhilfen gibt es in allen größeren Städten, im Großraum Budapest die Dienste
Volán
✆ 409 326
Budapest XV.
Ifjúgárda utca 117
0–24 Uhr

Fősped
✆ 475 594 und 572 811
Budapest X.
Kőér utca 3/A
0–24 Uhr
außer mo–fr 6–6.30 und 18–19 Uhr

Magyar Autóclub (Ungarischer Autoclub)
✆ 691 831 und 693 714
Budapest XIV.
Francia út 38/B
0–24 Uhr, und in allen größeren Provinzstädten.

Die *Pannenhelfer* des Clubs (›Gelbe Engel‹) patrouillieren auf den Autobahnen täglich, auf den acht Hauptfernstraßen an den Wochenenden. Mitgliedern ausländischer Autoclubs werden nur bereitgestellte Ersatzteile berechnet.

Gute *KFZ-Reparaturwerkstätten* gibt es genügend in ganz Ungarn. Falls ein Fahrzeug nicht am Ort reparierbar ist, besorgen die Pannendienste den Transport zur gewünschten Servicestation oder bei Bedarf ins Ausland. Entstehende Reparatur- und Transportkosten können Mitglieder ausländischer Autoclubs auch mit Kreditbriefen abdecken.

Straßennetz

Ungarns Straßennetz ist sehr übersichtlich bezeichnet: Vom berühmten *Kilometerstein ›0‹* auf dem Clark Ádám tér in Budapest führen *sieben Hauptstraßen* sternförmig durch das Land. Ihre einstellige Numerierung in Uhrzeigerrichtung beginnt an der nordwestwärts gerichteten Fernstraße nach Wien. Von der Route 7 nach Zagreb/Jugoslawien zweigt bei Székesfehérvár die Straße 8 nach Graz/Österreich ab. Eine zusätzliche Ziffer 0 erhalten Hauptstraßen, wenn eine parallel geführte Autobahn die einstellige Zahl mit dem Buchstaben M übernimmt. Den tieferen Sinn des Systems zeigt die zwei- oder dreistellige Bezeichnung der Neben- und Landstraßen: Ihre erste Ziffer benennt – von Budapest ausgehend – den Sektor rechts von einer Hauptstraße, von der sie fast immer nach rechts abzweigen. Höhere Zahlen bedeuten zugleich weitere Distanz von Budapest.

Straßenverkehrs-Vorschriften

Ungarns Verkehrsregeln entsprechen weitgehend jenen westeuropäischer Länder. Zu beachten sind die folgenden Besonderheiten:

- *Erlaubte Höchstgeschwindigkeiten:*
  In geschlossenen Wohngebieten
  PKW 60 km/h, Zweiräder 50 km/h;
  auf Landstraßen 80 km/h;
  auf Autostraßen 100 km/h;
  auf Autobahnen 120 km/h.
  Eventuelle Änderungen werden durch Hinweisschilder an den Grenzübergängen angezeigt.
- Auf den Vordersitzen sind 3-Punkt-Sicherheitsgurte anzulegen. Kinder unter sechs Jahren dürfen nur auf den hinteren Sitzen mitfahren.
- Innerhalb bewohnter Ortschaften sind Schallsignale nur bei Unfallgefahr erlaubt.
- Ab Eintritt der Dunkelheit bis zum Morgengrauen und bei schlechten Sichtverhältnissen ist mit Abblendlicht zu fahren.
- Im Weinland Ungarn dürfen Kraftfahrer vor und während der Fahrt keinerlei Alkohol trinken; *die 0,00‰-Grenze ist strikt einzuhalten.*
- Untersagt ist die Benutzung von Hilfsbremslampen, Verdunklungsvorhängen oder -folien.
- Motorradfahrer und -beifahrer haben Sturzhelme zu tragen und mit Abblendlicht zu fahren.

Verkehrsunfälle

Verkehrsunfälle sind sofort der Polizei, bei Personenschäden auch der Ambulanz zu melden.

Unabhängig von jeder Schuldfrage ist innerhalb von 48 Stunden, spätestens am ersten Werktag nach dem Unfall die Versicherung zu informieren, in Budapest die Hungaria-Versicherung, Direktion für Internationale Fahrzeugversicherung
Hungaria Biztosito
1144, Gvadányi utca 69, 5. Stock
✆ 835 350
außerhalb Budapests die Zweigniederlassungen.

Nach jedem Unfall mit oder ohne Personenschaden ist unbedingt ein polizeiliches Protokoll zu verlangen und sorgfältig aufzubewahren: Beschädigte Fahrzeuge dürfen Ungarn nur mit Erlaubnis der Polizei verlassen.

Problemlos durch Ungarn

Auskünfte und Hilfen

Wie in Westeuropa unterteilen sich auch in Ungarn die Touristikeinrichtungen in staatliche oder gemeindliche Fremdenverkehrsbüros, die ihre Hilfen allgemein gratis für die Fragesteller erbringen und in kommerzielle Reisedienste und -büros, die ihre Leistungen mit angemessenen Zuschlägen berechnen.

Zu den staatlichen und kommunalen Büros zählen *Stadtverkehrsämter* in allen größeren Städten und *Fremdenverkehrsämter* in jedem Komitat (für alle Adressen fehlt hier der Platz). Ausgewählt seien:

Hungarotours
1072 Budapest
Akácfa utca 20
✆ 413 889

Der Dachverband der selbständigen Fremdenverkehrsämter der 19 Komitate faßt die touristischen Angebote seiner Mitglieder zu einer guten Jahresbroschüre zusammen.

TOURINFORM
Täglich 8 bis 20 Uhr
1052 Budapest V.
Sütő utca 2 (50 m von der Metrostation Deák tér)
✆ 179 800

Die staatliche Touristen-Information untersteht dem Ungarischen Fremdenverkehrsamt, einer Abteilung des Handelsministeriums.

Als Wirtschaftsbetriebe sind bekannt:
IBUSZ
1075 Budapest VII.
Tanács krt. 3/C
✆ 423 140,
mit Nonstop-Service (Tag und Nacht geöffnet) in
1052 Budapest V.
Petőfi tér 3
✆ 185 707

Das offizielle Reisebüro der Ungarischen Staatsbahnen bezeichnet sich als ältesten europäischen und größten ungarischen Reisedienst, unterhält Büros an den Grenzübergängen, in allen Großstädten und größeren Hotels, davon 20 Filialen in Budapest, verkauft Fahrkarten aller Art, vermittelt Unterkünfte und organisiert interessante Rundfahrten und Besichtigungen.

Auto Tours (Ungarischer Autoklub)
1132 Budapest
Visegrádi utca 17
✆ 126 218

Express, Jugend- und Studentenreisedienst
1052 Budapest V.
Semmelweis utca 4
✆ 176 634

Malév Air Tours (Flugreisen)
1051 Budapest
Roosevelt tér 2
✆ 186 614

Omnibusz (Omnibusfahrten)
Busterminal
1051 Budapest
Engels tér
✆ 172 511

Volántourist (Omnibusdienst)
Busterminal
1051 Budapest
Október 6 utca 11–13
✆ 123 410

Danubius (Hotel- und Kurbadunternehmen)
1052 Budapest
Martinelli tér 8
✆ 173 652

Hungar Hotels (Hotels und Restaurants)
1052 Budapest
Petőfi S. utca 16
✆ 183 018

Pannonia (Hotels und Restaurants)
1052 Budapest
Kígyó utca 4–6
✆ 183 910

Taverna (Hotels und Restaurants)
1052 Budapest
Váci utca 20
✆ 187 287

Ausländische Vertretungen

Botschaft der Bundesrepublik Deutschland
1146 Budapest
Iszó utca 5
✆ 224 204
Konsulat der Bundesrepublik Deutschland
1125 Budapest
Nógrádi utca 8
✆ 559 366
Botschaft der Republik Österreich
1068 Budapest
Benczúr utca 16
✆ 229 467

Botschaft der Schweiz
1143 Budapest
Népstadion út
✆ 229 491

Ausländische Fluggesellschaften

Lufthansa
1052 Budapest
Váci utca 19/21
✆ 184 511
Flughafen Ferihegy ✆ 570 290

Austrian Airlines
1052 Budapest
Régiposta utca 5
✆ 171 550
Flughafen Ferihegy ✆ 576 182

Swissair
1143 Budapest
Kristóf tér 7–9
✆ 172 500
Flughafen Ferihegy ✆ 574 374

Nützliche Publikationen für Touristen

Kostenlose *deutschsprachige Publikationen* des Ungarischen Fremdenverkehrsamtes (OIH):

›Programme in Ungarn‹,
Monatsübersicht der Veranstaltungen in Budapest.

›Veranstaltungskalender 1990‹ (91 usw.),
Jahresübersicht ungarischer Großveranstaltungen.

›Ungarn-Karte – Programme 1990‹ (91 usw.),
gute Karte, Verkehrshinweise, Programmangebote.

›Hotel – Camping‹,
Jahresliste der Unterkünfte mit Leistungsumfang, Hinweisen und bestellfähigen Anschriften.

›Heilbäder in Ungarn‹,
Ausführliche Beschreibung der Kurmöglichkeiten.

›Ungarisches Mosaik‹,
kleine Hefte zu touristischen Spezialthemen: Ungarn heute, Fahrradreisen, Feinschmeckerreisen, Folklore, Fortlebende Vergangenheit, Historische Städte, Heilwasser, Hobbyreisen, Junge Leute in Ungarn, Landurlaub, Liturgiesammlungen, Museen, Musikleben, Naturbegegnung, Reiterreisen, Sport, Ungarn von Herbst bis Frühjahr, Wassersport u. a.

›Tájak-Korok-Múzeumok‹ (Landschaften – Zeitalter – Museen) heißt eine Volksbildungseinrichtung, die etwa 1500 geschichtliche, künstlerische, architektonische und landschaftliche Sehenswürdigkeiten in Ungarn systematisch erfaßt hat und gut fundierte Erklärungshefte anbietet, teils in Deutsch, Englisch, Französisch und Italienisch zum Preis von allgemein 10 Forint = etwa 35 Pfennig oder zweieinhalb Schilling.

Beherbergungsgewerbe

Entsprechend internationaler Praxis gliedert die Jahresliste ›Hotel – Camping‹ des Handelsministeriums/Ungarischer Fremdenverkehrsverband die vorhandenen Unterkünfte nach Leistungsangebot, Hinweisen und bestellfähigen Anschriften.

Hotels mit ein bis fünf Sternen. Die Einstufung steigt je nach Ausstattung und Qualität von einfachen Häusern mit mindestens 10 Zimmern mit fließendem Kalt-/Warmwasser, gemeinschaftlichem Bad/WC, Telefon und Frühstück im Haus oder in der Nähe bis zu vier Hotels in Budapest mit internationalem Luxusniveau und allen Dienstleistungen.

Pensionen (Gasthöfe) mit zwei Kategorien. Zur familiären Unterbringung und Verpflegung von Einzelpersonen und kleineren Gruppen gibt es Zimmer mit maximal vier Betten (nicht übereinander), separaten Sanitärräumen mit Kalt-/

Warmwasser und Gemeinschaftsräumen mit Fernsehgerät.

Campingplätze mit vier Kategorien. Im Land sind mehr als hundert, überwiegend der Klassen 2 und 3 zumeist von Anfang Mai bis Ende September geöffnet. Nur hier ist Campieren erlaubt. Unterschiedliche Gebührennachlässe werden in der Vor- und Nachsaison, 50 % bei Vorlage von Mitgliedskarten internationaler Campingverbände und 20 % auf internationalen Studentenausweise gewährt. In Anlagen der höheren Kategorien sind Bungalows und komplett mit Küche, Bad, Kalt- und Warmwasser eingerichtete Holzhäuser mietbar.

Zuständig für Auskünfte und Reservierungen sind die örtlichen Fremdenverkehrsämter und der *Ungarische Camping- und Caravaning-Club*
1085 Budapest VIII.
Üllői út 6
✆ 336 536.

Ferienhäuser mit vier Kategorien. Von verschiedenen Eignern werden in den Feriengebieten für allgemein vier Personen Einzelgebäude aus Holz oder Stein mit modernen Sanitäranlagen, unterschiedlicher Ausstattung und oft mit Küchen für ein- oder mehrwöchige Nutzung angeboten.

Touristenherbergen mit zwei Kategorien. Die Unterkünfte in Art von Jugendherbergen bieten saubere Zimmer mit fünf bis acht und mehr Betten und gemeinsame Sanitäranlagen mit Kalt-/Warmwasser zum Billig-Tarif von 50 bis 70 Forint pro Nacht.

Privatquartiere mit drei Kategorien. Private Vermieter von Zimmern, Häusern und Wohnungen benötigen zwar eine amtliche Zulassung, doch die erlaubte freie Preisgestaltung – zwischen mäßigem Angebot und wachsender Nachfrage – empfiehlt die Quartiersuche bei der örtlichen Vermittlung (Reisebüro) oder eine Hotelbuchung.

Ein anerkanntes Preisgefälle von jeweils 10 bis 15 % besteht vom Balaton-Gebiet nach Budapest, Westungarn, den Nordost-Gebieten und der Tiefebene und natürlich je nach Saison.

Studentenheime. Während der Sommersaison finden Jugendliche preisgünstige Unterkunft in Studentenheimen. Zuständig für Buchungen und Auskünfte über das jährlich stark schwankende Angebot ist ›Express‹ (s. Auskünfte).

Gaststätten, Speisen und Getränke

Ungarische Gastlichkeit genießt zu Recht einen ausgezeichneten Ruf; auch in kleinen Landgemeinden speist man meistens gut. Restaurants und Gaststätten (étterem, vendéglő) sind amtlich in vier Kategorien eingeteilt. Dazu kommen Imbißstuben (bisztró), Selbstbedienungs-Gaststätten, Weinstuben (borozó), Weinkeller (borpince) und Bierstuben (söröző), in denen auch kleine Gerichte gereicht werden. ›Csárda‹ bezeichnete ursprünglich eine einsam gelegene Schenke in der Pußta oder im Wald; heute versteht man darunter ein rustikales Wirtshaus. Großer Beliebtheit in Stadt und Land erfreut sich die Konditorei (cukrászda).

Restaurants sind mit unterschiedlichen Ruhetagen in der Regel von 12 bis 23 Uhr geöffnet; in vielen gibt es noch Zigeunermusik ab 18 Uhr.

Die **ungarische Küche** ist zwar weniger raffiniert als die französische, fetter und schwerer verdaulich als die italienische, aber herzhaft und sehr schmackhaft. Angst vor der ›Schärfe‹ des Paprika ist unbegründet: Viele Gerichte werden mit pikantem Delikateß- oder mit mildem Edelsüßpaprika zubereitet; aber auch scharfe Sorten brennen nicht auf der Zunge. Wirklich scharf ist nur der kleine, getrocknete ›Kirschpaprika‹, der Kennern und Liebhabern auf Verlangen gereicht wird.

Berühmteste ungarische Spezialität ist *Gulyás (›Gulasch‹),* die nach dem Rinderhirten benannte Suppe aus kleingeschnittenem Rindfleisch, Zwiebeln, Kartoffeln, winzigen Teigwaren (tarhonya), Paprika und anderen Gewürzen, traditionell oft als ›Kessel-Gulasch‹ (bográcsgulyás) gekocht. Gulyás entspricht also ungefähr jenem Gericht, das im Ausland als Gulaschsuppe bezeichnet wird. Gulasch dagegen, ein ›klassisches‹ Gericht der Wiener Küche – das in vielen Ländern durch minderwertiges Fleisch und kümmerliche Würze oft bis zur Unkenntlichkeit verfälscht wird! – heißt in Ungarn ›*Pörkölt*‹. Dazu werden Fleischstücke von Rind (marha), Kalb (borjú) oder Schwein (sertés), seltener von Hammel oder Kaldaunen, mit viel Zwiebeln, Paprika und Gewürzen gedünstet (geschmort). Erst die Beilage von galuska (Nockerl) oder sós burgonya (Salzkartoffel) vollenden das Pörkölt. Fügt man diesem Gericht noch Sauerrahm (saure Sahne) hinzu, heißt es ›*Paprikás*‹. Székelygulyás gleicht dem Szegediner-Gulasch der Wiener Küche, ist also Schweinsgulasch mit Sauerkraut.

Im einstigen Vielvölkerstaat Ungarn sind natürlich einige Speisen serbischen oder türkischen Ursprungs, z. B. das Lecsó (Letscho) aus Paprikaschoten, Tomaten und Zwiebeln oder die mit Fleisch und Reis gefüllten Gemüsesorten, wie Töltött paprika (gefüllte Paprika). Aus Siebenbürgen stammt Töltött káposzta (gefülltes Kraut, Weißkohl-Roulade), mit dem Zusatz ›Kolozsvári‹ bedeutet es ›nach Klausenburger Art‹, also mit Fleisch und Wurst garniert.

Aus der Fülle der *Hauptgerichte* seien noch erwähnt: Sertésborda (Schweinskotelett), Sült kolbász (Bratwurst), Hagymás rotélyos (Rostbraten), Paprikás csirke (Paprikahuhn), Pirított csirke (Brathuhn), Bécsi szelet (Schnitzel nach Wiener Art), Rántott máj (Panierte Leber), Libacomb (Gänsekeule), Rántott bárány (gebratenes Lamm), Rablóhús (Räuberbraten vom Spieß).

Die Speisenfolge eines guten Essens beginnt mit *Levesek* (Suppen) oder *Előételek, hideg, meleg* (Vorspeisen, kalt oder warm): der berühmten Gänseleber (libamáj), Hortobágyi palacsinta (Palatschinken = Pfannkuchen nach Hortobágy Art) mit Fleischfüllung und Rahmsauce, Rántott sajt (gebackener Käse) – um nur einige Vorspeisen zu nennen – oder Bableves (Bohnensuppe), Tyúkhúsleves (Hühnersuppe), Húsleves májgombóccal (Fleischsuppe mit Leberknödel), Gombaleves (Champignonsuppe), Csontleves (Knochenbrühe).

Originale *Halászlé (Fischsuppe)* wird im Kessel gekocht, und zwar aus mehreren Sorten von Süßwasserfischen, Zwiebel und Paprika; heute verwendet man meistens nur Karpfenstücke. Feinster Fisch ist der Fogas (Fogosch, Zander), des weiteren Ponty (Karpfen), Pisztráng (Forelle) auf verschiedene Art zubereitet.

Typisch ungarische *Beilagen (köretek)* sind Tarhonya (Eiergraupen, ›Zupfnockerl‹) und Galuska (Nockerl, ›Spätzle‹), des weiteren Burgonya (Kartoffel) und Párolt rizs (gedünsteter Reis).

Saláták (Salate) spielen eher eine untergeordnete Rolle; meistens werden Salzgurken, rote Paprika, Gurken, Tomaten- und Krautsalat angeboten. Grüner Salat (fejes saláta) entspricht nicht jedermanns Gaumen – er wird kaum mit Öl und Essig, sondern mit einer Art Zuckerwasser zubereitet.

Sehr reichhaltig ist die Auswahl an *Süßspeisen*. Rétes (Strudel) und Palacsinta (Palatschinken = dünne Pfannkuchen) werden auf verschiedene Art gefüllt, mit Topfen = Quark (túrós), Mohn (mákos), Nuß (diós), Apfel (alma), Kirschen (cseresznye), Weichseln usw. Die ›Krönung‹ bedeuten Gundel-Palatschinken, gefüllt mit Nüssen, übergossen mit heißer Schokolade und mit Schlagobers (Schlagsahne) serviert. Somlói galuska (Somlauer Nockerl) bestehen aus Biskuitteig mit Rum, Schokoladesauce und Schlagobers. Gesztenyepüré (Kastanienpüree, Kastanienreis) wird auch in Konditoreien gereicht. Ungarische ›Erfindungen‹ sind die Dobos-Torte und ›Rigó Jancsi‹, eine raffinierte Köstlichkeit aus Pariser Creme, benannt nach dem legendären Zigeuner-Primas.

›König‹ der ungarischen **Weine (bor)** ist der Tokaji Aszú (Ausbruch), wie der Tokaji Szamorodni ein schwerer Wein; leichter ist dagegen der Tokaji Furmint. Ausgezeichnete Weißweine kommen vom Balaton, besonders aus Badacsony, des weiteren aus Eger und Gyöngyös. Berühmtester Rotwein ist ›Egri Bikavér‹ (Erlauer Stierblut); vorzügliche Sorten gedeihen in Südungarn, besonders in Szekszárd und Villány sowie um Sopron (Soproni Kékfrankos = Blaufränkischer).

Obstbranntwein (pálinka) wird vor und nach dem Essen genossen; der beste Barackpálinka (Marillenschnaps, Aprikosenbrand) und Cseresznyepálinka (Kirschenschnaps) wird in Kecskemet erzeugt, der Szilvapálinka (Pflaumenschnaps) im Landstrich Szatmár.

Kaffee (kávé) wird sehr viel und stets ›schwarz‹ (fekete) getrunken, also in der Art des italienischen Espresso.

Nachrichtenwesen

Notruf-Telefonnummern

Polizei (Rendőrség)	07
Feuerwehr (Tűzoltók)	05
Ambulanz (Mentők)	04

Diese Nummern gelten für Budapest und die großen Städte Győr, Siófok, Pécs, Baja, Szeged, Eger, Miskolc, Debrecen und Nyíregyháza; in kleineren Städten und auf dem Lande ist zumeist eine weitere 0 vorzuwählen.

Postdienste

Die ungarische Post ist ähnlich organisiert wie die Post in der Bundesrepublik, in Österreich und der Schweiz. *Postämter* sind im allgemeinen werktags von 8–18 Uhr, samstags bis 14 Uhr geöffnet und sonntags geschlossen. In allen Großstädten haben *Zentral-* oder *Bahnhofs-Postämter,* in Budapest am Ost- und am Westbahnhof alle Tage durchgehend geöffnet.

Postwertzeichen sind auch in Tabakwarenläden und in größeren Hotels erhältlich. Die *Beförderungsgebühren* betragen (1990) 5 Ft/14 Ft für Ansichtskarten und 20 Ft für Briefe nach Österreich/nach anderen Ländern.

Rundfunk und Fernsehen

Fremdsprachige Nachrichten verbreitet der ungarische Rundfunk täglich 12 Uhr über den Sender ›Petőfi‹ (in Budapest UKW 66,62 MHz) in Englisch, Deutsch und Russisch.

Deutschsprachigen Ferienfunk aus internationalen Nachrichten, Reiseinformationen, Unterhaltungsmusik und Suchhilfen sendet ›Radio Danubius‹ vom 1. April bis 31. Oktober täglich von 6.30 bis 22 Uhr auf den Frequenzen 100,5 MHz für Balaton und Westungarn, 103,3 MHz für Budapest und Mittelungarn und 102 MHz für Sopron und Umgebung.

Fernseh-Empfang ist in Ungarn nach K-Secam- und D-Secam-Standard möglich.

Telefonverkehr

Das ungarische Telefonnetz funktioniert auf übliche Weise im Selbstwählverkehr und soll in den nächsten Jahren mit bundesdeutscher Hilfe stark modernisiert werden. Für Telefonate aus Telefonzellen sind 2-, 10- und 20-Forint-Münzen nötig.

✆ Allen Budapester Telefonnummern wird (seit Ende 1989) eine 1 vorgesetzt, so daß nach einer Übergangszeit die Rufnummern 7-stellig sein werden.

Auskunft in Budapest
Inland ✆ 173333 und 175511
Ausland ✆ 186977

Ortsgespräche kosten tagsüber von 7 bis 18 Uhr zwei Forint für je drei Minuten, in der übrigen Zeit zwei Forint für je sechs Minuten.

Inlandsgespräche sind in der Reihenfolge Summton, 06 – Freizeichen, Ortsvorwahlnummer, Teilnehmernummer zu wählen.

Auslandsgespräche sind in der Reihenfolge Summton, 00 – Freizeichen, Landeskennummer, Ortsvorwahlnummer, Teilnehmernummer zu wählen.

Landeskennummer für die Bundesrepublik ist 49, für Österreich 43, für die Schweiz 41.

Telegrammdienst

Telegramme verschiedener Beförderungsarten werden bei den Postämtern während der Dienststunden und telefonisch unter der Nummer 02 von Privatanschlüssen tags und nachts entgegengenommen. Aus öffentlichen Telefonzellen können keine Telegramme aufgegeben werden.

Zeitungen
In Ungarn erscheinen zur Ausländer-Information die englisch/deutschsprachige Tageszeitung *›Daily News/Neueste Nachrichten‹*, das deutschsprachige Wochenblatt *›Budapester Rundschau‹* und die Vierteljahres-Publikation *›Travel Magazin‹*.

Westeuropäische Zeitungen und Zeitschriften sind seit einigen Jahren in den Kiosken der großen Hotels in Budapest und den Großstädten und mit zunehmender Liberalisierung auch im Straßenhandel erhältlich.

Öffentlicher Personenverkehr

Die zentrale Lage der Hauptstadt und die relativ geringen innerungarischen Entfernungen erlauben den Verzicht auf einen Inlandsluftverkehr. Der öffentliche Verkehr erfolgt daher überwiegend mit der Bahn und Zubringerbussen. Alle Ansiedlungen mit mehr als 200 Einwohnern sind über feste Straßen und mit Linienbussen erreichbar.

Bahn
Auf einem ausgedehnten Schienennetz verkehren täglich 16 Expreßzüge zwischen Budapest und den Provinzzentren, weitere Verbindungszüge zwischen den größeren Städten und Anschlußzüge bis in die kleineren Ortschaften.

Unverbindliche Preisbeispiele für Personenzug-Fahrkarten II. Klasse (1990): 50 km 44 Forint, 160 km 130 Forint und 400 km 254 Forint.

Für den Binnenverkehr können Fahr- und Platzkarten bis zu 60 Tagen vor Reiseantritt gelöst werden. Die innerungarischen Tarifvergünstigungen gelten auch für ausländische Reisende:
- Nachlaß für Gruppen (mindestens sechs Personen)
- Touristen-Abonnement für 7 bis 10 Tage
- Balaton-Abonnement für 7 bis 10 Tage
- Seniorenkarten (Herren ab 60, Damen ab 55 Jahren)

Auskünfte über Fahrpläne, -preise und -preisnachlässe geben alle Bahnhöfe und in Budapest die

Zentrale MÁV-Information
Von 6 bis 21 Uhr zum Inlandverkehr unter ✆ 227 860 und 429 150
zum Auslandverkehr unter ✆ 224 052 und das
MÁV-Kundendienstbüro
✆ 228 049 und 228 056
Budapest VI.
Andrássy út 35
Mo–mi 9–17 Uhr und do und fr 9–19 Uhr.

Auskünfte über Schlaf-, Liege- und Speisewagen erteilt das Betreiberunternehmen *Utasellátó* in Budapest unter ✆ 140 803.

Bus
Die Firma *Volánbusz* mit Hauptsitz im Komitat Pécs zählt zu Ungarns größten Straßenverkehrsunternehmen, unterhält ein ausgedehntes Liniennetz zwischen Budapest und allen 17 Komitatszentren und befördert werktäglich etwa 250 000 Fahrgäste in 12 000 Diensten seiner neun Zweigbetriebe.

In *Budapest* beginnen und enden die meisten innerungarischen und alle internationalen Linien an der *Zentralen Busstation Engels tér.*

Fahrplan- und Fahrpreis-Auskünfte täglich von 5.30 bis 21 Uhr unter ✆ 172 511 und 172 369.

Unverbindliche Preisbeispiele für Autobus-Fahrkarten (1990): 50 km 70 Forint, 100 km 98 Forint und 300 km 296 Forint.

Fähren und Schiffe
Über die *Donau* und die *Theiß* verkehren an etwa zwanzig Stellen *Flußfähren,* weil Brückenbauten wegen zu geringen Verkehrsaufkommens und der oft sehr breiten Hochwasserschutzzonen zu unwirtschaftlich wären. Größen der Fähren wie Fahrpläne sind unterschiedlich, doch wird der Betrieb außer bei Eisgang und Nebel allgemein ganzjährig während der Tageslichtdauer aufrecht erhalten.

Zwischen *Tihany* und *Szántód* am *Balaton* pendelt eine Fähre im 20-Minuten-Takt von 6.20 bis 24 Uhr in der Hauptsaison und in der Vor- wie Nachsaison von 6.30 bis 19.30 Uhr.

Über regelmäßige Schiffsverbindungen zwischen 21 Ortschaften am *Balatonufer*, während der Hochsaison im Juli und August tagsüber allgemein stündlich, und über jährlich veränderliche Ausflugsfahrten informieren Aushänge und Büros an den Anlegestellen und ✆ 84–10050, Mahart, 8600 Siófok, Schiffsstation.

Kommunalverkehr
In den Städten erfolgt der öffentliche Verkehr überwiegend mit *Autobussen;* in Budapest und einigen größeren Provinzstädten (Szeged, Miskolc, Debrecen) sind auch *Straßenbahnen* und *Oberleitungsbusse* im Einsatz.

Die nötigen *Fahrscheine* sind im voraus an Zeitungskiosken, in Tabakwarenläden und Postämtern, von Straßenautomaten, an Endstationen der Verkehrslinien, in Metro-Stationen und Bahnhöfen zu kaufen. Zu Fahrtbeginn sind sie vom Passagier selbst im Locher jedes benutzten Fahrzeuges oder in Budapest an den Metro-Eingängen zu entwerten; sie gelten dann ohne Umsteigeberechtigung für eine Linie, eine Fahrt, eine Person und eine Stunde.

Fahrpreise (1990)
Blaue Fahrscheine zu 10 Forint für Autobusse, gelbe Fahrscheine zu 8 Forint für Straßenbahn, Oberleitungsbus und Untergrundbahn (Metro).

Reisepraktisches ABC

Einkaufszeiten

Einkaufszeiten sind in Ungarn sehr kundenfreundlich geregelt: In Budapest und den großen Städten sind **Lebensmittelläden** ab 6/7 bis 19/20 Uhr, **Industriewarengeschäfte** zumeist ab 10 bis 18 Uhr, donnerstags vielerorts als ›Einkaufstag‹ bis 20 Uhr geöffnet. **Lokale Märkte** halten von 6 bis 13 Uhr offen. In vielen Kleinstädten und Gemeinden wird häufig eine **Mittagspause** von 12 bis 14/15 Uhr eingehalten.

Elektrizität

Elektrischer Wechselstrom wird in Ungarn fast störungsfrei mit 220 Volt Spannung geliefert.

Erste Hilfe und medizinische Versorgung

Erste Hilfe und notwendiger Transport in ein Krankenhaus sind auch für Ausländer kostenlos, fachärztliche Untersuchungen und ambulante, längere stationäre und zahnärztliche Behandlungen werden ausländischen Patienten berechnet. In jedem Budapester Stadtbezirk und jeder Provinzstadt gibt es Distrikt-Ambulanzen, Polykliniken, oder Krankenhäuser mit Bereitschaftsdienst; **Apotheken** sind im ganzen Land bis in jedes Dorf ausreichend vorhanden.

Fremdenführer und Dolmetscher

Fremdenführer und Dolmetscher für Gruppen und für Einzelreisende vermitteln in den Komitaten die örtlichen Verkehrsämter und in Budapest

Budapest Tourist
1051 Budapest V.
Roosevelt tér 5
✆ 172134

IBUSZ
1075 Budapest
Madách tér 11
✆ 223412 und 422900

Utastours
1051 Budapest V.
Münnich Ferenc utca 19
✆ 314563

Haustiere

Hunde und **Katzen** dürfen Reisende nur mit einem gültigen tierärztlichen Attest und Einreise-Untersuchung durch ungarische Tierärzte nach Ungarn mitbringen. Autobusse, Restaurants, Sanatorien, Ferienhäuser, Strandbäder und Hotelstrände sind für Hunde gesperrt; viele Hotels berechnen für sie den Preis eines Zusatzbettes.

Leihwagen

Leihwagen verschiedener Größe vermieten in Ungarn mehrere sogenannte Joint-Venture-Unternehmen in Zusammenarbeit mit bekannten internationalen Verleihern westlicher Staaten an Personen über 21 Jahren mit einem mehr als einem Jahr gültigen Führerschein. Der Mietpreis schließt die nötige Haftpflichtversicherung und alle Wartungen ein und ist von Bürgern westlicher Staaten in konvertibler Währung bar, mit Schecks oder Kreditkarte zu entrichten. Fahrzeugbestellungen sind auch im Ausland bei den Partnerfirmen möglich.

Hertz-Főtaxi
1073 Budapest
Kertész utca 24
✆ 116116

Avis-IBUSZ
1052 Budapest
Martinelli tér 8
✆ 186222

Europcar-Volántourist
1097 Budapest
Vaskapu utca 16
✆ 334783

Budget-Cooptourist
1016 Budapest
Mészáros utca 56/A
✆ 752058

Diese Firmen haben auch Vertretungen an einem oder beiden Terminalen des *Flughafens Ferihegy.*

Museen und Ausstellungen

Museen und Ausstellungen zur Bewahrung des kulturellen Erbe genießen in Ungarn hohes Ansehen und erfreuen sich zahlreicher Besucher. Die bedeutendsten der über 500 Sammlungen sind zumeist ganzjährig außer montags von 10 bis 18 Uhr zum fast ›symbolischen‹ Preis zwischen 5 und 10 Forint, samstags allgemein gratis zugänglich. Viele ländliche Einrichtungen, insbesondere *Freilichtmuseen* sind nur zwischen April/Mai und September/Oktober geöffnet.

In **Budapest** sind herausragend: *Ungarisches Nationalmuseum, Budapester Historisches Museum, Ungarische Nationalgalerie, Museum der Bildenden Künste, Museum für Kunstgewerbe, Ethnographisches Museum, Kiscelli Museum, Thermae Maiores (römisches Militärbad), Kunsthalle mit Wechselausstellungen.*

In den **Komitaten** sind bemerkenswert: Déri-Museum in *Debrecen,* Dobó-István-Burgmuseum in *Eger,* Christliches Museum in *Esztergom,* Museum der Naiven Künste in *Kecskemét,* Abtei und Schatzkammer in *Pannonhalma,* Museen Zsolnay, Csontváry und Vasarely in *Pécs,* Móra-Ferenc-Museum in *Szeged,* Kovács-Margit- und Barcsay-Sammlung in *Szentendre.*

Museumsdörfer bestehen in *Nyíregyháza, Ópusztaszer, Szenna, Szentendre, Szombathely* und *Zalaegerszeg.*

Naturschutz und Nationalparks

Naturschutz gilt in Ungarn für 4500 km^2, etwa fünf Prozent der Landesfläche. Zur Bewahrung von Naturschönheiten und vorindustriellen Lebensformen bestehen fast sechshundert lokale und mehr als hundert *überregionale Naturschutzgebiete, 28 Landschaftsschutzgebiete* und vier europaweit bekannte *Nationalparks.*

Der **Hortobágy-Nationalpark** umfaßt 520 km^2 der fruchtbaren Tiefebene östlich der Theiß, der sogenannten *Tiszántul.* Mit kurzem Gras bedeckte Steppen auf natronhaltigen Böden, kleine Sumpfgebiete und vereinzeltes Buschwerk bilden die Grundlage der typischen ungarischen Weidewirtschaft und ein ideales Reservat für viele Wasservogelarten.

Der **Nationalpark Kiskunság** bewahrt auf 306 km² sechs charakteristische Formen der Landschaft zwischen Donau und Theiß: den stimmungsvollen *Theißabschnitt Lakitelek-Tőserdő*, die trockene *Weidepußta Apaj*, die *alkalischen Seen Fülöp-* und *Szabadszállás*, die *Fülöpházer Sanddünen*, die *Schilf-* und *Wiesengebiete* um den *Kolon-See* bei Izsák und die durch Viehzuchtfarmen (Graurinder, Pferde, Wollschweine und Zackelschafe) bekannte *Sandpußta Bugac*.

Der **Nationalpark Bükk** schützt im nördlichen Mittelgebirge 388 km² *Karstlandschaft* mit bewaldeten Hochebenen und mehr als *500 Höhlen*, darunter bei Lillafüred die *Petőfi-Höhle* und die als Wiege des Urmenschen geltende *Szeleta-Höhle*.

Der **Nationalpark Aggtelek,** fast 20 km² groß, enthält ausgedehnte *Höhlensysteme* mit vielfältigen Tropfsteinbildungen, darunter die bekannte *Baradla-Höhle*.

Sicherheit und Ordnung

Sicherheit und Ordnung gelten in Ungarn als gut. Im Falle einer unwahrscheinlichen Körperverletzung oder Sachschädigung ist umgehend die Polizei zu verständigen, um eine Sachverhaltsbestätigung und Rechtsschutz zu erlangen.

Sommerzeit

Sommerzeit – Uhren eine Stunde vorgestellt – gilt in Ungarn stets vom einschließlich letzten Sonntag im März bis zum einschließlich letzten Samstag im September.

Souvenirs

Empfehlenswerte Mitbringsel für westliche Ungarnreisende sind überwiegend Volkskunstarbeiten: Blusen und Tischdecken mit Matyó-, Kalocsa- und Heves-Stickereien, Decken aus dem Gebiet Sárköz, Gardinenstoffe, Holzschnitzereien, Keramiken aus Nádudvar und Mezőkövesd, bemalte Teller und Blaufärberstoffe.

Staatsfeiertage

1. Januar – Neujahrstag
4. April – Tag der Befreiung Ungarns
Ostermontag
1. Mai – Tag der Arbeit
20. August – Tag der Verfassung
23. Oktober – Nationaler Gedenktag
25. und 26. Dezember – Weihnachtsfeiertage

Trinkgelder

Trinkgelder in Höhe von etwa 10 % sind für Friseure und Taxifahrer sowie in Restaurants üblich.

Verbote

Verboten ist Alkoholkonsum auf allen Straßen, Plätzen und öffentlich zugänglichen Orten. Außer in Hotels und besonders berechtigten Restaurants darf Alkohol wochentags nicht vor 9 Uhr ausgeschenkt werden.

Zahlungsmittel

Im Umlauf sind Münzen zu 10, 20 und 50 *Fillér*, 1, 2, 5, 10 und 20 *Forint* und Papiergeld zu 20, 50, 100, 500 und 1000 Forint. 1 Forint = 100 Fillér.

Budapest Spezial

Reisepraktisches ABC

Allgemeine Angaben

Fläche: 525 km^2
Einwohnerzahl: 2,1 Millionen
Länge des Donau-Anteils: 28 km
Wasserdurchlaufmenge der Donau: 200 m^3/sec
Höchster Punkt: 529 m (János-Berg)
Mittlere Jahrestemperatur: 10,8 °C
Wärmster Monat: Juli, durchschnittlich 21,7 °C
Kältester Monat: Januar, durchschnittl. −1,2 °C
Jahres-Niederschlagsmenge: 634 mm
Regenreichster Monat: Juni (74 mm)
Trockenster Monat: Februar (38 mm)

Administrative Gliederung

Verwaltungsmäßig ist Budapest in 22 Bezirke unterteilt. Beginnend beim Stadtteil Buda und dann spiralförmig rechts drehend tragen sie römische Zahlen, die zum Bestandteil der Adressenangaben werden.

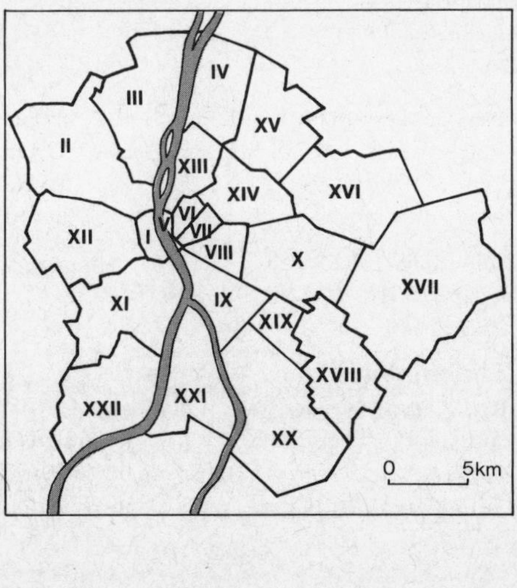

Apotheken mit Notdienst

II., Frankel Leó utca 22
VI., Lenin körút 95
VI., Rákóczi út 86
VIII., Szigony utca 2
IX., Üllői út 121
IX., Boráros tér 3
XI., Kostolányi Desző tér 11
XII., Alkotás utca 1b
XII., Eötvös út 4
XIV., Örs vezér tere

Beherbergung

Die Stadt verfügt über mehr als 50 Hotels unterschiedlicher Qualität – von vier Luxushotels bis zu ausreichend Häusern für geringere Ansprüche. Ergänzt wird das Angebot durch 15 Campingplätze, Privatpensionen sowie durch 2500 Quartiere von den Privatzimmervermittlungen.

Budapest Tourist

Städtischer Fremdenverkehrsbetrieb
Budapest V., Roosevelt tér 5
✆ 173 555
und Zweigstellen
Budapest VIII., am Ostbahnhof
✆ 336 587
Budapest XII., am Südbahnhof
✆ 154 296
Budapest XIII., am Westbahnhof
✆ 324 911.

Camping

Campingplätze des Stadtverkehrsamtes Budapest
Camping Hárshegy
✆ 364 758 und 151 482
H-1021 Budapest II.
Hárshegy u. 5–7

Autobuslinie 22 ab Metrostation Moszkva tér. Platz 2. Kategorie (***) in den Budaer Bergen, 40000 m^2, 500 Plätze für Zelte/Wohnwagen, 32 Bungalows, 70 Holzhäuser, Selbstbedienungsrestaurant. Benachbart dem Hotel ›Europa‹ mit Restaurant, Espresso, Bar und Souvenirladen. Geöffnet ab Mitte Mai bis 31. Oktober.

Camping Római Part
Ø 686260 und 887167
H-1031 Budapest III.
Szentendrei út 189
Platz 2. Kategorie (***) am Westufer der Donau, knapp nördlich der Ausgrabungsstätte Aquincum. 70000 m^2, 1300 Plätze für Zelte/Wohnwagen, Holzhäuser für 104 Personen, Selbstbedienungs-, Grill- und Normalrestaurant, Espresso, Lebensmittelladen, Souvenirladen, Servicedienst. Unentgeltlicher Zugang zum benachbarten Strandbad. Ganzjährig geöffnet.

Beide Plätze gewähren übliche Ermäßigungen.

Fundbüros

Budapester Verkehrsunternehmen (BKV)
Budapest VII.
Akácfa utca 18
Ø 226613
werktags 7.30–15.30 Uhr, mi bis 19 Uhr

Volántaxi
Budapest XIV.
Jerney utca 56–58
Ø 637000
täglich 6–19 Uhr

Főtaxi, City-, Buda-, Rádió-Taxi, Taxiunió
Budapest V.
Engels tér 5
Ø 174961
Mo–do 8–16.30 Uhr und fr 8–16 Uhr

Gottesdienste

Evangelisch
Evangelische Kirche in der Budaer Burg
1014 Táncsis Mihály utca 28
sonntags 10.30 Uhr in deutscher Sprache

Reformiert
Deutschsprachige Gemeinde (Németajkú Leányegyház)
1054 Alkotmány utca 15
sonntags 10 Uhr in deutscher Sprache

Katholisch
Matthias-Kirche in der Budaer Burg
bei Bedarf und vorheriger Vereinbarung in deutscher Sprache

Jüdisch
Synagoge in der Dohány Straße
1077 Dohány utca 2
von Passah bis September samstags ab 10 Uhr Gottesdienst mit Orgelmusik und Predigt

Hotelreservierung und Zimmervermittlung

Danubius Travels
Budapest V.
Martinelli tér 8
Ø 173652

HungarHotels Service
Budapest V.
Petőfi Sándor utca 14
Ø 183018

Pannonia Service
Budapest VIII.
Rákóczi út 9
Ø 141886

IBUSZ Hotel Service
Budapest V
Petőfi tér 3
Tag und Nacht, Ø 185707

Polizeipräsidium – Ausländeramt

Zuständig für Auskünfte, Ein- und Ausreise-, Paß- und Aufenthaltsangelegenheiten.
1061 Budapest
Andrássy út 12
Amtsstunden mo–mi, fr 9–12 Uhr; mo auch 14–18 Uhr, do nur 14–18 Uhr
✆ 118 667 ständig

Postämter mit 24-Stunden-Dienst

1062 Lenin körút 105 (am Westbahnhof)
1087 Baross tér 11/C (am Ostbahnhof)

Taxi-Dienste

Főtaxi
✆ 222 222, Vorbestellung ✆ 188 888

Volántaxi
✆ 666 666

Buda-Taxi
✆ 294 000

City Taxi
✆ 228 855

Rádió Taxi
✆ 271 271

Taxiunió
✆ 555 000

Die beiden staatlichen Unternehmen (Főtaxi und Volántaxi) berechnen pro km 8 Ft bzw. 7 Ft und pro Warteminute 2 Ft; die Privattaxis haben abweichende Tarife.

Verkehrsverbote

Die *Budaer Burg* und die *Margarethen-Insel* sind *autofreie Zonen;* die Zufahrt ist nur Anwohnern und Gästen der dort gelegenen Hotels erlaubt.

Zahnärztlicher Notdienst (Erste Hilfe)

Stomatologisches Institut Budapest VII.
Mária utca 52
✆ 330 189, durchgehend 24 Stunden

Nahverkehr in Budapest

Die Budapester Behörden sind stolz auf die Leistungsfähigkeit des städtischen Massenverkehrssystems: In Europa gehört es zu den billigsten, mit maximal 500 m von den meisten Wohnungen bis zu einer Haltestelle ist es besonders dicht und die normalen Geschwindigkeiten sind überdurchschnittlich: 30–32 km/h in der Metro, 18–20 km/h mit Autobussen und 16 km/h mit Straßenbahnen. Jährlich werden 1,6 Milliarden Passagiere gezählt.

Verkehrsmittel

Die **Budapester Verkehrsbetriebe (BKV)** unterhalten folgende Einrichtungen:

U-Bahnen – ›**Metro**‹ – fahren täglich von 4.30 bis 23.10 Uhr auf drei Strecken:
M 1, der fast hundert Jahre alten *›Millenniums‹*- oder *›kleinen‹ Bahn Vörösmarty tér – Mexikói út*
M 2, einer modernen *West-Ost-Linie Örs vezér tere – Déli pályaudvar,* zwischen Kossuth tér und Batthyány tér unter der Donau und
M 3, einer modernen *Nord-Süd-Linie Árpád híd – Kőbánya-Kispest* (Flughafen) der Pester Seite.

Straßenbahnen verkehren allgemein von 5 bis 23 Uhr; nachts mit größeren Intervallen die Linien 6, 14, 28, 31, 49 und 50.

Autobusse fahren tagsüber von 4.30 bis 23 Uhr; nachts mit größeren Abständen die Linien 3, 42, 78, 111, 144, 173, 179, 182 und die Linie C zwischen Westbahnhof (Nyugati pályaudvar) und Musikbrunnen auf der Margareten-Insel.

Schnellbusse mit roten Liniennummern halten nur an wenigen wichtigen Haltestellen, **Express-**

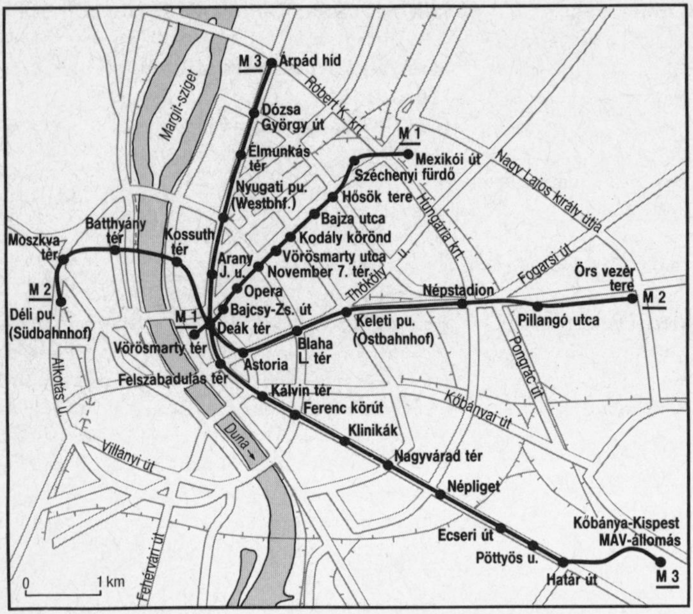

Die Budapester U-Bahn-Linien M 1, M 2 und M 3

busse mit einem E hinter der Liniennummer pendeln ohne Halt zwischen den Endstationen.

Vorortbahnen (HÉV) verbinden Budapest täglich mit den Umlandgemeinden und Erholungsgebieten

- *Szentendre* ab Batthyány tér von 3.50 bis 23.40 Uhr
- *Gödöllő* ab Örs vezér tere von 4.30 bis 23.45 Uhr
- *Ráckeve* ab Vágóhíd von 3.20 bis 23.34 Uhr.

Eine **Drahtseilbahn** (Sikló) vom *Clark Ádám tér* (Kettenbrücke) zum *St. György tér* (Budaer Schloß) ist täglich von 7.30 bis 22 Uhr in Betrieb.

Eine **Zahnradbahn** verkehrt täglich von 4 bis 0.30 Uhr alle 15 Minuten zwischen *Városmajor* und *Széchenyi-hegy* in den Budaer Bergen.

Eine **Schwebebahn** (Libegő) pendelt täglich von *Zugliget* zum *János-hegy* in den Budaer Bergen, vom 15. Mai bis 15. September von 9 bis 17 Uhr, sonst von 9.30 bis 16 Uhr.

Eine **Schmalspurbahn** (Pioniereisenbahn) fährt auf den Budaer Bergen zwischen *Hűvösvölgy* und *Széchenyi-hegy* ganzjährig nach Fahrplanaushang.

Vorort- und Fernbusse der Firma **Volánbusz** verkehren täglich mehrfach

- vom *Terminal Árpád-híd* in Richtung Norden (Donauknie) und
- vom *Terminal Népstadion* in Richtung Osten.

Fahrscheine

Fahrscheine für die Budapester Verkehrsmittel sind im voraus an Zeitungskiosken, in Tabakwarenläden und Postämtern, von Straßenautomaten, an Endstationen der Verkehrslinien, in Metro-Stationen und Bahnhöfen zu lösen. Zu Fahrtbeginn sind sie vom Passagier selbst im Locher jedes benutzten Fahrzeuges oder an den Metro-Eingängen zu entwerten; sie gelten dann ohne Umsteigeberechtigung für eine Linie, eine Fahrt, eine Person und eine Stunde.

Fahrpreise (1990)

- *Gelbe Einzel-Fahrscheine* zu 2 Forint gelten für Straßenbahn, Oberleitungsbus, Untergrundbahn (Metro) und Vorortbahn bis zur Stadtgrenze
- *blaue Einzel-Fahrscheine* zu 3 Forint gelten für Autobusse und vorgenannte Verkehrsmittel
- *Straßenbahn-Tageskarten* zu 64 Forint
- *Autobus-Tageskarten* zu 80 Forint

Tageskarten benötigen kein Lichtbild, sind an den Schaltern der U-Bahnhöfe, der Vororte-Endbahnhöfe und bei vielen Verkaufsstellen in der Stadt erhältlich und berechtigen zwischen 0 und 24 Uhr des Entwertungstages anstelle gelber oder blauer Einzel-Fahrscheine zu beliebig vielen Fahrten in der gewählten Klasse.

Schiffsverkehr

Schiffe des Budapester Verkehrsunternehmens (BKV) und der Ungarischen Schiffahrtsaktiengesellschaft (Mahart) verkehren auf der *Donau* vom Frühling bis zum Spätherbst als Fähren zwischen *Buda* und *Pest* und im Linien- und wetterabhängigen Ausflugsdienst.

Fahrpreise
für BKV-Fähren 5 Ft, für Streckenfahrten 10 Ft, Kinder bis 10 Jahre 5 Ft
für 50 km mit Mahart-Ausflugsschiffen 128 Ft, Kinder bis 10 Jahre die Hälfte.

BKV-Informationen
Budapest XIII.
Jászai Mari tér
✆ 295 844

Mahart-Informationen
Budapest V.
Vigadó tér hajóállomás
✆ 181 223

Wassertaxis für Donaufahrten können vom 15. 4. bis 15. 10. an allen Hotelrezeptionen oder unter ✆ 184 691 bestellt werden. Abfahrt ist je nach Bedarf ab 9 Uhr von der Schiffsanlegestelle des Budapester Verkehrsunternehmens (BKV) am *Petőfi-Platz* vor dem Hotel Duna.

Verkehrsauskunft

Verkehrsauskunft über den öffentlichen Verkehr, Sonderregelungen, Verkehrsaufkommen, Stauungen, usw. erteilt
Fővinform
✆ 171 173 und 178 288 Tag und Nacht.

Einkäufe in Budapest

Erweiterte Öffnungszeiten

Lebensmittelläden sind wöchentlich 67 bis 78 Stunden geöffnet, **Industriewarengeschäfte** etwa 50 Stunden. In Budapest und anderen Großstädten sind einige **Supermärkte** und **Warenhäuser** auch samstagnachmittags und sonntagvormittags weitere vier bis elf Stunden verkaufsbereit.

Samstags schließen die **Kaufhäuser Corvin, Csillag, Flórián, Lottó, Skála-Häuser, Uttörő** und **Verseny** erst um 17 Uhr.

Sonntagvormittags geöffnet sind von *7–14 Uhr* die **Lebensmittelläden**

Sugár Aruház Supermarkt
Budapest XIV.
örs vezér tere
Einkaufshalle am Batthyány tér
Budapest I.
ABC-Warenhaus
Budapest XIII.
Szent István körút 30

von *8–13 Uhr* die **Warenhäuser**
Skála-Markt am Klauzál tér
Budapest VII.
Centrum Warenhaus in Kispest
Budapest XIX.
Kossuth tér 4–5

von *6–14 Uhr* etwa 170 **Gaststätten, Konditoreien** und **Espressos** für Milch, Brot und Gebäck, über 60 **Süßwarengeschäfte,** 80 **Tabakwarenläden** und fast 100 **Blumenläden.**

Markthallen

Als wichtige Einkaufsstätten der Bevölkerung – und zugleich interessante Touristenziele – dienen **fünf Markthallen.**
Mo 6–17 Uhr, di–do 6–18 Uhr, fr 6–19 Uhr, sa 6–15 Uhr.

Zentrale Markthalle Tolbuhin körút 1–3
IX. Bezirk

Markthalle Fénya utca
II. Bezirk

Markthalle Fehérvári út
XI. Bezirk; öffnet 7 Uhr

Markthalle Bosnyák tér
XIV. Bezirk

Markthalle Élmunkás tér
XIII. Bezirk; auch sonntags 6–11 Uhr geöffnet.

Spezialgeschäfte

Häufiger Ausländernachfrage erfreuen sich
die Geschäfte für Volkskunstwaren
Budapest I., Országház utca 16
Budapest V., Régiposta utca 12
Budapest V., Váci utca 14; sa und so geöffnet
Budapest XIII., Szent István körút 26

die Spezialisten für Landkarten
Budapest, Bajcsy-Zsilinszky út 37
Budapest, Nyár utca 1

die Läden für fremdsprachige Bücher
Budapest I., Hess András tér 1–3
Budapest V., Petőfi Sándor utca 2
Budapest V., Honvéd utca 5
Budapest V., Vörösmarty tér

und als Kuriosität ein
›Flohmarkt‹
1194 Budapest, Nagykőrösi út 156
geöffnet mo–fr 8–16 Uhr und sa 8–15 Uhr.

Urlaub in Ungarn

Zum magyarischen Verständnis vom rechten Leben, vom Ausruhen nach harter Arbeit allzumal, gehören stets reichlich gute Speisen und Getränke, Musik, Tanz und ausgelassene Fröhlichkeit (die der Ungar mulatság nennt); zur landestypischen Gastfreundschaft zählt auch die Gelegenheit zum ungestörten Ausspannen und Erholen. Diese Lebensweise spiegeln die breit gefächerten Programme der ungarischen Reiseveranstalter wider.

Das Urlaubsland Ungarn erfreut sich einer ausgezeichneten Fremdenverkehrswirtschaft mit ausreichendem Quartierbestand, vorzüglicher Gastronomie und vielfältigem Kulturangebot.

Die Urlaubsmöglichkeiten in Ungarn sind zudem im internationalen Vergleich ausgesprochen preisgünstig; Reisenden mit westlichen Zahlungsmitteln bleiben kaum Wünsche unerfüllt. Die Regierung bemüht sich sehr um Deviseneinnahmen, weil sie dem rohstoffarmen Land internationale Kreditansuchen ersparen. Im übrigen entsprechen fast alle ungarischen Urlaubsangebote den Regeln des ›sanften‹ Tourismus, schon lange bevor der Werbespruch erfunden wurde.

Sommerurlaub am Wasser

Ideale Ferienbedingungen bieten die ungarischen Seen und Flüsse mit allen international üblichen Unterbringungs-, Erholungs- und Unterhaltungseinrichtungen in ausgewogener Menge: nicht zuviel und nicht zu wenig.

Baden und *schwimmen* können Sommerurlauber vergnüglich und sorglos im rasch durchwärmten, sauberen Wasser des motorbootfreien Balaton und anderer Seen.

Wassersport wie *Segeln, Surfen, Wasserski* mit eigenen oder ausleihbaren Booten und Geräten ermöglicht der Balaton, das ›Ungarische Meer‹. *Segelbootverleih* besteht in den Häfen von **Boglár** und **Balatonalmádi** sowie bei *Balatontourist,* **Veszprém,** Münnich Ferenc tér 3, ✆ 80/26277. *Segelkurse* werden im Segelboothafen von **Balatonalmádi** angeboten.

Ferien auf dem Dorf

In Ungarns dünnbesiedelten Landregionen, oft nur wenige Kilometer außerhalb der Städte, finden Naturliebhaber vielfältige Gelegenheit zum geruhsamen Urlaub – und zu geistiger Arbeit – in dörflicher Stille. Kinderreiche Familien begeistert der enge Kontakt zum bäuerlichen Alltag und zu den Tieren.

Angeboten werden unterschiedlich komfortable Unterkünfte – moderne Privatzimmer, idyllische Pußta-Häuser und ganze Bauernhöfe mit oder ohne Verpflegung –, doch immer wird ein Dorfurlaub sehr preisgünstig sein.

Hobby- und Aktivurlaub

Neben vielen Formen des Erholungsurlaubs bietet Ungarn reichlich Gelegenheit zu sportlicher Feriengestaltung.

Angelmöglichkeiten auf arten- wie mengenmäßig überraschende Fischbestände bieten in West- und Ostungarn je 15 Flußabschnitte und Seen. Planmäßiger Gewässerschutz und jährlich mehrere Millionen ausgesetzte Brutfische reihen Ungarn unter Europas beste Angelregionen ein. Anglerlizenzen sind zumeist bei Fremdenverkehrs- und Reisebüros in der Nähe fischreicher Gewässer erhältlich. Auskünfte erteilt auch
Mohosz (Ungarischer Anglerverband)
1051 Budapest
Október 6. utca 20, ✆ 325315.

Fahrradtouren von meist zweiwöchiger Dauer mit Reiseleitung, gestellten Rädern, Gepäckbus, Hotelübernachtung und Verpflegung führen in geruhsamen Tagesetappen von 30 bis 50 km auf verkehrsarmen Nebenstraßen durch ebene Landschaft zu interessanten Besichtigungsstätten.

Fahrräder verleihen auch die MÁV (Ungarische Staatsbahnen) an bestimmten Bahnhöfen an Touristen, die vorher oder nachher mit der Bahn fahren. Auskünfte geben alle MÁV-Bahnhöfe.

Jagd auf reiche Hoch- und Niederwildbestände bieten 700 Jagdklubs und 44 Forstverwaltungen mit 8,2 Millionen ha Jagdgebiet. Gastjäger haben jahres-(schon-)zeitgerechte Möglichkeiten zur Einzeljagd oder Teilnahme an Treibjagden in beliebigem Umfang und nach persönlichen Interessen durch die *Jagdbüros*

Mavad
1014 Budapest
Úri utca 39
✆ 556715

Huntours
1024 Budapest
Retek utca 34
✆ 352313
oder das bequem an der Straße Wien-Budapest bei Győr auf dem Campingplatz Kiskút-liget gelegene
Büro der Trophäenbewertungskommission
Mavad, ✆ 96–15733.

Reiterurlaub im traditionsreichen Pferdeland Ungarn mit Kursen für Anfänger, Fortgeschrittene und Trainer, Möglichkeiten zu Reittouren, weiten Jagd- und Geländeritten, Kutschenfahrten sowie Turniertraining bieten etwa 100 Gestüte mit einem Bestand von mehr als 5000 Pferden. Zweimal jährlich führen elftägige ›Große Ungarische Reittouren‹ über je etwa 500 Kilometer durch West- und Ostungarn.

Tennisplätze gehören zur Ausstattung vieler Hotels der höheren Kategorien. Lehrgänge mit ausgezeichneten Trainern veranstaltet das *Hotel Helikon* am Balaton in geheizter und modern ausgestatteter Tennishalle.

Töpfer- und **Volkskunstkurse** unter fachkundiger, künstlerischer Leitung vermitteln den Teilnehmern Einblick in die ostungarische Volkskunst sowie Fertigkeiten der Töpferei, Keramikmalerei und -brennerei.

Vogelkundliche Touren von zehntägiger Dauer führen unter fachmännischer Führung zu den Rastplätzen fast aller europäischer Zugvögel im *Nationalpark Hortobágy* und anderen ostungarischen Naturschutzgebieten.

Wanderungen durch Ungarns *Mittelgebirge* erfordern keine großen Anstrengungen. Mehrere gut geplante Touren dauern acht bis zwölf Tage mit täglich vier bis sechs Stunden Wanderzeit und enthalten Übernachtung und Verpflegung, bedarfsweise Busfahrten und sprachenkundige Tourenleitung.

Studienfahrten, Theater- und Konzertreisen

Rundfahrten zu allen denkbaren touristischen Zielen in Ungarn, durch die schönsten Landschaften am Donauknie und Balaton, bis weit in die Pußta, nach Budapest und andere interessante Städte, zu zahlreichen Sehenswürdigkeiten in den Komitaten sowie zu kulturellen Veranstaltungen (Theater, Konzert oder Folklore) bieten ungarische, österreichische und deutsche Reiseveranstalter in großer Auswahl zu jeder Jahreszeit und in jeder Preislage.

Allein in Budapest werden neun verschiedene Stadtrundfahrten mit Bus und Schiff tagsüber und abends und je neun garantierte Ganztagsfahrten in die Umgebung von Budapest und des Plattensees angeboten.

Thermalbad- und Kuraufenthalte

Die Heilkraft ungarischer Thermalquellen schätzten schon römische Kaiser und türkische Paschas. Aus etwa 500 ungarischen Naturquellen und Bohrbrunnen treten täglich mehr als eine halbe Million Kubikmeter Wasser mit Temperaturen bis zu 100 °C zutage. Die Wirkung der Heilbäder wurde durch Turnen, Massage, Elektrotherapie und bedarfsweise Medikamentenzugaben zu komplexen, im allgemeinen dreiwöchigen Kuren erweitert. Ungarns Heilbäder eignen sich besonders zur Behandlung von Krankheiten des Bewegungsapparates sowie bei Magen-Darm-, Haut- und Frauenleiden. Die medizinisch sorgfältigen Leistungen sind für Patienten mit westlichen Zahlungsmitteln zudem auch preislich vorteilhaft.

Ungarns größter Kurort ist **Budapest;** 31 Heil- und Strandbäder werden aus 126 Quellen gespeist. Bei der einheimischen Bevölkerung sehr beliebt sind die teilweise original türkisch erhaltenen Bäder *Czászár, Király, Rác* und *Rudas,* das *Lukács-Bad* und das Zentrale Forschungsinstitut *ORFI* sowie die prunkvoll angelegten Bäder *Gellért* und *Széchenyi.* Ausländer schätzen besonders das Thermal-Bad mit zwei modernen Luxushotels auf der autofreien *Margarethen-Insel.*

Bedeutende Kurkomplexe in der Provinz sind: **Bük** 25 km von der österreichischen Grenze, das ›Römerbad‹ **Balf** bei Sopron, **Gyula** nahe der rumänischen Grenze, **Hajdúszoboszló** in der Tiefebene, **Zalakaros** westlich des Balaton, **Parád** im Mátra-Gebirge, **Harkány** nahe der jugoslawischen Grenze sowie **Hévíz** bei Keszthely mit dem in Europa einmaligen *Warmwassersee,* dessen Temperatur auch im kältesten Winter nicht unter 24 °C sinkt. Als ›Mekka der Herzkranken‹ gilt **Balatonfüred,** des weiteren **Miskolc-Tapolca** mit seinem *Höhlenbad* (auch für Erkrankungen der Atemwege).

Kleiner Sprachführer Deutsch-Ungarisch

Guten Morgen!	Jó reggelt (kívánok)!
Guten Tag!	Jó napot (kívánok)!
Guten Abend!	Jó estét (kívánok)!
Gute Nacht!	Jó éjszakát (kívánok)!
Tschüß!	Szevasz! Szia! (salopp)
Auf Wiedersehen!	Viszontlátásra!
Alles Gute!	Minden jót!
Entschuldigen Sie!	Bocsánatot kérek!
Ich spreche nicht Ungarisch	Nem tudok magyarul
Sprechen Sie Deutsch/ Englisch/Französisch?	Beszél németül/ angolul/franciául?
ja; nein	igen; nem
doch; schade	de igen; kár
bitte; danke	kérem; köszönöm
Ich bin/heiße Y. X.	Y. X. vagyok/hívnak
Mein Name ist Y. X.	A nevem Y. X.
Wie bitte? Angenehm	Hogyan, kérem? örülök
Ich bin Deutsche(r)/ Österreicher/Schweizer	Német/ osztrák/svájci vagyok
Wie geht es dir?/ euch?/Ihnen?	Hogy vagy?/ vagytok?/van?
Danke, gut; Bitte?	Köszönöm, jól; tessék?
Verzeihung; Wo ist...?	Bocsánat; Hol van...?
Könnten Sie sagen...	Megmondaná...
Wie komme ich/kommen wir zum Zentrum/zur ... Straße/zum Bahnhof	Hogyan jutok/jutunk a belvárosba/a ... ... utcába/pályaudvarra?
Wo ist der Bahnhof/die Bushaltestelle/Bank/ die Post/Polizei/Kirche Schiffsstation/Toilette der Weg/Platz/Flughafen das Krankenhaus/Museum/ Hotel/Warenhaus/Kino/ Theater?	Hol van a pályaudvár/ buszmegálló/bank/ posta/rendőrség/templom/ hajóállomás/vécé/ tér/repülőtér/ kórház/múzeum/ hotel/áruház/mozi/ színház?
Wie weit ist es?	Milyen messze van?
Haben Sie.../Ich brauche.../Ich möchte...	Van magának.../Nekem kellene.../Szeretnék...
Wieviel kostet das?	Mennyibe kerül ez?

wann? wo? seit wann?	mikor? hol? mióta?
Eingang; Ausgang	bejárat; kijárat
ziehen; drücken	húzni; tolni
geöffnet; geschlossen	nyitva; zárva
rechts; links;	jobbra; balra
vorne; hinten	elöl; hátul
kalt; warm	hideg; meleg
Damen; Herren	Nők; Férfiak
Raucher; Nichtraucher	dohányzó; nemdohányzó
frei, besetzt; verboten	szabad; foglalt; zás
Polizei; Feuerwehr	rendőrség; tűzoltók
Erste Hilfe; Arzt	első segély; orvos
Krankenhaus; Apotheke	kórház; gyógyszertár
heute; gestern; morgen	ma; tegnap; holnap
vorgestern; übermorgen	tegnapelött; holnapután
heute nachmittag/abend	ma délután/este
Montag; Dienstag	hétfő; kedd
Mittwoch, Donnerstag	szerda; csütörtök
Freitag; Samstag	péntek; szombat;
Sonntag; Feiertag	vasárnap; ünnepnap
Sekunden; Minuten	másodperc; perc
Stunden; Tage; Wochen	óra; nap; hét
Monate; Jahre	hónap; év
Jahrhundert; -tausend	évszázed; évezred
Frühling; Sommer	tavasz; nyár
Herbst; Winter	ősz; tél
jetzt; früher; später	most; korábban; később
immer; manchmal; bald	mindig; néha; hamarosan
wahrscheinlich: vielleicht; (nicht) sicher	valószínűleg; talán; (nem) biztos
1; 10; 100	egy; tíz; száz
2; 20; 200	kettő; húsz; kétszáz
3; 30; 300	három; harminc; háromszáz
4; 40; 400	négy; negyven; négyszáz
5; 50	öt; ötven
6; 60	hat; hatvan
7; 70	hét; hetven
8; 80	nyolc; nyolcvan
9; 90	kilenc; kilencven
1000; 10 000; 100 000	ezer; tízezer; százezer
1 000 000; 2 000 000	(egy)millió; kétmillió
11; 22	tizenegy; huszonkettő
125; 1200	százhuszonöt; ezerkétsáz
Hälfte; Drittel; Viertel	fél; harmad; negyed

hell; dunkel; farblos	világos; sötét; színtelen
weiß; schwarz; grau	fehér; fekete; szürke
rot; blau	piros oder vörös; kék
gelb; grün; braun	sárga; zöld; barna
golden; silbern; blond	arany; ezüst; szőke
bunt, farbig; einfarbig	tarka, színes; egyszínű

Norden; nach/im Norden	észak; északra/északron
Osten; nach/im Osten	kelet; keletre/keleten
Süden; nach/im Süden	dél; délre/délen
Westen; nach/im Westen	nyugat; nyugatra/nyugatron
nach rechts/links	job/bal oldalon
Kreuzung; Abzweigung	kerestezödés; letérés
Ort; Dorf, Stadt	helység; falu; város
Straße; Landstraße	utca; út
Bach; Fluß; See; Brücke	patak; folyó; tó; híd
Wald; Moor; Wiese; Park	erdő; mocsár; rét; park
Hügel; Berg; Gebirge	domb; hegy; hegység
Kirche; Friedhof; Ruine	templom; temető; rom
Fähre; Fährstelle	komp; rév

Station; Endstation	állomás; végállomás
Abfahrt/-flug; Ankunft	indulás; érkezés
Bahnhof; Bahnstation	pályaudvar; vasútállomás
Schalter; Gleis	pénztár; vágány
Eisenbahn; Zug; Wagen	vasút; vonat; kocsi
Schlaf-; Liegewagen	hálókocsi; fekvőkocsi
nur mit Platzkarte	csak helyjeggyel
Fahrkarte; Ermäßigung	menetjegy; kedvezmény
Fahrplan; Schaffner	menetrend; kalauz
Wo muß man einsteigen/ austeigen/umsteigen?	Hol kell felszállni/9leszállni/átszállini?

Fremdenverkehrsamt	idegenforgalmi hivatal
Zimmernachweis	fizetővendég-szolgálat
Reisebüro	utazási iroda

Hotel; Pension; Gasthof	szálloda; penzió; fogadó
Campingplatz; Privatzimmer; Jugendherberge	kemping; magánszoba; diákszálló
Kennen Sie ein gutes/ billiges Hotel?	Tud egy jó/ olscó hotelt?
Zimmer frei; besetzt	szoba kiadó; megtelt
Haben Sie ein freies/ nicht zu teures Zimmer?	Van egy szabad/ nem túl drága szobájuk?

Kann ich das Zimmer sehen?	Megnézhetnem a szobát?
Ich möchte ein anderes/ billigeres Zimmer sehen	Mutasson egy más/ olcsóbb szobát
Doppel-/Einzelzimmer	kétágyas/egyágyas szoba
Waschraum; Dusche; Bad	toalet; zuhany; fürdő
Bitte die Rechnung!	Kérem a számlát!

Autorin und Verlag bemühen sich darum, die Praktischen Reiseinformationen aktuell zu halten, können aber keine Gewähr für die Richtigkeit jeder einzelnen Angabe übernehmen – Anschriften wie Telefonnummern, Öffnungszeiten wie Währungskurse etc. ändern sich oft kurzfristig. Wir bitten um Verständnis und werden Korrekturhinweise gerne aufgreifen.
DuMont Buchverlag, Postfach 100468, 5000 Köln 1.

Raum für Reisenotizen

Raum für Reisenotizen

Register

Personen und Völker

Orte und Länder

»Richtig reisen«: Budapest

Von Erika Bollweg. 264 Seiten mit 49 farbigen und 135 einfarbigen Abbildungen, 10 Karten, 48 Seiten praktischen Reisehinweisen, Register

»Neben praktischen Hinweisen für die Reise nach Budapest will Erika Bollweg dem Leser dieses Buches in erster Linie die einzigartige Atmosphäre dieser Stadt vermitteln. Sie weist natürlich auch den Weg zu den wichtigsten Sehenswürdigkeiten, berichtet aber vor allem über die Menschen, die in Budapest leben. Die Autorin ermutigt ihre Leser, Budapest entgegen allen Klischee-Vorstellungen eigenständig zu entdecken, in seine bewegte Geschichte einzudringen. Ein ausführlicher Teil erteilt wertvolle Tips, um sich in Budapest leicht zurechtzufinden.«

Wiener Zeitung

DuMont Kunst-Reiseführer

Alle Titel in dieser Reihe:

- Ägypten und Sinai
- Albanien
- Algerien
- Belgien
  - Die Ardennen
- Bhutan
- Brasilien
- Bulgarien
- Bundesrepublik Deutschland
  - Das Allgäu
  - Das Bergische Land
  - Bodensee und Oberschwaben
  - Bonn
  - Bremen, Bremerhaven und das nördliche Niedersachsen
  - Düsseldorf
  - Die Eifel
  - Franken
  - Freie und Hansestadt Hamburg
  - Hannover und das südliche Niedersachsen
  - Hessen
  - Hunsrück und Naheland
  - Köln
  - Kölns romanische Kirchen
  - Die Mosel
  - München
  - Münster und das Münsterland
  - Zwischen Neckar und Donau
  - Der Niederrhein
  - Oberbayern
  - Oberpfalz, Bayerischer Wald, Niederbayern
  - Osnabrück, Oldenburg und das westliche Niedersachsen
  - Ostfriesland
  - Die Pfalz
  - Der Rhein von Mainz bis Köln
  - Das Ruhrgebiet
  - Sauerland
  - Schleswig-Holstein
  - Der Schwarzwald und das Oberrheinland
  - Sylt, Helgoland, Amrum, Föhr
  - Der Westerwald
  - Östliches Westfalen
  - Württemberg-Hohenzollern
- Volksrepublik China
- DDR
- Dänemark
- Die Färöer
- Frankreich
  - Auvergne und Zentralmassiv
  - Die Bretagne
  - Burgund
  - Côte d'Azur
  - Das Elsaß
  - Frankreich für Pferdefreunde
  - Frankreichs gotische Kathedralen
  - Romanische Kunst in Frankreich
  - Korsika
  - Languedoc – Roussillon
  - Das Tal der Loire
  - Lothringen
  - Die Normandie
  - Paris und die Ile de France
  - Führer Musée d'Orsay, Paris
  - Périgord und Atlantikküste
  - Das Poitou
  - Die Provence
  - Drei Jahrtausende Provence
  - Savoyen
  - Südwest-Frankreich
- Griechenland
  - Athen
  - Die griechischen Inseln
  - Alte Kirchen und Klöster Griechenlands
  - Tempel und Stätten der Götter Griechenlands
  - Korfu
  - Kreta
  - Rhodos
- Großbritannien
  - Englische Kathedralen
  - Die Kanalinseln und die Insel Wight
  - London
  - Die Orkney- und Shetland-Inseln
  - Ostengland
  - Schottland
  - Süd-England
  - Wales
- Guatemala
- Holland
- Indien
  - Ladakh und Zanskar
- Indonesien
  - Bali
- Irland
- Island
- Israel
  - Das Heilige Land
- Italien
  - Die Abruzzen
  - Apulien
  - Elba
  - Emilia-Romagna
  - Das etruskische Italien
  - Florenz
  - Gardasee, Verona, Trentino
  - Latium
  - Lombardei und Oberitalienische Seen
  - Die Marken
  - Der Golf von Neapel
  - Die italienische Riviera
  - Piemont und Aosta-Tal
  - Rom – Ein Reisebegleiter
  - Rom in 1000 Bildern
  - Das antike Rom
  - Sardinien
  - Südtirol
  - Toscana
  - Umbrien
  - Venedig
  - Das Veneto
  - Die Villen im Veneto
- Japan
- Der Jemen
- Jordanien
- Jugoslawien
- Karibische Inseln
- Kenya
- Luxemburg
- Malaysia und Singapur
- Malta und Gozo
- Marokko
- Mexiko
  - Mexico auf neuen Wegen
- Namibia und Botswana
- Nepal
- Österreich
  - Burgenland
  - Kärnten und Steiermark
  - Salzburg, Salzkammergut, Oberösterreich
  - Tirol
  - Vorarlberg und Liechtenstein
  - Wien und Umgebung
- Pakistan
- Papua-Neuguinea
- Polen
- Portugal
  - Madeira
- Rumänien
- Die Sahara
- Sahel: Senegal, Mauretanien, Mali, Niger
- Die Schweiz
  - Tessin
  - Das Wallis
- Skandinavien
- Sowjetunion
  - Georgien und Armenien
  - Moskau und Leningrad
  - Sowjetischer Orient
- Spanien
  - Die Kanarischen Inseln
  - Katalonien
  - Mallorca – Menorca
  - Nordwestspanien
  - Spaniens Südosten – Die Levante
  - Südspanien für Pferdefreunde
- Sudan
- Südamerika
- Südkorea
- Syrien
- Thailand und Burma
- Tschechoslowakei
- Türkei
  - Istanbul
  - Ost-Türkei
- Ungarn
- USA – Der Südwesten
- Zypern

Alle Bände mit vielen, zum Teil farbigen Abbildungen; dazu Zeichnungen, Karten, Grundrisse, praktische Reisehinweise.

»Richtig reisen«

Ägypten
Algerische Sahara
Amsterdam
Arabische Halbinsel
Australien
Bahamas
Von Bangkok nach Bali
Belgien mit dem Rad
Berlin
Bornholm
»Richtig wandern«: Bretagne
Budapest
»Richtig wandern«: Burgund
China
Cuba
Dänemark
Elsaß
Ferner Osten
Finnland
Florida
Frankreich für Feinschmecker
Friaul – Triest – Venetien
Graz und die Steiermark
Griechenland
Großbritannien
Guadeloupe · Martinique
Hawaii und Südsee
Holland
Hongkong
Mit Macau und Kanton
Ibiza/Formentera
Nord-Indien
Süd-Indien
Indonesien
Irland
Istanbul
Italien
Jamaica
Kairo
Kalifornien
Kanada und Alaska
Ost-Kanada
West-Kanada und Alaska
Kreta
»Richtig wandern«: Kykladen
Lanzarote
London
Los Angeles
Madagaskar · Komoren
Malediven
»Richtig wandern«: Mallorca
Marokko
Mauritius
Mexiko
Moskau
München
Neapel – Küsten und Inseln
Nepal
Neu-England
Neuseeland
New Orleans
und die Südstaaten Louisiana, Mississippi, Alabama, Tennessee, Georgia
New York
»Richtig wandern«: Nord-England
Norwegen
Ostafrika
Paris
Peru und Bolivien
Philippinen
Portugal
Réunion
»Richtig wandern«: Rhodos
Rom
San Francisco
»Richtig wandern«: Schottland
Schweden
Die Schweiz und ihre Städte
Seychellen
Sinai und Rotes Meer
Sizilien
Spanien
»Richtig wandern«: Südtirol
Südwesten · USA
Teneriffa
Texas
Thailand
Toscana
»Richtig wandern«: Toscana und Latium
Türkei
Tunesien
Venedig
Wallis
Wien
Zentralamerika
Zypern